Handbuch für die Stations- und Funktionsleitung

Neue Anforderungen als Chance begreifen und erfolgreich in der Praxis nutzen

Herausgegeben von
Käte Harms
Roswitha Woiwoda
Susanne Dieffenbach

Unter Mitarbeit von
M. Ammende, D. Baniewicz, J. Conrad, I. Deutsch, S. Dieffenbach, G. Ehret-Böhm,
A. Franke, I. Frey, S. Gierescher, V. Graf, H.-J. Habermehl, K. Harms, M.-T. Kaiser,
C. Kral, J. Krehbiel, H. Kruschinski, M. Maasch, V. Meißner, R. Miessler, K. Ploil,
S. Rheinwalt, M. Schmitt, C. Schwartz, M. Stein, G. Weber-Schlechter, S. Winkel,
R. Woiwoda

76 Abbildungen
39 Tabellen

Georg Thieme Verlag
Stuttgart · New York

Umschlaggestaltung: Thieme Marketing

Zeichnungen: Barbara Gay, Stuttgart

Bildnachweis: siehe S. 258

*Die Deutsche Bibliothek –
CIP-Einheitsaufnahme*

Handbuch für die Stations- und Funktionsleitung : neue Anforderungen als Chance begreifen und erfolgreich in der Praxis nutzen / Hrsg.: Käte Harms .... – Stuttgart : Thieme, 2001

© 2001 Georg Thieme Verlag
Rüdigerstraße 14, D-70469 Stuttgart
Unsere Homepage: http://www.thieme.de

Printed in Germany

Satz: Hagedorn Kommunikation,
D-68519 Viernheim (gesetzt mit 3B2)
Druck: Gutmann, D-74388 Talheim

ISBN 3-13-125031-3

Wichtiger Hinweis: Wie jede Wissenschaft ist die Medizin ständigen Entwicklungen unterworfen. Forschung und klinische Erfahrung erweitern unsere Erkenntnisse, insbesondere was Behandlung und medikamentöse Therapie anbelangt. Soweit in diesem Werk eine Dosierung oder eine Applikation erwähnt wird, darf der Leser zwar darauf vertrauen, dass Autoren, Herausgeber und Verlag große Sorgfalt darauf verwandt haben, dass diese Angabe **dem Wissensstand bei Fertigstellung des Werkes** entspricht.

Für Angaben über Dosierungsanweisungen und Applikationsformen kann vom Verlag jedoch keine Gewähr übernommen werden. **Jeder Benutzer ist angehalten,** durch sorgfältige Prüfung der Beipackzettel der verwendeten Präparate und gegebenenfalls nach Konsultation eines Spezialisten festzustellen, ob die dort gegebene Empfehlung für Dosierungen oder die Beachtung von Kontraindikationen gegenüber der Angabe in diesem Buch abweicht. Eine solche Prüfung ist besonders wichtig bei selten verwendeten Präparaten oder solchen, die neu auf den Markt gebracht worden sind. **Jede Dosierung oder Applikation erfolgt auf eigene Gefahr des Benutzers.** Autoren und Verlag appellieren an jeden Benutzer, ihm etwa auffallende Ungenauigkeiten dem Verlag mitzuteilen.

Geschützte Warennamen (Warenzeichen) werden **nicht** besonders kenntlich gemacht. Aus dem Fehlen eines solchen Hinweises kann also nicht geschlossen werden, dass es sich um einen freien Warennamen handelt.

Das Werk ist urheberrechtlich geschützt. Jede Verwertung in anderen als den gesetzlich zugelassenen Fällen bedarf deshalb der vorherigen schriftlichen Einwilligung des Verlages.

1 2 3 4 5 6

Vorwort

Liebe Leserinnen,

dieses Buch haben wir für alle Stations- und Funktionsleitungen geschrieben. Für Sie, die Sie schon viele Jahre hervorragende Arbeit in Ihrem Verantwortungsbereich leisten. Holen Sie sich Anregungen und Ideen aus unseren Erfahrungen! Und für Sie, die Sie gerade eine Weiterbildung besuchen oder abgeschlossen haben und sich der neuen Herausforderung „Führung" stellen.

Bei der Zusammenstellung der Themen für dieses Buch haben wir uns an den Curricula für Weiterbildungen zur Stationsleitung, insbesondere denen des DPV e.V., orientiert. Holen Sie sich Impulse und Unterstützung für Ihre neuen Aufgaben!

Interesse wollen wir mit den Themen dieses Buches auch bei allen Pflegenden wecken: Lernen Sie, die Aufgaben Ihrer Stationsleitung neu zu verstehen. Und auch Pflegedienstleitungen können in diesem Buch die Vielfalt der Aufgaben und Verantwortung, die sie ihrer Mitarbeiterin geben können, entdecken.

»Der Mensch hat dreierlei Wege, klug zu handeln: erstens durch Nachdenken – das ist der edelste; zweitens durch Nachahmen – das ist der leichteste; drittens durch Erfahrung – das ist der bitterste.«
(Konfuzius 551–479 v. Chr.)

Wie können wir uns mit anderen austauschen? Wo bekommen wir neue Ideen her? Wie kann ich dieses oder jenes Problem lösen? Diese Fragen haben wir immer wieder aufgeworfen. „Über unsere Erfahrung im Alltag könnten wir Bücher schreiben" – dieser Gedanke ist Ihnen sicherlich auch schon gekommen.

In diesem Buch haben wir zusammengeschrieben, welche Ideen wir in den letzten Jahren hatten, wie wir diese umgesetzt haben, wo wir Erfolge hatten, wo es Stolpersteine zu überwinden gab. Unser Praxisfeld ist das Klinikum der Stadt Ludwigshafen gGmbH. Als Mitarbeiterinnen und Mitarbeiter konnten wir hier Erfahrungen sammeln. Mit den Beiträgen in diesem Buch möchten wir Ihnen Mut machen, Impulse geben und Sie in Ihrer Arbeit bestätigen.

Viele aus unserem Team haben sich der Herausforderung gestellt, einen Artikel zu schreiben, mal einzeln, mal im Team. Dabei wurden Professionen, Berufe und Qualifikationen bunt gemischt. Die unterschiedlichen Perspektiven ergänzen sich und führen zu einer kritischen und umfassenden Auseinandersetzung mit den Themen. Wir freuen uns sehr auf Ihre Rückmeldungen, denn wir möchten mit Ihnen in einen Dialog treten, unsere Profession voranbringen.

Zur Einstimmung das Gleichnis „Der David des Michelangelo" von Willi Hoffsümmer:

»Die Signoria Florenz hatte einen großen Marmorblock bestellt und einen Bildhauer beauftragt, daraus eine Figur zu meißeln. Entweder war der Bildhauer kein sehr großer Bildhauer, oder der Stein war schlecht gebrochen – der Bildhauer wusste mit dem Block nichts anzufangen. Er sah keine Möglichkeit, aus diesem Marmor eine Figur herauszuholen.

So lag der große Block herum. Die Versuche des hilflosen Bildhauers hatten ihm nicht gut getan. Andere Bildhauer kamen, schauten und gingen wieder. Mit diesem Stein war nichts mehr anzufangen. Eines Tages kam Michelangelo, der berühmte Maler und Bildhauer, in seine Vaterstadt. Ob ihm der Stein aufgefallen war, oder ob man ihn darauf aufmerksam gemacht hatte – er begann sich mit ihm zu beschäftigen. Er schaute ihn an. Er schätzte seinen Umfang. Er maß ihn ab. Er überlegte. Immer deutlicher sah er vor sich noch im Stein die Figur, welche die Florentiner wünschten. Er sah den David, die Schleuder auf der Schulter, die Kieselsteine in der Hand, wie er gelassen und gelöst zum Kampf gegen Goliath ausschritt.

Die anderen sahen nur einen Steinblock, der unnötig und unbrauchbar im Weg lag. Michelangelo sah bereits den David. Er sah ihn in dem ver-

pfuschten Marmor. Er nahm Hammer und Meißel und begann zu arbeiten. Die Neunmalklugen lachten. Wussten sie doch, dass aus diesem Block nichts mehr werden könne. Er aber meißelte. Während sie noch redeten, argumentierten und bewiesen, dass auch er scheitern werde, wuchs unter seinen Händen eine der großen Plastiken der Welt.«

Ludwigshafen, im Winter 2000

(Willi Hoffsümmer, zit. n. Lasko, W., I. Seim: Die Wow Präsentation. Gabler, Wiesbaden 1999, S. 17.)

Dieses Buch ist voller Bilder; es soll die Potenziale sichtbar machen, die in Ihnen, Ihrem Team und Ihrer Arbeit stecken. Viel Spaß beim Sehen!

Die Herausgeberinnen

Anschriften

Klinikum der Stadt Ludwigshafen gGmbH
Bremserstraße 79
D-67063 Ludwigshafen

Michael Ammende, Krankenpflegeschule
Dorothea Baniewicz, Pflegedienstleitung
Joachim Conrad, Stationsleitung Med. Intensiv
Irene Deutsch, Stationsleitung HT 01
Susanne Dieffenbach, Ressort der Pflegedirektion
Gabriele Ehret-Böhm, Pflegedienstleitung
Annette Franke, Pflegedienstleitung
Ilona Frey, Stellv. Stationsleitung Med. Intensiv
Susanne Gierescher, Stellv. Stationsleitung MB 08
Dr. Volker Graf, Geschäftsführer
Hans-Jörg Habermehl, Pflegedienstleitung
Käte Harms, Pflegedirektorin
Maria-Theresia Kaiser, Pflegeexpertin
Christiane Kral, Pflegedienstleitung
Jacqueline Krehbiel, Ressort der Pflegedirektion
Dr. Harald Kruschinski, Assistenzarzt Klinik für
    Radioonkologie und Strahlentherapie
Marion Maasch, Pflegeexpertin
Vera Meißner, Pflegedienstleitung
Rosemarie Miessler, Stationsleitung MA 02
Kerstin Ploil, Stationsleitung MB 08
Sabine Rheinwalt, Pflegeexpertin
Monika Schmitt, Stationsleitung MA01/ST01
Claudia Schwartz, Pflegeexpertin
Markus Stein, Ressort der Pflegedirektion
Gisela Weber-Schlechter, Stationsleitung MC 06
Simone Winkel, Pflegedienstleitung
Roswitha Woiwoda, Pflegedienstleitung

Inhaltsverzeichnis

1	**Qualität fördern**	1
1.1	Profession Pflege	3
	Michael Ammende	
1.1.1	Ein Wort zuvor	3
1.1.2	Welches Potenzial muss die Pflege zur Professionalisierung aufbringen?	4
1.1.3	Der Weg zur Professionalisierung der Pflege	5
1.1.4	Ausblick	8
1.2	Instrumente zur Gestaltung von Veränderungsprozessen	10
	Roswitha Woiwoda und Gabriele Ehret-Böhm	
1.2.1	Ein Wort zuvor	10
1.2.2	Die TQM-Philosophie	10
1.2.3	Grundprinzipien des TQM	10
1.2.4	Instrumente des TQM	11
1.2.5	Fazit	14
1.3	Einführung des TQM-Prozesses im Krankenhaus durch die Krankenhausleitung	15
	Volker Graf	
1.3.1	Ein Wort zuvor	15
1.3.2	Total Quality Management – Ziele und Prinzipien	15
1.3.3	Einführung des TQM-Prozesses	16
1.3.4	Fazit	19
1.4	Patientenorientierung im Alltag – aus Sicht einer Pflegedienstleitung	21
	Annette Franke	
1.4.1	Ein Wort zuvor	21
1.4.2	Patientenorientierung und Dienstleistungsqualität	21
1.4.3	Methoden zur Messung von Patientenzufriedenheit	22
1.4.4	Umgang mit Beschwerden	24
1.4.5	Dienstleistungsqualität	25
1.4.6	Die Bedeutung des direkten Patientenkontaktes	26
1.4.7	Umgangsformen	27
1.5	Patientenorientierung im Alltag – aus Sicht einer Funktionsleitung	31
	Dorothea Baniewicz	
1.5.1	Ein Wort zuvor	31
1.5.2	Wie entstehen Qualitätsurteile von Patienten?	31
1.5.3	Darstellung des Verhältnisses „Klinikpersonal – Patient" vor dem Umdenkungsprozess	33
1.5.4	Der Umdenkungsprozess	34
1.5.5	Patientenorientierung in einer Funktionsabteilung – dargestellt am Beispiel einer Medizinischen Notaufnahme	35
1.5.6	Zusammenfassung	41
1.6	Unterstützung bei der Qualitätsentwicklung durch Pflegeexpertinnen – ein Bericht aus der Praxis	43
	Sabine Rheinwalt und Claudia Schwartz	
1.6.1	Ein Wort zuvor	43
1.6.2	Professionalisierung und Qualitätsentwicklung im Pflegebereich	43
1.6.3	Professionalität versus „Häubchen tragende Verfügbarkeit" – eine Herausforderung	43
1.6.4	Qualifikation der Pflegeexpertinnen	45
1.6.5	Zusammenfassende Betrachtung	45
2	**Mitarbeiterinnen führen**	47
2.1	Kompetenzen einer Führungskraft	49
	Käte Harms	
2.2	Gespräche mit Mitarbeiterinnen führen	53
	Roswitha Woiwoda	
2.2.1	Ein Wort zuvor	53
2.2.2	Zwischengespräche führen	53
2.2.3	Probezeitgespräche führen	55
2.2.4	Zielvereinbarungsgespräche führen	56
2.2.5	Orientierungsgespräche führen	63
2.2.6	Fördergespräche führen	67
2.2.7	Zusammenfassende Betrachtung	67
2.3	Mit Konflikten konstruktiv umgehen	69
	Jacqueline Krehbiel	
2.3.1	Ein Wort zuvor	69
2.3.2	Konflikte haben einen Sinn	69
2.3.3	Konflikten vorbeugen	69
2.3.4	Die Rolle der Vorgesetzten	70
2.3.5	Die neutrale Partei – oder: „Wer hat das Problem?"	72
2.3.6	Gesprächsführung in Konfliktsituationen	73

2.3.7	Fazit	73
2.4	Verantwortung delegieren	75
	Roswitha Woiwoda und Susanne Dieffenbach	
2.4.1	Ein Wort zuvor	75
2.4.2	Was ist unter dem Prinzip der Delegation zu verstehen?	75
2.4.3	Vertrauen als Voraussetzung des Prinzips der Delegation	76
2.4.4	Welche Aufgaben sind delegierbar?	76
2.4.5	Wie kann Verantwortung delegiert werden?	76
2.4.6	Verantwortungsbereiche von Stations- und Funktionsleitungen nach Delegation	78
2.4.7	Delegation aus der Sicht von Stations- und Funktionsleitungen	79
2.4.8	Zusammenfassung	79
2.5	Personaleinsatz planen und steuern	80
2.5.1	Stellenpläne und Budgets berechnen	80
	Susanne Dieffenbach	
2.5.2	Dienstpläne gestalten	85
	Gabriele Ehret-Böhm und Gisela Weber-Schlechter	
2.5.3	Personalbedarf mit Hilfe der PPR berechnen	95
	Vera Meißner	
2.6	Personalentwicklung	106
2.6.1	Kompetenzen von Mitarbeiterinnen fördern und entwickeln	106
	Jacqueline Krehbiel	
2.6.2	Stationsinterne Fortbildungen organisieren	112
	Susanne Gierescher und Kerstin Ploil	
2.6.3	Einarbeitung neuer Mitarbeiterinnen und Anleitung von Schülerinnen	116
	Marion Maasch	
3	**Strukturen und Prozesse optimieren**	127
3.1	Organisationsformen von Unternehmen	129
	Susanne Dieffenbach	
3.1.1	Ein Wort zuvor	129
3.1.2	Die Linienorganisation als klassische Organisationsform	129
3.1.3	Die Stab-Linienorganisation	130
3.1.4	Die Matrixorganisation	131
3.1.5	Projektorganisationsformen	131
3.1.6	Fazit	133
3.2	Stellenbeschreibungen für Pflegende	134
	Roswitha Woiwoda und Joachim Conrad	
3.2.1	Warum sind Stellenbeschreibungen wichtig?	134
3.2.2	Wie werden Stellenbeschreibungen entwickelt? – Ein Beispiel aus der Praxis	134
3.2.3	Beispiele für Stellenbeschreibungen im Pflege- und Funktionsdienst	137
3.2.4	Fazit	148
3.3	Einführung von Bereichspflege	149
	Maria-Theresia Kaiser	
3.3.1	Ein Wort zuvor	149
3.3.2	Funktionspflege	149
3.3.3	Bereichspflege	151
3.3.4	Voraussetzungen für die Einführung der Bereichspflege	153
3.3.5	Fazit	155
3.4	Dokumentation pflegerischer Leistungen	156
	Susanne Gierescher und Kerstin Ploil	
3.4.1	Ein Wort zuvor	156
3.4.2	Anwendung der pflegerischen Dokumentation im Krankenhaus	156
3.4.3	Zusammenfassung	159
3.5	Multiprofessionelle Kommunikation	160
	Monika Schmitt und Harald Kruschinski	
3.5.1	Guter Wille allein genügt nicht	160
3.5.2	Verbesserung von Kommunikationsabläufen durch berufsgruppenübergreifende Zusammenarbeit – ein Praxisbericht	160
3.5.3	Zusammenfassung	162
4	**Innovative Organisationskonzepte einführen**	163
4.1	Einrichtung von Bereichen oder Stationen für Kurzlieger-Patienten	165
	Roswitha Woiwoda	
4.1.1	Ein Wort zuvor	165
4.1.2	Inhalte eines Organisationskonzeptes für Kurzlieger-Einheiten	165
4.1.3	Zusammenfassung	172
4.2	Integration ambulanter Operationen in die Prozesse einer Klinik	173
	Hans-Jörg Habermehl	
4.2.1	Ein Wort zuvor	173
4.2.2	Reorganisationskonzept – Einrichtung einer Kurzlieger-Station	173
4.2.3	Reorganisationskonzept – Einführung ambulanter Operationen	173
4.2.4	Optimierung der Servicequalität	177
4.2.5	Standardisierung von Prozessen	178
4.2.6	Zusammenfassung	179
4.3	Umsetzung eines ganzheitlichen Betreuungskonzeptes in einer geburtshilflichen Abteilung	180
	Christiane Kral und Simone Winkel	

4.3.1	Ein Wort zuvor 180	5.1.8	Grundlagen zur Pflege nach dem Bobath-Konzept 225
4.3.2	Darstellung der geburtshilflichen Abteilung zu Projektbeginn 182	5.1.9	Die Einbindung komplementärer Konzepte 226
4.3.3	Geplante Veränderungen in der geburtshilflichen Abteilung 184	5.1.10	Wie sieht die Pflege konkret aus? . . . 226
4.3.4	Umsetzung des Projektes „ganzheitliche Betreuung" in die Praxis 186	5.1.11	Die Rolle der Pflege in der Rehabilitation von Stroke-Patienten . 232
4.3.5	Zusammenfassung 199	5.1.12	Qualitätskontrolle und Qualitätsentwicklung 233
4.4	Integration einer onkologischen Tagesklinik in den Stationsablauf einer Onkologiestation . . . . 201 Rosemarie Miessler	5.2	Einführung von Basaler Stimulation auf einer Medizinischen Intensivstation . . . . 234 Ilona Frey
4.4.1	Ein Wort zuvor 201	5.2.1	Ein Wort zuvor 234
4.4.2	Integrationskonzept – Voraussetzungen und Rahmenbedingungen 201	5.2.2	Basale Stimulation 234
4.4.3	Abläufe in der Tagesklinik – Was sind die Arbeiten der Pflege in einem tagesklinischen Bereich? 201	5.2.3	Schritte zur Implementierung des Pflegekonzeptes Basale Stimulation auf der Intensivstation 235
4.5	Einführung eines EDV-unterstützten Stationsarbeitsplatzes . . . . 205 Markus Stein	5.2.4	Fazit 243
		5.3	Integration von Kinästhetik auf einer Station . . . . 244 Roswitha Woiwoda
4.5.1	Ein Wort zuvor 205	5.3.1	Ein Wort zuvor 244
4.5.2	Bestandteile eines Pflichtenheftes . . . 205	5.3.2	Was ist Kinästhetik? 244
4.5.3	Schritte der DV-Einführung 207	5.3.3	Was kann Kinästhetik bewirken? . . . 244
4.5.4	Schulungen und Support 208	5.3.4	Umsetzung von Kinästhetik in der Pflege auf Ihrer Station 245
4.5.5	Beurteilungskriterien für DV-Anwendungen 209	5.4	Sterbebegleitung – eine Nebenerscheinung in der Pflege oder eine Profession des Pflegeberufs? . . . . 248 Kerstin Ploil
4.6	Einführung von Instrumenten zur Entlassungskoordination . . . . 210 Susanne Dieffenbach und Simone Winkel		
4.6.1	Ein Wort zuvor 210	5.4.1	Ein Wort zuvor 248
4.6.2	Entlassungskoordination – ein Definitionsversuch 210	5.4.2	Kann Sterbebegleitung erlernt werden? 248
4.6.3	Instrumente der Entlassungskoordination 210	5.4.3	Reorganisation der Arbeitsabläufe . . . 249
		5.4.4	Qualifizierung der Mitarbeiterinnen . 250
4.6.4	Zusammenfassung 220	5.4.5	Involvieren verschiedener Berufsgruppen 250
5	**Innovative Pflegekonzepte einführen** 221	5.4.6	Zusammenfassung 251
5.1	Professionelle Pflege von Schlaganfall-Patienten – über das Bobath-Konzept hinaus . . . . 223 Claudia Schwartz	5.5	Transkulturelle Pflege – zum Umgang mit Kranken und Sterbenden islamischen Glaubens . . . 252 Irene Deutsch
		5.5.1	Ein Wort zuvor 252
5.1.1	Ein Wort zuvor 223	5.5.2	Zur Situation von Migranten im deutschen Gesundheitswesen 252
5.1.2	Schlaganfall – Schicksalsschlag und sozialmedizinisches Problem . . . 223	5.5.3	Transkulturelle Pflege 253
5.1.3	Vision der Pflege 223	5.5.4	Einführung in den Islam 253
5.1.4	Fortbildung: „Pflege bei Schlaganfall" 224	5.5.5	Fazit 257
5.1.5	Stroke Unit 224		
5.1.6	Ursprung und Entwicklung des Bobath-Konzepts 224		
5.1.7	Indikationen zur Anwendung des Bobath-Konzeptes 225		Sachverzeichnis 259

1 Qualität fördern

> »Wenn du ein Schiff bauen willst, dann trommle nicht die Männer zusammen, um Holz zu beschaffen, Aufgaben zu vergeben und die Arbeiten einzuteilen, sondern lehre sie die Sehnsucht nach dem weiten endlosen Meer.«
> (Antoine de Saint-Exupéry 1900–1944)

Qualität – dieser Begriff ist heute in aller Munde. Aber auch in der Vergangenheit haben wir uns immer um Qualität bemüht, war Qualität immer Thema unseres Handelns. Erst in den letzten Jahren wird dieses Handeln in Worte gefasst und stetig kommen neue Begrifflichkeiten hinzu. Alle Mitarbeiterinnen in der Pflege müssen sich mit den Fachausdrücken, die im Zusammenhang mit dem Thema Qualität erwähnt werden, auskennen. *Auskennen* heißt hier vor allem: Hintergründe zu kennen und Inhalte argumentativ vermitteln zu können.

Wir beziehen uns in unseren Artikeln auf die bereits in der internationalen und nationalen deutschen Begriffsnormung aufgenommene Philosophie einer umfassenden Qualitäts-Strategie (vgl. DIN ISO 8402, Ausgabe März 1992). Dies ist die Basis für das Verständnis der immer wieder neuen Ausprägungen von und Instrumente für Qualitätsmanagement, die sich bei näherer Betrachtung alle aus dem Grundgedanken ableiten. Qualität steht für die Güte von Leistungen und Produkten. Definitionsversuche dazu, was wir unter Qualität verstehen, finden Sie in den verschiedenen Artikeln.

Mit Blick auf die Sicherung und Entwicklung von Qualität haben Sie als Stations- oder Funktionsleitungen eine besondere Rolle bei der Anwendung der verschiedenen, im Folgenden dargestellten Instrumente.

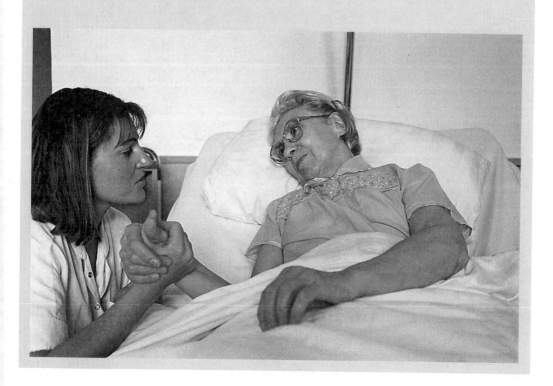

1.1 Profession Pflege

Michael Ammende

1.1.1 Ein Wort zuvor

Zurzeit lassen sich im Bereich der klassischen Professionen (Theologie, Medizin, Jurisprudenz) Auflösungserscheinungen traditioneller Strukturen erkennen, wie sich in den unzureichenden, manchmal hilflos anmutenden Reaktionen auf neue gesellschaftliche Probleme zeigt.

»Allein ein Blick auf die Medizin und die gesundheitliche Versorgung kann das schlagartig verdeutlichen. Identifikations- und Bewältigungssysteme klaffen mittlerweile so weit auseinander, dass die Medizin dem veränderten Morbiditätsspektrum – der Zunahme chronischer und chronisch degenerativer Erkrankungen und auch dem Anstieg psychischer und psychosomatischer Leiden, Suchtkrankheiten etc. – relativ hilflos gegenübersteht. Trotz beachtlicher Erfolge in manchen Teilbereichen vermag sie ihnen nicht besonders wirksam zu begegnen.«

(Schaeffer 1994, S. 109).

Das unzureichende bio-medizinische Denkmodell führt auf diagnostischem Gebiet zu spektakulären Erfolgen, die aber von einem hoffnungslosen Hinterherhinken in der Therapeutik begleitet werden. So weiß der Mediziner immer mehr über immer weniger. Diese Verlagerung der professionellen Wissensbasis der Medizin zu Gunsten eines bio-technischen Wissenschaftswissens verändert das Gesicht der Medizin. Gentechnologie wird gefördert, denn sie soll den Begleitumständen des Alterns vorbeugen, Altersmedizin hingegen erlebt keinen Boom. Technik und Diagnostik nehmen zu, die eigentlichen Bedürfnisse der Patientinnen aber werden nicht beantwortet. Das lässt im Gesundheitswesen Versorgungslücken entstehen, in die andere und neue Berufe nachrücken.

Die zunehmende „Technisierung der Medizin und ihr Unvermögen, mit Gesundheit statt mit Krankheit und erst recht relativer Gesundheit, Chronizität oder Multimorbidität umzugehen" (Schaeffer 1994, S. 110), überlässt der Pflege Tätigkeitsbereiche, die mit dem Selbstverständnis ärztlicher Professionalität unvereinbar sind. In Großbritannien nahmen 1998 schon 40 Prozent aller Patienten alternative Behandlungsmethoden in Anspruch, und diese Zahl steigt (vgl. Biley 1998). Ähnliche Tendenzen zeichnen sich auch in Deutschland ab. Diese Entwicklung dokumentiert einen sehr großen Vertrauensverlust gegenüber der Medizin und ist Beleg für deren fortschreitende Deprofessionalisierung. Gleichzeitig kündigt sie aber auch einen radikalen Wandel im Gesundheitswesen an: der ehemals hörige Patient wird kritisch und selbstständig.

Die **Professionalisierung der Pflege** basiert zum einen auf eigenem Entwicklungspotenzial, das heißt der Verwissenschaftlichung der Fachdisziplin Pflege, zum anderen auf der **Deprofessionalisierung der Medizin**.

> **Definition**
>
> Von einer Deprofessionalisierung ist die Rede, wenn sich eine Vereinseitigung oder gar Auflösung der professionellen Wissensbasis zeigt, oder es zur Einschränkung der Organisationsautonomie kommt, oder aber individuelle Gesichtspunkte (z.B. subjektive Profitinteressen) die Gemeinwohlorientierung zu überlagern beginnen (vgl. Schaeffer 1994, S. 110).

Derzeit lässt sich im deutschen Gesundheitswesen eine Profitmaximierung in der Medizin beobachten, die die Wertegrundlage medizinischen Handelns infrage stellt. Ferner steht ein hohes Maß an komplexem Fachwissen einer immer geringeren Handlungs- und Betreuungskompetenz gegenüber. Es ist aber der Patient, der die Gesundheitsdienstleistung bezahlt. Darüber hinaus lassen die radikalen Umwälzungen in der Gesellschaft die Frage aufkommen, ob der Professionalitätsgedanke nicht überholt ist, und nun neue Gebilde entstehen müssen, um den zukünftigen Anforderungen der Gesellschaft gerecht werden zu können. Welche Werte werden künftige Gesundheitsdienste vertreten?

Professionalisiert sich Pflege nach dem klassischen Modell, oder setzen sich neue Weltanschauungen im Gesundheitswesen durch? Wenn Letztgenanntes zutreffen sollte und Pflegende sich als Initiatoren eines tiefgreifenden Wandels im Gesundheitssystem zeigen, müssen sie mit radikaler Abwehr seitens der Verwaltung und der Mediziner rechnen, die versuchen werden, ihren etablierten Status zu sichern. Die Professionalisierung der Pflege gelingt, wenn diese das Potenzial dazu besitzt.

1.1.2 Welches Potenzial muss die Pflege zur Professionalisierung aufbringen?

Professionen erfüllen zentrale Aufgaben in einer Gesellschaft. Vor allem den klassischen Professionen wird die Aufgabe zugesprochen, zwischen Normen und Werten der Gesellschaft und Individuen zu vermitteln. Sie sollen gesellschaftliche und individuelle Prozesse durch rationales Handeln kontrollieren und damit destruktiven Prozessen in der Gesellschaft entgegenwirken.

Merkmale professionellen Handelns

Professionals handeln nach *zentralen, gesellschaftlich bedeutsamen Werten und Normen* und somit im Sinne und zur Aufrechterhaltung der Gesellschaft. Sie verdienen dadurch zwar ihren Lebensunterhalt, folgen idealtypischerweise aber nicht den Geboten der Profitmaximierung (vgl. Schaeffer 1994, S. 105). Schaeffer nennt folgende **Wertuniversalien** (d.h. Werte, auf die eine Gesellschaft nicht verzichten kann), **auf die sich Professionen beziehen:**

- „*Gesundheit*, d.h. Aufrechterhaltung der biopsychosozialen Identität
- *Konsens*, gemeint ist der politische Interessenausgleich zwischen unterschiedlichen gesellschaftlichen Gruppen
- *Moral*, d.h. Angebot eines Norm- und Sinngefüges, welches das Einzeldasein transzendiert und Orientierung bei der Bewältigung grundlegender Lebensfragen bietet
- *Wahrheit*, anzustreben durch wissenschaftliches Handeln und
- *Recht*, das der Regulation sozialer Verkehrsformen und der Beziehungen von Gesellschaftsmitgliedern untereinander sowie zu den öffentlichen Verwaltungsträgern dient" (ebenda, S. 105).

Hilde Steppe (1947–1999) ist die bedeutendste Krankenschwester Deutschlands in der 2. Hälfte des 20. Jahrhunderts. Ihr Wirken als Lehrerin, Pflegeforscherin, Referatsleiterin für Pflege in der Landesregierung Hessens und als Repräsentantin der deutschen Pflege in internationalen Gremien hat das Ansehen des Berufs erheblich gesteigert. Ihre Veröffentlichungen zeugen von einem außergewöhnlichen Engagement für die Pflege.

Steppe schlägt als zentralen Wert der Pflege die „Gewährung individueller Hilfe in Krisensituationen" (Steppe 1994, S. 51) als eigenständigen Beitrag der Profession zur Gesunderhaltung des Menschen vor.

Professionals mühen sich um die systematische *Lösung gesellschaftlicher Probleme*. Ein solches Handeln gründet in theoretischem (wissenschaftlichem) und praktischem (Erfahrungs-) Wissen, wobei Professionals aus zwei Wissensbereichen heraus und auch immer zwischen Wissenschaft und Alltagspraxis vermitteln. Einen schwierigen und komplexen Tatbestand zu verstehen und nicht nur sachgerecht, sondern auch noch angemessen problemlösend zu reagieren, macht professionelles Handeln aus.

Weder rein alltagspraktisches noch rein wissenschaftliches Handeln kann also als professionelles Handeln bezeichnet werden. In einem Positionspapier der WHO zum Begriff und zur Ausübung der Pflege in Europa vom 10.09.1980 heißt es:

»*Pflege ist sowohl eine Kunst als auch eine Wissenschaft...*«
(Kurtenbach et al. 1994, S. 102).

Diese Definition vereint die unterschiedlichen Wissens- und Handlungsbereiche einer Profession. Das betont, dass der Pflegeberuf – will er sich professionalisieren – weder auf dem bisherigen handwerklichen Niveau verharren darf, noch sich zu einem wissenschaftlich-technokratischen

Spezialistentum entwickeln sollte. Die Professionalisierungsbestrebungen müssen sich also vor allem darauf ausrichten, dass Pflege auf einer wissenschaftlich gesicherten Basis erfolgt. Hierzu sind Pflegende an Universitäten auszubilden (wie z. B. in Großbritannien) und das dort vermittelte Fachwissen in der Praxis zum Wohle des Menschen kreativ anzuwenden.

Professionals wird in der Organisation ihrer Arbeit und im Umgang mit ihren Klienten *Autonomie* zugestanden. Ihr Handeln und ihre Standards entziehen sich der Fremdkontrolle. Insbesondere Klienten können als Laien professionelles Handeln nicht beurteilen. Professionals übernehmen stellvertretend für Klienten Aufgaben, die diese aufgrund mangelnder Sach- und Handlungskompetenz nicht bewältigen können. Professionelles Handeln ist dabei auf die Rückgewinnung von Autonomie und Selbstständigkeit der Klienten ausgerichtet. Die Hilflosigkeit der Klienten bedingt wertegebundenes Handeln für angemessene Bezahlung, aber eben keine Profitmaximierung.

Die Beurteilung von Professionals durch Laien wird von den klassischen Professionen häufig abgelehnt. Diese begründen ihre Haltung damit, dass Laien nicht die nötige Fachkompetenz aufweisen. Für den Laien selbst ist letztendlich Erfolg Beurteilungskriterium der in Anspruch genommenen Maßnahmen.

Autonomie für den Pflegeberuf lässt sich nur über gesetzliche Änderungen erwirken. Dazu gehört, dass die Regelung, Durchführung und Evaluation der Ausbildung von Pflegenden durch Pflegende erfolgt, eine anerkannte berufsständische Vertretung existiert und die Begutachtung pflegerischer Leistungen ausschließlich durch qualifizierte Pflegende erfolgt.

1.1.3 Der Weg zur Professionalisierung der Pflege

Ein Blick auf die Entwicklung der Pflege in vergleichbaren Industriestaaten belegt, dass der Einstieg in eine Verwissenschaftlichung des Berufsstandes und der Aufbau der benötigten Qualifikations- und Verwaltungsstrukturen etwa 40 Jahre dauert. Die Schnelligkeit mit der sich moderne Gesellschaften verändern, der Transfer anglo-amerikanischen Pflegewissens und moderne Kommunikationsmedien (z. B. Internet) beschleunigen diesen Wandel allerdings erheblich.

Mary Adelaide Nutting (1858–1948) ist die erste Professorin für Krankenpflege der Welt. Sie wurde 1907 an das Teachers College der Columbia Universität in New York berufen. Durch Agnes Karll werden Einflüsse von Nutting in der deutschen Pflege vor dem 1. Weltkrieg nachhaltig spürbar.

Die Professionalisierung der Pflege wird vielfach diskutiert. In der Regel wird unter professioneller Pflege „gute Pflege" im umgangssprachlichen Sinn verstanden. Tatsächlich findet eine Teilprofessionalisierung im Bereich Lehre und Management statt, und genau hier vollziehen sich zurzeit erste Veränderungen. Die Gründung pflegewissenschaftlicher Studiengänge und die Ausbildung von PflegeforscherInnen und deren Einsatz in der pflegerischen Praxis geschieht bisher in sehr geringem Maß. Öffentliche Forschungsgelder fließen (noch) nicht in Pflegetöpfe. Bis jetzt ist der Pflege der Zugang zu den meisten Universitäten im Land verwehrt. Es sind aber die PflegeforscherInnen, die durch eine systematische Beobachtung des Praxisfeldes und die anschließende Analyse und Interpretation der ermittelten Daten eine Veränderung in Praxis, Lehre und Management bewirken können. Diese Forschungsarbeit und die Übertragung der Forschungsergebnisse in die pflegerische Praxis sind Voraussetzung für die Professionalisierung von Pflege. Pflege wird in Zukunft nicht vorrangig die Bedarfe anderer Berufsgruppen bedienen können, sondern die pflegerelevanten Bedürfnisse der Bevölkerung. „Pflege ist wie ›gute Frauenarbeit‹ unsichtbar und hat keine Teilhabe an gesellschaftlicher Macht" (Steppe 1994, S. 47). Professionalisierung meint die Teilhabe an Macht.

Zur Dominanz der Medizin

Aufgrund der spektakulären Erfolge der Medizin und dem Umbau des Pflegeberufs in einen säkularisierten, bürgerlichen Heil- und Hilfsberuf mit ausgeprägten karitativen Normen und Werten zu Beginn des 20. Jahrhunderts wurde das pflegerische Weltbild durch ein naturwissenschaftliches Denkmodell verdrängt. Dieses mechanistische, reduktionistische Weltbild der Medizin trennt Geist und Körper. Naturwissenschaftlich geprägte Mediziner analysieren Zellen, Organe und Organsysteme und versuchen deren gestörte Funktionen wieder herzustellen. Wissen des Patienten wird als „subjektiv" bewertet, medizinische Erkenntnisse als „objektiv". Die Krankheit wird vom Menschen getrennt gesehen. Dahinter verbirgt sich die von René Descartes begründete Auffassung, Lebewesen funktionieren wie Maschinen und könnten daher im Falle von Funktionsstörungen auf die betroffenen „gestörten" Organe, die der Wiederherstellung bedürfen, reduziert werden. Über ein Jahrhundert lang wurde die Pflege von diesem Weltbild dominiert und wurden Pflegende danach geschult. Nicht nur die Fachbücher für Pflegende wurden zum großen Teil von Medizinern geschrieben, sondern auch die Ausbildungsinhalte mitbestimmt.

Nightingales Pflegeverständnis

Florence Nightingale schreibt 1860 in ihrem Buch „Notes on Nursing, – what it is and what it is not":

> »Das Wort Pflege, wie ich es verstanden haben will, hat eine weit tiefere Bedeutung als ihm im gewöhnlichen Leben zugeschrieben wird, wo man sich nicht viel mehr dabei denkt, als die Darreichung von Arzneimitteln oder von Umschlägen und andere bloße Handleistungen. Von Rechts wegen aber begreift diese Tätigkeit die richtige Verwendung und Regelung der frischen Luft, des Lichts, der Wärme in sich, die Sorge für die Reinlichkeit, Ruhe, die richtige Auswahl und rechtzeitige Darreichung von Speise und Trank, und zwar das alles unter größtmöglicher Schonung der Lebenskraft des Kranken.«
>
> (Nightingale 1860, S. 2; in der Übersetzung des Autors).

Nightingale reagiert mit ihrer Beschreibung und öffentlichen Darstellung von Pflege auf die damaligen Veränderungen in Medizin und Gesellschaft. Damit schafft sie erste Grundlagen für einen bürgerlichen Frauenberuf Pflege. Dass die Pflege sich zu diesem Zeitpunkt überhaupt als Frauenberuf etablieren konnte, lag unter anderem daran, dass vor allem den bürgerlichen Frauen der Zugang zu anderen Berufen verwehrt wurde. Wer also als Bürgerliche arbeiten wollte, musste pflegerische Tätigkeiten ausüben. So wurde Pflege (z. B. in Großbritannien) institutionalisiert, und damit gleichzeitig ein neuer Beruf mit Verdienstmöglichkeiten für Frauen aufgebaut.

Das Modell des Heilens und Helfens

Der Medizinhistoriker Schipperges beschreibt in seinem Buch über das mittelalterliche Heilsystem ein bis in die Antike reichendes „medizinisches" Modell (Schipperges 1990, S. 143). Der Begriff „Medizin" wurde im 15. Jahrhundert eingedeutscht, stammt aus dem Lateinischen und bedeutet so viel wie heilen und helfen (vgl. Kluge 1995, S. 549). Das Modell des Heilens und Helfens gliedert sich in Theorie und Praxis. Der Praxis wird die „chirurgia" (invasive Therapie) und die „materia medica", (die Pharmazie als konservative Therapie) zugeordnet, der Theorie die „res naturales", also die Physiologie und die „res praeter naturam", die Pathologie als Grundlagenwissen. Sowohl die Theorie als auch die Praxis des Modells reichen tief in die **„res non naturales"** (die nicht von der Natur gegebenen Dinge), das heißt in die klassische Diätetik und Hygiene, die Licht und Luft, Speise und Trank, Bewegung und Ruhe, Schlafen und Wachen, Ausscheiden und Leidenschaften beinhalten. Die „res non naturales" bezeichnen die Aktivitäten des täglichen Lebens, die von Körperpflege bis zur Spiritualität eines Menschen reichen. Diese Aktivitäten sind bei Krankheit (aegritudo) und Gesundheit (sanitas) von grundlegender Bedeutung, aber auch in der dritten Kategorie, der „neutralitas", nämlich dem riesigen Brachland in dem das „weder ganz gesund noch richtig krank" (Schipperges 1990, S. 144) anzusiedeln ist. Erst in diesem Bereich lässt sich wirksam prophylaktisch oder präventiv arbeiten. Die klassische Diätetik (diaita) „hat es mit der Lebensordnung des Menschen im Ganzen zu tun", dem natürlichen Wachsen und Gedeihen, dem rechten Maß und einer verbindlichen Lebensordnung. Letztere lässt sich nicht ohne Weisung und Lenkung, Tugend, Einsicht und Erziehung in einer geordneten Welt verwirklichen. So wird der Heiler und Helfer in diesem Kontext zum Diener des natürlichen Wachstums- und

Entwicklungsprozesses und zum Meister des ‚nomos', zum Lehrer unseres Lebensstils" (ebenda, S. 145). Dieses Modell wurde bis in das späte Mittelalter von Heilkundigen angewendet.

Die Renaissance ist die Übergangszeit von einem mittelalterlichen Weltbild, welches auf einer Harmonie zwischen Mikro- und Makrokosmos beruhte, zum Zeitalter der Aufklärung und der Entstehung der modernen Wissenschaften. Im 18. und 19. Jahrhundert schließlich hat die entstehende Ärzteschaft dieses moderne Wissenschaftsparadigma übernommen und das oben beschriebene Modell aufgegeben. Florence Nightingale kennt dieses Modell des Heilens und Helfens. Sie ist die erste Pflegende, die den Aufgabenbereich der Pflege beschreibt und diesen im Bereich der „res non naturales" ansiedelt (vgl. Nightingale 1860). Virginia Dock (1898), Virginia Henderson (1955), Dorothea Orem (seit 1955), Liliane Juchli (seit 1970), Nancy Roper (seit 1970) und Monika Krohwinkel (seit 1990) sehen diesen Bereich als Domäne der Pflege an, und entwickeln ihre Theorien auf der Basis dieses, bis in die Antike reichenden Wissens.

Die Professionalisierung der Pflege beruht auf der Systematisierung, Erforschung und Anwendung dieses pflegerischen Wissens. Die gegenwärtig vielfach zu beobachtende Standardisierung und Systematisierung von Pflegehandlungen ist ein kleiner Teil dieses umfassenden Professionalisierungsprozesses. Hier entsteht eine Wissensbasis, die eine Identifikation mit dem Beruf ermöglicht, eigene Handlungsbereiche ausweist und Perspektiven öffnet.

Agnes Karl (1868–1927) ist die Gründerin der Berufsorganisation der Krankenpflegerinnen Deutschlands, dem heutigen „Deutschen Berufsverband für Pflegeberufe (DBfK), Mitbegründerin des Weltpflegebundes und des ersten Studienganges für Pflegekräfte in Deutschland. Aufgrund ihres mutigen Einsatzes brachte sie die deutsche Pflege zu Beginn des 20. Jahrhunderts auf Weltniveau.

Pflegerisches Weltbild und Professionalisierung in der Gegenwart

Das pflegerische Weltbild der Gegenwart gründet in einem ganzheitlichen phänomenologischen Ansatz. Diagnostik und Therapie von Krankheiten sind nicht das Anliegen der Pflege, sondern Aufgabe der Ärzteschaft. Das zentrale Anliegen der Pflege ist der (ganze) Mensch und die Auswirkungen gesundheitlicher Störungen auf seinen Lebensprozess. *Wir pflegen nicht die Krankheit, sondern den Mensch.* Um diesem Anliegen gerecht werden zu können, ist die Integration wissenschaftlichen Denkens und Arbeitens in den Berufsalltag Voraussetzung. Die Pflegewissenschaft ist daher einem ganzheitlichen Denken und Arbeiten verpflichtet. Die Beschreibung dessen, was unter Pflege zu verstehen ist, ermöglicht eine klare Abgrenzung pflegerischer Tätigkeitsbereiche und professionellen Handelns. Orlando plädiert dafür „ein Produkt für unsere eigenständige professionelle Funktion zu definieren" (Orlando 1997, S. 277).

Der **Modernisierungsprozess im Gesundheitswesen** kann nicht vor dem „gewachsenen System disziplinärer Arbeitsteilung haltmachen" schreibt der Gesundheitswissenschaftler Badura (1993, S. 64) und stellt die Frage: „Beginnt nach einer langen Phase wissenschaftlicher Ausdifferenzierung und Arbeitsteilung eine Phase zunehmender Kooperation und Verflechtung?". Er geht davon aus, dass in Zukunft ein „nennenswerter Erkenntnisfortschritt nicht mehr allein durch Abgrenzung und Arbeitsteilung, sondern vor allem durch Disziplinen überschreitende Kooperation zu erzielen ist" (ebenda, S. 64). Da es vor allem um die Integration von Natur- und Sozialwissenschaften geht, liegt die Pflege mit Anteilen aus beiden Bereichen als neue Gesundheitswissenschaft im Trend. Kooperation und Verflechtung, auch im Forschungsbereich, wird nicht ohne Anerkennung der Pflege als eigenständige Fachdisziplin möglich sein. Steppe schreibt dazu:

> »Ansprüche und Inhalte der Pflege selbst haben sich in den letzten Jahren fast unmerklich verändert, und die Pflegenden haben begonnen, sich mit neuen und geschlechtsunabhängigen inhaltlichen Werten auseinanderzusetzen und sich von den alten Normen zu lösen. Sie wollen an die Stelle von Selbstlosigkeit Selbstbewußtsein und eigenständige Fachkompetenz setzen, sie bieten den Medizinern Kooperation statt Gehorsam an.«
>
> (Steppe 1994, S. 51)

In den industrialisierten Ländern treten, trotz guter medizinischer Versorgungs- und Krankenversicherungssysteme, guter Hygiene- und Ernährungsbedingungen, neuartige Gesundheitsprobleme und -risiken zutage, „die das Versorgungssystem und die auf die Versorgung zuarbeitende wissenschaftliche Forschung vor große Herausforderungen stellt. (...) Die Grenzen des konventionellen organisierten Gesundheitssystems, das sich weit überwiegend auf ein kurativ ausgerichtetes biomedizinisches Wissenschaftsverständnis stützt, werden zunehmend erkennbar." (Hurrelmann/Laaser 1993, S. 4) In Zukunft, so prognostizieren diese Autoren, muss eine Umstellung von Forschung und Praxis auf das veränderte Krankheitsspektrum erfolgen. Ferner wird ein wesentlich höherer Bedarf an Betreuung, Rehabilitation und Pflege erwartet und auch präventive Maßnahmen einen höheren Stellenwert erlangen. Gerade weil immer mehr ältere Menschen der Langzeitpflege bedürfen, und chronisch kranke und multimorbide Patienten eine qualifizierte Betreuung brauchen, wird man sich in Zukunft immer häufiger an dem Grundsatz *ambulant vor stationär* orientieren müssen. Gleichzeitig wird die Zusammenarbeit zwischen Pflegenden und Ärzten enger, und institutionsübergreifende Versorgungsketten werden eine wichtige Rolle spielen.

»Die absolute Nachordnung der Krankenpflege gegenüber der medizinischen Versorgung erweist sich zunehmend als obsolet und dysfunktional. Der sich verschärfende Mangel an Pflegepersonal wird vermutlich den Druck zur Neuordnung der beruflichen Tätigkeiten dieses Sektors im Gesundheitssystem weiter erhöhen. Langfristig ist die Eigenständigkeit der Pflege gegenüber der Kuration und damit ein ausgewogeneres Verhältnis der Arbeitsteilung zwischen diesen Teilbereichen zu erwarten.«
(Hurrelmann/Laaser 1993, S. 6).

Hier wird nun aus der Perspektive der Gesundheitswissenschaften eine nachhaltige Änderung des Krankenpflegegesetzes im Sinne einer Professionalisierung erwartet.
Sollten die Prognosen von Hurrelmann, Laaser und Badura (1993) zutreffen, dann wird der Pflege in der Zukunft vor allem durch die demographische Entwicklung eine bedeutsame Rolle im Gesundheitswesen zukommen. Um dieser gerecht werden zu können, ist die Fähigkeit zu eigenverantwortlichem Arbeiten Voraussetzung. Vorbedingung dafür ist eine qualifizierte Ausbildung, die Betreuungs- und Beratungskompetenz aus einer gesundheitsfördernden Perspektive vermittelt. Mit Blick auf die vielfältigen, unterschiedlichen pflegerischen Tätigkeitsbereiche, die sich in der Zukunft noch entwickeln werden, zeichnet sich eine stärkere Ausdifferenzierung des Pflegeberufs ab. Deshalb ist eine einheitliche Grundqualifikation aller Pflegenden wünschenswert, um eine gemeinsame Identität und Zielsetzung zu fördern.

1.1.4 Ausblick

Unter Berücksichtigung der dargestellten Fakten ist es sehr wahrscheinlich, dass sich die Pflege zu einer Profession entwickelt. Allerdings birgt die Verwissenschaftlichung der Pflege die Gefahr, dass sie sich zu sehr an das medizinische Modell anlehnt. Insbesondere in den USA hat sich die Dominanz des medizinischen Modells deutlich gezeigt. Erst in jüngster Zeit nimmt dort der medizinisch-naturwissenschaftliche Einfluss auf die Pflege ab. An dieser Entwicklung wird augenfällig, dass Pflege nicht aus dem bio-medizinischen Modell ableitbar ist. Sie hat ihre eigenen charakteristischen Ziele und Interessen sowie einen eigenständigen Tätigkeitsbereich, für den spezifisches Wissen erforderlich ist. Pflege leistet einen eigenen Betrag zur Gesunderhaltung der Menschen.

Die **Anforderungen an zukünftige Pflegende** wandeln sich mit den gesellschaftlichen Veränderungen, „der Technisierung, dem Wandel des Krankheitsspektrums, den demographischen Entwicklungen, der Umstrukturierung der Krankenversorgung und des Kostendrucks im Gesundheitswesen" (Moers 1994, S. 160). In Zukunft wird die Pflege in Institutionen in zunehmend hoch technisierten Settings stattfinden (so wird die Zahl der Transplantationen stark ansteigen). Daher wird neben technischem Wissen in Extremsituationen eine pflegerische Beziehungs- und Betreuungskompetenz erforderlich sein. Im Hinblick auf die älter werdende Bevölkerung und die zu erwartende demographische Entwicklung Deutschlands (Bevölkerung 2000 ca. 85 Millionen Einwohner; 2040 ca. 65 Millionen; 2100 ca. 21 Millionen) wird auch der Umgang mit dementen Menschen und die Begleitung Sterbender einen hohen Stellenwert erlangen. Die Zunahme an alten Menschen und der sich abzeichnende Besorgnis erregende Rückgang an zur Verfügung stehenden Pflegenden vor dem Hintergrund zerfallender Familienstrukturen wird neue Formen von Hilfe- und Versorgungsleistungen erzwingen. Hier muss die Pflegewissenschaft Modelle für die

Praxis entwickeln. Pflegende werden im ambulanten Sektor immer häufiger mit chronisch kranken Menschen konfrontiert sein. Neben der oben genannten Beziehungsarbeit wird hier außerdem spezielle Beratungs-, Informations- und Kommunikationsarbeit gefordert sein. Die Unterstützung bei der Bewältigung pflegerelevanter Krisen wird eine zentrale Aufgabe pflegerischen Handelns werden.

Derartig tief greifende Veränderungen vertrauter Arbeitsumstände und -abläufe können – als wesentliche Begleiterscheinungen der Professionalisierung von Pflege – bei den Betroffenen das Gefühl eines schmerzhaften Heimatverlusts auslösen. Die Station wird nicht mehr Identifikationscharakter haben. Die Lösung von der kleinen, begrenzten, überschaubaren, geordneten Welt und der Übergang zu einer Identifikation mit einem allgemeinen Berufsleitbild, sowie der Umgang mit dessen Komplexität und Prozesshaftigkeit wird die nächsten Jahre bestimmen (vgl. Willke 1996).

Dieser Wandel fordert die **Abkehr von vertrauten Werten und Normen**. Sinnfindung erfolgt in veränderten Strukturen. Hierzu ist Selbstreflexion notwendig. Sie entschleunigt einen rasanten Wandel und lässt Mitgestaltung zu. Professionalisierung geht einher mit der Emanzipation von unterdrückenden Strukturen und verinnerlichtem, unterdrückendem Denken und Handeln. Fawcett schreibt dazu:

»Im Hinblick auf die Pflegepraxis denken möglicherweise viele Pflegekräfte, wenn sie Medizinerverhalten kopieren, würde ihre Arbeit durch die Gesellschaft oder andere Gesundheitsdienste eher anerkannt. Oder vielleicht fühlen sich viele Pflegende so unterdrückt durch Ärzte, dass sie, so wie fast alle Unterdrückten, eine Abneigung gegen die Wissenschaft ihrer eigenen Fachdisziplin entwickeln und sich mit der Wissenschaft des wahrgenommenen Unterdrückers identifizieren, der Medizin.«

(1999, S. 313)

Die Professionalisierung ist nur möglich mit einer bewussten Zurückweisung dieses Verhaltens und der Rückgewinnung von Körper, Geist und Seele, denn das gegenwärtige Gesundheitssystem entfremdet Pflegende von sich selbst und ihrem zentralen Anliegen.

Literatur

Badura, B.: Soziologische Grundlagen der Gesundheitswissenschaften. In Hurrelmann, K., U. Laaser: Gesundheitswissenschaften. Juventa, Weinheim 1993
Biley, F.: Paradigmenwechsel in der Pflege. Unveröffentlichte Vortragsmitschrift des Autors, Kloster Irsee, Mai 1998
Drerup, E.: Modelle der Krankenpflege. Lambertus, Freiburg 1997
Fawcett, J.: The State of Nursing Science: Hallmarks of the 20th and 21st Century. Nursing Science Quarterly. Vol.12, Nr. 4 (Oktober 1999) 311
Hurrelmann, K., U. Laaser.: Gesundheitswissenschaften. Beltz, Weinheim 1993
Kluge, F.: Etymologisches Wörterbuch der deutschen Sprache, 23., erweiterte Aufl. de Gruyter, Berlin 1995
Kurtenbach, H. u. Mitarb.: Krankenpflegegesetz, 3. Aufl. Kohlhammer, Stuttgart 1992
Moers, M.: Das Anforderungs- und Berufsprofil der Pflege im Wandel. In Schaeffer, D. u. Mitarb. (Hrsg.): Public Health und Pflege, zwei neue gesundheitswissenschaftliche Disziplinen. Edition Sigma, Berlin 1994
Nightingale, F.: Notes on Nursing. Dover Publications, New York 1860
Orlando, I. J.: Pflege im 21. Jahrhundert. In Schaeffer, D. u. Mitarb. (Hrsg.): Pflegetheorien. Huber, Bern 1997
Schaeffer, D. u. Mitarb. (Hrsg.): Public Health und Pflege, zwei neue gesundheitswissenschaftliche Disziplinen. Edition Sigma, Berlin 1994
Schipperges, H.: Der Garten der Gesundheit, Medizin im Mittelalter. DTV, München 1990
Steppe, H.: Caritas oder öffentliche Ordnung? – Zur historischen Entwicklung der Pflege. In Schaeffer, D. u. Mitarb. (Hrsg.): Public Health und Pflege, zwei neue gesundheitswissenschaftliche Disziplinen. Edition Sigma, Berlin 1994
Trockel, B. u. Mitarb.: Who is who in der Pflege. Huber, 1997
Wittneben, K.: Pflegekonzepte in der Weiterbildung zur Pflegelehrkraft. Peter Lang, Frankfurt/Main 1998
Willke, H.: Systemtheorie. UTB, Stuttgart 1996
Wolff, P.-P. (Hrsg.): Biographisches Lexikon zur Pflegegeschichte. „Who was who in nursing history". Ullstein Mosby, Berlin 1997

1.2 Instrumente zur Gestaltung von Veränderungsprozessen

Roswitha Woiwoda und Gabriele Ehret-Böhm

1.2.1 Ein Wort zuvor

Zur Umsetzung der in diesem Buch vorgestellten Führungs- und Organisationskonzepte gibt es viele Wege. Im Folgenden zeigen wir Ihnen Instrumente, mit deren Hilfe Sie Veränderungsprozesse einleiten und durchführen können. Wir beziehen uns dabei auf eine Management-Konzeption, die sich dem Prinzip der Kundenorientierung verschrieben hat: Total Quality Management (TQM). Die Methode des Total Quality Management – oder auch Umfassendes Qualitätsmanagement – gehört zu den gegenwärtig meist diskutierten und in der Praxis am häufigsten eingesetzten Führungsmethoden (vgl. auch Kap. 1.3).

1.2.2 Die TQM-Philosophie

Mit Total Quality Management verbindet sich folgende Philosophie:

TQM ist gemäß der DIN Norm EN ISO 8402 die *„auf die Mitwirkung aller ihrer Mitglieder gestützte Managementmethode einer Organisation, die Qualität in den Mittelpunkt stellt und durch Zufriedenstellung der Kunden auf langfristigen Geschäftserfolg sowie auf Nutzen für die Mitglieder der Organisation und für die Gesellschaft zielt"*. (Deutsches Institut für Normung e. V. 1995, S. 25)

Übertragen auf die Arbeit im Krankenhaus bezeichnet Umfassendes Qualitätsmanagement also einen Ansatz, der Strukturen und Arbeitsprozesse der gesamten Institution mithilfe der Mitarbeiterinnen aller Berufsgruppen und Hierarchieebenen im Interesse der Kunden reformiert.

Uns ist es wichtig zu betonen, dass vor allem die Führungskräfte der verschiedenen Berufsgruppen von der TQM-Philosophie überzeugt sein müssen, damit der Veränderungsprozess in Gang gesetzt und kontinuierlich fortgeführt werden kann.

1.2.3 Grundprinzipien des TQM

TQM beinhaltet sechs Grundprinzipien für die Gestaltung von Veränderungsprozessen (vgl. auch Kap. 1.3):

1. Kunden- und Patientenorientierung,
2. Integration der Mitarbeiterinnen aller Berufsgruppen und Hierarchieebenen in den Veränderungsprozess,
3. Motivation durch Kompetenzerweiterung,
4. Kontinuierliche Prozessverbesserung,
5. Qualitätsentwicklung statt Qualitätskontrolle,
6. Top-Down- und Bottom-Up-Prozesse.

Erstes Grundprinzip ist die Kunden- und Patientenorientierung (vgl. Kap. 1.3, 1.4, 1.5). Der Begriff **Kunde** wird im Qualitätsmanagement differenziert in:

- interne Kunden und
- externe Kunden.

Externe Kunden einer Station oder eines Funktionsbereichs sind beispielsweise Patienten, Angehörige, Besucher, einweisende Ärzte und Mitarbeiterinnen anderer Bereiche des Krankenhauses. **Interne Kunden** – für Sie als Stationsleitung – sind ausschließlich die Mitarbeiterinnen Ihres Stationsteams.

Zweites und drittes Grundprinzip sind eng miteinander verknüpft, denn es genügt nicht, alle Berufsgruppen und Hierarchieebenen an einem Veränderungsprozess zu beteiligen (zweites Grundprinzip). Eine wichtige Voraussetzung für das Gelingen des angestrebten Vorhabens ist die Motivation der Mitarbeiterinnen (drittes Grundprinzip). Motivation bedeutet nach der TQM-Philosophie Kompetenzerweiterung durch Delegation von Verantwortung und Dezentralisierung von Entscheidungsprozessen (vgl. Kap. 1.3). Dies sind sehr wichtige Grundsätze für die Erbringung qualitativ hochwertiger Dienstleistungen. Fehlende Gestaltungsfreiheit oder mangelnde berufliche Perspektiven wirken sich demotivierend und in der Folge qualitätsmindernd aus.

Damit die veränderten Arbeitsbedingungen, wie z. B. im Krankenhaus eine verkürzte Verweildauer der Patienten, und die daraus resultierende Leistungsdichte von den Mitarbeiterinnen bewältigt werden kann, brauchen sie Entscheidungskompetenzen und kurze Entscheidungswege. Kontinuierliche Prozessverbesserung und Qualitätsentwicklung statt Qualitätskontrolle (vgl. Kap. 1.3) sind das Rüstzeug für den wirtschaftlichen Wettbewerb. Es gibt zwei Wege einen solchen Veränderungsprozess in Gang zu bringen:

- **Top-Down:** Der Prozess geht von der obersten Managementebene aus und wird auf die Hierarchieebenen und Bereiche bis hin zu den kleinsten Einheiten des Unternehmens „von oben nach unten" aufgeteilt.
- **Bottom-Up:** Hierbei wird der Veränderungsprozess – im Gegensatz zur Top-Down Methode – von den kleinsten Einheiten des Unternehmens aus entwickelt.

Um TQM erfolgreich zu implementieren, müssen immer beide Methoden zum Einsatz kommen. Dabei werden die grundsätzliche Richtung bzw. der Rahmen vom Top-Management festgelegt. Die einzelnen Möglichkeiten, wie die Ideen jeweils zu gestalten und realisieren sind, werden von den Mitarbeiterinnen entwickelt, die von den Änderungen direkt betroffen sind und die später unter den veränderten Bedingungen arbeiten müssen.

1.2.4 Instrumente des TQM

Um einen Veränderungsprozess zu starten, benötigt man entsprechende Instrumente. Die wichtigsten Instrumente des TQM sind:

- Steuergruppe: Sie initiiert, koordiniert und steuert Veränderungsprozesse in einem Unternehmen bzw. in einem Bereich innerhalb eines Unternehmens.
- Cross-Check-Analyse, Image-Analyse, Mitarbeiterbefragung: Diese Instrumente dienen der Erhebung der Ist-Situation in einem Unternehmen bzw. in einem Bereich innerhalb eines Unternehmens.
- Qualitätszirkel, Themenzirkel: Instrumente zur Konzeptentwicklung, Umsetzung und Maßnahmenplanung.

Wir gehen nun im Einzelnen auf die Instrumente ein, wobei wir Image-Analyse und Mitarbeiterbefragung nur der Vollständigkeit halber erwähnt haben (vgl. dazu Kap. 1.3). Beides sind Instrumente, die Sie als Stationsleitung nicht isoliert für Ihren Bereich nutzen können. Sie umfassen das gesamte Unternehmen und müssen von der Krankenhausleitung initiiert werden. Falls Sie der Ansicht sind, dass Image-Analyse oder Mitarbeiterbefragung für Ihren Bereich sinnvoll sind, schlagen Sie die Anwendung dieser Instrumente in Ihrem Unternehmen vor.

■ Steuergruppe

Aufgrund des berufsgruppenübergreifenden Ansatzes des TQM macht es Sinn, gleich zu Anfang ein Gremium einzurichten, dass die Koordination der Aktivitäten übernimmt. Die Arbeitssitzungen dieser so genannten Steuergruppe dienen:

- der gegenseitigen Information,
- der Präsentation von Lösungsvorschlägen,
- der Entscheidungsfindung und
- der Umsetzungs- und Erfolgskontrolle beschlossener Maßnahmen.

Die Mitglieder der Steuergruppe sollten Führungskräfte sein, um diesem Gremium die notwendige formale Kompetenz und Durchsetzungskraft zu geben. Für eine Station können dies Sie als Stationsleitung und Ihre Stellvertretung sein sowie der betreuende Oberarzt und ein Stationsarzt. Je nach Frage und Problemstellung können Gäste (z. B. aus anderen Bereichen) zu den Sitzungen eingeladen werden.

In der Steuergruppe werden Ziele und Maßnahmen zur Bewältigung der jeweiligen Problematik dargestellt und diskutiert. Außerdem bespricht man die Ergebnisse des in Gang gesetzten Veränderungsprozesses. Dabei wird überprüft, ob die beschlossenen Maßnahmen entsprechend umgesetzt wurden.

Um die Arbeit einer Steuergruppe zu veranschaulichen, möchten wir im Folgenden vier Praxisbeispiele aus einer kardiologischen Klinik vorstellen (Abb. 1.1a-d).

Die tabellarischen Darstellungen der formulierten Ziele, Maßnahmen und Ergebnisse dienen der Übersichtlichkeit und unterstützen im Wesentlichen die Prozess- und Ergebniskontrolle. Solche Tabellen sind also ein wichtiges Hilfsmittel für die weitere Arbeit der Steuergruppe. Aus ihnen werden detaillierte Pläne für zukünftige Maßnahmen und deren Umsetzung abgeleitet.

Die Formulierung von Zielsetzungen sowie der daraus abzuleitenden Maßnahmen erfolgt durch die Mitglieder der Steuergruppe. Im Sinne einer kontinuierlichen Verbesserung der Leistungen ist die Dokumentation der Ergebnisse der Maßnahmen sinnvoll. Die Spalte mit dem Titel „Realisie-

1 Qualität fördern

Ziel	Maßnahme	Ergebnis	Realisierung
Einrichtung einer Leitstelle zur dezentralen Aufnahme	Gemeinsame Planung durch einen Vertreter der Ärzte, einen Vertreter der Pflege, einen Vertreter der EDV-Abteilung und der Technischen Abteilung Fragestellungen: 1. Aufgaben 2. Räumliche Ansiedlung 3. Ausstattung 4. Personelle Besetzung und Qualifizierung	Im Februar 1999 wurde die Leitstelle in Betrieb genommen: zu 1. dezentrale Aufnahme von Patienten, Sicherstellung kompletter Patientenunterlagen, Anmeldung von Ambulanzpatienten zu 2. Theke wurde vor Ort aufgestellt zu 3. Ausstattung mit 2 PC's im Januar 1999 zu 4. interne und externe Ausschreibung durch die Personalabteilung, zeitnahe Qualifizierung der Mitarbeiterinnen der Leitstelle	■ ■ □ □

a

Ziel	Maßnahme	Ergebnis	Realisierung
Optimierung der Versorgung mit Apothekengütern	Entwicklung von Konzepten für die Versorgung mit Apothekengütern	Apothekenlagerbestände wurden auf allen Stationen optimiert. Erleichterung von Bestellungen mit standardisierten Arzneimittellisten und der Möglichkeit der Bestellung per Fax. Die eingeführten Maßnahmen haben sich aus organisatorischer und finanzieller Sicht bewährt.	■ ■ ■ ■

b

Ziel	Maßnahme	Ergebnis	Realisierung
Optimale Zusammenarbeit von Ärzten und Pflegenden	Erfassung der Visitenzeiten und Zusammensetzung des Visitenteams im Juli und August 1998 durch eine externe Person. Initiierung von Verbesserungsmaßnahmen durch den Oberarzt und die Pflegedienstleitung. Ab Januar 1999 mehr gemeinsame Visiten, wenn eine ausreichende Personalbesetzung gegeben ist.	Anteil der gemeinsam durchgeführten Visiten ist seit 1998 von 48 % auf 56 % gestiegen. Station A kaum gemeinsame Visiten Station B unregelmäßige Visitenzeiten Station C gemeinsame Visiten Station D gemeinsame Visiten Station E erneute Abstimmung ist erfolgt.	■ ■ □ □

c

Ziel	Maßnahme	Ergebnis	Realisierung
Kontinuierliche Information über den Grad der Patientenzufriedenheit	1. Kontinuierliche Erfassung mittels Fragebogen auf allen Stationen. Auswertung durch eine neutrale Person und Rückmeldung der Ergebnisse an alle Beteiligten. 2. Berufsgruppenübergreifende Analyse der Ergebnisse und Ableitung von Maßnahmen. Halbjährlicher Bericht der Stationsmitarbeiter in der Steuergruppe. 3. Durchführung einer Stichtagsbefragung im November 1998 durch eine externe Person auf allen Stationen der Klinik. Befragung der Patienten in der Funktionsabteilung der Klinik wird bis zur nächsten Sitzung der Steuergruppe vorbereitet.	Start August 1998 Nur geringe Rücklaufquote im August und September 1998. Hohe Rücklaufquote bei der Stichtagsbefragung. Die Ergebnisse liegen den Führungskräften vor.	■ ■ □ □

d

Abb. 1.1a-d   Praxisbeispiele aus einer kardiologischen Klinik

rung" gibt durch die grafische Darstellung einen schnellen Überblick, in welchem Ausmaß die eingangs formulierten Ziele erreicht wurden und wo noch Handlungsbedarf besteht.

■ Cross-Check-Analyse

Erster Arbeitsschritt bei der Gestaltung von Veränderungsprozessen ist die Durchführung einer Cross-Check-Analyse zur Erhebung der Ist-Situation. Dazu treffen sich maximal 15 Mitarbeiterinnen (eine höhere Personenzahl behindert erfahrungsgemäß die Arbeitsfähigkeit der Gruppe) aus dem Kreis der an dem Prozess Beteiligten. Für die Erhebung der Ist-Situation muss genügend Zeit eingeplant werden. Ziel der Arbeit ist es, die wichtigsten Probleme des reformbedürftigen Arbeitsbereichs zu sammeln (Themenspeicher) und die einzelnen Themen nach Dringlichkeit und Wichtigkeit zu bewerten.

> **Praxis-Tipp**
>
> **Tipp für die Bewertung von Problemen.** Als Bewertungshilfe kann man mit farbigen Punkten arbeiten. Dabei symbolisiert die Farbe Rot die Wichtigkeit und die Farbe Blau die Dringlichkeit. Jedes Gruppenmitglied erhält jeweils drei Punkte für Wichtigkeit und drei Punkte für Dringlichkeit. Mithilfe dieser Punkte bewertet jedes einzelne Gruppenmitglied – entsprechend der persönlichen Vorstellung – nun die zuvor gesammelten Themen (s. o.). Dabei ist es unerheblich, ob die Punkte auf verschiedene Themen verteilt werden oder einem Thema eine solche Dringlichkeit und Wichtigkeit zugesprochen wird, dass man diesem alle sechs verfügbaren Punkte zuordnet. Haben alle Mitglieder der Gruppe ihre Punkte vergeben, wird die Summe der roten und der blauen Punkte je Thema multipliziert. Aus den Ergebnissen lässt sich leicht eine Bearbeitungsrangfolge der Themen festlegen, die zudem die Einschätzung aller Gruppenmitglieder widerspiegelt. Auf der Basis dieses Themenspeichers wählt die Steuergruppe die geeigneten Instrumente zur Erarbeitung von Lösungskonzepten aus.

■ Qualitätszirkel

Für einfache, konfliktfreie Themen eignet sich die Einrichtung eines Qualitätszirkels (vgl. auch Kap. 1.3). Qualitätszirkel sind Gruppen von ca. 6-10 Mitarbeiterinnen aus den betroffenen Bereichen, die sich freiwillig zusammenfinden. Je nach Thematik können sie entweder alle derselben Berufsgruppe angehören oder aus unterschiedlichen Berufsgruppen und Hierarchieebenen kommen. Die Gruppe trifft sich regelmäßig (für eine Stunde während der Arbeitszeit) und analysiert unter Anleitung eines ausgebildeten Moderators arbeitsbezogene Probleme und Problemstellungen und erarbeitet Lösungsvorschläge.

Stehen keine ausgebildeten Moderatoren zur Verfügung, wird von den Gruppenmitgliedern in der ersten Sitzung des Qualitätszirkels eine Person bestimmt, die diese Funktion übernimmt. Zu den **Hauptaufgaben einer Moderatorin** im Qualitätszirkel gehört es:

- die Diskussionsbeiträge zu visualisieren (z. B. mithilfe eines Flipcharts),
- auf Dauer und Vielfalt der Redebeiträge zu achten,

> **aus der Praxis**
>
> **Beispiel für die Arbeit eines Qualitätszirkels**
> Als Beispiel möchten wir Ihnen Auszüge aus der Arbeit eines Qualitätszirkels vorstellen, in dem das Thema »Zufriedenheit mit der Grauzone „ärztliche/nicht-ärztliche und pflegerische/nicht-pflegerische" Aufgaben« diskutiert und analysiert wurde.
> Zur Bearbeitung dieses Themas wurden zunächst die Aufgaben der ausgewählten Berufsgruppen (Ärzte, Pflegende) erfasst und von Mitgliedern dieser Berufsgruppen definiert.
> Das Ergebnis der Arbeit des Qualitätszirkels war die Benennung von Problembereichen – in Abstimmung mit den Kolleginnen aus beiden Berufsgruppen – und die daran anknüpfende Erarbeitung stationsspezifischer Kompromisslösungen.

- Ergebnisorientierung anzumahnen.

Themenzirkel

Für komplexe Fragestellungen eignet sich das Instrument des Themenzirkels (vgl. Kap. 1.3) zur Bearbeitung eher als ein Qualitätszirkel. Themenzirkel unterscheiden sich von Qualitätszirkeln dadurch, dass sie nicht allen interessierten Mitarbeiterinnen offen stehen, sondern funktional zusammengesetzt sind. Zu den jeweiligen Themen müssen besonders schnell Lösungen erarbeitet werden, weshalb die Gruppenarbeit mit den betroffenen Mitarbeiterinnen unter einer straffen Moderation und entsprechenden zeitlichen Vorgaben erfolgt. Für einen Themenzirkel ist eine Moderation – möglichst durch eine unabhängige, institutionsfremde Moderatorin – unerlässlich.

1.2.5 Fazit

Die von uns vorgestellten Instrumente des Total Quality Management sollten je nach Größe und Problematik bzw. Thematik eines Arbeitsbereiches angewandt werden. Sind mehrere Personen betroffen, ist es sinnvoller, die teamorientierten Instrumente Qualitätszirkel oder Themenzirkel auszuwählen. So ist garantiert, dass die Betroffenen an dem Veränderungsprozess direkt beteiligt sind.

Orientierung am TQM bedeutet nicht zuletzt systematisches, geplantes und zielorientiertes Arbeiten, mit dem Sie sich deutlich von Pseudo-Methoden wie „Gespräch beim Frühstück" abheben, die Beteiligung aller Mitarbeiterinnen sicherstellen und so die Akzeptanz von Veränderungen erhöhen.

---

aus der Praxis

Beispiel für die Arbeit eines Themenzirkels
Als Beispiel möchten wir Ihnen Auszüge aus der Arbeit eines Themenzirkels zur »Verbesserung der Zusammenarbeit mit der Röntgenabteilung« vorstellen.

Ziele des Themenzirkels waren die Optimierung der Untersuchungsdurchläufe, die Verringerung der Wartezeiten für die Patienten und die Erhöhung der Planungsquote für Untersuchungen.

Folgende *Maßnahme* wurden entwickelt und umgesetzt: Mitarbeiterinnen der Station und der Abteilung Röntgen erarbeiteten Vorschläge zur Einrichtung von Zeitfenstern, also möglichen Freiräumen der Röntgenabteilung, in denen von der Station kommende Patienten geröntgt werden könnten. Eine weitere Arbeitsgruppe des Röntgen optimierte die Rückmeldung von Informationen an die Station.

Das *Ergebnis* sieht folgendermaßen aus: Für die Diagnostikpatienten der Station gibt es ein Zeitfenster zwischen 12.30 und 14.00 Uhr. Für die Station selbst ist diese Regelung, wegen parallel zum ermittelten Zeitfenster stattfindender Ärztebesprechungen, sinnvoll.

Um die verbesserte Zusammenarbeit auch für die Zukunft zu gewährleisten, ist es außerdem wichtig, das ermittelte Zeitfenster mit anderen betroffenen Abteilungen eines Krankenhauses (z. B. Krankentransport) abzustimmen.

1.3 Einführung des TQM-Prozesses im Krankenhaus durch die Krankenhausleitung

Volker Graf

1.3.1 Ein Wort zuvor

Krankenhausleitungen und Mitarbeiterinnen eines Krankenhauses stehen heute vor wegweisenden Herausforderungen: Mit immer knapperen finanziellen Mitteln sollen sie ohne Qualitätsabstriche eine steigende Nachfrage nach Gesundheitsleistungen befriedigen. Gleichzeitig wachsen die Ansprüche der Patienten und zwar sowohl hinsichtlich der Qualität medizinischer und pflegerischer Versorgung und Betreuung als auch in Bezug auf Hotelleistungen (z. B. Fernseher, sanitäre Anlagen etc.) der Krankenhäuser.

Viele Krankenhäuser sind auf diese Herausforderungen nur unzureichend vorbereitet. Die Organisations- und Führungsstrukturen im Krankenhaus sind seit Jahrzehnten nahezu unverändert. Die Folgen davon sind:

- steile Hierarchien und eine mangelnde Abstimmung zwischen den verschiedenen Berufsgruppen und Abteilungen sowie
- fachlich hoch qualifizierte Mitarbeiterinnen im ärztlichen, pflegerischen und verwaltenden Bereich mit teilweise erheblichen Mängeln in der sozialen und management-bezogenen Führungskompetenz.

Wollen Krankenhäuser angesichts der veränderten Rahmenbedingungen langfristig ihre Existenz sichern, müssen sie zu modernen, kunden- und patientenorientierten Dienstleistungsunternehmen umgeformt werden. Neben der medizinisch-pflegerischen Qualität müssen auch die Qualität des Service und die Wirtschaftlichkeit der Unternehmensführung stimmen. Umfassendes Qualitätsmanagement – auch Total Quality Management (TQM) genannt – ist dabei eine geeignete Führungsmethode, um Krankenhäuser auf die zukünftigen Herausforderungen vorzubereiten.

1.3.2 Total Quality Management – Ziele und Prinzipien

Im Unterschied zur traditionellen Qualitätssicherung wird im TQM-Ansatz (vgl. Definition Kapitel 1.2) nicht allein die Qualität der Dienstleistung betrachtet, also z. B. der Pflegeprozess, sondern alle Wertschöpfungsprozesse im Unternehmen, die Arbeit(-sbedingungen) und die Umwelt. Das Modell für Umfassendes Qualitätsmanagement, das von der European Foundation for Quality Management (EFQM) entwickelt wurde, basiert auf der Erkenntnis, dass

- die Zufriedenheit von Kunden,
- die Zufriedenheit von Mitarbeiterinnen,
- eine allgemein positive Wirkung auf die Gesellschaft
- und gute Geschäftsergebnisse

durch

- eine verantwortliche Unternehmensführung,
- eine qualitätsorientierte Strategie und Politik,
- Mitarbeiterorientierung,
- einen vernünftigen Umgang mit Ressourcen und
- die Konzentration auf wertschöpfende Prozesse

erreicht werden.

Wesentlich ist dabei, dass die Idee einer kontinuierlichen Qualitätsverbesserung nicht nur auf die primären Dienstleister, das heißt Ärzte und Pflegende, beschränkt bleibt. Alle Bereiche eines Krankenhauses, also auch die Verwaltung, die Technik, die Labore, die Küche etc., müssen daran arbeiten, ihre Qualität kontinuierlich zu verbessern. Maßstab für Qualität sind in Ergänzung zu traditionellen Parametern (z. B. Dekubitusraten) die Bedürfnisse der „Kunden". „Kunden" sind dabei in erster Linie die Patienten, aber auch niedergelassene Ärzte und Angehörige (externe Kunden). Kunden sind außerdem die Mitarbeiterinnen aller Abteilungen eines Krankenhauses (interne Kunden), mit denen eine Abteilung bzw. Station unmittelbar zusammenarbeitet.

Im Krankenhaus sind beim Umfassenden Qualitätsmanagement daher vor allem folgende Grundsätze von Bedeutung:

1 Qualität fördern

- **Patientenorientierung:** Krankenhäuser sind Dienstleistungsunternehmen mit der Besonderheit, dass die Leistungen nicht nur für den Kunden – sprich Patienten –, sondern zugleich auch am Kunden erbracht werden. Der Patient steht im Mittelpunkt, das heißt die Krankenhausorganisation orientiert sich an den Bedürfnissen des Patienten und nicht umgekehrt. Lange Wartezeiten vor Untersuchungen oder bei der administrativen Aufnahme sind vermeidbar, beispielsweise durch die Implementierung von Planungsprozessen in den Funktionsabteilungen oder durch die Einrichtung dezentraler administrativer Patientenaufnahmen vor Ort.
- **Mitarbeiterorientierung und Partizipation:** Die Leistungsqualität wird maßgeblich von der Qualifikation und der Motivation der Mitarbeiterinnen beeinflusst. Das heißt, die Arbeitsbedingungen der Mitarbeiterinnen müssen so optimal wie möglich gestaltet werden. Es gilt, das Wissen der „Expertinnen vor Ort" zu nutzen. In Arbeitsgruppen oder Qualitätszirkeln (vgl. Kap. 1.2) müssen Mitarbeiterinnen die Möglichkeit haben, sich an den Veränderungsprozessen im Krankenhaus zu beteiligen.
- **Dezentralisierung von Verantwortung und Entscheidungskompetenz:** Kurze Entscheidungswege und flache Hierarchien ermöglichen effektive und effiziente Arbeitsabläufe und wirken aufgrund größerer Gestaltungsfreiräume für die Mitarbeiterinnen motivationsfördernd. In diesem Zusammenhang ist es von entscheidender Bedeutung, nicht nur Verantwortung, sondern auch die notwendigen Entscheidungskompetenzen zu delegieren und trotz der mit der Dezentralisierung verbundenen Probleme konsequent daran festzuhalten.
- **Qualitätsentwicklung statt Qualitätskontrolle:** Die Grundhaltung der Mitarbeiterinnen aller Bereiche muss sein, die Prozessabläufe so optimal zu gestalten, dass Fehler vermieden werden und eine qualitativ hochwertige Leistung erbracht wird. Qualität umfasst dabei die Teilkomponenten klinische Qualität, Servicequalität und ökonomische Qualität. Dieses Qualitätsverständnis vorzuleben und zu fördern gehört mit zu den zentralen Führungsaufgaben.
- **Kontinuierliche Prozessverbesserung:** Das Lernen einer Organisation und deren Mitarbeiterinnen wird durch viele kleine Entwicklungsschritte erreicht und ist in diesem Sinne als fortlaufender Prozess anzusehen. Der Kontinuierliche Verbesserungsprozess (KVP) orientiert sich an klar definierten Qualitätszielen, die von einem zentralen Steuerungsgremium festgelegt werden.

1.3.3 Einführung des TQM-Prozesses

Das Qualitätsverständnis im Umfassenden Qualitätsmanagement, das sich in den TQM-Grundsätzen widerspiegelt, unterscheidet sich grundlegend von dem der traditionellen, technikorientierten Qualitätssicherung im Krankenhaus. Bei der Einführung des TQM im Krankenhaus handelt es sich um einen tief greifenden Wandel von Einstellungen und Strukturen. Dieser Umgestaltungsprozess kann nur durch eine gezielte Veränderung der Einstellung und des Verhaltens der Mitarbeiterinnen sowie durch eine Veränderung der Organisationsstruktur herbeigeführt werden. Der Erfolg des TQM-Prozesses hängt dabei entscheidend von der Unterstützung des Prozesses durch die Krankenhausleitung und die Führungskräfte aller Ebenen ab.

TQM-Organisation

Zur Einführung eines TQM-Prozesses im Krankenhaus sind notwendige Koordinations- und Steuerungsgremien zu etablieren, die eine an der Ganzheitlichkeit der Klinik orientierte und eine mitarbeiterorientierte Führung ermöglichen:

Auf der **Ebene der Klinikleitung** empfiehlt sich die Einrichtung eines zentralen Entscheidungs- und Steuerungsgremiums, in dem alle Berufsgruppen und die Mitarbeitervertretung repräsentiert sind. Weitere Personen können situativ hinzugeladen werden. Die Steuergruppe (vgl. Kap. 1.2) entscheidet über Maßnahmen im TQM-Einführungsprozess und ist verantwortlich für deren Umsetzung. Koordiniert und begleitet wird der TQM-Prozess im Alltag von TQM-Koordinatorinnen.

Auf der **Ebene der Fachabteilungen** führen dezentrale Steuergruppen den TQM-Prozess. Mitglieder sind der Klinik- bzw. Institutsleiter, die Pflegedienstleitung bzw. die leitende MTA, eine Stations- und Funktionsleitung oder weitere Mitarbeiterinnen mit Führungsverantwortung, die Personalreferentin, eine Vertreterin des Betriebsrats und die Gesamtkoordinatorin des TQM-Prozesses. In diesem Gremium findet die eigentliche TQM-Arbeit statt, das heißt Probleme werden analysiert, Ziele definiert, Kriterien zur Zielerreichung erarbeitet und entsprechende Arbeitsgruppen (nicht moderiert) oder Themenzirkel (moderiert) mit der Bearbeitung beauftragt.

1.3 Einführung des TQM-Prozesses im Krankenhaus durch die Krankenhausleitung

■ **Instrumente und Methoden**

■ **Erhebung relevanter Daten**

Um die Qualität der im Krankenhaus erbrachten Dienstleistungen verbessern zu können, ist es primär notwendig, qualitätsrelevante Daten zu erheben und zu analysieren. Auf dieser Datenbasis werden Ziele definiert und – wo immer notwendig – Verbesserungsmaßnahmen initiiert. Derartige Daten können ermittelt werden über:

- systematische Kunden- und Patientenbefragungen,
- Image-Analysen,
- Prozessanalysen.

Patientenbefragungen und Image-Analysen. Die eigene Leistung aus der Sicht des Kunden, also des Patienten, zu betrachten und zu bewerten, ist einer der wichtigsten Perspektivenwechsel, die ein Krankenhaus heute vollziehen muss. Diesen Prozess zu initiieren und voranzutreiben gehört zu den zentralen Führungsaufgaben im Dienstleistungsunternehmen Krankenhaus. Kundenbefragungen – insbesondere in der Form offener Fragen – sind dabei ein hilfreiches Instrument.

Kundenorientierung beginnt im Kopf, ist eine Frage der Einstellung zum Mitmenschen, konkret zur Mitarbeiterin, zur Kollegin oder zum Patienten. Und gerade hier setzen Befragungen von Patienten, Besuchern und einweisenden Ärzten an. Sie zwingen die Mitarbeiterinnen, sich regelmäßig und systematisch mit dem Urteil dieser „Kunden" zu beschäftigen. Durch die quantitative Auswertung werden Handlungsfelder sichtbar, innerhalb derer konkret Verbesserungsmaßnahmen erarbeitet werden sollten.

Die Gestaltung der Fragebögen (Abb. 1.2) sollte einem einheitlichen Standard folgen, gleichzeitig

---

Sehr geehrte Patientinnen und Patienten,
Ihre Zufriedenheit ist uns wichtig!

Patientenbefragung in .... Klinik
Bitte füllen Sie den Fragebogen im Laufe des heutigen Tages aus. Die Mitarbeiterinnen der Verwaltung sammeln die Fragebögen am heutigen Nachmittag wieder ein.
Vielen Dank für Ihre Mitarbeit!

Auf welcher Station liegen Sie derzeit?
Station ....

Wie zufrieden sind Sie mit folgenden Bereichen?

	erstklassig	sehr gut	gut	akzeptabel	schlecht
Die persönliche Betreuung durch die Ärztinnen und Ärzte ist	☐	☐	☐	☐	☐
Das fachliche Können der Ärztinnen und Ärzte ist nach meinem Eindruck	☐	☐	☐	☐	☐
Die persönliche Betreuung durch die Schwestern und Pfleger ist	☐	☐	☐	☐	☐
Das fachliche Können der Schwestern und Pfleger ist nach meinem Eindruck	☐	☐	☐	☐	☐
Die Art und Weise, wie das Stationsteam zusammenarbeitet ist	☐	☐	☐	☐	☐
Die Aufklärung über meine Erkrankung ist	☐	☐	☐	☐	☐
Die Aufklärung über meine medizinische und medikamentöse Behandlung ist	☐	☐	☐	☐	☐
Die Information über den Ablauf und die Organisation meines Aufenthaltes ist	☐	☐	☐	☐	☐

Abb. **1.2** Patientenbefragungsbogen (Auszug)

aber den individuellen Belangen der einzelnen Kliniken angepasst werden können.

Inhaltliche *Schwerpunkte von Patientenbefragungen* sind im Allgemeinen:

- ärztliche Behandlung,
- pflegerische Behandlung,
- Aufklärung über medizinische und medikamentöse Behandlung,
- Information über den organisatorischen Ablauf,
- Wartezeiten vor Untersuchungen und Eingriffen,
- Gestaltung und Reinlichkeit des Patientenzimmers,
- Qualität des Essens,
- ggf. Betreuung im Ambulanzbereich,
- ggf. Betreuung und Behandlung im OP oder Funktionsbereich.

Um auf der Basis der erhobenen Daten zusammen mit den Mitarbeiterinnen gezielt Verbesserungsmaßnahmen einleiten zu können, sollten die Ergebnisse der Befragungen in den jeweiligen Fachbereichen präsentiert und diskutiert werden. In diesen Präsentationsworkshops können dabei bereits erste Maßnahmen erarbeitet und Umsetzungsverantwortliche festgelegt werden. Werden Patientenbefragungsergebnisse bis hinunter auf die Stationsebene ermittelt, so ist es auch möglich, die Ergebnisse im Rahmen der routinemäßigen Stationsbesprechungen zusammen mit den Vertretern des ärztlichen Dienstes zu besprechen. Kundenbefragungen so eingesetzt sind damit ein nützliches Führungsinstrument zur Sensibilisierung der Mitarbeiterinnen in Bezug auf Kundenorientierung und die Verbesserung der Servicequalität.

Prozess- und Problemanalysen. Kundenzufriedenheitsanalysen können Handlungsfelder aufzeigen, das heißt jene Schwachstellen in der Aufbau- und/oder Ablauforganisation eines Krankenhauses, die es zu verbessern gilt. Um die Ursachen für erkannte Defizite zu ermitteln, sind Prozess- und Problemanalysen ein wichtiges Instrument. Hierbei werden Kernprozesse bzw. relevante Problemfelder identifiziert, die einzelnen Prozessbestandteile dargestellt und schließlich die Schwachstellen des Prozesses bzw. die Problemursachen aufgezeigt. Auf der Basis dieser Analysen können dann Ziele definiert und in moderierten Arbeitsgruppen Verbesserungsmaßnahmen entwickelt werden.

Moderierte Arbeitsgruppen

Ein wichtiges Instrument sind moderierte Arbeitsgruppen, in denen entweder ein von der Führung vorgegebenes Thema bearbeitet wird (Themenzirkel) oder Probleme besprochen werden, die von den Mitarbeiterinnen zur Lösung eingebracht wurden (Qualitätszirkel). Die Koordination aller Aktivitäten in einer Klinik wird von einer Steuergruppe übernommen. (Alle drei Instrumente werden ausführlich in Kapitel 1.2 beschrieben.)

Personal

Personalentwicklung

Organisationsentwicklung, wie sie im Rahmen eines Umfassenden Qualitätsmanagements stattfindet, muss durch parallele personelle Maßnahmen ergänzt werden. Zur Einführung eines Umfassenden Qualitätsmanagements sind auf der personellen Ebene drei Aspekte zu berücksichtigen:

- **Kommunikation:** Das neue Qualitätsverständnis muss auf allen Ebenen und in allen Abteilungen des Krankenhauses intensiv kommuniziert werden. Dabei hat es sich als sinnvoll erwiesen, die Vermittlung des neuen Qualitätsverständnisses nicht allein externen Beratern zu überlassen. Stattdessen sollten auch die Führungskräfte selbst oder interne Referenten diese Schulungen und Diskussionen initiieren bzw. durchführen (z.B. in Form von Arbeitstagungen). Wichtig ist dabei, den Zusammenhang zwischen dem Unternehmensleitbild und TQM zu verdeutlichen.
- **Vermittlung von TQM-Instrumenten und -Methoden:** Mitarbeiterinnen, vor allem aber die Führungskräfte müssen darin geschult werden, die TQM-Instrumente und -Methoden (Moderationstechniken, Teamarbeit, Qualitätszirkelarbeit etc.) zu beherrschen. Dabei gilt es, vor allem den Führungskräften die partizipativen Elemente des Umfassenden Qualitätsmanagements näher zu bringen. Das heißt, Maßnahmen zur Qualitätsverbesserung oder zur Umgestaltung der Organisation werden unter Beteiligung der Mitarbeiterinnen der betroffenen Bereiche durchgeführt. Damit Führungskräfte und Mitarbeiterinnen diese Anforderungen erfüllen können, müssen neben Moderationstechniken auch Prozessanalysetechniken sowie Pro-

blemanalyse- und Problemlösungstechniken vermittelt werden. Zielgruppen dieser Schulungen sind die Führungskräfte und Mitglieder von Projektgruppen und Qualitätszirkeln.
- **Fachspezifische Zusatzqualifikationen:** Bestimmte Mitarbeiterinnengruppen müssen fachspezifische Zusatzqualifikationen erhalten, wie z. B. vertiefte Kenntnisse zu Methoden der statistischen Prozesssteuerung oder eine spezielle Ausbildung zur Durchführung von Selbstbewertung oder internen Prozess-Audits.

■ **Mitarbeiterbefragungen**

Mitarbeitermotivation, Arbeitszufriedenheit und effiziente Personalführung sind wichtige strategische Faktoren für eine erfolgreiche Unternehmensführung. Doch während Industrie- und Handelsunternehmen aus dieser Erkenntnis bereits vor Jahren Konsequenzen zogen und regelmäßige Mitarbeiterbefragungen als Führungs- und Motivationsinstrument eingeführt haben, wird dieses Instrument im Dienstleistungsbereich, vor allem in Krankenhäusern, bisher so gut wie gar nicht eingesetzt.

Ziel des TQM ist es, das gesamte Krankenhaus mithilfe der Mitarbeiterinnen aller Bereiche und Hierarchieebenen in einen kontinuierlichen Veränderungsprozess zu bringen. Inwieweit die Beschäftigten aber zu dem dazu notwendigen Engagement bereit sind, wie sie bereits eingeführte Veränderungen beurteilen und inwieweit bei ihnen selbst Verhaltens- und Einstellungsveränderungen stattgefunden haben, wird nur derjenige erfahren, der fragt. Mitarbeiterbefragungen haben damit eine wichtige Informations-, aber auch Kommunikationsfunktion. Sie ermöglichen Messungen und Trendanalysen sowie Vergleiche mit anderen Krankenhäusern und dienen vor allem der Evaluation des TQM-Projekts. Darüber hinaus fördern sie die Kommunikation zwischen den Mitarbeiterinnen und der Krankenhausleitung, indem sie den Befragten die Möglichkeit bieten, ihre Interessen, Meinungen und Wünsche zu artikulieren und Kritik zu äußern. Auf der Basis dieser Informationen sind die Führungskräfte in der Lage, gezielte Maßnahmen, z. B. zur Verbesserung des Betriebsklimas oder der Kommunikation zwischen Vorgesetzten und Mitarbeiterinnen, einzuleiten.

1.3.4 Fazit

Die Einführung neuer Organisationsstrukturen und die Umsetzung einer neuen Führungsphilosophie ist stets auch von Problemen begleitet. Wer ein Krankenhaus mit traditionellen Organisations- und Führungsstrukturen in ein modernes Dienstleistungsunternehmen verwandeln will, muss trotz einer parallelen Personalentwicklung mit Widerständen rechnen. Das erklärt sich damit, dass vielen Mitarbeiterinnen und Führungskräften die notwendigen Verhaltens- und Einstellungsveränderungen, die die Einführung eines TQM-Prozesses erfordern, nicht leicht fallen.

Ein immer wieder auftauchendes Problem im Rahmen von Dezentralisierungsmaßnahmen ist die mangelnde Verantwortungsbereitschaft und die Entscheidungsschwäche von Führungskräften. Die Unternehmensführung kann zwar die Verantwortungsspielräume so gestalten, dass die Führungskräfte frei entscheiden können. Sie kann die Führungskräfte jedoch nicht zwingen, die erweiterten Gestaltungsspielräume auch wirklich zu nutzen. Es ist eines der Hauptprobleme, dass ungelöste Fragen im Alltag von unten nach oben delegiert werden und die Führung entscheiden soll. Diesem Phänomen der Entscheidungsunfähigkeit und Handlungsschwäche von Führungskräften wird am Klinikum Ludwigshafen mit Personalentwicklungsmaßnahmen begegnet sowie mit der Einführung von Führungsinstrumenten wie dem management by objectives.

Als problematisch erweist es sich auch, wenn die Unternehmensführung nicht uneingeschränkt von den Führungskräften aller Unternehmensbereiche unterstützt wird. Die Umgestaltung eines Unternehmens im Hinblick auf die Einführung Umfassenden Qualitätsmanagements ist ohne die Unterstützung der Führung nicht denkbar. Ein gutes Beispiel ist die Qualitäts- und Themenzirkelarbeit. Seit 1995 haben am Klinikum Ludwigshafen fast 40 Zirkel Probleme analysiert und Verbesserungsvorschläge erarbeitet. Bei der Untersuchung der Frage, wer zu Beginn des Prozesses die Initiatoren der Zirkelarbeit waren, wurde festgestellt, dass die überwiegende Zahl der Zirkel auf Initiative der Mitarbeiterinnen entstanden ist. Mit anderen Worten: Es waren weniger die Führungskräfte, die die neuen Instrumente anfangs gezielt einsetzten, Veränderungsprozesse initiierten und Mitarbeiterinnen an der Entwicklung beteiligten, als vielmehr die Mitarbeiterinnen, die verstärkt Beteiligungsmöglichkeiten nutzten. Diese Konstellation hatte aber zur Folge, dass Führungskräfte für die Umsetzung von Maßnahmen verantwortlich waren, die sie selbst gar nicht initiiert hatten. Damit umzugehen, fiel vielen Führungskräften, besonders der oberen und mittleren Führungsebene, nicht leicht. Die Konsequenz war, dass Verbesserungsvorschläge oft nicht mit dem Nachdruck umgesetzt wurden, wie dies wünschenswert gewesen wäre. Mittlerweile deutet sich jedoch an, dass Führungskräfte moderierte Arbeitsgruppen stärker als zu Projektbeginn als Führungsinstrument erkannt haben und einsetzen.

Die Probleme und Widerstände bei der Umsetzung Umfassenden Qualitätsmanagements können äußerst vielfältig sein. Die Erfahrung zeigt: Widerstände gibt es aus unterschiedlichen Motiven (Statusbedrohung, Scheu vor Verantwortung etc.) und in unterschiedlichen Formen. Die Skala reicht vom schlichten Nichtstun bis zur offenen Kritik, wobei hier nicht die konstruktive Kritik gemeint ist, sondern die „versteckter Gegner", die Kritik um dieser selbst willen äußern. (Zirkel und Arbeitsgruppen sind entweder zu klein oder zu groß, tagen zu oft oder zu selten usw.)

Die Einführung eines Umfassenden Qualitätsmanagements ist – darüber müssen sich alle Beteiligten im Klaren sein – ein langfristiger Prozess. Einstellungs- und Verhaltensänderungen brauchen Zeit. Der Weg hin zu einem TQM-Klinikum ist nicht immer einfach, doch letztlich gibt es dazu keine Alternative.

Literatur

Deutsches Institut für Normung e. V. (Hrsg.): DIN ISO 8402 – Qualitätsmanagement und Qualitätssicherung – Begriffe. Berlin 1995

1.4 Patientenorientierung im Alltag – aus Sicht einer Pflegedienstleitung

Annette Franke

1.4.1 Ein Wort zuvor

Die Patienten sind es, derentwegen Krankenhäuser betrieben werden und ihretwegen arbeiten wir dort. Sie zahlen unser Gehalt. Wir sollten uns deshalb immer wieder fragen, ob unser Krankenhaus und unser Handeln auf ihre Bedürfnisse ausgerichtet sind.

Patienten, die ins Krankenhaus kommen, haben einen rechtmäßigen Anspruch auf medizinische und pflegerische Behandlung, Betreuung und Versorgung. Ebenso selbstverständlich steht es ihnen zu, dass die angebotenen Leistungen in einer Weise erbracht werden, die den persönlichen Erwartungen und Wünschen bestmöglich entsprechen.

Dieser Anspruch leitet sich aus dem System der Krankenversicherungen ab. 95 Prozent der bundesdeutschen Bevölkerung sind Mitglieder der gesetzlichen Krankenversicherungen. Das heißt, sie zahlen ihren Anteil der Versicherungsprämie monatlich unabhängig davon, ob sie Leistungen des Gesundheitswesens in Anspruch nehmen. Oft geschieht das über viele Jahre. Der Patient hat also eine Vorfinanzierung getätigt, für die er nun bestimmte Leistungen, z. B. des Krankenhauses, erwartet (vgl. Bretscheider 1997).

Angesichts begrenzter finanzieller Mittel ist es allerdings nicht möglich, alle Erwartungen und Bedürfnisse zu erfüllen. (Manches können wir nicht erfüllen, manches dürfen wir nicht erfüllen.) Dennoch sollten wir uns bemühen, unser berufliches Handeln nicht an unseren, sondern an den Erwartungen der Patienten zu orientieren.

Patientenorientierung heißt damit vor allem, dass wir lernen, die „Laienperspektive" einzunehmen und unser Tun an der Perspektive des kranken oder hilfsbedürftigen Menschen zu orientieren. Wirklich professionell handelt schließlich nur der, der in jeder Situation sein Verhalten daran misst, welche Folgen es für den Leistungsempfänger hat.

1.4.2 Patientenorientierung und Dienstleistungsqualität

Aus dem Blickwinkel des Leistungsanbieters betrachtet bedeutet Patientenorientierung: Qualität – was sie ist, worin sie im konkreten Fall besteht – wird nicht mehr nur von Experten bestimmt, sondern in zunehmendem Maß auch von den Kunden (in diesem Fall den Patienten) und deren ganz spezifischen Erwartungen und Ansprüchen (vgl. auch Kap. 1.5). Qualität ist etwas sehr Subjektives.

Auch **persönliche Erfahrungen** beeinflussen die Qualitätsurteile von Menschen und prägen das Anspruchsdenken. Anspruchsniveaus ändern sich ständig (meist nach oben) und daher auch das, was wir als Standard, Luxus, normale oder außerordentliche Qualität erleben. Positive Erlebnisse wie z. B. eine gute Beratung beim Kauf eines elektrischen Geräts führen dazu, dass man denselben guten Service auch in anderen Geschäften erwartet bzw. dass man diejenigen meidet, die diesen Service nicht anbieten. Man überträgt Erfahrungen, die man in einem Bereich gemacht hat auf andere Bereiche und vergleicht damit indirekt die Leistungsqualität von Branchen, die direkt nichts miteinander zu tun haben.

Aus dieser Perspektive betrachtet, muss sich das Krankenhaus von heute Gedanken über eine lebenslange Patienten- bzw. Kundenbindungsstrategie (Abb. 1.**3**) machen. Die Entwicklung zu einem Gesundheitszentrum, in dem alle Anstrengungen nicht nur auf die Genesung, sondern auch auf die Erhaltung der Gesundheit ausgerichtet sind, kommt nicht nur den Erwartungen der Patienten entgegen, sie beinhaltet auch die Chance, sektorenübergreifend Leistungen aus einer Hand anzubieten.

Will man Patienten umfassend betreuen und versorgen, ist es erforderlich, entsprechend der jeweiligen Phase des Lebenszyklus, in der sich der einzelne Patient befindet, zu definieren, welche Erwartungen bzw. Anforderungen Kunde oder Kundin an ein Krankenhaus stellen, ob diese erfüllt werden können und wo Handlungsbedarf besteht.

1 Qualität fördern

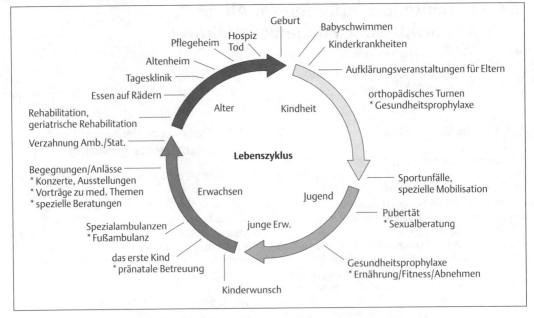

Abb. 1.3 Lebenslange Kundenbindungsstrategie

Patientenorientierung im Krankenhaus bedeutet, dass sich <u>alle</u> am Behandlungsprozess Beteiligten bemühen, die Erwartungen und Bedürfnisse der Patienten kennen zu lernen und zu erfüllen. Das erfordert motiviertes und qualifiziertes Personal, welches bereit ist, sich auf diesen langfristigen Prozess der Umorientierung auf ein patientenorientiertes Arbeiten einzulassen. Die *Patientenorientierung* ist kein Zustand, der für ein Krankenhaus abschließend erreicht werden kann. Sie ist eine Haltung, die erlernt werden muss und deren Inhalte sich ändern. Sie ist eine Haltung, die in Prozesse münden muss (vgl. Hauke 1998).

Patientenorientierung bezieht sich nicht nur auf pflegerische oder medizinische Handlungen, sondern auch auf die betriebliche Organisation und die baulichen und technischen Gegebenheiten. Diese sollten ebenfalls darauf überprüft werden, ob sie den Bedürfnissen der Patienten entsprechend verbessert werden können.

Patientenorientierung setzt eine umfassende und für den Patienten verständliche Information voraus. Soweit es möglich und sinnvoll ist, sollten er und – je nach Wunsch und Erfordernis – die Angehörigen an den pflegerischen und medizinischen Entscheidungen während des Behandlungsprozesses beteiligt werden. Eine Abstimmung zwischen den Erwartungen des Patienten und den medizinischen, pflegerischen, rechtlichen und wirtschaftlichen Möglichkeiten sollte am Anfang des Behandlungsprozesses stehen.

Um **Patientenorientierung in der Praxis** verwirklichen zu können, ist es wichtig, sich mit den folgenden, eng miteinander verknüpften Fragen auseinander zu setzen:

- Wie erfährt man von den Wünschen, Erwartungen und Bedürfnissen der Patienten?
- Gibt es eine Möglichkeit, bestimmte Erwartungen und Bedürfnisse vorwegzunehmen?
- Wie lassen sich Wünsche, Erwartungen und Bedürfnisse von Patienten in der Praxis umsetzen?
- Wie kann man erfahren, ob die Patienten mit den Leistungen während des Krankenhausaufenthaltes zufrieden waren?

1.4.3 Methoden zur Messung von Patientenzufriedenheit

Im Folgenden möchte ich fünf verschiedene Methoden vorstellen, mithilfe derer man sich ein Bild darüber verschaffen kann, wie zufrieden oder unzufrieden Patienten einer Station bzw. eines Krankenhauses sind. Gleichzeitig erfährt man auf diesem Wege etwas über die Wünsche und Bedürfnisse von Patienten und nicht selten bekommt man Hinweise darüber, wie die erhaltenen Informationen in die Praxis umgesetzt werden können.

Schriftliche Befragung mittels merkmalsorientierter Verfahren

In den letzten Jahren haben immer mehr Krankenhäuser Patientenbefragungen und Image-Analysen (vgl. Kap. 1.2, 1.3) durchgeführt. Ziel ist oft ein regionales und überregionales Benchmarking und die Beantwortung der Frage: „Wie sehen uns die anderen?" (Image). Bevor sich ein Krankenhaus für Patientenbefragungen entscheidet, sollte es sich darüber bewusst werden, dass es mit diesen Befragungen den Willen zu Veränderungen bekundet und diese auch umsetzen muss.

Der tatsächlichen Befragung vorangestellt ist die Auswahl eines geeigneten Fragebogens. Bewährt haben sich Fragebögen, in denen den Patienten Merkmale in Form von Aussagen vorgeben werden, mit denen der Grad ihrer Zufriedenheit ermittelt werden kann. Gleichzeitig erhalten die Patienten auf diesen Bögen die Möglichkeit, ihre Meinung zu bestimmten Sachverhalten oder Erlebnissen frei zu formulieren (vgl. Kap. 1.3 u. Kap. 1.5). Um festzustellen, ob und inwieweit sich die Zufriedenheit von Patienten verändert, sind periodische Befragungen notwendig.

Möchte man mit einer Patientenbefragung auch die Zufriedenheit von Patienten auf einer bestimmten Station ermitteln, sollte der Fragebogen einen stationsspezifischen Teil beinhalten. Erst mit stationsbezogenen Patientenaussagen (z. B. über den Tagesablauf) können die Pflegenden konkrete Veränderungen einleiten.

Die Ergebnisse einer Patientenbefragung sollten zeitnah in der Klinik bzw. auf der Station präsentiert werden. In einer anschließenden Teambesprechung kann dann eine Problem- oder Themensammlung erfolgen. Mithilfe dieser muss die Gruppe dann entscheiden, mit welchen Problemen sie sich sofort beschäftigen möchte und welche Themen als mittel- oder langfristige Zielvereinbarung formuliert werden sollen. Wichtig für die Sofortmaßnahmen ist es, verantwortliche Personen zu benennen, den Zeitrahmen für die geplanten Änderungen festzulegen und den Zeitpunkt für eine Erfolgskontrolle zu vereinbaren. Das alles sollte visualisiert (auf einem Plakat) und an einem für alle Mitarbeiterinnen sichtbaren Ort (z. B. Stationszimmer) aufgehängt werden.

Ob die durchgeführten Maßnahmen tatsächlich positive Auswirkungen haben, kann erst die nächste Patientenbefragung beantworten. Veränderungsprozesse müssen initiiert und die geplanten Handlungen umgesetzt werden. Bevor es eine messbare Veränderung gibt, vergeht mindestens ein halbes Jahr. Aus diesem Grund hat es sich als günstig und praktikabel erwiesen, Befragungen in Abständen von einem halben oder einem Jahr durchzuführen.

Mithilfe von Patientenbefragungen ist es also möglich, den Prozess kontinuierlicher Qualitätsverbesserung auf der Station in Gang zu setzen. Dabei liegt die Betonung auf *kontinuierlich*, weil eine langfristige Verhaltensänderung der Mitarbeiterinnen nur über einen fortdauernden und beständigen Prozess erreicht werden kann.

Mündliche Befragung mittels ereignisorientierter Verfahren

Im Gegensatz zur schriftlichen Patientenbefragung ist die mündliche Befragung eine unkomplizierte Methode, die sich fast überall anwenden lässt. So können Patienten beispielsweise zu ganz bestimmten negativen oder positiven Ereignissen befragt werden. Ein anderes Vorgehen besteht darin, sich bei den Patienten systematisch – in den verschiedenen Phasen ihrer Behandlung – nach Erwartungen, Wünschen, Empfindungen und Erlebnissen zu erkundigen (z. B. zu Wartezeiten in den Funktionsabteilungen). Dieses phasen- bzw. ereignisorientierte Vorgehen ermöglicht eine schnelle Erhebung valider Daten. Die Daten werden gesammelt und ausgewertet. Die Ergebnisse werden im Team besprochen. Das gestattet eine zeitnahe Reaktion auf einzelne Probleme (z. B. zu lange Wartezeiten).

Verschiedene Dialogformen

Unter Dialogformen sind zu verstehen:

- Gesprächsforen (Podiumsdiskussionen zu fachlichen Themen) für den Patienten
- persönliche Gespräche zwischen Pflegender und Patient

Gerade in persönlichen Gesprächen zwischen Pflegenden und Patienten sowie deren Angehörigen erfährt man sehr viel über deren Wünsche, Erwartungen und Zufriedenheit.

■ Was sind die günstigsten Gelegenheiten für ein persönliches Gespräch?

Während vieler Pflegetätigkeiten im unmittelbaren Kontakt zum Patienten gibt es zahlreiche Gelegenheiten mit dem Patienten zu sprechen. Gezielte Fragen, z. B. nach der Zufriedenheit, sollten dabei nicht dem Zufallsprinzip überlassen werden, sondern systematisch in den Tagesablauf bzw. Behandlungsprozess eingebaut werden. So kann sich die Pflegende beispielsweise abends (bei ihrem letzten Patientenkontakt) danach erkundigen, ob Patient oder Patientin mit dem Tag zufrieden waren. Bei negativen Ereignissen kann das Gespräch entlastende Funktion für den Patienten haben. Gleichzeitig wird ihm damit signalisiert, dass sich die Pflegende für seine Befindlichkeit interessiert.

Auf keinen Fall sollte versäumt werden, den Patienten am Tag seiner Entlassung (während des Entlassungsgesprächs oder bei der Verabschiedung) konkret danach zu fragen, was ihm gut gefallen hat und was verbessert werden könnte. Patienten haben oft sehr viele und gute Ideen. Dieses Potenzial sollte man nutzen.

■ Systematische Analysen mit Hilfe von Beobachtungen

Diese Methode eignet sich besonders gut, um genauere Angaben über stationäre Arbeitsabläufe zu erhalten. Häufig richten sich diese nicht nach den Bedürfnissen der Patienten, sondern nach den organisatorischen Prozessen eines Krankenhauses (z. B. den Arbeitszeiten verschiedener Berufsgruppen).

Soll der Tagesablauf einer Station patientenorientierter gestaltet werden, ist die Beobachtung des Tagesablaufs dazu Voraussetzung. Auf diese Weise erfährt man, was änderungsbedürftig ist und was beibehalten werden kann. Man kann z. B. beobachten, wie viele Pflegende im Verlauf eines Vormittags in ein Patientenzimmer gehen und damit die Ruhe des Patienten stören. Dabei genügt es nicht, etwaige Störungen zu zählen, sondern es muss außerdem beurteilt werden, ob diese Kontakte alle nötig waren. (Hätte man bei besserer Arbeitsorganisation z. B. mehrere Kontakte zusammenfassen können?)

Beobachtungen des stationären Arbeitsablaufs lassen sich mithilfe von Checklisten durchführen. Damit lassen sich quantitative Aussagen über bestimmte Probleme (z. B. Ruhestörung des Patienten) treffen.

■ Telefonische Patienten-Rückrufprogramme

Diese Methode wird analog der schriftlichen Patientenbefragung durchgeführt und meist von der Krankenhausleitung veranlasst. Es werden telefonische Interviews durch Mitarbeiterinnen des Krankenhauses oder durch Unternehmensberatungen bei bereits entlassenen Patienten geführt. Methodisch ist diese Form aufwändiger als die schriftlich Patientenbefragung, weil darauf geachtet werden muss, dass nur Aussagen von Patienten miteinander verglichen werden, die am selben Tag entlassen wurden. Interviews der Vergangenheit haben gezeigt, dass die Beurteilung des Krankenhauses oder der Behandlung durch den Patienten, sich mit der Zeitspanne seit dem Entlassungstag signifikant verändert.

1.4.4 Umgang mit Beschwerden

Beschwerden werden im Krankenhaus nicht nur von Patienten vorgebracht, sondern in einem nicht unerheblichen Umfang von ihren Angehörigen. Ich möchte deshalb in diesem Zusammenhang von Kunden sprechen und diesen Begriff synonym für beide Personengruppen verwenden.

Nur ein sehr geringer Anteil der unzufriedenen Kunden und Kundinnen drückt seine Unzufriedenheit gegenüber Mitarbeiterinnen eines Krankenhauses direkt aus. Die überwiegende Mehrheit äußert sich während ihres Krankenhausaufenthalts gar nicht. Jede unzufriedene Kundin wird ihren Unmut mindestens neun (teilweise sogar über zwanzig) weiteren Personen mitteilen. Unzufriedene Kundinnen werden das betreffende Krankenhaus, wenn möglich, zukünftig meiden.

Dass Kundinnen gerade im Krankenhaus ihre Unzufriedenheit meist nicht unmittelbar äußern, ist mit Angst vor möglichen Nachteilen während ihres Aufenthaltes zu erklären. Kritik erfolgt oft erst am Entlassungstag. Dabei richten sich die Patienten mit ihren beanstandenden Äußerungen sowohl an den Arzt als auch – was häufiger geschieht – an das Pflegepersonal.

Wie sollte man auf Kritik von Patienten reagieren?

Die mündliche Form der Beschwerde beinhaltet die Chance, sofort reagieren zu können, das heißt, dem Patienten z. B. die fehlenden Informationen zu geben oder ein Gespräch mit dem Arzt zu vermitteln.

Die folgenden sieben Punkte liefern **Hinweise dazu, wie man sich grundsätzlich in konkreten ‚Beschwerde-Situationen' verhalten sollte:**

1. Verstehen Sie die Beschwerde als Teil Ihrer Arbeit und sehen Sie in jeder Beschwerde eine Chance zur Verbesserung.
2. Bedanken Sie sich beim Kunden, dass er sich überhaupt beschwert und Ihnen so eine Chance gibt, sich zu entschuldigen und die „Sache aus der Welt zu schaffen".
3. Niemand hat jemals einen Streit mit einem Kunden gewonnen. Kunde oder Kundin haben immer Recht. Hören Sie ihnen gut zu, stellen Sie inhaltliche Fragen und machen Sie sich dazu Notizen. Bemühen Sie sich darum, sich in die Lage des Kunden zu versetzen.
4. Oft interessiert es die Kunden nicht, wer „Schuld" hatte. Vermeiden Sie deshalb „Sofortdiagnosen" oder gar Beschuldigungen. Auch Schuldzugeständnisse sollten Sie aus rechtlichen Gründen nicht machen.
5. Bitten Sie den Kunden um Hilfe, wie denn das Problem zu seiner Zufriedenheit zu lösen sei, bzw. wie der „Schaden" wieder gutzumachen sei. Stellen Sie die Regulierungshöhe in sein Ermessen.
6. Leiten Sie die Wiedergutmachung sofort in die Wege.
7. Analysieren Sie den Beschwerdevorgang und leiten Sie die Ursachensuche und -behebung ein.

Schwerwiegender als die mündliche, ist die schriftliche Form der Beschwerde. Meist ist eine solche Beschwerde nicht an die Pflegenden oder Ärzte der betreffenden Station gerichtet, sondern an den Chefarzt, Verwaltungsleiter, Geschäftsführer oder an die Beschwerdestelle (wenn diese eingerichtet ist). Im Fall einer schriftlichen Beschwerde ist eine sofortige Reaktion unabdingbar. Hier hat sich die Einladung zu einem klärenden Gespräch bewährt, bei dem – neben dem Patienten – der Oberarzt oder Stationsarzt und die Stationsleitung (je nach Bedarf) anwesend sein sollten. Vorab ist die genaue Untersuchung des kritisierten Tatbestandes notwendig. Das heißt, die Patientendokumentation muss ausgewertet werden. Mit den betroffenen Personen (beteiligte Mitarbeiterinnen des Bereichs) sollten Gespräche geführt werden, um detaillierte Informationen und andere Darstellungen des Sachverhaltes zu bekommen. Eine Vorbesprechung mit allen beteiligten Mitarbeiterinnen zur Klärung der Rollen während des Gesprächs ist sinnvoll. Hier wird vereinbart, welche Informationen in welcher Form gegeben werden sollen. Im eigentlichen klärenden Gespräch können die oben genannten Leitlinien verwendet werden.

Wie kann ein Patient anonym seinen Unmut äußern?

Anonymität im Zusammenhang mit Kritik ist sehr wichtig. Viele Krankenhäuser händigen ihren Patienten deshalb bei der Aufnahme eine Patienteninformationsbroschüre aus, in der sich ein heraustrennbarer Patientenfragebogen befindet. Um dieses Instrument wirksam nutzen zu können, müssen an vielen Orten im Krankenhaus für die Patienten leicht zugängliche Briefkästen angebracht sein. Eine regelmäßige Leerung der Briefkästen ist wegen einer zeitnahen Reaktion unbedingt erforderlich. Die Auswertung der Fragebögen und – wo nötig – die sofortige Reaktion auf Beschwerden ist von autorisierten Personen (z. B. Beschwerdemanager (Abteilung oder Stabsstelle der Geschäftsführung/Verwaltung), Marketingabteilung) durchzuführen. Die Stationsleitungen sollten in regelmäßigen Abständen über die Ergebnisse dieser Befragungen informiert werden.

1.4.5 Dienstleistungsqualität

Zunächst ist jede Mitarbeiterin aufgefordert, in ihrem Bereich eigene Dienstleistungsqualität (vgl. Kap. 1.5.2) zu erzeugen und sich selbst zu kontrollieren. Die Förderung der Verinnerlichung qualitätsorientierten Verhaltens und dessen Kontrolle sind wichtige Führungsaufgaben von Vorgesetzten.

Fast alle Arbeitsvorgänge im Krankenhaus sind fach- bzw. abteilungsübergreifend. Jede Beschäftigte ist somit Leistungsempfängerin und Leistungserbringerin oder anders ausgedrückt: Kundin und „Lieferantin". Nur wer gute Qualität liefert und die Ergebnisse seines Handelns prüft, bevor diese Arbeitsergebnisse an andere Bereiche weitergegeben werden, sichert einwandfreie Einzelleistungen und ermöglicht dem nächsten Leistungserbringer seinerseits bestmögliche Ergebnisse zu erzielen.

aus der Praxis

Beispiel für Dienstleistungsqualität
Bringt eine Pflegende einen Patienten mit fehlenden Unterlagen in den Operationsaal, so hat das Wartezeiten für alle Beteiligten zur Folge. Die nachfolgenden Arbeitsprozesse werden davon beeinflusst und auch andere Abteilungen bzw. Stationen sind betroffen. So kommt etwa der Stationsarzt wegen der Verzögerungen im Operationsprogramm nicht zu den vereinbarten Visitenzeiten.

Aus diesem Grund sollte jede Mitarbeiterin gehalten sein, ihrerseits nur gute „Vorleistungen" anzunehmen. Ein solches Verhalten entspricht dem Prinzip der Qualitätssicherungsprogramme ISO 9000 ff. (vgl. Kap. 1.2) und liefert die Qualitätsstabilisierung aller Dienstleistungen im Gesamtprozess.

1.4.6 Die Bedeutung des direkten Patientenkontaktes

Mitarbeiterinnen im direkten Patientenkontakt gewinnen erheblich an Bedeutung, denn sie wirken maßgeblich daran mit, ob sich der Patient wohl fühlt und seine Erwartungen und Bedürfnisse erfüllt werden. Oft entscheidet die erste Begegnung über die – positive oder negative – Grundeinstellung des Patienten. Ärzte und Pflegende haben es im Falle eines ersten negativen Eindrucks schwer und benötigen einen sehr hohen Betreuungsaufwand, die ablehnend-kritische Haltung des Patienten in Akzeptanz umzuwandeln. Es gilt: nur ein zufriedener Patient wird positiv für das Krankenhaus werben.

■ Das erste Patientengespräch auf der Station

Patienten können bei einer Krankenhauseinweisung auf zwei verschiedenen Wegen zu ihrer Station gelangen: Entweder werden sie über eine Ambulanz aufgenommen oder sie kommen direkt auf die Station und werden dort aufgenommen.

Kommen Patienten über die Ambulanz auf die Station, wurden in der Regel schon in der Ambulanz wichtige Information (z.B. in Form einer ärztlichen/pflegerischen Anamnese) gesammelt. Diese sind Grundlage für das erste Gespräch (Pflegeanamnese) zwischen Patient und Pflegender auf der Station.

Pfleganamnese und Pflegeplanung sollten sinnvollerweise durch die Bereichs- bzw. Bezugspflegende vorgenommen werden. Ziel des Gespräches ist – neben der Informationsgewinnung – der Aufbau eines vertrauensvollen Verhältnisses zwischen Patient und Pflegender.

■ Gesprächsort

Damit Patient bzw. Patientin Vertrauen entwickeln können, ist das Gespräch in einer ruhigen, ungestörten Atmosphäre zu führen. Ein Patientenzimmer mit anderen anwesenden Patienten ist daher ungeeignet für das Gespräch. Stattdessen könnte – in Absprache mit dem ärztlichen Dienst – ein Arztzimmer der Station als Gesprächsort genutzt werden. Zur Vertrauensbildung gehört weiterhin, dass die Pflegende dem Patienten das Gefühl vermittelt, sich während des Gespräches ausschließlich auf ihn zu konzentrieren. Potenzielle Störungen wie Telefon, Patientenklingel oder andere mögliche Störquellen sind vorab zu unterbinden.

■ Gesprächsanfang

Am Anfang des Gespräches sollte sich die Pflegende mit Namen und Funktion vorstellen, wenn dies nicht schon zu einem früheren Zeitpunkt geschehen ist. Auch der Hinweis, dass man für einen bestimmten Zeitraum die verantwortliche Bereichspflegekraft, also Ansprechpartnerin, ist, stellt für den Patienten eine wichtige Information dar.

■ Gesprächsinhalt

Während des Gesprächs sind doppelte Informationserhebungen zu vermeiden. Das heißt, die Pflegende muss sich zunächst einen Überblick über die schon vorliegenden Informationen verschaffen und überlegen, welche relevanten Informationen sie außerdem benötigt. Die Bedeutung von doppelt erhobenen Informationen ist für den Patienten nicht nachvollziehbar. Im Gegenteil: es entsteht der Eindruck eines nicht koordinierten Vorgehens. Dieser Umstand kann die Vertrauensbildung in erheblichem Maße behindern.

Im Gespräch sollte sich die Pflegende nach persönlichen Gewohnheiten (z. B. Körperpflege oder Schlafgewohnheiten) des Patienten erkundigen und nach Wünschen fragen. Damit signalisiert sie dem Patienten, dass sie ihn mit seinen Gewohnheiten und Eigenheiten respektiert und bereit ist, die Pflege individuell anzupassen und durchzuführen. Mit Blick darauf, sollte das in der Pflegeanamnese ermittelte Wissen nach Möglichkeit in der Behandlung und Pflege berücksichtigt werden.

■ Nutzung eines Anamnesebogens

Hilfreich für eine effektive Informationserhebung und -sammlung ist ein multiprofessioneller Anamnesebogen bzw. eine gemeinsame Dokumentation von ärztlichem und pflegerischem Dienst. Unabhängig davon, wer zuerst mit dem Patienten spricht, werden alle Informationen multiprofessionell dokumentiert (vgl. Abschlussbericht Projekt VerKet, 2000).

■ Informationen für den Patienten

Neben der Informationsgewinnung kann das pflegerische Erstgespräch bzw. die Pflegeanamnese auch genutzt werden, um dem Patienten notwendige und hilfreiche Informationen zu geben. So ist es sehr wichtig, ihn über den stationären Tagesablauf, beispielsweise Visiten- und Essenszeiten oder Sprechzeiten der Ärzte, zu informieren.

■ Gesprächsende

Zum Ende des Gespräches sollte geklärt werden, ob der Patient alles verstanden hat. Außerdem sollte man ihm abschließend die Möglichkeit geben, Fragen zu stellen.

Nach dem Gespräch könnte sich ein Stationsrundgang anschließen, um den Patienten mit allen Räumlichkeiten der Station bekannt zu machen.

Das erste Gespräch mit dem Patienten auf der Station hilft den Pflegenden, ihre Arbeit sinnvoll und patientenorientiert zu organisieren. Außerdem kann es dazu beitragen, dass der Patient sich besser in einer für ihn fremden und ungewohnten Umgebung zurechtfindet und mögliche Ängste verliert. Damit wird ihm das Gefühl vermittelt, erwartet zu werden und nicht eine „lästige Störung" zu sein. Ebenso freundlich möchten Patienten empfangen werden, die schon häufiger auf der Station waren, das heißt „Stammkunden" wollen als diese erkannt werden.

Natürlich trägt nicht allein ein pflegerisches Erstgespräch zum freundlichen Empfang des Patienten bei: Stundenlanges Warten auf dem Stationsgang, ohne vom Personal wahrgenommen oder beachtet zu werden, ist der Gestaltung einer vertrauensvollen Beziehung nicht dienlich. Sind Wartezeiten unvermeidbar, ist eine Entschuldigung dafür angebracht. Die Versorgung mit Zeitschriften, Informationsmaterial und Getränken in der Zeit des Wartens wird der Patient positiv aufnehmen. Falls es der Gesundheitszustand zulässt, kann man dem Patienten auch vorschlagen, die Patienten-Cafeteria (falls vorhanden) zu besuchen, um die Wartezeiten zu überbrücken. Am günstigsten wäre es natürlich, Wartezeiten von vornherein zu vermeiden, z. B. durch ein gestaffeltes Einbestellungssystem.

1.4.7 Umgangsformen

Auch wenn es sich bei den hier aufgeführten Umgangsformen um Selbstverständlichkeiten zu handeln scheint, hat die Erfahrung gezeigt, dass es sinnvoll ist, Regeln des Umganges mit Patienten nicht jeder Mitarbeiterin selbst zu überlassen. Sie bedürfen der Benennung, Diskussion, Vereinbarung und schriftlichen Fixierung. Eine Mitarbeiterbesprechung ist ein geeignetes Forum, um zu einer für alle Mitarbeiterinnen verbindlichen Regelung zu kommen. Jede neue Mitarbeiterin muss über diese Regelung informiert werden. Gegebenenfalls muss erläutert werden, was unter den einzelnen Begrifflichkeiten zu verstehen ist.

Unter Umgangsformen werden hier die folgenden Begriffe zusammengefasst:

- Höflichkeit, Freundlichkeit
- Zuvorkommenheit, Respekt
- Taktgefühl, Wahrung der Intimsphäre
- Erscheinungsbild und Auftreten des Personals

Patienten zeigen meist sehr viel Verständnis für die Arbeitssituation im Krankenhaus. Sie sind geduldig und sehen über so manche organisatorische Unzulänglichkeit hinweg, vorausgesetzt das Personal begegnet ihnen freundlich und mit Respekt. Andernfalls wird ihre Toleranz auf ein

Minimum sinken und sie werden übergenau jede Handlung und Information bewerten.

Ein solches Verhalten ist sicher gut nachzuvollziehen, denn wenn der Patient ins Krankenhaus kommt, befindet er sich in einer kritischen Lebenssituation. Nicht immer wird er das Krankenhaus in einem besseren Zustand oder gesund verlassen. Im Gegenteil: Nicht selten hat der Krankenhausaufenthalt – der Verlust des gewohnten Umfeldes – einen mitunter negativen Einfluss auf die Lebenssituation des Patienten nach seiner Entlassung. Aufgrund dieser Auswirkungen ist es für den Patienten besonders wichtig, dass ihm Achtung erwiesen wird. Höflichkeit, Freundlichkeit und Respekt sind Grundvoraussetzungen für die Begegnung mit dem Patienten. Sie haben oberste Priorität und sind von allen Mitarbeiterinnen unabhängig ihrer Stellung im Unternehmen zu praktizieren.

Den Patienten mit seinem Nachnamen ansprechen

Achtung bedeutet beispielsweise, dass Patienten grundsätzlich mit ihrem Nachnamen angesprochen werden sollten. Das gilt auch für Patienten, die verwirrt oder älter sind. Selbst wenn Patienten ihrerseits Pflegende duzen oder nur mit ihrem Vornamen ansprechen, sollte nicht auf eine korrekte Anrede des Patienten verzichtet werden. Eine unkritische Distanzlosigkeit bzw. eine falsch verstandene Vertraulichkeit gegenüber Patienten sind Zeichen für ein unprofessionelles Pflegeverständnis und bedürfen einer raschen Korrektur.

Überschreiten persönlicher Grenzen

Eine Besonderheit im Kontakt zum Patienten ist die Überschreitung persönlicher Grenzen. Viele pflegerischen und medizinischen Handlungen gehen mit einer „Grenzverletzung" einher. Damit sind einerseits physiologische Grenzen (z. B. Berührung der Haut), andererseits psychologische Grenzen gemeint. Ärzte und Pflegende kommen den Patienten während der Behandlung und Pflege in einer Weise nahe, wie es meist nicht einmal Lebenspartner oder engste Angehörige tun (z. B. Hilfe bei der Körperpflege oder Ausscheidung). Darüber hinaus erfolgt ein solch enger Körperkontakt häufig mehrmals am Tag und ist oft mit Schmerzen verbunden (z. B. bei Injektionen, Verbandswechsel). Es ist daher erforderlich, die notwendigen Handlungen mit Taktgefühl und unter Wahrung der Intimsphäre auszuführen. Der Patient muss über eine geplante Maßnahme informiert werden und damit einverstanden sein. Ein passendes Umfeld sollte geschaffen werden. So kann man z. B. einen Mitpatienten bitten, während einer pflegerischen oder medizinischen Maßnahme das Zimmer zu verlassen. Ist das nicht möglich, kann mit einer spanischen Wand oder Vorhängen Sichtschutz hergestellt werden. Sind solche Hilfsmittel auf der Station nicht vorhanden, ist peinlich genau darauf zu achten, dass der Patient nicht mehr als für die Pflegehandlung nötig entblößt wird. Das gilt gleichermaßen auch für medizinische oder pflegerische Handlungen während Visiten.

Pflegende die bereit und dazu fähig sind, die Intimbereiche des Patienten wahrzunehmen und zu schützen, geben ihm eine wertvolle Hilfestellung für die Bewältigung und Verarbeitung des Klinikaufenthaltes.

Der erste Eindruck – Erscheinungsbild und Auftreten des Personals

Der erste Eindruck von einem Menschen prägt oft die gesamte Beziehung. Verschiedene Einflussfaktoren sind dabei von Bedeutung. Manche sind offenkundig und andere wiederum wirken eher subtil. Zu Erstgenannten zählt beispielsweise das äußere Erscheinungsbild. Darüber werden Rückschlüsse auf die betreffende Person gezogen (z. B. Gruppenzugehörigkeit, Bildung, Wertvorstellungen, Einstellungen). Solche Eindrücke mischen sich mit persönlichen Ansichten. So hat jeder Patient bestimmte Vorstellungen darüber, wie Pflegende oder Ärzte gekleidet sein sollen. In Befragungen werden immer wieder genannt: Sauberkeit sowie ordentliche, korrekte und adrette Kleidung (vgl. Schaub 1994).

Nicht in jeder Abteilung eines Krankenhauses ist das Tragen so genannter Bereichskleidung aus hygienischen Gründen notwendig und sinnvoll. Kinder etwa haben aufgrund ihrer negativen Erfahrungen mit Ärzten oder Pflegenden oft Angst vor „weißen Kitteln". In solchen Fällen ist von Station zu Station abzuwägen, ob weiße Berufskleidung notwendig ist oder ob darauf verzichtet werden kann. Grundsätzlich erfüllt das Tragen von Bereichskleidung mehrere wichtige Funktionen und ist daher für Patienten und Besucher überaus nützlich.

1.4 Patientenorientierung im Alltag – aus Sicht einer Pflegedienstleitung

Bedeutung und Funktion von Bereichs- bzw. Berufskleidung:

- hygienische Schutzfunktion
- Identifikation von Berufsgruppen
- Zuordnung zu bestimmten Bereichen oder Stationen (kann durch farbliche Gestaltung unterstützt werden)
- Unterscheidung, Identifikation von Mitarbeiterinnen und Besuchern
- Repräsentation des Krankenhauses nach außen

Jede Mitarbeiterin ist für ihr äußeres Erscheinungsbild selbst verantwortlich, was nicht bedeutet, dass alles erlaubt ist, was gefällt. In den meisten Kliniken gibt es Vereinbarungen oder Dienstvorschriften über das Tragen von Berufs- bzw. Bereichskleidung, die die Rahmenbedingungen für das Personal bilden. (Auf hygienische Aspekte und die Seite der Arbeitssicherheit möchte ich hier nicht eingehen, weil sie bekannt und eindeutig geregelt sind (vgl. Hygieneverordnung).

Für Pflegende einer Station sind **Regeln oder Vereinbarungen über das Tragen von persönlicher Kleidung** (z. B. T-Shirts oder persönliche Berufsbekleidung) während der Arbeitszeit erforderlich. Es sollte festgelegt werden, wie diese Kleidung aussehen kann (Muss sie z. B. unbedingt weiß sein?) und was nicht toleriert wird. Da jede Mitarbeiterin persönliche Vorstellungen von Berufskleidung hat und diese nicht immer mit den Erwartungen der Patienten übereinstimmen werden, ist es erforderlich, das Thema Berufskleidung im Team zu diskutieren (bestenfalls vor einer Patientenbeschwerde). Ebenfalls thematisiert werden sollte das Tragen von Schmuck, Uhren, Nagellack oder bestimmten Frisuren (z. B. bei langen Haaren). Allerdings muss berücksichtigt werden, dass nicht jede Station losgelöst vom Gesamtunternehmen eine eigene „Kleiderordnung" aufstellen kann. Eine Abstimmung mit Blick auf ein einheitliches Auftreten ist deshalb mit der Vorgesetzten vorzunehmen.

Für die Stationsleitung kann die Auseinandersetzung mit dem äußeren Erscheinungsbild ihrer Mitarbeiterinnen in manchen Situationen zu schwierigen Diskussionen führen. Solche Probleme können gemildert werden durch regelmäßige Mitarbeitergespräche, in denen unter anderem das Tragen von Berufskleidung thematisiert wird. Betrifft dieses Thema allerdings nur eine bestimmte Mitarbeiterin, sollte die Stationsleitung mit der betreffenden Pflegenden persönlich sprechen. Solche Gespräche, in denen Kritik über das äußere Erscheinungsbild einer Mitarbeiterin notwendig sind, fallen vielen Stationsleitungen zunächst schwer. Damit die Mitarbeiterin diese Rückmeldung akzeptieren kann, sind nicht nur Fingerspitzengefühl und Takt geboten, sondern es erfordert von der Stationsleitung auch eine präzise nachvollziehbare Begründung der Kritik.

Grundsätzliches Ziel der Stationsleitung sollte es sein, eine Gesprächskultur auf der Station zu entwickeln, in der die Auseinandersetzung über das Erscheinungsbild der Pflegenden bzw. über deren Auftreten gegenüber Patienten, Besuchern und anderen Mitarbeiterinnen so selbstverständlich sind, wie Gespräche über die Qualität der Arbeit.

Tragen von Namensschildern

Das Tragen von Namensschildern oder Identifikationskarten ist sowohl für Patienten, Angehörige, Besucher als auch Kolleginnen und andere Mitarbeiterinnen des Krankenhauses hilfreich. Folgende Informationen sollten auf einer Identifikationskarte aufgeführt sein:

- Vor- und Familienname,
- Qualifikation oder Funktion (Krankenschwester, Stationsleitung),
- Station, Abteilung, Klinik.

Patienten und Angehörige können sich nicht sofort alle Namen und Gesichter einer Station einprägen. Es ist unangenehm und irritierend für sie, nicht zu wissen, mit wem sie es zu tun haben und wie sie ihr Gegenüber ansprechen sollen.

Auch für die Mitarbeiterinnen eines Krankenhauses sind Identifikationskarten hilfreich. Wird zum Beispiel ein Patient auf eine andere Station verlegt, muss die ihn begleitende Pflegende den Patienten an eine verantwortliche Bereichs-Krankenschwester oder eine andere Krankenschwester übergeben. Tragen die Mitarbeiterinnen der anderen Station lediglich Namensschilder, erhält man – ohne Nachfragen – keine Auskunft über Ausbildungsstand oder Zugehörigkeit zur Station.

Jede Mitarbeiterin repräsentiert unter anderem durch ihre Kleidung und ihr Auftreten das Unternehmen nach außen. Dieser Aspekt sollte nicht unterschätzt werden. Patienten, Angehörige und Besucher leiten daraus Rückschlüsse auf die Unternehmensphilosophie und -kultur ab. Dabei sind korrektes und freundliches Auftreten genauso wichtig wie das, was für die Patientenzufriedenheit bzw. das Wohlbefinden des Patienten getan wird.

Literatur

Bretschneider, R.: Kundenbedürfnisse in Institutionen, die Kluft zwischen Erkennen und Handeln. new quality. 12 (1997) 6

Hauke, E.: Orientieren wir uns an den Bedürfnissen des Patienten. new quality. 10 (1998) 85

Kellnhauser, E. u. a. (Hrsg.): THIEMEs, Pflege: entdecken – erleben – verstehen – professionell handeln. 9. völlig neu bearb. Aufl. Thieme, Stuttgart 2000

Rode, G.: Servicequalität + Hotelleistungen + Organisationsqualität + Klinik-Marketing. ku-spezial

Seminarunterlagen: Der Patient als Kunde, Dipl. VW C. Annent-Rambow, Meditex Krankenhausberatung, 17. 04. 1997

Schaub, M.: Psychologie für die Pflegeberufe. Springer, Heidelberg 1994

1.5 Patientenorientierung im Alltag – aus Sicht einer Funktionsleitung

Dorothea Baniewicz

1.5.1 Ein Wort zuvor

Patientenorientierung im Krankenhaus und auf den Stationen ist ein Muss – daran gibt es heute überhaupt keinen Zweifel mehr. Aber wie sieht es speziell in den Funktionsabteilungen aus, in denen der Patient nur für kurze Zeit verweilt? Zwar gibt es auch hier einen Bezug zum Patienten, aber eine lang andauernde Beziehung kann – aufgrund der kurzen Aufenthaltsdauer – nicht aufgebaut werden. Das Augenmerk in einer Funktionsabteilung liegt auf organisatorischen Prozessen, um zu gewährleisten, dass alles reibungslos funktioniert. (Ein fünfminütiges EKG z. B. erfordert fast eine Stunde Zeit für Terminabsprachen, Dokumentation und Transport.)

Ich möchte im Folgenden der Frage nachgehen, ob Patientenorientierung, die eine tragfähige Pflegebeziehung beinhaltet, in der Funktionsabteilung nötig und möglich ist?

1.5.2 Wie entstehen Qualitätsurteile von Patienten?

Im Krankenhaus wird mit und an Menschen gearbeitet. Sowohl Handeln als auch Nicht-Handeln auf beiden Seiten (Pflegende und Patienten) haben Einfluss auf den Interaktionsprozess. Hier wird ein wesentlicher Beitrag zu Qualität und Effizienz des erzielten Gesundheitsgewinnes geleistet (vgl. Badura u. Feuerstein 1994, S. 260).

Wenn man davon ausgeht, dass ein Krankenhaus heutzutage ein Dienstleistungsunternehmen ist, beurteilen die Patienten die Qualität der Dienstleistung anhand folgender Merkmale:

- Umfeld
- Leistungsfähigkeit und Kompetenz
- Zuverlässigkeit
- Reaktionsfähigkeit
- Einfühlungsvermögen

(Vgl. Verband der deutschen Krankenhausdirektoren 1997, S. 28.)

Charakteristische Merkmale einer Dienstleistung, bezogen auf die Qualitätswahrnehmung des Kunden, sind Intangibilität und Kundenbeteiligung.

■ Intangibilität

Intangibilität bedeutet, dass ein Patient nur einen geringen Teil der für ihn interessanten Qualitätsmerkmale vor der Inanspruchnahme überprüfen kann, weil eine Dienstleistung – als etwas Nicht-Greifbares – im Gegensatz zu einem Sachgut nicht in Augenschein genommen werden kann. Dagegen erfährt er Qualitätsmerkmale, auf deren Vorhandensein und Güte er grundsätzlich vertrauen muss.

Speziell Freundlichkeit und Vertrauen sind während der Durchführung diagnostischer und therapeutischer Maßnahmen von besonderer Bedeutung für den Patienten. Diese so genannten Glaubens- und Erfahrungsmerkmale bedingen beim Patienten ein hohes wahrgenommenes Risiko. Dies ist für den Patienten von existenzieller Bedeutung, denn eine falsche Entscheidung z. B. in der Notaufnahme kann schwer wiegende Folgen für den Patienten haben.

■ Kundenbeteiligung

Der nachfragende Kunde (also der Patient) muss sich nicht nur körperlich, sondern auch mit seiner Bereitschaft am Pflege- bzw. Heilungsprozess mitzuwirken, einbringen.

Krankenhausdienstleistungen werden am anwesenden Kunden, in einem Interaktionsprozess zwischen Krankenhauspersonal und Kunde, erbracht (vgl. Strauss 1996, S. 41ff.).

Betrachtet man **Krankenhausqualität als Dienstleistungsqualität:**

- so bedeutet dies, dass das Produkt, die Heilung, Linderung des Leidens und die individuelle Gesundheit des Leistungsempfängers nicht allein von den Fähigkeiten des Krankenhauspersonals bzw. von den Organisationen des Arbeitsprozesses abhängt.

- muss die Bereitschaft des Patienten, an seiner Gesundung mitzuwirken, vorhanden sein.
- bedarf es der Zusammenarbeit der unterschiedlichen Berufsgruppen im Krankenhaus (vgl. Mühlbauer 97/98, S. 156).

Somit ist das, was man allgemein als Krankenhausversorgung bezeichnet, ein interaktiver und offener Prozess mit komplexen Beziehungen und differenziertem Mitteleinsatz, der gesteuert ist. Der Patient mit seinen Bedürfnissen und Erwartungen sollte unbedingt im Mittelpunkt dieses Prozesses stehen.

Patientenorientierung im Krankenhaus ist dann erreicht, wenn die Krankenhausversorgung den Erwartungen des Patienten auf Heilung, Besserung oder Linderung seines Leidens entspricht, und darüber hinaus auch die individuellen Bedürfnisse im Servicebereich befriedigt werden.

Bisher wurde meistens nur die medizinisch-pflegerische Sachdimension der Krankenhausqualität, also die Produktqualität zur Beurteilung und Sicherung herangezogen. Im Mittelpunkt des Krankenhausgeschehens steht aber die persönliche Interaktion zwischen Krankenhaus und Patient. Vor diesem Hintergrund kann die Produktqualität nicht mehr als Richtwert herangezogen werden. Es muss sich ein Wandel hin zu Prozess- und Ergebnisqualität vollziehen.

Die Interaktionsprozesse im Krankenhaus

Die Interaktionsprozesse im Krankenhaus sind ausschlaggebende Faktoren für die Qualitätsurteile der Patienten. Es ergeben sich zeitlich und räumlich synchron verlaufende Interaktionsprozesse zwischen dem Patienten als externem Kontaktfaktor und den krankenhausinternen Kontaktfaktoren (Mensch oder Maschine). Sobald die vorher zwischen Patient und Krankenhausmitarbeiterinnen vereinbarten Behandlungs- und Versorgungsprozesse erbracht worden sind und die Kontaktsituation verlassen wurde, gilt die Leistung als erbracht (vgl. Dullinger 1996, S. 18).

Es gibt unzählige Kontaktpunkte (z.B. Planen und Durchführen eines EKG's) zwischen Patienten und Personal sowie zwischen Patienten und medizinischen Geräten. Diese Kontaktpunkte variieren bezüglich ihrer Dauer und Intensität. An diesen Kontaktpunkten, den „Moments of Truth", die der eigentlichen Kernleistung vor- und nachgelagert sind, nimmt der Patient Qualität wahr. Aus einer hier gemachten Erfahrung wird er auf die Gesamtqualität des Krankenhauses schließen (vgl. Strauss 1996, S. 44).

Sehr sensible Bereiche sind die so genannten kritischen Kontaktpunkt (z.B. wenn ein Angehöriger aufgrund der beengten Räumlichkeiten während einer Untersuchung nicht beim Patienten bleiben kann). Sie können, wenn sie vom Patienten negativ wahrgenommen werden, eine für das Krankenhaus unerwünschte Verhaltensreaktion auslösen. Der Patient wird, wenn ein weiterer Krankenhausaufenthalt nötig ist, seine Wahl zugunsten einer anderen Klinik treffen. Außerdem wird er – durch eine negative „Mund zu Mund"-Propaganda – dazu beitragen, dass die betreffende Klinik an Ansehen verliert (vgl. Kap. 1.4). Es gehört zu den vorrangigen Aufgaben des Managements solche „misslungenen" Kontakte durch aktiv gestaltete Maßnahmen zu verbessern, um die Erwartungen der Patienten in Zukunft zu erfüllen.

Das Verhalten des Kundenkontaktpersonals in der Interaktion mit dem Patienten, ist der ausschlaggebende Faktor. Ob der Patient diese Interaktion als positiv oder negativ erlebt, entscheidet darüber, wie er die Qualität der Krankenhausleistung einschätzt. Der ärztliche Erfolg als Kernleistung wird vorausgesetzt. Somit stellt ein Krankenhausaufenthalt für den Patienten ein komplexes Qualitätserlebnis dar, das eine Fülle an Kontaktpunkten bietet.

Zur Ermittlung dieser Kundenkontaktpunkte im vom Kunden erlebten Prozess (Kundenpfad) gibt es Planungsinstrumente, die als *Blueprinting* oder *Service Mapping* bezeichnet werden, auf die ich hier aber nicht weiter eingehen will (vgl. Strauss 1996, S. 46).

Das Ziel des Krankenhauses, bezüglich Qualität und Intensität der Kontaktpunkte, muss die ständige Verbesserung und Ausrichtung derselben an den Bedürfnissen und Erwartungen der Kunden sein.

An den Kontaktpunkten, zurecht auch als „Augenblicke der Wahrheit" bezeichnet, entscheidet sich, ob der Kunde mit der von ihm subjektiv wahrgenommenen Qualität zufrieden ist, oder ob er von einer für ihn unzureichenden, oder gar dilettantischen Interaktion in einer Kontaktsituation auf die Gesamtqualität der Krankenhausleistung schließt.

Am Urteil des Patienten bzw. Kunden kann man ablesen, ob sich das Qualitätsmanagement bewährt hat und Patientenorientierung nicht nur ein Lippenbekenntnis ist, denn Qualität ist nicht nur das, was Fachleute als Qualität definieren, sondern vor allem das, was der Patient als Qualität betrachtet.

1.5.3 Darstellung des Verhältnisses „Klinikpersonal – Patient" vor dem Umdenkungsprozess

Definition

Der Begriff *Patient* bezieht sich auf eine „in ärztlicher Behandlung stehende Person" (Pfeifer 1999, S.981). Aus dem Lateinischen kommend bedeutet *patiens* „erduldend, ertragend, fähig zu erdulden" (ebenda).

Der Patient erduldet und leidet nicht nur in Bezug auf seine Krankheit, sondern auch hinsichtlich des Personals im Krankenhaus. Sie formieren ihn behandlungsgerecht durch Zwänge und Verhaltensweisen, die in den Strukturen der Organisation verankert sind. Der Patient fügte sich den Zumutungen und Ansprüchen des Krankenhauspersonals, da er an deren Expertenmacht glaubt, nur aus einem Grund: er möchte gesund werden!

Im Krankenhaus, besonders in den Funktionsabteilungen, steht der Patient oft genug nicht als ganzheitliche Person, sondern meist reduziert auf sein Krankheitsbild, im Vordergrund. Er wird zum Behandlungsobjekt. Ausgehend von seinem Persönlichkeits- und Krankheitsartenmuster, wird er in den Versorgungsprozess integriert. Man gibt ihm eine krankenhaustypische Identität, indem man ihn einstuft in bestimmte krankenhausspezifische Kategorien und ihn klassifiziert als akuten oder chronischen Fall. Er wird somit immer mehr zu einer technischen Aufgabe des Versorgungsprozesses, die gelöst werden muss. Dies geht zum Teil so weit, dass die verschiedenen Berufsgruppen, die an der Behandlung des Patienten mitwirken, ihn nur auf dem Hintergrund ihrer jeweiligen berufsgruppenspezifischen Ziele und Interessen bzw. ihrer ganz persönlichen Perspektive sehen.

Die Folgen daraus sind:

- Von jeder Fachdisziplin werden unterschiedliche diagnostische Strategien festgelegt. Daraus werden konsequenterweise unterschiedliche Therapiepläne entwickelt; Zielsetzung und Aufgabe des Versorgungsprozesses werden professionsspezifisch definiert. Der Ablauf des Leistungsgeschehens ist weitestgehend fachabteilungsspezifisch determiniert und damit vorstrukturiert.
- Durch unzureichende interdisziplinäre Zusammenarbeit (vor allem in den Ambulanzen) entstehen für den Patienten unzumutbare Wartezeiten.

Der Patient wird durch diese Interpretation des Persönlichkeits- und Krankheitsartenmusters auf die somatischen Aspekte der Krankheit reduziert. Seine Bedürfnisse werden selten berücksichtigt. Immer wieder beklagen Patienten, dass sie sich während ihres Aufenthaltes im Krankenhaus verloren vorkommen. Abgefertigt, da Ärzte und Pflegepersonal jeweils nur wenige Handgriffe und Handreichungen ausführen. Das Vertrauensverhältnis des Patienten zum Kontaktpersonal, das er in seiner Ausnahmesituation, als Notfall, ganz besonders benötigt, kommt im Alltag nicht immer zu Stande (vgl. Eichhorn 1996, S. 133).

Gerade in den Funktionsabteilungen, die sich – speziell im Notfallbereich – nicht selten als „Eliteeinheiten" verstehen, wird der Patient oftmals einfach „abgefertigt". Eine solch überhebliche Denkweise ist vor allem in einem Unternehmen wie dem Krankenhaus zu verurteilen, in dem soziale und humanitäre Aspekte zu einem großen Teil das Handeln bestimmen sollten.

„Wir waren gut" heißt, jeder Handgriff sitzt, der Ablauf funktioniert reibungslos. Kontrollstrategien wurden entwickelt, die das Verhalten zwischen den Klinikmitarbeiterinnen und den Patienten entpersonalisiert. Dem Patient wird damit das Gefühl von Unterlegenheit vermittelt. Läuft dieses Denken auf vollen Touren, so ist die Klinik eine „Gesundheitsfabrik", ein Ort an dem die Kranken abgefertigt werden und keiner an dem sie eine alles umfassende Nutzenerfahrung machen können (vgl. Albrecht 1993, S. 61).

Im Gegensatz dazu ist es ein ausgewiesenes Ziel von Krankenhäusern bzw. deren Mitarbeiterinnen, die Arbeit im Interesse des Patienten, also patientenorientiert, zu verrichten. Obwohl das immer wieder betont wird, bezieht man den Patienten selten in den Behandlungsprozess mit ein und fragt ihn auch nur gelegentlich nach seinen Bedürfnissen. Das Krankenhauspersonal maßt sich an, die Bedürfnisse des Patienten zu kennen und – auch ohne mit ihm gesprochen zu haben – in seinem Sinne handeln zu können.

Solch eine Situation steht im krassen Gegensatz zur Individualität des Patienten. Problematisch ist dieses funktional-somatisch ausgerichtete Handeln vor allem deshalb, weil dadurch wesentliche Aspekte verloren gehen, die aus der Sicht des Patienten bei der Behandlung eine wichtige Rolle spielen könnten. Patientenorientierte Pflege und Behandlung ist damit nicht möglich.

1.5.4 Der Umdenkungsprozess

Zunehmender Kostendruck, eine sich verschärfende Wettbewerbssituation der Krankenhäuser und ein Wertewandel bei den Patienten machen einen Paradigmenwechsel erforderlich.

Auch die Funktionsabteilungen müssen sich an den individuellen Bedürfnissen der Patienten orientieren, um die Krankenhausversorgungs- und Behandlungsziele zu erreichen und im Wettbewerb bestehen zu können.

Das Patientenverhalten wandelt sich langsam. Patienten der Gegenwart sind aufgeklärter, hinterfragen häufiger und haben eine gestiegene Anspruchshaltung. Sie machen immer öfters von ihrem Recht auf Verweigerung bezüglich anstehender Untersuchungen Gebrauch und wollen umfassend und verständlich aufgeklärt werden. Sie verlangen sowohl die Beteiligung am Entscheidungsprozess, als auch Informationen über einzelne Leistungen und Ergebnisse der Behandlung. Kurz gesagt: Patienten fordern ein partnerschaftliches Verhältnis, wollen mit ihren Bedürfnissen ernst genommen und nicht entmündigt werden. Nimmt man diese Forderungen tatsächlich ernst, bedeuten sie eine Einschränkung der medizinischen und institutionellen Definitionsmacht über das Geschehen, denn Versorgungs- und Behandlungsprozesse müssen auf die individuellen Bedürfnisse der Patienten ausgerichtet werden. Nur wenn das erreicht ist, kann man von Patientenorientierung sprechen.

Patienten verdienen eine exzellente Behandlung, denn sie kommen mit Schmerzen und Sorgen ins Krankenhaus. Nicht selten sind sie verunsichert oder haben gar Vorurteile gegen die Klinik, die sie sich als Notfallpatienten oft nicht aussuchen können. Sie bedürfen in der Ausnahmesituation, die der *Krankenhausaufenthalt* für sie darstellt, ganz besonders der Schaffung eines Vertrauensverhältnisses, das ihnen das Gefühl von Sicherheit vermittelt. Zu erreichen ist dies durch Herstellung einer Pflegekontinuität und die Leistungserbringung am Bett. Es ist nicht nur ein Gebot der Humanität, sondern auch eine Forderung der Patienten, dass ihnen ihre Lage zu ihrer Zufriedenheit erleichtert wird.

Den Patienten auf diese Art und Weise in den Mittelpunkt zu stellen, seine Individualität zu berücksichtigen und seine Bedürfnisse zu befriedigen statt ihn als Objekt wahrzunehmen, bedeutet, den Patienten ernst zu nehmen.

Patientenorientierung ist vor allem prozess- und ergebnisorientiert. Es gilt das Prinzip der kontinuierlichen Verbesserung, dem ein berufsgruppen-, fach- und hierarchieübergreifender Ansatz zu Grunde liegt. Das bedeutet eine massive Abweichung von den bisher im Krankenhaus und in den Funktionsabteilungen üblichen Handlungs- und Verhaltensweisen. Vor der Änderung des Verhaltens ist jedoch eine Veränderung des Denkens notwendig. Weil sich so etwas nicht verordnen lässt, sind Mitarbeiterführung im Allgemeinen und Mitarbeitermotivation im Besonderen gefragt. Der größte Anreiz zur Motivation der Mitarbeiterinnen ist weder Geld, noch ein bestimmtes Arbeitsumfeld, noch ein besonderer Führungsstil. Es ist der Sinngehalt der Arbeit, der am stärksten motivierend wirkt. Wenn von Sinngebung die Rede ist, wo wäre sie eher zu erwarten als im Krankenhaus, wo es darum geht, kranken Menschen zu helfen, indem man ihre Krankheiten heilt oder ihre Leiden lindert. Hier spielt – neben dem Sinngehalt der Arbeit – die Möglichkeit eigenverantwortlichen Handelns eine wichtige Rolle.

Die mündige Mitarbeiterin fordert:

- an der Gestaltung der Arbeitsprozesse und des -umfeldes beteiligt zu werden,
- die Übernahme von Verantwortung.

Erst unter diesen Arbeitsumständen wird sie zufriedener sein, weil sie einen eigenverantwortlichen Beitrag zur Verbesserung der Patientenversorgung leisten kann.

Der mündige Patient fordert:

- die Beteiligung an den ärztlichen und pflegerischen Entscheidungsprozessen und Überlegungen im Zusammenhang mit seiner Krankheit;
- eine individuelle Bedürfnisbefriedigung;
- mit seinen individuellen Sorgen und Problemen ernst genommen zu werden und somit im Mittelpunkt des Geschehens zu stehen.

Die Entscheidung zwischen alternativen Behandlungs- und Betreuungsmöglichkeiten mit unterschiedlichen Chancen und Risiken wird nicht nur aufgrund medizinischen und pflegerischen Expertenwissens getroffen. Statt lediglich über anstehende Behandlungen informiert zu werden, wird der mündige Patient (z.B. durch Beratungsgespräche) in den gesamten Behandlungs- und Betreuungsprozess einbezogen. Kern der Krankenhausproduktion ist also die persönliche Interaktion, die charakterisiert ist durch eine intensive emotionale, intellektuelle und physische Beteiligung des Patienten.

Krankenhausqualität kann immer nur vor dem Hintergrund der Krankenhausleistung als Ergebnis zwischenmenschlicher, sozialer Interaktion gesehen werden, die von der Leistungsfähigkeit und dem Leistungswillen des Krankenhauspersonals und des Patienten geprägt wird.

Das Ergebnis der subjektiven Erfahrungen des Patienten aus dem Versorgungsprozess stellt die Leistungsqualität des Krankenhauses dar und ist somit ein Unikat, denn es ergibt sich durch das Zusammenwirken verschiedener Faktoren ein sozialer Prozess. Eine große Rolle spielen hierbei – neben fachlichem Wissen und Können – persönliche Verhaltensweisen, Präferenzen und Bindungen des Krankenhauspersonals.

Da Patientenorientierung vor allem prozessorientiert ist, ist die Art und Weise, wie die verschiedenen Berufsgruppen, aber auch einzelne Krankenhausmitarbeiterinnen und Patienten miteinander kommunizieren (z. B. Kooperation, Informationsaustausch) ein wichtiges Merkmal guter Prozessqualität. Um die **Prozessqualität** bestimmen zu können, müssen folgende Fragen gestellt werden:

- Wie werden Patienten, deren Angehörige und Begleitpersonen über Strukturen, Arbeitsabläufe und Leistungen des Krankenhauses informiert?
- Wie wird die Kommunikation vom Personal des Krankenhauses gestaltet?
- Wie sieht die Kooperation mit dem Patienten, der eigenen und anderen Professionen aus?

1.5.5 Patientenorientierung in einer Funktionsabteilung – dargestellt am Beispiel einer Medizinischen Notaufnahme

Grundlage für den Umgang mit dem Patienten und die Ausführung von Pflegehandlungen ist das ganzheitliche, patientenorientierte Pflegeverständnis.

Für die Pflegenden heißt ganzheitlich zu arbeiten:

1. in kurzer Zeit eine tragfähige Pflegebeziehung herzustellen. Das bedingt eine hohe soziale Kompetenz bei den Pflegenden. Eine gute Qualität der pflegerischen Beziehung zum Patienten ist wichtig, weil sie die Basis pflegerischer Intervention darstellt.
2. die eigene Arbeit transparent zu machen. Einblick in die pflegerische Arbeit, Kritik und Kontrolle sind für den Patienten jetzt leichter möglich als zuvor.
3. eigenverantwortlich die Arbeit zu koordinieren. Das stellt höhere Ansprüche an die Planungs- und Organisationsfähigkeit der Pflegenden.

Eine solche Arbeitsweise können einzelne Pflegende als erhebliche Belastung empfinden. Bei anderen wiederum kann diese Arbeitsform Angst vor Kompetenz-, Macht- und Kontrollverlust auslösen. Bei mündigen Mitarbeiterinnen führt ganzheitliches Arbeiten aber sicherlich zu einer höheren Zufriedenheit.

Einleitend habe ich schon auf die Schwierigkeiten hingewiesen, in einer Funktionsabteilung patientenorientiertes Arbeiten zu praktizieren. Dass ein solches Arbeiten dennoch nötig ist, wurde in den vorangegangenen Abschnitten ausgeführt. Im Folgenden möchte ich zeigen, dass Patientenorientierung auch in einer Funktionsabteilung möglich ist. Um einen direkten Praxisbezug zu gewährleisten, beziehe ich mich in meiner Darstellung auf eine mir bekannte Medizinische Notaufnahme.

■ Rahmenbedingungen, unter denen in einer Medizinischen Notaufnahme gearbeitet wird

Die Rahmenbedingungen, unter denen in der hier beschriebenen Medizinischen Notaufnahme gearbeitet wird, sind nicht ideal.

■ Räumlichkeiten

Die Räumlichkeiten sind zu knapp bemessen. Insgesamt gibt es sechs Räume, in denen die Erstversorgung stattfindet: fünf Untersuchungszimmer und ein Beobachtungsraum mit fünf Stellplätzen. Das heißt, es ist nur in einem Raum eine kurzfristige Überwachung von Patienten möglich.

■ Personal

Mit *pflegerischem Personal* (insgesamt 13 Vollzeitkräften) ist die Medizinische Notaufnahme ausreichend besetzt. Als Mindestbesetzung arbeiten in jeder Schicht (Früh-, Spät- und Nachtschicht) jeweils zwei Pflegende. Um vor allem tagsüber optimales patientenorientiertes Arbeiten zu gewährleisten, sollten zusätzlich ein oder zwei Mitteldienste eingeplant werden.

Im Gegensatz zu den Pflegenden arbeiten die *Ärzte* der Medizinischen Notaufnahme nicht dauerhaft dort, sondern wechseln mitunter täglich. Um als Arzt tagsüber in der Medizinischen Notaufnahme Dienst tun zu können, muss der medizinische Ausbildungsstand den Anforderungen einer Intensivstation entsprechen.

Der neurologische Aufnahmearzt hat seinen „Stützpunkt" in der Medizinischen Notaufnahme. Hier ist er nur konsiliarisch zuständig, es sei denn, ein Patient wird von einem niedergelassenen Neurologen in die Neurologische Klinik eingewiesen. (Seit es eine Stroke unit im Klinikum gibt, muss sich der Dienst habende Stroke-Arzt durchgehend in der Medizinischen Aufnahme aufhalten, weil hier die Erstversorgung erfolgt.)

Patientenversorgung in einer Medizinischen Notaufnahme

Patienten, die in eine Medizinische Notaufnahme gebracht werden, befinden sich in einer äußerst schwierigen Situation. Hinzu kommt, dass es für den Patienten, seine Angehörigen oder Begleitpersonen oftmals der erste Kontakt mit einem Krankenhaus ist.

Mit Betreten der Notaufnahme ist die erste Kontaktsituation (vgl. Kap. 1.5.2) im Interaktionsprozess entstanden, aus der die Patienten ihr Qualitätsurteil ableiten. Es ist deshalb von ausschlaggebender Bedeutung, wie man ihnen hier begegnet.

Selbstverständliches pflegerisches Verhalten in der ersten Begegnung mit dem Patienten:

- Der Patient wird freundlich empfangen und immer mit seinem Namen angesprochen.
- Die Pflegenden stellen sich namentlich vor.
- Mitarbeiterinnen der Medizinischen Notaufnahme tragen Namensschilder, auf denen sowohl die Funktion als auch die Berufsausübung vermerkt sind.
- Vor Betreten eines Patienten-Untersuchungszimmers wird immer angeklopft.

Da die Notaufnahme ein hoch sensibler Bereich mit vielen potenziellen „kritischen Kontaktpunkten" (vgl. Kap. 1.5.2) ist, war es vor diesem Hintergrund zunächst nötig, die Arbeitsabläufe der hier beschriebenen Medizinischen Notaufnahme neu zu überdenken.

Die wichtigste Frage, die es dabei zu klären galt lautete: **Wie kann ein Patient als Individuum im Mittelpunkt des auf ihn bezogenen Geschehens stehen?**

Im Mittelpunkt steht der Patient erst dann, wenn der Versorgungsprozess im Einzelfall patientenbezogen und ganzheitlich definiert und gestaltet wird. *Ganzheitlichkeit* drückt sich – analog zur Bereichspflege auf den Stationen – darin aus, dass eine Pflegende die Versorgung des Patienten umfassend und alleinverantwortlich übernimmt. Das beginnt mit der Ankunft des Patienten in der Medizinischen Notaufnahme und endet, wenn er stationär aufgenommen, in eine andere Klinik verlegt wird oder nach Hause entlassen werden kann.

Es widerspricht einer umfassenden Versorgung des Patienten nicht, dass sich die Pflegenden bestimmte Tätigkeiten untereinander aufteilen. So ist beispielsweise eine Pflegende für die administrativen Aufgaben zuständig. Um die Belastung der Pflegenden in Grenzen zu halten, findet ein täglicher Wechsel zwischen administrativer Arbeit und der direkten Patientenversorgung statt.

Zur Bedeutung von Information, Kommunikation, Kooperation und Dokumentation in der Patientenversorgung einer Medizinischen Notaufnahme

Weil die Art und Weise wie informiert, kommuniziert und kooperiert wird, von ausschlaggebender Bedeutung für die Güte der hier erzielten Prozessqualität ist, möchte ich die einzelnen Aspekte im Folgenden etwas genauer erläutern.

Information. Als Erstes wird die verantwortliche Pflegende – je nach Gesundheitszustand und Mobilität des Patienten – gemeinsam mit dem Patienten darüber befinden, ob er in einem Untersuchungszimmer Platz nehmen kann, oder ob er auf einer fahrbaren Liege unter ständiger Beobachtung bleiben muss. Anschließend informiert sie den Patienten über den Ablauf der anstehenden pflegerischen und medizinischen Handlungen, erklärt ihm ihr eigenes Tun und bittet den Patienten dazu um sein Einverständnis.

Von nicht zu unterschätzender Bedeutung sind Informationen, die Angehörige zum Geschehen geben können. Eine „Synkope" stellt sich dann unter Umständen als Krampfanfall heraus. Ohne Einbeziehung der Angehörigen gehen solche Informationen verloren.

Die unterschiedliche Wissensverteilung ist kennzeichnend für die Asymmetrie der Bezie-

1.5 Patientenorientierung im Alltag – aus Sicht einer Funktionsleitung

aus der Praxis

Beispiel »Blutabnahme«.
Eine „Selbstverständlichkeit" wie z. B. die Blutentnahme zeigt deutlich, was es heißt, wenn von Ganzheitlichkeit die Rede ist, und der Kranke ernst genommen wird. Vor der Blutabnahme wird der Patient darüber informiert, warum diese Handlung wichtig ist. Er muss sein Einverständnis dazu geben. Fragen, die in diesem Zusammenhang auftauchen, sind vorher zu beantworten. Die individuelle Bedürfnisbefriedigung des Patienten drückt sich darin aus, dass der Patient gefragt wird, welche Vene an welchem Arm am besten für die Punktion geeignet ist. Es ist arrogant, sich über das Wissen und die Ängste des Betroffenen hinwegzusetzen.

Die für diesen Patienten zuständige Pflegende kümmert sich auch um dessen Begleitperson. Sie informiert diese ausgiebig und hält sie auf dem Laufenden. Das ist vor allem deshalb wichtig, weil es aufgrund der räumlichen Gegebenheiten zu Anfang oftmals nicht möglich ist, dass Angehörige bei dem Kranken sein können. Für diese ungünstigen Umstände sollte sich die Pflegende bei der Begleitperson entschuldigen und ihr gleichzeitig zusichern, dass sie, sowie es die Situation erlaubt oder erforderlich macht, zu dem Patienten gerufen wird. Bedürfnisse der Begleitperson, die möglicherweise im Widerspruch zu den gegebenen Umständen stehen, (z. B. Wunsch, bei dem Kranken zu bleiben) sollte das Pflegepersonal erkennen und darauf reagieren.

---

hung, die die Interaktion zwischen Arzt, Pflegender und Patient beeinflusst. Die Patienten haben auf der einen Seite ein großes Informationsbedürfnis, auf der anderen Seite aber eine auffällige Scheu zu fragen. Das kann verschiedene Ursachen haben:

- Die Expertensprache von Ärzten und Pflegenden ist für den Laien selten verständlich.
- Der Kranke spürt den Zeitdruck, dem das Klinikpersonal unterliegt.
- Der Kranke wird durch die räumlichen Bedingungen eingeschränkt.
- Die Intimsphäre des Kranken wird nicht gewahrt.

Da Ärzte Informationsbedürfnisse der Patienten erfahrungsgemäß weniger wahrnehmen als Pflegende, kommt der Pflegenden eine Vermittlerrolle zu. Im Sinne der Patientenorientierung muss die Pflegende in dieser Rolle das Arzt-Patientengespräch aktiv unterstützen.

Der ganzheitliche Ansatz ist – mit Blick auf den Aspekt *Information* – in zweierlei Hinsicht positiv:

- Der Patient hat einen festen Ansprechpartner.
- Die Pflegende ist besser über „ihren" Patienten informiert.

Arzt und Patient sind gleichermaßen auf die Beobachtungen und Informationsübermittlungen der Pflegenden angewiesen. Dem Arzt können sie wichtige Kriterien für die Diagnosefindung sein. Für den Patienten hat die Information eine ganz besondere Bedeutung, denn sie ermöglicht ihm die Orientierung, verringert seine Angst und kann sich positiv auf die Compliance auswirken. Wenn patientenorientiert gearbeitet wird, erfordert dies vom Klinikpersonal, den Patienten in seinen individuellen Eigenschaften und Potenzialen ernst zu nehmen. Dies bedingt auch eine Maximierung der Kommunikation.

Kommunikation. Für den Erfolg der medizinisch-pflegerischen Arbeit ist eine gute Beziehung zum Patienten ausschlaggebend. Ohne diese ist die Aktivierung der Compliance, also der Bereitschaft des Patienten, sich am Behandlungsgeschehen zu beteiligen, unmöglich. Die Compliance hat neben der zwischenmenschlichen auch eine instrumentelle Dimension. Diese äußert sich in einem bestimmten Verhalten des Patienten, durch das die Anwendung diagnosetechnischer Verfahren oder die Durchführung belastender therapeutischer Maßnahmen unterstützt wird. Patienten sind „Koproduzenten", die mit ihrem Laienwissen einen entscheidenden Beitrag zum Leistungsgeschehen beisteuern können, denn sie kennen sich selbst am besten. Die Partizipation des Patienten kann durch Information und Kommunikation seine Eigenverantwortlichkeit stärken. Dies bedingt neue Anforderungen an das Personal.

Die patientenorientierten Ansprüche an die Qualität der Interaktion fordern von den Pflegenden vor allem, sich emotional zu engagieren. Sie müssen zuhören, verständnisvoll reagieren und auf den hilfebedürftigen Mitmenschen eingehen können. Es ist unbedingt erforderlich, sich mit den Wünschen und Erwartungen des Patienten auseinander zu setzen, denn hier handelt es sich um individuelle Aspekte der pflegerischen Versorgung.

Der Eindruck, den ein Patient von einer Klinik gewinnt und wie er sie bewertet, ist maßgeblich davon bestimmt,

- wie er die Kommunikation mit dem Klinikpersonal erlebt hat,
- wie er die erhaltenen Informationen bewertet und
- welchen Eindruck er vom Personal (Freundlichkeit, Pünktlichkeit, Zuverlässigkeit, Kompetenz etc.) und der Organisation (z. B. Wartezeiten) hat.

Kommunikationsstörungen können die Leistungsfähigkeit des einzelnen Individuums beeinträchtigen. Deshalb ist es von fundamentaler Bedeutung, die zwischenmenschliche Kommunikation zu verbessern. Neben reibungslosem Informationsfluss und konfliktfreier Kommunikation ist die Kooperation mit anderen Berufsgruppen Bedingung für Patientenorientierung.

Kooperation. Soll der Patient als mündiger Mensch im Mittelpunkt stehen, so ist eine interdisziplinäre Zusammenarbeit der unterschiedlichen Fachbereiche eines Krankenhauses unabdingbar. Die Kooperation mit anderen Professionen ist von immenser Bedeutung, denn nur dann kann die Leistungserstellung „am Bett" gewährleistet werden. Dies setzt aber voraus, dass auch andere Disziplinen den Wandel im Denken vollziehen.

Kooperation für die Medizinische Notaufnahme bedeutet beispielsweise:

- dass Konsiliarärzte für Untersuchungen, die vor Ort durchgeführt werden können, in die Notaufnahme kommen.
- dass Pflegende eigenverantwortlich auch ärztliche Anordnungen koordinieren.

Die Beispiele zeigen deutlich, dass die Herstellung von Pflegekontinuität und die Leistungserstellung „am Bett" auch in einer Funktionsabteilung möglich sind. Kooperatives Arbeiten kommt letztendlich den Patienten zugute, denn es entfallen mühselige Umlagerungen, weite Wege und lange Wartezeiten. Nur mit motivierten, interdisziplinären Teams, die gut und vertrauensvoll zusammenarbeiten kann Kooperation erfolgreich sein.

Informations-, Kommunikations- und Kooperationsbeziehungen müssen patientenorientiert gestaltet werden. Voraussetzung für Verbesserungen ist hier die kontinuierliche Fortbildung der Mitarbeiterinnen aller Berufsgruppen mit dem Ziel, vor allem deren soziale Kompetenz weiterzuentwickeln. Neben diesen drei zuvor erläuterten Aspekten spielt auch die Dokumentation für die Qualität der Patientenversorgung eine wichtige Rolle.

Dokumentation. Da die EDV im Bereich der hier beschriebenen Medizinischen Notaufnahme zurzeit noch nicht optimal genutzt werden kann, muss alles handschriftlich und zeitnah dokumentiert werden. Die Pflegenden, die mit den admi-

---

aus der Praxis

Beispiel »Röntgen-Thorax«.
Wenn z. B. ein Röntgen-Thorax erforderlich ist, vereinbart die Pflegende – unter Berücksichtigung des momentanen Befindens des Patienten – mit der Radiologie einen Termin. Oftmals kann der Patient sofort gebracht werden. Die für den Patienten verantwortliche Pflegende begleitet ihn in die Röntgenabteilung und übernimmt auch seinen Rücktransport. Das Röntgenbild wird nach der Befundung von der Röntgenassistentin in die Medizinische Notaufnahme gebracht.

---

aus der Praxis

Beispiel »Erstversorgung bei Stroke-Verdacht«.
Die Erstversorgung von Patienten, die mit einem Stroke-Verdacht eingeliefert werden, kann nur durch eine gute Kooperation zwischen dem Pflegepersonal der Notaufnahme, internistischem und neurologischem Arzt sowie der Radiologie gesichert werden. Um dies zu gewährleisten, wurde für die Medizinische Notaufnahme ein Ablaufplan entwickelt, an dessen Erarbeitung alle beteiligten Professionen mitwirkten. Nur dadurch kann heute die zeitliche Vorgabe für die Erstversorgung von Patienten mit Stroke-Verdacht eingehalten werden.

nistrativen Aufgaben betraut sind, dokumentieren die patientenbezogenen Informationen in einem Aufnahmebuch. Der Arzt dokumentiert gleichzeitig seine, den Patienten betreffenden Angaben auf einem ärztlichen Patientenbegleitschein. Ein pflegerischer Patientenbegleitschein wurde erstellt, ist aber noch in der Probephase. Auf einem solchen Begleitschein soll die Pflegende Stamminformationen über den Patienten vermerken (z. B.: Wertsachen, Gehhilfen, Hautläsionen wie etwa ein Dekubitus mit Lokalisation und Größenangabe.) Damit der Verlauf von Daten, die über einen bestimmten Zeitraum kontinuierlich erhoben wurden (z.B. RR, Bewusstseinslage, BZ-Werte) ersichtlich ist, wird alles mit Zeitangabe und Handzeichen versehen.

Ärztlicher- und pflegerischer Patientenbegleitschein werden an die betreffende Station weitergeleitet. Daran wird unter anderem deutlich, dass sich eine verbesserte Dokumentation auch auf die Qualität der Arbeit auswirken kann.

Qualität. Qualität *definieren* und *gewährleisten* heißt, auch in einer Notaufnahme gut zu dokumentieren und Pflegestandards für die jeweiligen Krankheitsbilder eingeführt zu haben. Dies gilt auch für die Qualifizierung und Einarbeitung von Mitarbeiterinnen.

Qualität *entwickeln* heißt, die bestehende Pflegequalität kontinuierlich zu verbessern, was bedeutet, dass Qualitätsentwicklung ein permanenter Prozess ist und keine einmalige Aktion. Stillstand bedeutet Rückschritt.

Qualität *sichern* ist nur möglich, wenn festgelegt ist, was Qualität sein soll. Vorrangiges Ziel ist es diesbezüglich, die Umsetzung von Pflegestandards sicherzustellen.

Gerade in Zeiten, in denen die Konkurrenzfähigkeit und der Wettbewerb um den Patienten begonnen haben, ist die Ermittlung der Patientenzufriedenheit ein wichtiges Instrument der Qualitätssicherung.

■ Patientenbefragung

Im Gegensatz zum hohen Informationsbedürfnis der Patienten steht die geringe Artikulation ihrer Bedürfnisse. Deshalb ist es unabdingbar, die Erwartungen der Patienten laufend zu ermitteln, deren Veränderungen zu erkennen und zu untersuchen, ob und inwieweit man sie befriedigen will und kann. Kennt man die Erwartungen, kann man im Vorfeld agieren, anstatt im Nachhinein zu reagieren.

Mit der Ermittlung seiner Erwartungen gibt man den Patienten zu verstehen, dass man ihre individuellen Bedürfnisse ernst nimmt und erzielt schon dadurch eine gewisse Zufriedenheit. *Die Zufriedenheit der Patienten hat in der Hauptsache zwei Auswirkungen:*

- Der Heilungsprozess wird – zumindest indirekt – beschleunigt.
- Zufriedene Patienten sind glaubwürdige Kommunikatoren und „Verkaufsförderer" (Maurer u. Schebesta 1996, S. 10).

Der Patient ist die zentrale Person im Krankenhaus. Deshalb sollte es Ziel aller Mitarbeiterinnen sein, die Erwartungen des Patienten kennen zu lernen, sie zu erfüllen und – wenn möglich – sogar zu übertreffen. Der Patient ist nicht Störfaktor, sondern Sinn der Arbeit. Auch hier gilt: „no client – no company".

In der hier beschriebenen Medizinischen Notaufnahme wurde bis jetzt noch keine Patientenbefragung (vgl. Kap. 1.3, 1.4) durchgeführt, deshalb möchte ich alternativ die Befragung aus einer anderen Funktionsabteilung vorstellen: dem Herzkatheterlabor

Im Herzkatheterlabor wurden Patientenbefragungen in Form von Interviews durchgeführt. Zwei bis drei Stunden nach einem Eingriff wurden die Patienten von Fremdpersonal befragt. Es handelte sich bei diesen Interviews um Zufallsstichproben, das heißt, die Mitarbeiterinnen des Herzkatheterlabors wussten nicht, welche Patienten befragt wurden.

Der verwendete Fragebogen (Abb. 1.**4**) bestand aus zwei Teilen: Der erste Teil beinhaltete geschlossene Fragen, die anhand einer Skala von erstklassig bis schlecht bewertet werden sollten. Der zweite Teil bestand aus offenen Fragen, das heißt, hier konnten die Patienten ihre Meinung frei formulieren.

Nach der Auswertung wurden dem beteiligten Klinikpersonal die Ergebnisse vorgestellt und in berufsgruppenübergreifenden Besprechungen gemeinsame Verbesserungsmaßnahmen erarbeitet. Die Evaluation der aus der Patientenbefragung abgeleiteten Maßnahmen geschieht regelmäßig in einer Steuergruppensitzung (vgl. Kap. 1.2 und 1.3). Die *Präsentation der Befragungsergebnisse* hat erfahrungsgemäß oftmals zwei positive Effekte:

- Erst durch die Präsentation wird die Aufmerksamkeit des Personals auf bestimmte Bedürfnisse der Patienten gelenkt.

Patientenbefragung – Herzkatheter –

**Sehr geehrte Patientinnen und Patienten,
Ihre Zufriedenheit ist uns wichtig!**
Teilen Sie uns spontan Ihre Meinung mit!

	erstklassig	sehr gut	gut	akzeptabel	schlecht
Die Betreuung durch die Pflegekräfte (Mitarbeiterinnen und Mitarbeiter) des Herzkatheterlabors war insgesamt	☐	☐	☐	☐	☐
Die Information im Herzkatheterlabor über den Ablauf der einzelnen Maßnahmen war	☐	☐	☐	☐	☐
Die Betreuung während der Wartezeit durch die Pflegekräfte (Mitarbeiterinnen und Mitarbeiter) vor der Untersuchung war	☐	☐	☐	☐	☐
Wie mir die Pflegekräfte (Mitarbeiterinnen und Mitarbeiter) Sicherheit vermittelt haben war	☐	☐	☐	☐	☐

Was ist Ihnen im Herzkatheterlabor positiv aufgefallen?

Was hat Ihnen im Herzkatheterlabor überhaupt nicht gefallen?

Welchen Verbesserungsvorschlag können Sie uns machen?

Waren Sie zum ersten Mal im Herzkatheterlabor?
☐ ja   ☐ nein, dies war meine .... Untersuchung

Wie alt sind Sie?
☐ 20–39   ☐ 40–59   ☐ 60–79   ☐ 80 und älter

Geschlecht:
☐ weiblich   ☐ männlich

Herzlichen Dank für Ihre Mitarbeit!
Klinikum der Stadt Ludwigshafen am Rhein gGmbH; Akademisches Lehrkrankenhaus der Universität Mainz

Abb. 1.4 Patientenfragebogen „Herzkatheter"

- Die Präsentation eines positiven Befragungsergebnisses kann sich positiv auf die Motivation der Mitarbeiterinnen auswirken.

Die Erfahrung mit der kontinuierlichen Patientenbefragung zeigt, dass Patienten durchaus in der Lage sind, Qualität zu beurteilen. Ein wesentliches Ergebnis der Befragung besteht darin, dass bestimmte Handlungen oder Sachverhalte nicht nur positiv oder negativ bewertet werden, sondern dass die Mitarbeiterinnen einer Abteilung von den Patienten auch die differenzierten Begründungen für die Beurteilung erfahren.

Diskussionen über die Ergebnisse von Befragungen können immer wieder ein Anstoß für die Mitarbeiterinnen sein, eingefahrene Verhaltensweisen zu überdenken und zu ändern. Gerade für ein Krankenhaus ist es wichtig, nicht erst nach dem Auftreten eines Problems die Ursachen zu suchen. Eine vorsorgliche Fehlerverhütung und systematische Bereinigung von Struktur- und Ablaufstörungen ist dafür die Grundlage.

Die Meinung der Patienten trägt somit entscheidend zur Qualitätsverbesserung eines Krankenhauses bei.

1.5.6 Zusammenfassung

Hin und wieder hört man die Befürchtung, patientenorientiertes Arbeiten in einer Funktionsabteilung wie der Medizinischen Notaufnahme nehme zu viel Zeit in Anspruch. Führt man sich allerdings vor Augen, dass es einen Zusammenhang zwischen Information und Schmerz gibt, liegt die Schlussfolgerung nahe, dass Informations-, Kommunikations- und Kooperationsbeziehungen auf jeden Fall patientenorientiert gestaltet werden müssen. Nur auf diese Weise kann den Patienten ihre ohnehin extreme Situation, die weitestgehend fremdbestimmt ist, so erträglich wie möglich gemacht werden. Der Patient hat die Erwartung und das Recht darauf, dass er persönlich Zuwendung und Aufklärung erfährt.

Positive Auswirkungen patientenorientierten Arbeitens:

- Der Patient fühlt sich durch seine feste Bezugsperson sicher.
- Die Begleitpersonen haben weniger Anlass ständig nachzufragen.
- Der Versorgungsablauf gestaltet sich unter Einbeziehung des Patienten problemloser.
- Die Pflegende ist über „ihren" Patienten besser informiert.
- Es kommt zu weniger Beschwerden.
- Durch eigenverantwortliches Arbeiten ist die Mitarbeiterin zufriedener.

Der vermeintliche Aufwand patientenorientierten Arbeitens rechnet sich, denn sind der Patient oder seine Begleitperson erst einmal ungehalten oder verärgert, so benötigen sie sehr vielmehr Aufmerksamkeit, Zuwendung und intensiven Kontakt.

Durch eine patientenorientierte, ganzheitliche Betreuung werden arbeitsbelastende und qualitätseinschränkende Auswirkungen – wie man sie von der Funktionspflege kennt – abgebaut.

Patientenorientierte Pflege bedeutet auch, dass die pflegerische Arbeit für den Patienten transparenter wird. Dies erfordert von den Pflegenden ein hohes Maß an sozialer Kompetenz, um in anspruchsvollen Situationen adäquat handeln zu können. Die Öffnung der pflegerischen Arbeit für den Patienten sollte nicht als Störung, sondern als Teil des Beziehungsprozesses gesehen und entsprechend genutzt werden.

Der ganzheitliche Ansatz bietet den Pflegenden die Möglichkeit, ihre Arbeitsabläufe eigenständig zu planen und zu steuern. Dadurch wird Pflege zielgerichtet und kontinuierlich durchgeführt. Ergebnisse sind überprüfbar und Pflegedefizite können schneller erkannt und ausgeräumt werden.

Voraussetzung um diesen Anforderungen zu genügen, ist die kontinuierliche Fortbildung der Mitarbeiterinnen aller Berufsgruppen mit dem Ziel, vor allem die soziale Kompetenz weiterzuentwickeln.

Dreh- und Angelpunkt einer kontinuierlichen patientenbezogenen Versorgung, ist, dass die einzelnen, direkt an der Patientenversorgung Beteiligten sich – entsprechend ihrer spezifischen professionellen Fähigkeiten – in den gesamten Versorgungs- bzw. Behandlungsprozess einordnen und mit dem Patienten in einen gleichberechtigten Dialog treten.

Da sowohl Produkt als auch Dienstleistungen vom Wettbewerber kopiert werden können, kommt dem Personal als entscheidendem Profilierungsinstrument besondere Bedeutung zu. Vom Personal hängt es ab, ob Patientenwünsche erkannt und konsequent in echten Nutzen für den Patient umgesetzt werden. Dazu sind Umdenkungsprozesse und Verhaltensänderungen beim Personal in einem bisher noch nicht praktizierten Ausmaß erforderlich.

Werden Patientenbedürfnisse – auch in den Funktionsbereichen – beharrlich missachtet, so drohen dem Unternehmen Krankenhaus Wettbewerbsverluste: fallende Gewinne, steigende Verluste, bedrohliche Liquiditätsengpässe und Arbeitsplatzverlust. Daher ist Patientenorientierung im Sinne von Ganzheitlichkeit auch in einer Funktionsabteilung wie z. B. der Medizinischen Notaufnahme nötiger denn je, denn nur damit ist es in Zukunft möglich, Qualität zu sichern, wirtschaftlich zu arbeiten und Arbeitsplätze zu erhalten.

Patientenorientiertes Arbeiten ist möglich, denn die dazu erforderlichen Handlungen sind nicht unbekannt, sondern höchstens ungeübt und wenig vertraut.

Alle am Veränderungsprozess Beteiligten werden sich der Frage stellen müssen, ob sie Teil eines Problems oder Teil einer Lösung sein wollen. Nur so wird aus einem Veränderungsprozess ein Verständigungsprozess.

Literatur

Albrecht, K.: Total Quality Service. Econ, Düsseldorf 1993
Badura, B., G. Feuerstein, Th. Schott: System Krankenhaus. Juventa, Weinheim 1993
Badura, B., G. Feuerstein: Systemgestaltung im Gesundheitswesen. Juventa, Weinheim 1994
Dullinger, F.: Krankenhausmanagement im Spannungsfeld zwischen Patientenorientierung und Rationalisierung. Fördergesellschaft Marketing, 1996
Maurer, A., W. Schebesta: Qualitätsmanagement im Krankenhaus. Orac, 1996
Mühlbauer, B. H. (Hrsg.): Gesundheitsnetzwerk. Kognos, Stadtbergen 1997/98
Pfeifer, W.: Etymologisches Wörterbuch des Deutschen, 4. Aufl. dtv, München 1999
Schmidt-Rettig, B., B. Strauss, S. Eichhorn: Krankenhausmanagement im Spannungsfeld zwischen Kundenorientierung und Mitarbeiterorientierung – Führungsaspekte des TQM. Tagungsband (hrsg. vom Wirtschafts- und Sozialwissenschaftlichen Arbeitskreis Osnabrück), Osnabrück 1996
Verband der Krankenhausdirektoren Deutschland e.V.: Qualitätsmanagement und Qualitätssicherung im Krankenhaus. 1997

1.6 Unterstützung bei der Qualitätsentwicklung durch Pflegeexpertinnen – ein Bericht aus der Praxis

Sabine Rheinwalt und Claudia Schwartz

1.6.1 Ein Wort zuvor

Das Thema unseres Beitrags ist die Rolle von Pflegeexpertinnen für die Qualitätsentwicklung in einem Krankenhaus. Dabei möchten wir vor allem über unsere Erfahrungen berichten, die wir mit dem Einsatz dieser besonders qualifizierten Pflegenden gemacht haben, aber auch das Aufgabengebiet von Pflegeexpertinnen genauer erläutern.

Als wir anfingen, uns Gedanken über den Einsatz von Pflegeexpertinnen zu machen, waren schon seit längerer Zeit bei der Pflegedirektion „unseres" Klinikums Krankenschwestern mit mehrjähriger Praxiserfahrung und spezieller Zusatzqualifikation in Stabsstellen (vgl. Kap. 3.1) beschäftigt. Aus diesen Stabsstellen ist das heutige Ressort Pflegeexperten hervorgegangen. Die Stabsstelle „Pflegeprozess" war beispielsweise zuständig für die Begleitung der Einführung des Pflegeprozesses und der Pflegedokumentation. Im Gegensatz dazu erteilten die Praxisanleiterinnen im Wesentlichen Klinischen Unterricht. Außerdem waren sie für die Anleitung von Auszubildenden der Krankenpflege während ihrer Stationseinsätze verantwortlich, gestalteten die regelmäßige Fortbildung der Mentoren-Arbeitsgruppe und hatten eine wichtige Funktion bei der Einarbeitung neuer und ausländischer Pflegender.

1.6.2 Professionalisierung und Qualitätsentwicklung im Pflegebereich

Unsere mehrjährige Erfahrung mit den oben erwähnten Stabsstellen – heute im Rahmen der Matrixorganisation (vgl. Kap. 3.1) „Ressorts" genannt – haben gezeigt, dass die Tätigkeiten und Verantwortungsbereiche, die die Inhaberinnen der Stabsstellen eigenständig übernommen hatten, nicht mehr mit den traditionellen Berufsbildern (z.B. dem einer Praxisanleiterin) übereinstimmten.

Die unpräzisen Begrifflichkeiten der verschiedenen Arbeitsfelder (Stabsstelle „Pflegeprozess" und Praxisanleitung) verwirrten die Pflegenden und führten schließlich auch zu Missverständnissen: Eine vollständige Überarbeitung der Stellenbeschreibungen war notwendig geworden. Erste Überlegungen richteten sich außerdem auf einen passenden Titel für den neuen Aufgabenbereich.

Außerdem erschien es sinnvoll, die verschiedenen pflegeberatenden Funktionen innerhalb einer Klinik auf eine Ansprechpartnerin zu vereinigen und einen engeren Kontakt zu den Stationen zu schaffen. Damit wurde gleichzeitig die Notwendigkeit der schon länger geplanten, aber bis dahin noch nicht vollzogenen Neueinstellungen unterstrichen

1.6.3 Professionalität versus „Häubchen tragende Verfügbarkeit" – eine Herausforderung

Im Prozess der Neuorientierung übernahmen wir schließlich die Bezeichnung „Pflegeexperte" aus dem Schweizer Modell der „Pflegeexperten" (vgl. HÖFA-Ausbildung der Schweiz).

In Deutschland ist das Berufsbild der Pflegeexpertin bisher nicht einheitlich definiert. Deshalb mussten wir zunächst überlegen, welche Anforderungen „unsere" zukünftigen Pflegeexpertinnen haben sollten. Gegenwärtig sieht es so aus, dass die in unserer Klinik tätigen Pflegeexpertinnen – abweichend vom Schweizer Modell – über verschiedene Qualifikationen verfügen.

Um Klarheit darüber zu gewinnen, was die Krankenhaus-Mitarbeiterinnen von den Expertinnen erwarteten bzw. erhofften, begannen wir die konkrete Arbeit im Ressort „Pflegeexperten" mit einer Befragung der Pflegenden auf allen Stationen, die auf diese Weise Wünsche und Anregungen bezüglich Einsatzmöglichkeiten von Pflegeexpertinnen in ihrem Bereich einbringen konnten.

Das Interesse der Befragten war groß. Viele Stationen und Funktionsbereiche diskutierten das Thema in ihren Teams, zum Teil auch unter Einbeziehung der Pflegedienstleitungen. Über die Hälfte der Fragebögen wurden ausgefüllt an uns zurückgesandt: Ein ungewöhnlich guter Rücklauf im Vergleich zu früheren Befragungsaktionen zu anderen Themen.

Mit den Ergebnissen der ausgewerteten Fragebögen und den von den beiden ersten Pflegeexpertinnen erklärten Zielen wurde eine Stellenbeschreibung für Pflegeexpertinnen gestaltet. Dieser liegt ein neu entwickeltes, einheitliches Raster zu Grunde, dass als Grundlage für alle zukünftigen Stellenbeschreibungen der Pflege (also nicht nur für Pflegeexpertinnen) unseres Klinikums dienen soll.

Das Aufgabengebiet von Pflegeexpertinnen

Die wesentliche Aufgabe der Pflegeexpertinnen besteht in der *Unterstützung und Beratung von Pflegenden* auf den Stationen, damit diese ihre pflegerischen Aufgaben kompetent bewältigen können.

Weitere Aufgabengebiete von Pflegeexpertinnen können sein:

- Überprüfung der Lernangebote von Stationen für die Auszubildenden,
- Vorbereitung und Durchführung von stationsübergreifenden pflegebezogenen Fortbildungsmaßnahmen,
- Projektbezogenes Arbeiten, z. B. im Rahmen von Pflegeforschung. (Dieses Arbeitsfeld eröffnete sich erst etwas später und wurde zusätzlich mit in die Stellenbeschreibung aufgenommen.)

Die Stationsleitung erfährt durch die Pflegeexpertinnen Unterstützung bei der Einarbeitung neuer Mitarbeiterinnen, ausländischer Mitarbeiterinnen, Auszubildender und anderer Personen in der Krankenpflege durch geplant strukturierte praktische Anleitung nach Maßgabe des Krankenpflegegesetzes. Den Pflegedienstleitungen stehen die Expertinnen bei der Innovation der pflegerischen Inhalte innerhalb der jeweiligen Kliniken beratend zur Seite. Die Steigerung der eigenen Fachkompetenz sowie die Erprobung neuer Pflegemethoden und -techniken erfordern eine regelmäßige Präsenz der Pflegeexpertin auf den Stationen. Um diesen Aufgaben gerecht zu werden, muss die Pflegeexpertin regelmäßig an inner- und außerbetrieblichen Fortbildungen teilnehmen – schließlich soll er oder sie möglichst in allen pflegerelevanten Fragen kompetente(r) Ansprechpartner bzw. -partnerin sein. Das schließt das kontinuierliche Studium entsprechender Fachliteratur mit ein.

In der Praxis begleiten die Expertinnen die Umsetzung des Pflegeprozesses und die korrekte Pflegedokumentation und Pflegeplanung auf pflegetheoretischem Hintergrund.

Bestehende Konzepte – wie etwa Kinästhetik, das Bobath-Konzept, Basale Stimulation in der Pflege sowie Pflegedokumentation und Pflegeprozess – sollen von den Expertinnen überprüft werden, sinnvoll miteinander verknüpft und weiterentwickelt werden. Neueste Erkenntnisse der Pflegeforschung müssen praxisgerecht „aufbereitet" werden, damit sie in Kooperation mit den Pflegenden umgesetzt werden können. Das Gespräch und eine konstruktive Zusammenarbeit mit anderen Berufsgruppen im therapeutischen Team ist dabei ein wesentliches Anliegen der Pflegeexpertinnen. Auf diese Weise werden Projekte begleitet, durch Forschung neue Erkenntnisse gewonnen und Ist-Analysen erstellt sowie Soll-Konzepte für die pflegefachliche Weiterentwicklung in den Kliniken entworfen.

Die ausführliche Beschreibung des Aufgabengebiets von Pflegeexpertinnen macht deutlich, dass diese Arbeit ein umfassendes pflegerisches Wissen erfordert. Mit dem Einsatz von Pflegeexpertinnen wird eine pflegerische Versorgung auf hohem wissenschaftlichem Niveau angestrebt.

Der Einsatz von Pflegeexpertinnen in der Praxis

In unserer Klinik ist ein Team von Pflegeexpertinnen in den verschiedensten Bereichen tätig. Ihre Arbeit wird zeitweilig durch den Einsatz so genannter „Projektmitarbeiterinnen" unterstützt. Direkte Vorgesetzte der Pflegeexpertinnen ist die Pflegedirektorin.

Jede Pflegeexpertin ist „Bezugsperson" für bestimmte Stationen einer oder mehrerer Kliniken. Hier kooperiert sie mit der für den jeweiligen Fachbereich zuständigen Pflegedienstleitung. Daneben ist sie – entsprechend ihrer persönlichen „Spezialgebiete" – auch klinikübergreifend tätig. Somit ist gewährleistet, dass Pflegende aller Stationen und Funktionsbereiche des Klinikums mit einer Pflegeexpertin zusammenarbeiten.

Alle neuen Pflegeexpertinnen arbeiten während ihrer Einarbeitungsphase auf den Stationen ihres künftigen Einsatzgebietes im Schichtdienst mit, um Personal und Abläufe kennen zu lernen und in dem betreffenden Fachgebiet mehr Sicherheit zu gewinnen. Natürlich werden auch in der Einarbeitungszeit schon „nebenbei" pflegerische Fachfragen aufgeworfen; manche Diskussion entspinnt sich am Frühstückstisch in der gemeinsamen Pause. Dieses gegenseitige menschliche und fachliche „Beschnuppern" ermöglicht den Aufbau eines Vertrauensverhältnisses, welches wesentlich ist für die Akzeptanz der Pflegeexpertin und unverzichtbare Basis einer guten Zusammenarbeit.

Die Praxisanleitung, z. B. von Schülerinnen und neuen Mitarbeiterinnen, bleibt ein wesentlicher Teil unseres Aufgabengebietes. Allerdings wird diese Arbeit jetzt nach Bedarf eigenverantwortlich von den Stationen angefordert.

1.6.4 Qualifikation der Pflegeexpertinnen

Alle Pflegeexpertinnen sind Krankenschwestern und verfügen über mehrjährige Berufserfahrung. Sie waren zuvor in leitenden Funktionen in Pflegeteams beschäftigt und wurden aufgrund ihrer fachlichen und persönlichen Eignung ausgewählt. Ihre Zusatzqualifikationen sind unterschiedlich. Mögliche Zugangswege sind:

- Berufspädagogisches Seminar,
- Ausbildung als Lehrerin für Krankenpflege,
- Weiterbildung als Pflegefachkraft,
- Studium der Pflegewissenschaft oder Pflegepädagogik.

Es hat sich in der Praxis gezeigt, dass sich die Multiprofessionalität positiv auf die Arbeit der Pflegeexpertinnen auswirkt: Durch die unterschiedlichen Stärken und Fähigkeiten der Mitarbeiterinnen im Team können die Pflegeexpertinnen sich gegenseitig unterstützen, voneinander lernen und vielfältige Aufgabenfelder bearbeiten.

1.6.5 Zusammenfassende Betrachtung

Zu Beginn unserer Veränderungsbestrebungen löste der bis dahin unbekannte Begriff "Pflegeexpertin" erwartungsgemäß zunächst leichtes Befremden bei einigen Kolleginnen und Kollegen der Stationen aus. Der elitäre Touch, den viele Menschen mit dem Wort „Experte" verbinden, drohte zunächst Distanz zwischen uns, als den neu eingesetzten Pflegeexpertinnen und den anderen Pflegenden zu schaffen. Viele Informationsveranstaltungen und persönliche Gespräche über die Inhalte unserer Arbeit und die Ziele, die wir gemeinsam mit den Pflegeteams erreichen wollen, machten den neuen Begriff aber bald greifbarer. In unserer täglichen Arbeit wurde uns schnell bewusst, dass wir nicht mit dem Anspruch eines „Kontrolleurs" oder „Alleswissers" auf die Stationen kommen möchten, sondern dass wir um einen konstruktiven Austausch mit den Pflegenden bemüht sind, die ja ihrerseits „Expertinnen" ihres Fachbereiches sind.

Die neuen, veränderten Ansprüche an das Gesundheitswesen erfordern effiziente und kompetent organisierte Arbeitsprozesse im Umgang mit unserem wichtigsten Kunden, dem Patienten. Mit der zukunftsweisenden Einrichtung des Ressorts Pflegeexperten wird ein hohes fachliches Niveau in der Pflege verwirklicht. Pflegende handeln selbstständig und wissenschaftlich fundiert innerhalb eines genau bestimmten Aufgabengebietes und sind zunehmend wichtige und akzeptierte Partner in einem interdisziplinären therapeutischen Team. „Durch unser beständiges Bemühen um Weiterentwicklung und Qualitätsverbesserung erreichen wir nicht zuletzt, dass wir Freude bei der Arbeit empfinden und stolz sind auf unseren Beruf." (Aus: Vision der Pflege am Klinikum Ludwigshafen 1996.)

2 Mitarbeiterinnen führen

»Lernen ist herausfinden, was du bereits weißt.
Handeln ist zeigen, dass du es weißt.
Führen ist andere wissen lassen, dass sie es
genau so gut wissen, wie du selbst.«

(N. R. Bach)

Im Grunde ist es einfach, Mitarbeiterinnen zu führen. Man befähigt sie dazu, ihre Aufgaben gut zu bewältigen. Der Anspruch an die Qualität von Führung wird seitens der Institutionen und der Mitarbeiterinnen auf sehr hohem Niveau, gleichzeitig aber sehr unklar definiert. Das heißt, die Erwartungen werden nicht deutlich genug formuliert und mitunter auch gar nicht geäußert.

In diesem Kapitel stellen wir Ihnen unsere Ideen und Ansätze für eine durch den Mitarbeiter erlebbare und spürbare Führung vor. Prüfen Sie, welche Instrumente in Ihrem Bereich nützlich sein könnten, auch wenn zurzeit vielleicht kein akuter Bedarf besteht. Führen heißt aktiv gestalten, nicht reagieren.

»Es ist unmöglich, einen Mann, dem durch seine Art zu verfahren, viel geglückt ist, zu überzeugen, er könne gut daran tun, anders zu verfahren. Daher kommt es, dass das Glück eines Mannes wechselt; denn die Zeiten wechseln, er aber wechselt nicht sein Verfahren.«

(Machiavelli)

2.1 Kompetenzen einer Führungskraft

Käte Harms

Führung heißt, mit und durch andere nachhaltig Leistung zu erzeugen. Die oben genannte Kurzgeschichte illustriert eindrucksvoll die verschiedenen Facetten der Fähigkeiten einer Führungskraft. Jede Führungskraft, in jedem Unternehmen und auf jeder Leitungsebene, benötigt eine Vielzahl von Fähigkeiten, um die unterschiedlichen Führungsrollen beherrschen zu können. Diese Kompetenzen werden im Folgenden beschrieben.

Als grundlegende Basis für eine erfolgreiche Führung erachten wir eine von Vertrauen gekennzeichnete Beziehung zwischen Führungskraft und Mitarbeitern. Das Vertrauen ergibt sich aus dem Führungsverhalten und Führungshandeln, das die Führungskraft gegenüber ihren Mitarbeiterinnen zeigt. Die Führung erfolgt dabei nicht willkürlich, sondern auf der Grundlage der Werte und Ziele eines Unternehmens. Es ist Aufgabe der Führungskraft, in dem ihr verantworteten Bereich aktiv zur Umsetzung und Erreichung der Unternehmensziele beizutragen.

Zukunftsweisendes Denken und Handeln

Die Werte und Ziele eines Unternehmens können auf unterschiedliche Weise vermittelt werden. Die gängigsten Instrumente dafür sind Leitbilder, Leitlinien, Visionen oder eine Charta. Alle diese Instrumente dienen der Formulierung der langfristigen Ziele eines Unternehmens. („Langfristig" bezieht sich auf einen Zeitraum von mehr als zehn Jahren.) So wird ein Bild von der Zukunft erschaffen, auf das es sich hinzuarbeiten lohnt. Jede Abteilung, jeder Bereich eines Unternehmens, jede Mitarbeiterin kann sich daran orientieren und den Sinn des eigenen Handelns daraus ableiten.

Leitbilder, Leitlinien, Visionen oder eine Charta sind nicht in einem Schritt erreichbar. Deshalb werden aus dieser Zielformulierung Strategien abgeleitet. Diese Strategien beschreiben Wege, die zur Verwirklichung einer Vision führen. Um auf diesem mitunter langen Weg die Übersicht nicht zu verlieren und um zu prüfen, ob sich das Unternehmen auch auf dem richtigen Weg befindet, werden mehrere so genannte Meilensteine definiert. Meilensteine sind Ziele, die innerhalb kurzer Zeiträume (ein bis zwei Jahre) erreichbar sind. Eine solche, an Etappen orientierte Entwicklung führt ein Unternehmen leichter zu seinem Leitbild oder zur Vision.

Ähnlich wird auch das Handeln in der eingangs zitierten Kurzgeschichte geschildert, wenn es da heißt: „ ... bis er sie schließlich Schritt für Schritt die einfachsten Tatsachen lehren konnte ...". An dieser Formulierung lässt sich erahnen, dass der

Beispiel

Im Land der Narren – eine lehrreiche Kurzgeschichte
„Es war einmal ein Mann, der sich verirrte und in das Land der Narren kam. Auf seinem Weg sah er die Leute, die voller Schrecken von einem Feld flohen, wo sie Weizen ernten wollten. „Im Feld ist ein Ungeheuer", erzählten sie ihm. Er blickte hinüber und sah, dass es eine Wassermelone war, die sie fürchteten. Er bot sich an, das „Ungeheuer" zu töten, schnitt die Frucht von ihrem Stil und machte sich sogleich daran, sie zu verspeisen. Jetzt bekamen die Leute vor ihm noch größere Angst, als sie vor der Melone gehabt hatten. Sie schrien: „Als nächstes wird er uns töten, wenn wir ihn nicht schnellstens loswerden" und jagten ihn mit Heugabeln davon.
   Wieder verirrte sich eines Tages ein Mann ins Land der Narren, und auch er begegnete Leuten, die sich vor einem angeblichen Ungeheuer fürchteten. Aber statt ihnen seine Hilfe anzubieten, stimmte er ihnen zu, dass es sehr wohl gefährlich sei, stahl sich vorsichtig mit ihnen von dannen und gewann so ihr Vertrauen. Er lebte einige Zeit bei ihnen, bis er sie schließlich Schritt für Schritt die einfachen Tatsachen lehren konnte, die sie befähigten, nicht nur ihre Angst vor der Wassermelone zu verlieren, sondern sie sogar gewinnbringend anzubauen." (Hoffsümmer 1994, zit. n. Lasko u. Seim 1999, S. 139.)

Mann in der Kurzgeschichte nicht willkürlich gehandelt hat, sondern eine Vision hatte – ein Bild von einer erstrebenswerten Zukunft für das „Land der Narren". Er wird darüber nachgedacht haben, auf welchem Weg er diese Vision gemeinsam mit den Narren erreichen kann – und der Text zu dieser Vision lautet vielleicht: „Wir sind führend auf dem neuen Markt für Wassermelonen".

Die Fähigkeit, zukünftige Handlungsfelder und Trends zu erkennen, und eine Strategie für die Erreichung bestimmter Ziele formulieren und umsetzen zu können, ist nach unserer Erfahrung die wichtigste, weil grundlegende Kompetenz einer Führungskraft.

In der einleitenden Kurzgeschichte werden aber noch weitere Kompetenzen beschrieben, die der Mann im „Land der Narren" ebenso eindrucksvoll wie erfolgreich zu kombinieren vermag.

■ Integrations-Kompetenz

Eine Führungskraft muss Integrationsfähigkeiten besitzen und kann sich das Vertrauen der Mitarbeiterinnen nur durch entsprechendes eigenes Handeln erarbeiten: sie muss Vorbild sein. Dazu ist nicht nur zielorientiertes situatives Verhalten notwendig, sondern es erfordert auch systematische Kontakte mit den Mitarbeiterinnen, in der Regel in Form geplanter Gespräche. Als grundlegendes Verhalten in Mitarbeitergesprächen gilt die beiderseitige Rückmeldung. Dabei ist mit Rückmeldung sowohl Lob als auch Kritik am Handeln und Verhalten eines Menschen gemeint. Beides ist unerlässlich auf dem Weg zur Zielerreichung.

■ Personalentwicklungs-Kompetenz

Eine weitere notwendige Kompetenz von Führungskräften ist die Personalentwicklungs-Kompetenz, das heißt, die Führungskraft muss in die Rolle eines „Forderers und Förderers" schlüpfen. Sie muss die Fähigkeiten und Potenziale jeder einzelnen Mitarbeiterin sowie des Teams als Ganzem erkennen und ihren Nutzen für das Unternehmensziel bzw. den Unternehmenszweck realistisch und zukunftsweisend einschätzen können und dementsprechend mit der Mitarbeiterin oder dem Team gemeinsam eine Förderung erarbeiten. Dabei ist die Beteiligung der Betroffenen unerlässlich – sozusagen als Hilfe zur Selbsthilfe („.... er befähigte sie, nicht nur ihre Angst vor der Wassermelone zu verlieren ..."). Mit der alleinigen Demonstration von Fachkompetenz erreicht man oft nur das Gegenteil – ehrfürchtiges Staunen oder, wie in der Kurzgeschichte, angsterfülltes Reagieren aus Unverständnis. Hilfe zur Selbsthilfe und Übertragung von Verantwortung mit dem Instrument der Delegation (vgl. Kap. 2.4) ist ein zum Erfolg führendes Führungshandeln.

■ Management-Kompetenz

Im letzten Nebensatz der Kurzgeschichte wird eine Führungskompetenz angedeutet, die in der Literatur mit dem Begriff „Management" beschrieben wird. Hiermit ist die Fähigkeit gemeint, Prozesse im Hinblick auf die Unternehmenszielsetzung anzulegen und zu steuern. In der Kurzgeschichte verlieren die Narren nicht nur ihre Angst vor der Wassermelone, sondern lernen auch, neu erworbene Kenntnisse zu ihrem Vorteil zu nutzen und sie in ihrem Arbeitsfeld „Ackerbau" anzuwenden.

■ Fachkompetenz

Die Managementfähigkeiten des Mannes in der Kurzgeschichte sind eng verbunden mit seiner offensichtlichen Fachkompetenz, die ihm hilft, die Wassermelone als gewinnbringende Frucht für den Ackerbau im Land der Narren erkennen zu können. Fachkompetenz – früher ausschließliches Kriterium für die Besetzung einer Führungsposition – ist nun ein Baustein der Gesamtqualifikation einer Führungskraft. Ohne diesen Baustein ist allerdings die Fähigkeit zukunftsweisenden Denkens und Handelns nutzlos, wenn eine Führungskraft aufgrund ihrer mangelnden Fachkompetenz die falschen Märkte, Produkte oder Dienstleistungen als zukunftsrelevant einschätzt.

■ Die unterschiedlichen Kompetenzen im Zusammenhang

Es wird deutlich, dass Führungspersönlichkeiten nicht nur mehrere unterschiedliche Fähigkeiten benötigen, um mit ihrer Arbeit erfolgreich zu sein. Sie müssen diese Fähigkeiten auch sinnvoll miteinander verknüpfen können. Um diesen Aspekt grafisch darstellen zu können, haben wir das Symbol eines Puzzles gewählt (Abb. 2.**1**).

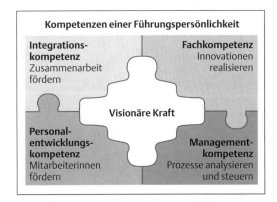

Abb. 2.1 Kompetenzen einer Führungskraft (nach Krehbiel)

Die visionäre Kraft (Abb. 2.1) erscheint uns dabei als der wichtigste Baustein, deshalb haben wir ihn in die Mitte gesetzt. Die immer schneller aufeinander folgenden Veränderungen und wissenschaftlichen Erkenntnisse erfordern es, kontinuierlich auf neue Entwicklungen zu achten und deren Relevanz für das Unternehmen zu prüfen.

Das betrifft Führungskräfte aller Leitungsebenen. Deshalb möchten wir die fünf zuvor beschriebenen Führungskompetenzen anhand eines Beispiels aus dem Stationsalltag verdeutlichen.

Die Führungskompetenzen im Stationsalltag

Eine Stationsleitung mit *visionären Fähigkeiten* erkennt beispielsweise die Bedeutung der Basalen Stimulation als eine pflegerische Methode der Zukunft für die stationäre Betreuung von Patienten speziell ihrer Station. Entsprechend der Unternehmenszielsetzung, eine qualitativ hochwertige Pflege unter Berücksichtigung der Wirtschaftlichkeit zu praktizieren, versteht die kompetente Stationsleitung die Methode der Basalen Stimulation als ihren Beitrag zur Zielerreichung. Ihr strategischer Plan zur Umsetzung könnte dann wie folgt aussehen:

Zunächst einmal würde sie mit ihrer Führungskraft die Projektidee besprechen und ein Seminar zum Thema Basale Stimulation besuchen, um sich selbst Grundkenntnisse der Methode anzueignen, mit denen sie ihre Mitarbeiterinnen von der Methode überzeugen und sie zum Mitmachen motivieren kann.

Im nächsten Schritt wird die Stationsleitung – im Rahmen der *Personalentwicklung* – eine ihrer Mitarbeiterinnen mit der Einführung der Methode auf der Station betrauen und ihr eine entsprechende Weiterbildung dazu ermöglichen.

Die Einführung der neuen Methode wird im Team diskutiert und man vereinbart, dass alle Mitarbeiterinnen die Weiterbildungsmaßnahme mit tragen und sich aktiv an der Umsetzung der Methode beteiligen. Anreiz dazu kann beispielsweise sein, dass das Stationsteam sich als treibende Kraft für Innovationen im Haus zeigt, die Patientenzufriedenheit nachhaltig erhöhen kann und die – kostspieligen – Pflegeprobleme minimiert.

Um solche Visionen und Strategien entwickeln und umzusetzen zu können, genügt es nicht, dass eine Stationsleitung „visionäre Energien" hat. Sie benötigt Fachkompetenz, um die Trends in der Forschung richtig einschätzen zu können, Personalentwicklungs-Kompetenz, um die richtige Mitarbeiterin für die Weiterbildung auswählen zu können, Management-Kompetenz, um die Effektivität der Maßnahme gegenüber der Pflegedienstleitung begründen und das Vorhaben in den Arbeitsprozess einbinden zu können. Und nicht zuletzt benötigt sie integrative Fähigkeiten, um den Zusammenhalt im Team nachhaltig fördern zu können, denn alle Pflegenden einer Station müssen die Umsetzung der neuen Methode – und damit verbundene Ausfälle – mit tragen und lernbereit sein. Neues bedeutet zunächst immer viel zusätzliche Arbeit, bevor man von den Veränderungen profitieren kann.

Die Kraft der Vision

Abschließend möchten wir noch auf die Entscheidung für den Terminus „Visionäre Kraft" eingehen: Visionen erzeugen einen Sog, sie wirken ansteckend und fördern den Aufbruch zu neuen Ufern. „Die Macht einer Vision liegt darin, das Interesse innerhalb und außerhalb der Organisation auf sich zu ziehen und Menschen für ein gültiges Ziel zu gewinnen, das Sinn macht und Sicherheit gibt. Visionen vermitteln zwischen den Möglichkeiten von heute und den Erfordernissen von morgen." (Harms, Kühnapfel, Krehbiel 1999)

Es reicht nicht, die Anforderungen der Zukunft zu erkennen. Eine Führungskraft muss auch die Fähigkeit besitzen, ihren Mitarbeiterinnen diese Erkenntnis zu vermitteln und sie für die „Mitgestaltung der Zukunft" zu gewinnen.

Literatur

Harms, K., S. Kühnapfel, J. Krehbiel: Personalentwicklung und Mitarbeiterführung. In Kerres, A., J. Falk, B. Seeberger: Lehrbuch Pflegemanagement. Springer, Berlin 1999

Lasko, W. W., I. Seim: Die Wow Präsentation. Gabler, Wiesbaden 1999

2.2 Gespräche mit Mitarbeiterinnen führen

Roswitha Woiwoda

2.2.1 Ein Wort zuvor

Eine wichtige Fähigkeit von Personen in leitenden Positionen ist die Kommunikation. Als Führungskraft müssen Sie mit Ihren Mitarbeiterinnen reden. Neben dem spontanen Gespräch auf dem Flur oder bei einer Tasse Kaffee im Dienstzimmer ist es unerlässlich, dass Sie feste Zeiten und Termine für Einzelgespräche einplanen. Solche Gespräche dienen der – gegenseitigen – Rückmeldung und Standortbestimmung sowie der Vereinbarung von Zielen, Aufgaben und Personalentwicklungsmaßnahmen. Sie benötigen keinen aktuellen Anlass, wie beispielsweise Konfliktgespräche (vgl. Kapitel 2.3).

Im Folgenden stellen wir Ihnen einige Gesprächstypen (Abb. 2.2) vor, die Sie zu unterschiedlichen Zeitpunkten und in unregelmäßigen Abständen mit Ihren Mitarbeiterinnen führen sollten.

Abbildung 2.2 gibt Ihnen einen groben Anhaltspunkt, wie sich die in diesem Beitrag beschriebenen Gespräche auf einer Zeitachse verteilen. Abgesehen vom Zwischen- und Probezeitgespräch können Sie die Gesprächsrhythmen selbst bestimmen bzw. mit Ihren Mitarbeiterinnen vereinbaren.

Gesprächsleitfäden unterstützen Sie sowohl bei der Vorbereitung von Gesprächen als auch bei der Gesprächsführung. So stellen Sie sicher, alle relevanten Themen anzusprechen und die Gespräche mit jeder Mitarbeiterin zumindest formal gleich zu führen. Darüber hinaus haben Sie mit den hier dargestellten Leitfäden ein Raster für die Dokumentation der besprochenen Inhalte und Ergebnisse.

Wie Sie sicher jetzt schon ahnen oder auch fürchten werden, haben diese Gespräche eine Flut von Formbögen zur Folge. Um die Unzahl von Formularen zur Gesprächsführung zu reduzieren, haben wir deshalb einen berufsgruppenübergreifenden Gesprächsleitfaden für Orientierungsgespräche (vgl. Abschnitt 2.2.5) konzipiert.

Unabhängig vom Gesprächstyp ist es für alle Gespräche wichtig, genügend Zeit einzuplanen und die Gespräche an einem geschützten, ungestörten Ort zu führen.

2.2.2 Zwischengespräche führen

Ziel und Zweck von Zwischengesprächen (vgl. auch Kap. 2.6.3) ist es, dass sich die neue Mitarbeiterin und die Stationsleitung gegenseitig Rückmeldungen geben, um frühzeitig auf Probleme (z. B. Über- oder Unterforderung) oder Missverständnisse reagieren zu können.

Gesprächsbeteiligte sind neben der Stationsleitung die Mentorin der neuen Mitarbeiterin sowie Pflegende, die überwiegend mit der neuen Mit-

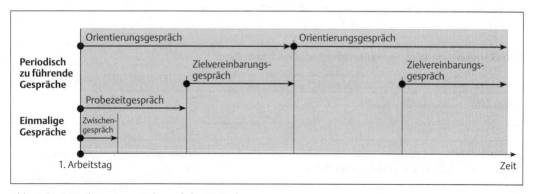

Abb. 2.2 Mitarbeitergespräche auf der Zeitachse

Tabelle 2.1 Formbogen für ein Zwischengespräch

Zwischengespräch
– nach ca. 6 Wochen Beschäftigungsdauer –

Zweck des Gesprächs: Gegenseitige Rückmeldung

Name der/s MitarbeiterIn: _____

Einsatzort: _____

Einstellungsdatum: _____

1. Fragen zu Ihren Eindrücken und Ihrem Befinden

Wie fühlen Sie sich derzeit?

_____

Was gefiel Ihnen während der Einarbeitung gut?

_____

Was gefiel Ihnen weniger gut?

_____

Was könnte verbessert werden?

_____

2. Einarbeitungsziele aus dem Vorgespräch:

_____

3. Wurden die anfangs ausgearbeiteten Ziele erreicht?   ☐ Ja   ☐ Nein

Wenn nicht, woran lag das?   ☐ Überfordert   ☐ Unterfordert

☐ Einarbeitung nicht ausreichend   ☐ Andere Gründe

Begründung: _____

_____

4. Sind noch Defizite vorhanden?   ☐ Ja   ☐ Nein

Falls Ja: Welche Unterstützung benötigen Sie (z. B. durch PDL, SL, Kolleginnen, Fachliteratur …)?

_____

5. Team

Wurden Sie gut in das Team aufgenommen?   ☐ Ja   ☐ Nein

Gab es Schwierigkeiten in der Zusammenarbeit?   ☐ Ja   ☐ Nein

_____

Wurde Ihre Einarbeitung vom gesamten Team unterstützt?   ☐ Ja   ☐ Nein

_____

6. Rückmeldung von Mentorin/Praxisanleiterin über die Einarbeitung:

_____

7. Weiterführende/geänderte Ziele:

_____

Termin des nächsten Gesprächs: _____

Datum, Unterschrift aller am Gespräch Beteiligten:

Kopie geht jeweils an die Unterzeichnerinnen   Bitte dieses Protokoll zum nächsten Gespräch mitbringen!

2.2 Gespräche mit Mitarbeiterinnen führen

arbeiterin zusammengearbeitet haben. In vielen Krankenhäusern ist es zudem üblich, dass die Pflegedienstleitung an diesen Gesprächen teilnimmt. Um der neuen Mitarbeiterin Gehör zu schenken, sollte sich ein Gespräch entwickeln, an dem alle Anwesenden beteiligt sind.

In der Regel ist ein Zwischengespräch in der Probezeit ausreichend, bei Bedarf können aber auch mehrere Gespräche geführt werden.

Für das Zwischengespräch kann folgender Gesprächsleitfaden (Tab. 2.25) genutzt werden.

Praxis-Tipp

Wichtig ist ein Einarbeitungskatalog für neue Mitarbeiterinnen, in dem die Stufen der Einarbeitung und die Zielerreichungsgrade formuliert sind. Neue Mitarbeiterinnen erhalten diese Unterlagen sowie einen Formbogen für das Zwischengespräch am ersten Arbeitstag. Außerdem muss eine Mentorin bzw. verantwortliche Bezugsperson benannt werden, die bei jedem Zwischengespräch mit der neuen Mitarbeiterin anwesend sein sollte.

Es ist selbstverständlich, weil arbeitsrechtlich geboten, dass alle Gespräche und Vereinbarungen schriftlich festgehalten werden.

2.2.3 Probezeitgespräche führen

Probezeitgespräche sind – meines Wissens – mittlerweile in jedem Krankenhaus üblich. Sie werden in der Regel nach fünf Monaten Betriebszugehörigkeit geführt. Ist es fraglich, ob die neue Mitarbeiterin nach der Probezeit übernommen werden soll, muss ihr auf jeden Fall schon früher eine entsprechende Rückmeldung gegeben werden.

Gesprächsteilnehmerinnen eines Probezeitgesprächs sind, wie beim Zwischengespräch, die neue Mitarbeiterin, die Stationsleitung, die Mentorin und die Pflegedienstleitung.

Vorgehen bei der Probezeitbeurteilung

Wichtig ist, dass die zu beurteilende Mitarbeiterin zu jedem genannten Kriterium ihre Selbsteinschätzung artikuliert und inhaltlich begründet. Die Anwesenden unterstützen, ergänzen oder stellen richtig. Es ist darauf zu achten, dass die Selbsteinschätzung der neuen Mitarbeiterin realistisch und wahr ist. Viele Mitarbeiterinnen neigen dazu, sich etwas schlechter zu bewerten, als sie tatsächlich sind – nach dem Motto: „Die anderen werden dann eine bessere Note vorschlagen".

Zum Gesprächsende sollte der Mitarbeiterin angeboten werden, die Dokumentation des Probezeitgesprächs zu lesen. Danach unterschreiben alle Anwesenden diese Dokumentation.

Ein Formular für Probezeitgespräche hat offiziellen Charakter und ist für alle Mitarbeiterinnen im Krankenhaus gültig.

Die **Beurteilung der Leistungen von Mitarbeiterinnen** erfolgt häufig anhand einer Notenskala oder mit Formulierungen wie zum Beispiel:

- klar über den Anforderungen
- entspricht in vollem Umfang den Anforderungen
- entspricht knapp den Anforderungen
- klar unter den Anforderungen

Freie Formulierungen sind leider selten möglich; auf manchen Formbögen gibt es eine Spalte für individuelle Bemerkungen.

Inhalte eines Probezeitgesprächs

Für das am Ende der Probezeit geführte Gespräch sollten die folgenden Kriterien berücksichtigt werden:

- Arbeitsausführung
  - Fachkenntnisse, Fachwissen, Fähigkeiten, Fertigkeiten
  - strebsames, sorgfältiges Arbeiten
  - Erkennen und Lösen von Problemen
  - Selbstständigkeit und Eigeninitiative
  - sinnvolle, folgerichtige Planung und Organisation der Arbeit
  - Zuverlässigkeit
- Arbeitsergebnis
  - Arbeitsqualität, hohes Niveau der geleisteten Arbeit
  - Effizienz
  - Arbeitsmenge
  - Belastbarkeit, Durchhaltevermögen, Umgang mit Stress
  - Kostenbewusstsein, wirtschaftliches Denken
  - Beitrag zur Weiterentwicklung der Station bzw. Abteilung
  - Einhalten von Zusagen und Vereinbarungen
- Eigenverantwortung
  - Einbringen eigener Ideen und Verbesserungsvorschläge
  - Flexibilität
  - Übernahme von Verantwortung
  - berufliche und persönliche Weiterentwicklung
  - Teilnahme an Fort- und Weiterbildungen

- Entwicklungschancen und Karriereplanung
- äußeres Erscheinungsbild
• Verhalten
- Teamfähigkeit
- Kritikfähigkeit, für Fehler und deren Folgen einstehen
- situationsgerechtes Einfühlungsvermögen
- Verhalten gegenüber Patienten, Angehörigen, Mitarbeiterinnen, anderen Berufsgruppen, Vorgesetzten (Kommunikation und Kooperation)
• Zielerreichung

Zu Arbeitsbeginn werden mit der Mitarbeiterin ein bis drei Ziele vereinbart. Im Probezeitgespräch wird dann der Grad der Zielerreichung festgestellt. Bei Abweichungen vom vereinbarten Ziel werden mögliche Gründe dafür erörtert und dokumentiert.

• Führungsqualität
- Führung und Förderung von Mitarbeiterinnen
- Entscheidungsfähigkeit
- Delegation von Aufgaben
- Zielkonsequenz, Ausdauer und Energie bei der Verfolgung von Zielen
- Durchsetzungsvermögen
- Ausdrucksfähigkeit
- Offenheit und Loyalität

Der Punkt *Führungsqualität* bezieht sich auf neue Mitarbeiterinnen, die Führungspositionen übernommen haben (also die Stationsleitung oder die stellvertretende Leitung) oder auf Mitarbeiterinnen, denen Führungsaufgaben ohne entsprechende Funktion übertragen wurden (z. B. die Anleitung von Schülerinnen in der Ausbildung).

2.2.4 Zielvereinbarungsgespräche führen

Das Zielvereinbarungsgespräch ist eines von vielen Führungsinstrumenten, das die kooperative und ergebnisorientierte Führungskraft nutzen kann. Führen durch Zielvereinbarungen bezieht Mitarbeiterinnen ein und realisiert den Bottom-Up-Ansatz (vgl. Kap. 1.2).

Bei der Formulierung von Zielen sind ganz bestimmte Kriterien zu berücksichtigen (Abb. 2.**3**): (vgl. James1993, S. 33 ff.).

Zur Bedeutung der Kriterien (Abb. 2.3) für die Formulierung von Zielen

• Ziele sollen **spezifisch** formuliert werden heißt, das Ziel wird so genau beschrieben, dass es sich konkret auf eine bestimmte Situation bezieht. Die Zielformulierung „Wir benötigen mehr Budget" ist beispielsweise zu ungenau, weil es keine konkreten Angaben darüber gibt, wie viel mehr Geld in welchem Zeitraum benötigt wird. (Ein Pfennig mehr in zehn Jahren gilt dann ebenso als Zielerreichung wie eine Million Mark mehr in zehn Tagen.)
• Ziele müssen **einfach** formuliert sein bedeutet, dass das Ziel für alle Mitarbeiterinnen nachvollziehbar und verständlich beschrieben werden muss.
• Ziele müssen so formuliert werden, dass sie **messbar** sind. (Die Anforderungen *messbar* und *spezifisch* sind also eng miteinander verknüpft.) Das Kriterium Messbarkeit muss erfüllt sein, um feststellen zu können, ob und in welchem Maße das festgelegte Ziel erreicht wurde. Dieser Aspekt ist also Voraussetzung dafür, dass man den Erfolg messen kann. Dabei ist Messbarkeit nicht zwingend auf quantitative Kriterien beschränkt; auch Qualitätskriterien lassen sich messen.
• Ein Ziel soll **bedeutungsvoll** sein. Dieses Kriterium bezieht sich nicht ausschließlich auf die Art und Weise der Formulierung, sondern konkret auf das ausgesprochene Ziel. Ein *bedeutungsvolles* Ziel ist deshalb bedeutungsvoll, weil die einzelne Mitarbeiterin sich damit identifizieren kann. Sie kann es als „ihr" Ziel ansehen, es ist ihr wichtig, weshalb sie sich auch für die Erreichung dieses Ziels einsetzen wird.
• Ziele müssen für **alle Lebensbereiche** geplant und beschrieben werden. Die Balance zwischen Arbeit und Freizeit ist wichtig im Leben. Daher sollten mit Mitarbeiterinnen nicht nur betriebliche, sondern auch beruflich-persönliche Ziele vereinbart werden.
• Ziele müssen so formuliert werden, als wäre der Zustand erreicht (**als ob es jetzt wäre**). Das heißt, sie müssen im Präsens geschrieben werden, also nicht „Wir werden 2010 ... sein", sondern „Im Jahre 2010 sind wir ...".
• Ziele sollen **realistisch** sein. Das bedeutet, dass die Einzelnen in der Lage sein sollten, einzuschätzen, ob ihre Ziele zu verwirklichen sind oder nicht. Damit sollen Über- und Unterforderung ausgeschlossen werden.
• Ein Ziel **verantwortlich** zu formulieren bedeutet, die möglichen Auswirkungen der Zielerreichung auf andere Menschen (Kolleginnen, Patientinnen) zu berücksichtigen.
• Die Forderung, die Formulierung von Zielen „**mit Zeitangabe**" zu versehen, bezieht sich auf die Ergebnisorientierung. Ziele, die ohne zeitliche Vorgaben formuliert werden, in denen also nicht beschrieben wird, in welchem

Zeitrahmen das Ziel erreicht werden soll, sind erfahrungsgemäß zum Scheitern verurteilt.
- Die Zielformulierung muss das, **„was ich will"** und auf welche Weise ich es will unmissverständlich ausdrücken. Dabei muss das Ziel s. m. a. r. t. (Abb. 2.**3**) formuliert sein.

Abb. 2.**3** „Schlaue Ziele"

▬ Zielvereinbarungsgespräche im Krankenhausalltag

Als Beispiel für ein Zielvereinbarungsgespräch möchten wir die Vereinbarung von so genannten Stationszielen vorstellen. Stationsziele werden vom gesamten Pflegeteam beschlossen und formuliert und nach ihrer Verabschiedung auch gemeinsam umgesetzt.

Die Ziele einer Station werden jedes Jahr neu erarbeitet und dokumentiert (Tab. 2.2). Das schriftliche Fixieren ist wichtig, weil nur so die Überprüfung der Zielerreichung gewährleistet ist. Zudem erhöht die schriftliche Formulierung die Genauigkeit und Klarheit des Ziels.

Gleiche oder ähnliche Ziele (z. B. Qualitätsziele) können dabei so lange immer wieder mit aufgeführt werden, wie sie weiterhin wichtig und aktuell für die Station sind. Werden neue Ziele formuliert, darf die bisher erreichte Qualität darunter nicht leiden, das heißt, es muss auch beschrieben werden, wie die bisherige Qualität zu sichern ist.

Die formulierten und dokumentierten Ziele der Station werden mit der Pflegedienstleitung besprochen und auf ihre Sinnhaftigkeit und Erreichbarkeit hin überprüft. Die Mitglieder des Pflegeteams sollen mit den vereinbarten Zielen weder über- noch unterfordert werden.

Bei umfassenden, weitreichenden Zielen – wenn das formulierte Ziel nicht binnen eines Jahres erreicht werden kann – ist die Vereinbarung von Zwischenzielen sinnvoll. Hierbei wird das Pflegeteam in der Regel von der Pflegedienstleitung unterstützt.

Als Zielvereinbarungsgespräche, in denen Stationsziele formuliert werden, gelten auch Gespräche zwischen einzelnen Mitarbeiterinnen und der Stationsleitung. In ihnen vereinbart die Stationsleitung mit jeder einzelnen Mitarbeiterin spezielle Ziele. Weil diese Form von Zielvereinbarungsgesprächen eng verknüpft ist mit den so genannten Orientierungsgesprächen (vgl. Abschnitt 2.2.5), werde ich erst dort näher darauf eingehen. Sicher ist es auch möglich, ohne Orientierungsgespräche Zielvereinbarungen mit Mitarbeiterinnen zu treffen, nur werden Mitarbeitergespräche mithilfe dieses Instruments effektiver und systematischer in einen gemeinsamen Kontext gestellt. Deshalb möchten wir zunächst die Dokumentation von vier Zielvereinbarungsgesprächen (Tab. 2.**3a–d**) zwischen Pflegedienstleitung und Stationsleitung vorstellen. Aus den dokumentierten Vereinbarungen lassen sich die Ziele für die Mitarbeiterinnen des Teams ableiten. (Alle vorgestellten Beispiele stammen aus unserer eigenen Berufspraxis.)

---

aus der Praxis

1. Praxis-Beispiel: Zielvereinbarungen über Teamziele (Tab. 2.3a)
2. Praxis-Beispiel: Zielvereinbarungen einer Stellvertretenden Stationsleitung (Tab. 2.3b u. c)
Die beiden hier vorgestellten Zielvereinbarungen wurden auf derselben Station erarbeitet wie die dokumentierten Vereinbarungen des ersten Praxis-Beispiels. Wenn Sie die drei Zielvereinbarungen vergleichen, erkennen Sie, dass die einzelnen Ziele nicht unabhängig voneinander für sich stehen, sondern miteinander verknüpft sind.
3. Praxis-Beispiel: Zielvereinbarungen einer Stations- bzw. Funktionsleitung (Tab. 2.3d)
Damit das Bild abgerundet ist, finden Sie im Folgenden die entsprechenden Ziele für die Stations- bzw. Funktionsleitung dieses Bereiches.

Tabelle 2.2 Formbogen für ein Leistungs- oder Zielvereinbarungsgespräch

LEISTUNGS- ODER ZIELVEREINBARUNG

Anforderungen an Ziele:
- klar, eindeutig, konkret, nachvollziehbar, terminiert
- realistisch, erreichbar, verwirklichbar
- messbar und überprüfbar
- sinnstiftend, bedeutungsvoll, erstrebenswert

Vereinbarung
- zwischen _____
- am _____
- über _____

---

1. Was? (Leistung/Ziel ist erreicht, wenn …)

---

2. Wozu? (Beabsichtigte Wirkung)

---

3. Wann ist das Ergebnis gut? (Qualität)

---

4. Bis wann? (Festlegen von Meilensteinen bei längerfristigen Zielen und Endtermin)

Tabelle 2.3a Zielvereinbarung „Teamziele"

LEISTUNGS- ODER ZIELVEREINBARUNG

Anforderungen an Ziele:
- klar, eindeutig, konkret, nachvollziehbar, terminiert
- realistisch, erreichbar, verwirklichbar
- messbar und überprüfbar
- sinnstiftend, bedeutungsvoll, erstrebenswert

Vereinbarung
- zwischen Pflegedienstleitung und Stations-/Funktionsleitung
- am 15. 12. 1999
- über Teamziele

---

1. Was? (Leistung/Ziel ist erreicht, wenn …)

1. Pflegeanamnese gezielter und gewissenhafter dokumentieren;
2. bessere Dokumentation über Informationen vom Patienten;
3. Nutzung des Fort- und Weiterbildungsprogrammes;
4. Stationsübergabe qualitativ verbessern;
5. Schüler gezielter anleiten;
6. Verantwortungsgefühl für die Station steigern;
7. Vereinheitlichung des Arbeitsablaufes in den einzelnen Bereichen;
8. Absprachen einhalten.

---

2. Wozu? (Beabsichtigte Wirkung)

1. zur eigenen Sicherheit und zur Nachvollziehbarkeit der Pflege;
2. zur Patientenzufriedenheit und Erleichterung der Pflege;
3. um den Wissensstand aufzufrischen und zu erweitern;
4. um pflegerische Aufgaben besser bewältigen zu können, zur Zeitersparnis; zum vertieften und gezielteren Auseinandersetzen mit dem Patienten;
5. zur Zufriedenheit der Schüler, für bessere Lernerfolge, zur Sicherheit der Patienten und Mitarbeiterinnen, zur Beurteilung;
6. zur Zufriedenheit von Stationsleitung und Mitarbeiterinnen, zur Zeitersparnis;
7. zur Sicherheit für Mitarbeiterinnen und Patienten, zum reibungslosen Stationsablauf, zur Zeitersparnis, Klarheit/Transparenz, um Missverständnissen vorzubeugen;
8. zur Zufriedenheit von Stationsleitung und Mitarbeiterinnen, zur Zeitersparnis, zur Qualitätssicherung der Arbeit.

---

3. Wann ist das Ergebnis gut? (Qualität)

1. wenn man ein komplettes Bild vom Patienten hat;
2. wenn die Dokumentation lückenlos ist;
3. wenn Informationen umgesetzt, weitergegeben und anderen Mitarbeiterinnen vermittelt werden können;
4. wenn die Übergabe inhaltlich komplett ist, wenn Patienten und Mitarbeiterinnen zufrieden sind, wenn die Arbeitsqualität steigt;
5. wenn Lernziele erreicht sind, wenn die Schülerinnen sich mit der Station auseinandersetzen, wenn Lernziele in die Praxis umgesetzt werden können;
6. wenn ein reibungsloser Ablauf gewährleistet ist, wenn jeder sich für „Alles" verantwortlich fühlt;
7. wenn Abläufe vereinheitlicht sind;
8. wenn Absprachen eingehalten werden.

---

4. Bis wann? (Festlegen von Meilensteinen bei längerfristigen Zielen und Bestimmen eines Endtermins)

1. bis Juni 2000, danach kontinuierliches Erhalten;
2. Mai 2000;
3. kontinuierlich;
4. bis April 2000;
5. bis August 2000;
6. Ende 2000;
7. bis Oktober 2000;
8. bis März 2000, danach kontinuierlich weiter.

2 Mitarbeiterinnen führen

Tabelle 2.**3b** Zielvereinbarung „Stellvertretende Stationsleitung mit Schwerpunkt Dokumentation"

LEISTUNGS- ODER ZIELVEREINBARUNG

Anforderungen an Ziele:
- klar, eindeutig, konkret, nachvollziehbar, terminiert
- realistisch, erreichbar, verwirklichbar
- messbar und überprüfbar
- sinnstiftend, bedeutungsvoll, erstrebenswert

Vereinbarung
- zwischen   Pflegedienstleitung und Stellvertretender Stationsleitung
- am   16. 12. 1999
- über   Ziele der Stellvertretenden Stationsleitung mit Schwerpunkt Dokumentation

---

1. Was? (Leistung/Ziel ist erreicht, wenn ...)

1. gute Zusammenarbeit des Teams erhalten;
2. Optimierung mit Umgang von Pflege-Dokumentation;
3. Dokumentenordner erstellen;
4. stufenweise Übernahme eigenständiger Delegation und Organisation der Arbeit;
5. Doku-Fortbildung für Mitarbeiterinnen im Rahmen der Stationsbesprechung.

---

2. Wozu? (Beabsichtigte Wirkung)

1. höhere Motivation und Engagement;
2. bessere Pflegequalität, rechtliche Absicherung;
3. Information für Mitarbeiterinnen;
4. Entlastung und Unterstützung der Stationsleitung;
5. Besserer Infofluss für alle.

---

3. Wann ist das Ergebnis gut? (Qualität)

1. Arbeitsklima gut ist;
2. genaues Erkennen vom Zustand des Patienten und der erforderlichen und geleisteten Arbeit; Kontinuität erkennbar;
3. korrekte Dokumentation;
4. Stationsleitung und Mitarbeiterinnen zufrieden sind;
5. Verständnis der Mitarbeiterinnen vorhanden und Interesse, Info wird in Arbeit umgesetzt.

---

4. Bis wann? (Festlegen von Meilensteinen bei längerfristigen Zielen und Endtermin)

1. bleibt hoffentlich abgeschlossen;
2. kontinuierlich;
3. September 2000;
4. 2001;
5. bis Ende 2000.

Tabelle 2.**3**c   Zielvereinbarung „Stellvertretende Stationsleitung mit Schwerpunkt Mentor"

Leistungs- oder Zielvereinbarung

Anforderungen an Ziele:
- klar, eindeutig, konkret, nachvollziehbar, terminiert
- realistisch, erreichbar, verwirklichbar
- messbar und überprüfbar
- sinnstiftend, bedeutungsvoll, erstrebenswert

Vereinbarung
- zwischen   Pflegedienstleitung und Stellvertretender Stationsleitung
- am   16. 12. 1999
- über   Ziele der Stellvertretenden Stationsleitung mit Schwerpunkt Mentor

1. Was? (Leistung/Ziel ist erreicht, wenn ...)

1. gezielte Schüleranleitung, gezielte Anleitung neuer Mitarbeiterinnen – Einarbeitung;
2. Mentorenfortbildung im Rahmen einer Stationsbesprechung;
3. Mitarbeiterinnen für Mentorenarbeit motivieren;
4. Hilfe bei Umsetzung der Stationsziele 2000;
5. Mitarbeit und Unterstützung der Stationsleitung bei Führungsaufgaben und Übernahme bestimmter Aufgaben im Führungsteam:
   - Dienstplangestaltung und -abrechnung
   - „Moderation" von Stationsbesprechungen
   - Mitarbeit und Unterstützung zur Verwirklichung unserer Vision z. B. Pflegemodell, Dokumentation, Qualifikation der Mitarbeiterinnen, Führungskultur (andere Bereiche, Ärzte, Verwaltung).

2. Wozu? (Beabsichtigte Wirkung)

1. Verbesserung der praktischen Ausbildung der Schüler;
2. Einarbeitung neuer Mitarbeiterinnen gewährleisten;
3. Informationsfluss gewährleisten;
4. kontinuierliche und einheitliche Schüleranleitung;
5. um einem Stillstand oder sogar Rückgang der Pflegequalität entgegenzuarbeiten; um einen reibungslosen Stationsablauf zu gewährleisten; Qualifikation der Pflege; Entlastung der Stationsleitung; eigene Zufriedenheit.

3. Wann ist das Ergebnis gut? (Qualität)

1. Lernziele erreicht; eigenständiges Arbeiten; eigenständiges Arbeiten der neuen Mitarbeiterinnen;
2. Verständnis für Mentorenarbeit fördern; wenn alle sich für die Schülerinnen verantwortlich fühlen;
3. eigenständiges und gezieltes Anleiten der Schülerinnen durch alle Mitarbeiterinnen;
4. bei Erreichen der Stationsziele;
5. stufenweise Übernahme von Führungsaufgaben, Selbstsicherheit, Routine, keine Stagnation in der Verwirklichung unserer Ziele.

4. Bis wann? (Festlegen von Meilensteinen bei längerfristigen Zielen und Endtermin)

1. kontinuierlich;
2. kontinuierlich;
3. Ende 2000;
4. 2000;
5. immer / 2001.

Tabelle 2.3d   Zielvereinbarung „Stationsleitung"

LEISTUNGS- ODER ZIELVEREINBARUNG

Anforderungen an Ziele:
- klar, eindeutig, konkret, nachvollziehbar, terminiert
- realistisch, erreichbar, verwirklichbar
- messbar und überprüfbar
- sinnstiftend, bedeutungsvoll, erstrebenswert

Vereinbarung
- zwischen   Pflegedienstleitung und Stationsleitung
- am   15. 12. 1999
- über   Ziele der Stationsleitung

---

1. Was? (Leistung/Ziel ist erreicht, wenn …)

Aufbau einer starken Führungsebene im Funktionsbereich. SFL in die Verantwortung nehmen mit klaren Kompetenzbereichen.

---

2. Wozu? (Beabsichtigte Wirkung)

- Unterstützung für die FL;
- Jeder kennt seinen Aufgabenbereich (SFL) und kann sich mit seinen Aufgaben identifizieren.
- Transparenz für die Mitarbeiter.

---

3. Wann ist das Ergebnis gut? (Qualität)

- Wenn Entscheidungen gemeinsam getragen werden.
- Loyalität wird gelebt.

---

4. Bis wann? (Festlegen von Meilensteinen bei längerfristigen Zielen und Endtermin)

Ab sofort. Rückmeldungen bis Juni 1999? Im Rahmen von regelmäßigen Treffen der FL und SFL.

> **Praxis-Tipp**
>
> **zur Durchführung von Zielvereinbarungsgesprächen.** Die in einem Gespräch vereinbarten Ziele sollten wenigstens halbjährlich evaluiert werden. Dabei sind auch die kurzfristigen Ziele („Meilensteine") von Bedeutung, die die Auszuführenden selbst festgelegt haben. Werden Ziele gar nicht oder erst zu einem späteren Zeitpunkt erreicht, muss das begründet werden. Viele Ziele müssen mehrmals im Jahr auf ihre Aktualität hin überprüft werden. Dabei ist es wichtig, darüber nachzudenken, ob die damals formulierten Ziele unter veränderten Rahmenbedingungen weiter verfolgt werden sollen.

Relativ neu ist, dass Stations- oder Funktionsleitungen sowie deren Stellvertretungen unabhängig vom Team sowohl Ziele für die Station oder den Funktionsbereich formulieren als auch persönliche Ziele. Vom Team unabhängige, also individuell auf einzelne Mitarbeiterinnen abgestimmte Zielformulierungen sind als Arbeitsgrundlage nur zu empfehlen, weil damit die Mitarbeiterinnen optimal gefördert werden können. Es ist auch legitim, dass Stationsleitung und/oder Pflegedienstleitung – wenn nötig – Ziele vorgeben. Dies gilt vor allem für die Einführungsphase des Instruments *Zielvereinbarungsgespräch*. Unsere Erfahrung hat gezeigt, dass die Top-down-Formulierung von Zielen nicht mehr erforderlich ist, wenn Zielvereinbarungen für alle Mitarbeiterinnen selbstverständlich geworden sind.

2.2.5 Orientierungsgespräche führen

Orientierungsgespräche, auch bekannt unter dem Begriff „Feed-back-Gespräche", beinhalten alle Elemente von Zielvereinbarungs- und Fördergesprächen (vgl. Abschnitt 2.2.6). Gesprächsteilnehmerinnen sind die Stationsleitung bzw. deren Stellvertreterin und die für das Gespräch ausgewählte Mitarbeiterin. Mit einem Orientierungsgespräch wird das Ziel verfolgt, Arbeitsverhalten bzw. Arbeitsweise von Mitarbeiterinnen zu besprechen und gemeinsam mit diesen zu beurteilen. Das heißt, die beiden Gesprächsteilnehmerinnen teilen sich gegenseitig ihre Einschätzung mit: Die Mitarbeiterin wird aufgefordert zu erläutern, wie sie selbst anhand bestimmter Kriterien (Tab. 2.**4a**) ihre Arbeitsweise erlebt (Selbsteinschätzung). Die Stationsleitung beschreibt im Gegenzug, wie sie die Arbeit ihrer Mitarbeiterin einschätzt (Fremdeinschätzung). Dabei wird bewusst darauf verzichtet, die Mitarbeiterinnen anhand von Noten zu bewerten, denn im Vordergrund eines Orientierungsgesprächs steht das Miteinander-Sprechen, wofür eine entspannte Atmosphäre Voraussetzung ist. Das Orientierungsgespräch sollten Sie jährlich führen.

> **Praxis-Tipp**
>
> Das Gespräch sollte an einem geschützten ruhigen Ort und in einer angenehmen Atmosphäre stattfinden. Planen Sie genügend Zeit ein. Erfahrungsgemäß dauert das jeweils erste Gespräch mit Ihrer Mitarbeiterin am längsten und Sie sollten hierfür auf jeden Fall zwei Stunden vorsehen. Das mag Ihnen viel erscheinen und Sie werden sich vielleicht fragen, woher Sie die Zeit nehmen sollen. Aus eigener Erfahrung möchten wir Ihnen versichern, dass diese zwei Stunden sehr gut investiert sind.

■ Pro und Contra Orientierungsgespräche

Was spricht für das Führen von Orientierungsgesprächen?

- Sie nehmen sich Zeit für Ihre Mitarbeiterinnen und drücken ihnen gegenüber damit Ihre Wertschätzung aus.
- Sie geben umfassend Rückmeldung, ohne dass es einen besonderen Anlass gibt. So vermeiden Sie die Konzentration von Rückmeldungen auf unerwünschtes Fehlverhalten.
- Sie lernen Ihre Mitarbeiterinnen in einem persönlichen Gespräch besser kennen.
- Mit dem Gespräch schaffen Sie einen „angstfreien Raum", in dem Ziele und Maßnahmen – nicht nur von Führungsseite – formuliert und vereinbart werden. Auf diese Weise können Sie Ihre Mitarbeiterinnen individuell fördern und fordern.
- Der besondere Rahmen eines Orientierungsgesprächs bietet Ihnen und Ihrer Mitarbeiterin die Gelegenheit, „das, was sie immer schon mal sagen wollten", auszusprechen.

Was spricht gegen das Führen von Orientierungsgesprächen?

- Ein hoher Arbeitsaufwand macht es Ihnen unmöglich, auf Mitarbeiterinnen (Gesprächsteil-

nehmerinnen) zu verzichten, weil darunter die Patientenversorgung leiden könnte.
- Auf einer Station gibt es zu wenig ausgebildetes Personal, was ebenfalls dazu führt, dass auf Mitarbeiterinnen nicht verzichtet werden kann.

Vorgehen beim Orientierungsgespräch

Auch Orientierungsgespräche finden am besten strukturiert statt. Deshalb haben wir einen Leitfaden entwickelt, der Ihnen Ideen zur inhaltlichen Ausgestaltung und möglichen Vorgehensweise liefert (Tab. 2.**4a**). Die von uns vorgegebenen Themen sollten Sie entsprechend Ihrer eigenen speziellen Bedürfnisse bzw. den Besonderheiten Ihrer Station und den Bedürfnissen Ihrer Mitarbeiterinnen ergänzen oder variieren. Grundsätzlich ist es sinnvoll, einen Gesprächsleitfaden mit allen Mitarbeiterinnen gemeinsam zu erarbeiten. So kann man schon im Vorfeld Akzeptanz für diese neue Gesprächsform schaffen.

> **!**
> Es ist von äußerster Wichtigkeit, die Mitarbeiterinnen wissen zu lassen, dass das Orientierungsgespräch unter vier Augen stattfindet und nichts davon an Dritte (wie z. B. die Pflegedienstleitung) weitergegeben wird. Diese Regel ist unbedingt einzuhalten, wenn man eine ehrliche und offene Gesprächsatmosphäre erreichen möchte.

Die gesprächsführende Stationsleitung muss die Mitarbeiterin über Sinn und Zweck des Gesprächs, die Gesprächsform und den Gesprächstermin informieren.

- **Gesprächsform und -inhalt**

Der Mitarbeiterin muss erklärt werden, warum und wie das Gespräch geführt werden soll. Sie sollte z. B. darauf aufmerksam gemacht werden, dass sie während des Orientierungsgesprächs auch ihrer gesprächsführenden Stationsleitung Rückmeldung geben kann.

Über den Gesprächsinhalt informiert unter anderem ein Gesprächsleitfaden (Tab. 2.**4a–c**), den die Mitarbeiterin bei der Terminabsprache ausgehändigt bekommt. Mithilfe dieses Leitfadens bereitet sie sich inhaltlich auf das Gespräch vor. Die Mitarbeiterin schätzt vorab ihre Arbeitsleistung ein und formuliert diese Selbsteinschätzung vor dem geplanten Gespräch schriftlich auf dem Bogen.

- **Gesprächstermin**

Das Gespräch muss rechtzeitig im Voraus terminiert werden. Zwischen Terminplanung und Gespräch sollten mindestens zwei Wochen liegen, besser sind erfahrungsgemäß drei oder vier Wochen, damit die Gesprächsteilnehmerinnen genügend Zeit haben, sich auf das Gespräch vorzubereiten.

> **Praxis-Tipp**
>
> Vereinbaren Sie mit Ihrer Mitarbeiterin, dass diese ihre Selbsteinschätzung in Form von zehn „Stärken" und fünf „verbesserungsfähigen" Aspekten formuliert (Tab. 2.**4b**). Ohne solche Hinweise neigen die Mitarbeiterinnen dazu, keine oder wenig Stärken zu nennen. Erkundigen Sie sich, ob die Mitarbeiterin Unterstützung beim Ausfüllen des Leitfadens benötigt. Den ausgefüllten Leitfaden bringt die Mitarbeiterin zum Gespräch mit.

- **Vorbereitung der Gesprächsführenden**

Auch für die Gesprächsführende (z. B. Stationsleitung) ist eine optimale Vorbereitung auf das Orientierungsgespräch wichtig. Dabei sollte man nicht die dafür notwendige Zeit unterschätzen. Wie die Mitarbeiterin sollte auch die Gesprächsführende den Leitfaden-Formbogen (Tab. 2.**4a–b**) ausfüllen. Handelt es sich für die Gesprächsführende um das erste Orientierungsgespräch, sollte sie sich für das Gespräch eine Mitarbeiterin auswählen, zu der sie fachlich und emotional eine gute Beziehung hat.

> **!**
> Bei „schwierigen" Mitarbeiterinnen sollte unbedingt darauf geachtet werden, dass das Orientierungsgespräch nicht zu einem Konfliktgespräch wird. Konflikte müssen vorher aus dem Weg geräumt werden. Orientierungsgespräche können nur in einer entspannten Atmosphäre stattfinden. Sollte sich das Gespräch zu einem Konfliktgespräch entwickeln, müssen Sie es abbrechen und entweder unmittelbar danach ein Konfliktgespräch führen oder einen Termin dafür festlegen.

Tabelle 2.**4a**   Leitfaden für Orientierungsgespräche

Kriterien	Bemerkungen
1. **Fachliches Wissen** Fachkenntnisse und Fähigkeiten im Tätigkeitsbereich	
2. **Vielseitige Einsatzmöglichkeiten** Flexibilität u. Bereitschaft zur Übernahme anderer Aufgaben	
3. **Arbeitsqualität/Qualitätssicherung** Gleichbleibend hohes Niveau der geleisteten Arbeit	
4. **Fleiß** Quantitativer Umfang der Arbeit; strebsames, sorgfältiges Arbeiten auf ein Ziel hin	
5. **Belastbarkeit/Durchhaltevermögen** Kein Qualitätsverlust der Arbeit unter Stress	
6. **Selbstmanagement** Sinnvolle, folgerichtige Planung und Organisation der Arbeit	
7. **Wirtschaftliches Denken** Kostenbewusstsein	
8. **Zuverlässigkeit** Erfüllung von Aufgaben und Einhaltung von Zusagen	
9. **Kreativität** Flexibilität bei der Aufgabenerfüllung	
10. **Eigeninitiative** Einbringung eigener Ideen zur Problemlösung Beteiligung am Innovationswesen der Station	
11. **Einfühlungsvermögen** Gutes Gespür für die Situation und die Fähigkeit, mit den Augen der anderen sehen zu können	
12. **Teamfähigkeit** Ausgeprägtes Kooperationsverhalten; sich selbst in die Gemeinschaft einordnen	
13. **Motivation/Engagement**	
14. **Verhalten gegenüber Mitarbeiterinnen** **Vorgesetzten** **Patienten/Angehörigen**	
15. **Offenheit, Loyalität** Ehrlichkeit, Treue, „leben" der Pflegephilosophie	
16. **Ausdrucksfähigkeit** Anderen etwas verständlich erklären und annehmbar machen	
17. **Durchsetzungsvermögen** Selbstbehauptung, positive Einstellung und „gesundes" Selbstvertrauen	
18. **Zielkonsequenz** Ausdauer und Energie bei der Verfolgung von Zielen	
19. **Selbstkritik** Eingestehen eigener Fehler und die Bereitschaft, für die Folgen des Fehlers einzustehen **Kritikfähigkeit**	

2 Mitarbeiterinnen führen

Tabelle 2.4a Fortsetzung

Kriterien	Bemerkungen
20. **Fortbildungsinteresse** Regelmäßige Teilnahme an fachlichen und persönlichen Fort-/Weiterbildungsmaßnahmen	
21. **Innovationen** Bereitschaft „Neuerungen" anzunehmen und umzusetzen	
22. **Zukünftige Entwicklungsmöglichkeiten** Karriereplanung, Entfaltungschancen	

Tabelle 2.4b Leitfaden für Orientierungsgespräche

IST-Situation	
Stärken	noch verbesserungsfähig

Tabelle 2.4c Leitfaden für Orientierungsgespräche

Zielvereinbarungen zwischen Mitarbeiterin/Stations- bzw. Funktionsleitung

_____
_____
_____
_____

Welche Maßnahmen werden zur Zielerreichung ergriffen?

_____
_____
_____
_____

Ergänzungen, besondere Anmerkungen

_____
_____
_____
_____

Datum: _____

Mitarbeiterin: _____

Stations-/Funktionsleitung: _____

Nächstes Orientierungsgespräch: _____

■ Tipps zum Verlauf eines Orientierungsgesprächs

Gesprächsanfang. Zu Beginn des Gesprächs kann es sinnvoll sein, sich gegenseitig Rückmeldung darüber zu geben, wie man die Gesprächsvorbereitungen empfunden hat und welche Schwierigkeiten dabei möglicherweise aufgetreten sind.

Als Einstieg in das eigentliche Orientierungsgespräch eignet sich das Reden über die „Ist-Situation" (Tab. 2.**4b**). Erfahrungsgemäß kann sich besonders im Austausch von „Stärken" und „verbesserungsfähigen" Aspekten ein Gespräch entwickeln. Ein solcher Gesprächsbeginn mindert gleichzeitig die Gefahr des reinen Abfragens der einzelnen Kriterien des Leitfadens (Tab. 2.**4a**). Nach einem gelungenen Gesprächsanfang ist es leichter, die Kriterien zu besprechen, neue Ziele zu formulieren und Maßnahmen zur Erreichung der Ziele zu beschließen.

Gesprächsverlauf. Während des Gesprächs sollte jede Gesprächsteilnehmerin abwechselnd das Rederecht erhalten, um einen ihrer aufgezeichneten Punkte vortragen zu können. Als Stationsleitung sollten Sie Ihre Mitarbeiterin nach dem Grund für die jeweiligen Einschätzungen fragen. Außerdem ist es wichtig, auf Ehrlichkeit, Offenheit und Echtheit der Aussagen zu achten.

Nicht zuletzt sollten Sie sich als Stationsleitung darauf vorbereiten, dass die von Ihnen gewünschte Rückmeldung Ihrer Mitarbeiterin nicht nur erfreulich sein kann.

Gesprächsende. Auch am Ende des Gesprächs ist es sinnvoll, sich gegenseitig Rückmeldung darüber zu geben, wie man das Gespräch empfunden hat. Dabei ist es wichtig, abschließend nochmals über die während des Gesprächs aufgetretenen Übereinstimmungen und Differenzen zu reflektieren. Beenden Sie das Gespräch mit einem Ausblick auf die vereinbarten Ziele und Maßnahmen.

Den ausgefüllten Formbogen (Tab. 2.**4a–c**) behält die Mitarbeiterin bei ihren persönlichen Unterlagen (z. B. zu Hause). Lediglich von den dokumentierten Zielvereinbarungen und Maßnahmen zur Zielerreichung (Tab. 2.**4c**) behalten Sie als Stationsleitung eine Kopie.

2.2.6 Fördergespräche führen

Förder- bzw. Führungsgespräche sind Gespräche zwischen Pflegedienstleitung und Stationsleitung. Der Zweck dieser Gespräche besteht darin, „führungsrelevante" Daten auszutauschen. Es werden spezifische Probleme der betreffenden Station erörtert und Lösungsansätze erarbeitet. Wenn es notwendig ist, werden Vereinbarungen zur Erreichung eines bestimmten Ziels getroffen und entsprechend terminiert. Sämtliche Vereinbarungen und festgelegten Termine werden auf einem Formbogen (Tab. 2.**5**) dokumentiert, der gleichzeitig als Leitfaden für das Führungsgespräch dienen kann.

Ein wichtiges Thema in Fördergesprächen ist die Personalentwicklung. Dabei wird z. B. darüber nachgedacht, welche Maßnahmen von der Stationsleitung selbst durchgeführt werden können, um ein bestimmtes Ziel zu erreichen und welche Maßnahmen von den anderen Mitarbeiterinnen der Station ergriffen werden müssen.

Förder- bzw. Führungsgespräche sind hilfreiche Einrichtungen, weil Stationsleitungen hier offen über Führungsprobleme sprechen und Unterstützung einfordern können. In diesem Zusammenhang erkundigt sich die Pflegedienstleitung z. B. auch danach, inwieweit und in welcher Form die Stationsleitung ihre Führungsaufgaben wahrnimmt.

Gesprächsthemen von Fördergesprächen sind allerdings nicht nur Probleme einer Station, auch positive Entwicklungen werden hier angesprochen.

2.2.7 Zusammenfassende Betrachtung

Regelmäßige, gut geplante zielorientierte Gespräche zwischen den verschiedenen Mitarbeiterinnen eines Krankenhauses sollten Bestandteil der pflegerischen Arbeit sein. Solche Gespräche können einerseits dazu beitragen, die einzelnen Arbeitsabläufe besser zu organisieren, Konflikten vorzubeugen oder Probleme zu beseitigen. Andererseits können sie die Arbeitsatmosphäre positiv beeinflussen, wenn den Mitarbeiterinnen durch die Gespräche Vertrauen entgegengebracht wird und sie eine Wertschätzung ihrer Arbeit erleben. Nicht zuletzt erfährt jede einzelne Mitarbeiterin in den Gesprächen bzw. durch die Gespräche konkrete Unterstützung in bestimmten Situationen bzw. Förderung ihrer ganz speziellen Fähigkeiten.

■ Literatur

James, T.: Time Coaching. Junfermann, Paderborn 1993

Tabelle 2.5 Leitfaden für Führungsgespräche

Leitfaden für Führungsgespräche

zwischen _____ und _____
Datum: _____ Station/Abteilung: _____

Themen	Vereinbarungen	Datum
Stellenplan		
Mitarbeiterbezogen: • Ausfallzeiten • Ein- und Austritte • Verhalten		
Aktuelles		
Führungsteam		
Personalentwicklung für SL/SSL/MA: • Führungsseminare I, II, III • Arbeitstagungen • externe und interne Fortbildungen		
Führungsinstrumente: • Teamgespräche • Orientierungsgespräche • sonst. Gespräche		

Nächster Termin:

2.3 Mit Konflikten konstruktiv umgehen

Jacqueline Krehbiel

2.3.1 Ein Wort zuvor

Beim Thema Konflikte, konkret Konfliktverhalten von Führungskräften, ist bei jedem von uns eine unterschiedlich stark ausgeprägte Diskrepanz zwischen intellektueller, kognitiver Kompetenz auf der einen Seite und der tatsächlichen Handlungskompetenz auf der anderen Seite festzustellen. Kennen Sie das Gefühl „was bei nüchterner Betrachtung getan werden sollte, ist im Konfliktfall wie weggeblasen"?

2.3.2 Konflikte haben einen Sinn

Sicher wird fast jede von Ihnen die Unvermeidbarkeit, ja selbst den Sinn von Konflikten bejahen. Weil wir im Unternehmen einerseits stark voneinander abhängig sind und andererseits unterschiedliche Aufträge und Interessen haben, sind Konflikte normal und alltäglich. Sie machen uns darauf aufmerksam, dass etwas nicht stimmt und fordern uns zu Veränderungen auf. Ohne Konflikte gibt es also keine Weiterentwicklung. *Mit Konflikten konstruktiv umgehen* bedeutet, zur Entstehung von etwas Neuem beitragen.

Diese intellektuell-allgemeine Akzeptanz befähigt allerdings noch nicht zum entsprechenden persönlichen Handeln in alltäglichen Konfliktsituationen, geschweige denn zum qualitativ hochwertigen Führungshandeln bei Konflikten.

Die Scheu, aktiv auf Konflikten zuzugehen hat mit einem natürlichen Harmoniebedürfnis zu tun: Man ist bestrebt, mit den Menschen im engeren sozialen Umfeld friedlich und einvernehmlich zusammenzuleben. Das gilt für private Beziehungen in der Familie und mit Freunden genauso wie für Arbeitsbeziehungen.

2.3.3 Konflikten vorbeugen

Es ist sinnvoll, das Bedürfnis nach Harmonie und Wertschätzung zu akzeptieren und sogar von Führungskräften zu fordern, ihre Arbeitsbeziehungen mit Mitarbeiterinnen aktiv auch im konfliktfreien Bereich zu pflegen. Hierin sehe ich den wichtigsten Beitrag der Führungskräfte zur Konfliktvorbeugung. Konflikten vorzubeugen heißt in diesem Zusammenhang nicht, Konflikte zu vermeiden.

Kooperationsbeziehungen, die aktiv gepflegt werden, entwickeln sich seltener konfliktär als vernachlässigte Beziehungen. Dies ist in der Berufswelt nicht anders als im Privaten. Zur Pflege der beruflichen Beziehungen gehören:

- der Ausdruck von Anerkennung und Wertschätzung im Alltag,
- das Feiern entsprechender Anlässe,
- das bewusste und disziplinierte Anwenden von Führungsinstrumenten wie Zielvereinbarung (vgl. Kap. 2.2), Information, Delegation (vgl. Kap. 2.4) und Feed-back (vgl. Kap. 2.2).

Kolleginnen berichten

Eine konsequente und arbeitsorientierte Stationsleitung berichtet rückblickend, wie sie ihr eigenes Verhalten in der Situation einer Teamzusammenführung empfunden hat: „Am wichtigsten fand ich zunächst den gemeinsamen Dienstplan, was ich auch recht zügig umgesetzt habe. Doch im Nachhinein würde ich sagen, dass ich, neben diesem äußeren Rahmen, den inneren Rahmen der Menschen übersehen habe. Es wäre genauso wichtig gewesen, Gemeinsamkeiten und Unterschiede in der Arbeitsweise der beiden Teams herauszuarbeiten. Es geht zwar darum, Teamarbeit und Veränderungen für die Zukunft aufzubauen, doch dazu müssen auch die Werte aus der Vergangenheit gewürdigt werden. Wenn mir das frühzeitig gelungen wäre, hätte ich mir einige Konflikte und Kündigungen ersparen können."

Verhaltensqualität fördern

Zur Konflikt-Prävention ist es von besonderer Wichtigkeit, Vereinbarungen zu treffen und zwar sowohl Ziel- als auch Verhaltensvereinbarungen. Mit Verhaltensvereinbarungen fördern Sie die individuelle Verhaltensqualität. Dabei kann sich eine Verhaltensvereinbarung beispielsweise auf wechselseitige Informationspflichten beziehen (Aus welchem Anlass bzw. bei welchen Gelegenheiten hat wer, wen, wann und wie zu informieren?). Solche Vereinbarungen müssen von allen Beteiligten als sinnvoll anerkannt und wirklich im Konsens getroffen werden.

Chancen nutzen

Konfliktvorbeugung ist ein Teil. Doch auch mit allzeit guter Beziehungspflege und noch so viel Vorbeugung lassen sich Konflikte nicht generell vermeiden. *Mit Konflikten konstruktiv umzugehen* heißt: Differenzen nicht zu verdrängen, sondern Konflikte zu klären.

Konflikte treten nur in seltenen Fällen unvermittelt auf. Es handelt sich um Prozesse mit einer Vorgeschichte, Entwicklungsphase und Eskalationsdynamik (vgl. Beck u. Schwartz 1995). Demnach kann die Eskalation eines Konfliktes in den meisten Fällen bereits in den Anfängen aufgehalten werden, wenn einerseits der Wille vorhanden und andererseits die Kompetenz im Umgang mit Konflikten gegeben ist.

Letztlich ist in diesem Zusammenhang die Frage zu klären, ob sich ein Weg aus dem Konflikt heraus finden lässt oder – was die einzig denkbare Alternative ist – sich die Wege trennen.

Der Volksmund kommentiert komplizierte Situationen dieser Art auf bekannte Weise: „Lieber ein Ende mit Schrecken als ein Schrecken ohne Ende." Sicher hat schon manch eine erfahren, wie kräftezehrend und unbefriedigend Hängepartien im eskalierten Konfliktbereich sind. Und da hat dieses alte Sprichwort nicht an Gültigkeit verloren.

Um einen Konflikt zu klären wird in besonderem Maße von Vorgesetzten gefordert, eine klare innere Haltung einzunehmen und aus ihrer Rolle als Führungskraft heraus zu reagieren. Die wichtigsten, von Vorgesetzten geforderten **Verhaltensqualitäten im Umgang mit Konflikten** sind in den folgenden fünf Punkten zusammengefasst:

- Klären Sie Konflikte statt Hängepartien zuzulassen.
- Nehmen Sie eine klare innere Haltung ein.
- Reagieren Sie rational und aus der Vorgesetztenrolle heraus.
- Konfrontieren Sie die Mitarbeiterinnen mit den Folgen, wenn Vereinbarungen nicht eingehalten werden.
- Sprechen Sie deutliche Worte und handeln Sie konsequent.

Das Beispiel unten schildert den Verdacht eines schweren Dienstvergehens. Die Stationsleitung war in der Lage, klug und rational zu handeln und ihrer Mitarbeiterin die Konsequenzen deutlich zu machen. Sicher war sie versucht, in die Ermittlerrolle zu schlüpfen, um Beweise dafür sammeln zu können, wer im Recht war. Vielleicht hätte sie auch gerne die Rolle der Enttäuschten oder Mitleidvoll-Verbündeten übernommen („Wie bist du nur da hineingeraten? Ich helfe dir heraus und schütze dich vor den Bösen da oben."). Doch stattdessen hat sie ihre Rolle als verantwortliche und kompetente Führungskraft wahrgenommen.

2.3.4 Die Rolle der Vorgesetzten

Die Praxis zeigt, dass es vielen Führungskräften schwer fällt, im Konfliktfall eine klare innere Haltung einzunehmen. Dies ist immer dann der Fall, wenn eigene Glaubensmuster eine Vorgesetzte daran hindern, das zu tun, was sie

---

Kolleginnen berichten

Eine Stationsleitung erzählt von einem unangenehmen Erlebnis aus ihrer Praxis: „Als ich eine langjährige Mitarbeiterin beobachtete, wie sie unberechtigt Medikamente aus dem Drogenschrank nahm und in ihre Tasche steckte, brach für mich eine Welt zusammen. Ich fühlte mich in meinem Vertrauen missbraucht, war maßlos enttäuscht. Doch in unserem (sofortigen) Gespräch half es mir, nicht als menschlich enttäuschte Freundin zu reagieren, sondern als verantwortliche Vorgesetzte zu handeln. Ich habe ihr erläutert, was ich gesehen habe, was die Fakten sind und was nun passieren wird. (Dass ich die Pflegedienstleitung benachrichtigen wolle, diese mit der Personalabteilung über weitere Schritte entscheiden würde und sie solange hier im Zimmer bleiben solle)."

– entsprechend ihrer Position – eigentlich tun müsste. In diesen Fällen kann es hilfreich sein, sich einige **Grundlagen der Führung** bewusst zu machen:

- Vorgesetzte sind keine schlechten Führungskräfte, wenn sie im Konflikt agieren und ggf. einen Konflikt auch mit disziplinarischen Konsequenzen klären. Wenn Sie einen eingetretenen Konflikt verdrängen und verschleppen, dann zeugt das eher von unprofessionellem Handeln.
- Konsequentes Verhalten ist nicht mit Willkür zu verwechseln. In der Regel hat der Konflikt eine Vorgeschichte, im Laufe derer die Vorgesetzte bereits auf Soll-Ist-Abweichungen hingewiesen hat und den betroffenen Mitarbeiterinnen bestimmte Konsequenzen angekündigt hat. Handelt die Vorgesetzte in der Folge nun konsequent, in dem sie z. B. die angekündigten Maßnahmen realisiert, kann dies die Mitarbeiterin kaum überraschen.
- Oft scheint es Führungskräften schwer zu fallen, konsequent zu bleiben, wenn an ihre Gefühle appelliert wird. Aussagen wie z. B.: „Das können Sie mir doch in meiner Situation jetzt nicht antun!" sind geeignet, bereits vorhandene Zweifel zu bestätigen und von der als richtig erachteten Lösung abzuweichen.

Gerade Vorgesetzte, die dazu neigen, zu viel Verantwortung für ihre Mitarbeiterinnen zu übernehmen, sind gefährdet, inkonsequent zu reagieren und falsch verstandene Großzügigkeit zu praktizieren. Falsch verstanden ist Großzügigkeit immer dann, wenn Konsequenzen angekündigt wurden, allen Beteiligten transparent waren, dann aber nicht realisiert wurden.

Es mag begründete Einzelfälle geben, in denen es richtig ist, eine bereits angekündigte Maßnahme wieder zurückzuziehen; dies muss jedoch die Ausnahme bleiben, um für alle Beteiligten glaubhafte Spielregeln im Umgang miteinander zu etablieren.

Wer eine klare innere Haltung einnimmt, wird auch mit hoher Wahrscheinlichkeit zu einem klugen, rationalen Vorgehen finden. Gerade im Konfliktfall wird oft jedes Wort auf die Goldwaage gelegt. Wenn die Gemüter bei Ihren Mitarbeiterinnen bereits erhitzt sind, haben Sie als Leitung oft eher die Chance, destruktive Mechanismen, wie z. B. die Suche nach Schuldigen, zu unterbrechen. Es empfiehlt sich in jedem Fall einen kühlen Kopf zu bewahren und die Konfliktlösung – etwa nach folgendem Vorgehen – zu moderieren und damit zu versachlichen.

Schadensbegrenzung im Team

Eine Sache ist vollends „in die Hose gegangen". Es erhebt sich ein heftiger Streit, der von der Suche nach dem Schuldigen beherrscht wird. Um die Angelegenheit wieder in konstruktive Bahnen zu lenken, suchen Sie einerseits nach einer schnellen Lösung zur Schadensbegrenzung und andererseits nach Wegen, um ähnliche Pannen in Zukunft zu vermeiden.

Was Sie tun können:

1. Schlagen Sie vor, sofort und gemeinsam das dringendste Problem zu lösen und zu einem späteren Zeitpunkt über längerfristige Verbesserungen zu sprechen.
2. Machen Sie eine akute Zieldefinition: Fragen Sie die betroffenen Personen, bei denen das Problem aufgetreten ist, was momentan das Wichtigste ist, damit der Schaden so klein wie möglich gehalten werden kann. Schreiben Sie Stichworte für alle sichtbar an die Wand (Flip-Chart o. ä.).
3. Jede/r sagt der Reihe nach, was sie oder er als Soforthilfe tun kann, damit dieses Ziel erreicht wird. Schreiben Sie diese Vorschläge für alle sichtbar (auf einem Flip-Chart) mit. Beachten Sie dabei: Es geht um Soforthilfe, nicht um grundsätzliche Verbesserungsvorschläge. Über diese diskutieren Sie erst zu einem vereinbarten späteren Termin.
4. Fragen Sie die von dem Problem betroffenen Personen, inwieweit die angebotene „erste Hilfe" für den Moment ausreicht.
5. Falls noch weitere Soforthilfe dringend gebraucht wird, sammeln Sie gemeinsam weitere Ideen und klären Sie, wie und von wem diese Hilfe gegeben werden kann.
6. Fassen Sie kurz zusammen, welche Maßnahmen für die Soforthilfe getroffen werden sollen.
7. Bestimmen Sie einen Termin, an dem Sie gemeinsam aus dem Vorfall lernen und längerfristig wirksame Qualitätsverbesserungen entwickeln.

Vorteile des Vorgehens

Indem Sie sich auf die Schadensbegrenzung und „erste Hilfe" konzentrieren, vermeiden Sie wenig konstruktive Diskussionen über Ursachen und Schuldige, bei denen meist jeder versucht, sich möglichst gut aus der Affäre zu ziehen. Die Diskussion über Ursachen und Verbesserungsvorschläge zu einem späteren Termin verläuft dann weitaus effektiver und zielorientierter als in einer emotional aufgeladenen Atmosphäre unmittelbar nach der Panne.

(ManagerSeminare Gerhard May Verlags GmbH 1996, S. 64–67.)

2.3.5 Die neutrale Partei – oder: „Wer hat das Problem?"

Wenn Sie von Mitarbeiterinnen angesprochen werden, die einen Konflikt untereinander haben, ist das häufig mit dem Versuch verknüpft, Sie auf eine Seite zu ziehen. Das ist typisch für die Dynamik, wie sie sich in Konfliktsituationen entwickelt. Glasl (1992) hat diese Eskalationsdynamik in einem anschaulichen Bild mit nach unten führenden Treppenstufen beschrieben (Abb. 2.4).

Ergreift eine Stationsleitung in einer Konfliktsituation Partei, dann bedeutet das eine weitere Verschärfung des Konflikts. Stattdessen muss es ihr Ziel sein, als Unbeteiligte die Konfliktparteien zum direkten, offenen Gespräch miteinander zu führen. Manchmal (nach Glasl bis Stufe 4: „Koalitionen") genügt es, auf die drohende Eskalation aufmerksam zu machen und die Mitarbeiterinnen aufzufordern, ihren Konflikt zu bereinigen. Wenn diese direkte Konfrontation nicht mehr (oder noch nicht wieder) möglich ist, kann eine neutrale Person in verschiedenen Rollen tätig werden:

- Der **Schiedsrichter** kann eine Art Schiedsverfahren durchführen oder als Machtinstanz über „richtig und falsch" entscheiden.
- Der **Vermittler** wird benötigt, wenn die Parteien von sich aus keine Möglichkeit der Annäherung mehr annehmen. Er wird mit den Parteien getrennt über Lösungsmöglichkeiten verhandeln.
- Ein **Moderator** lässt die Konfliktparteien so viel wie möglich selbst an Lösungen arbeiten. Durch seine Art Fragen zu stellen oder das Gespräch der Konfliktparteien zu unterbrechen, kann er helfen, den Konflikt zu entschärfen und dazu beitragen, dass die Kontrahenten aus der Auseinandersetzung lernen. Ein Beispiel für eine moderierte Konfliktlösung bietet das in „Schadensbegrenzung im Team" (s. oben) beschriebene Vorgehen.

> **!**
>
> Jede der drei beschriebenen Rollen kann angebracht sein. In jedem Fall sollten Sie sich vorher darüber im Klaren sein, welche Rolle Sie einnehmen werden und dies auch Ihren Mitarbeiterinnen mitteilen.

> **Praxis-Tipp**
>
> Um die Rolle der Schiedsrichterin klar zu benennen, können Sie in der Gesprächseröffnung z. B. folgendermaßen vorgehen: „Bei uns gibt es diese Debatte über die Art und Weise, Pflegeberichte zu formulieren. Sie haben mich beide bereits darauf angesprochen, dass Sie mit der Arbeitsweise der anderen ganz und gar nicht einverstanden sind. Heute nehme ich als Stationsleitung dazu Stellung. Ich möchte nicht, dass für diese Debatte weiter Energie vergeudet wird. Deshalb treffe ich eine Entscheidung. Diese Entscheidung treffe ich nicht deshalb so, weil ich Sie oder Sie bevorzuge, sondern allein aus der Sache heraus. Wir werden das in Zukunft folgendermaßen handhaben: ..."

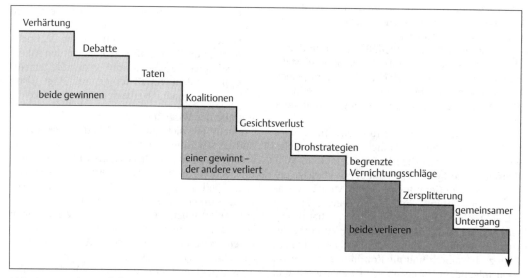

Abb. 2.4 Stufenmodell zur Konflikteskalation (nach Glasl 1980)

2.3.6 Gesprächsführung in Konfliktsituationen

Wenn Sie als Moderatorin oder Vermittlerin in einen Konflikt eingreifen, sollten Sie die folgenden **Aspekte für die Gesprächsführung** berücksichtigen:

- Parteinahme und eigene Urteile sind zu vermeiden.
- Zu allen Konfliktparteien ist eine positive Beziehung aufzubauen.
- Die subjektive Sicht von der Wirklichkeit aller Konfliktparteien ist anzuerkennen. Gleichzeitig ist anzustreben, dass auch die Konfliktparteien diese Haltung einnehmen.
- Motivation und Absicht sind von Handlungsweise und Wirkung zu trennen.
- Auf Konkretisierung von Tatbeständen und Geschehnissen ist zu achten.
- Interpretationen sind möglichst zu vermeiden bzw. auf die Konkretisierungsebene zurückzuführen.
- Bei der Beantwortung der Fragen ist darauf zu achten, dass alle Konfliktpartner jede Frage beantworten.

Auch bei Gesprächen in Anwesenheit eines Moderators können Beziehungskonflikte verstärkt werden. Um den Problemlösungsprozess zu versachlichen, sollte die Moderatorin deshalb **Regeln festlegen** wie z. B.:

- Zuerst das Problem aus der Sicht jeder Konfliktpartei klären.
- Für die Diskussion Regeln des kontrollierten Dialogs einführen, das heißt unterschiedliche Sichtweisen durch die Konfliktpartner wiederholen lassen.
- Auf Schuldzuweisungen verzichten.
- Vorerst nicht lösungsorientiert arbeiten.

Unabhängig davon, ob man einer Konfliktpartei angehört oder nicht: die Vorbereitung auf das Gespräch ist in jedem Fall sinnvoll. Denn: jede Veränderung einer Konfliktsituation setzt die Kenntnis der entsprechenden Situation voraus. Die folgende Checkliste enthält einige Fragestellungen, deren Beantwortung sich im Rahmen von einschlägigen Seminaren als hilfreich erwiesen hat.

Checkliste zur Analyse und Vorbereitung von Konfliktgesprächen

- Was ist der Streitpunkt? Gibt es ein dahinterliegendes Problem?
- Um was geht es wirklich? Handelt es sich evtl. um einen Nebenkriegsschauplatz?
- Stellen Sie die beteiligten Konfliktparteien grafisch dar.
- Was ist das Anliegen von Partei A bzw. von Partei B? Was sind deren unterschiedliche Interessen?
- Wie verläuft der Konfliktprozess? Auf welcher Stufe (vgl. Abb. 2.4) befinden sich die Parteien? Was tragen Sie als Stationsleitung zum Prozess bei?
- Sind alle relevanten Gruppen vertreten? Werden die Kernprobleme angesprochen?
- In welcher Rolle nehmen Sie an dem Gespräch teil? Wissen Sie genau, was Sie erreichen wollen? Mit welchen Ergebnissen möchten Sie aus dem Gespräch rausgehen?

2.3.7 Fazit

Das in diesem Beitrag ausführlich erläuterte Vorgehen in Konfliktsituationen bzw. die beschriebenen Möglichkeiten, Konflikten vorzubeugen, fasse ich abschließend in Form von **Praxis-Tipps** zusammen (Tab. 2.6).

Tabelle 2.6 Praxis-Tipps zum Umgang mit Konflikten

Konfliktvermeidung	Kooperationsbeziehungen aktiv pflegen. Durch bewusste Führung faire Arbeitsbeziehungen aufbauen.
Verhalten bei Konfliktbeginn	„Frühwarnsysteme" einbauen; Unstimmigkeiten aktiv begegnen: Nicht aus einer Mücke einen Elefanten machen, aber über die Mücke reden.
Verhalten während des Konflikts	In emotional hitzigen Situationen um Unterbrechung bemühen (streitende Parteien unterbrechen; „eine Nacht darüber schlafen" …). Das Gespräch suchen. Vorher Konflikt analysieren und Gespräch vorbereiten; Moderation und Beratungsinstanzen nutzen.
Für die Zeit nach der Konfliktlösung	Lösungen auf Tragfähigkeit hin überprüfen; sich an der Weiterentwicklung erfreuen!

Literatur

[Anonym]. „Wenn etwas total schief gelaufen ist". ManagerSeminare Gerhard May Verlags GmbH 24 (Juli 1996) 64

Beck, R., G., Schwartz: Konfliktmanagement. Verlag Dr. Jürgen Sandmann, Alling 1995

Glasl, F.: Konfliktmanagement. Paul Haupt, Bern 1980

2.4 Verantwortung delegieren

Roswitha Woiwoda und Susanne Dieffenbach

2.4.1 Ein Wort zuvor

Wie bereits am Anfang dieses Buches beschrieben, geht es unter anderem im TQM-Prozess um neues Denken, Mobilisation von Mitarbeiterinnen, neue Führungsstrukturen und Dezentralisierung sowie Abflachung von Hierarchien. Wir haben diese Herausforderung als Verpflichtung bzw. Selbstverpflichtung gesehen. Des Weiteren waren wir über das erste Auswertungsergebnis einer Mitarbeiterbefragung zum Thema: *Wie zufrieden sind Sie mit Ihrer Führungskraft?* sehr betroffen. Handeln und Veränderungen waren dringend erforderlich. Warum haben wir uns in diesem Zusammenhang für das Prinzip der Delegation entschieden?

Wir waren der Meinung, mehr Zufriedenheit erreichen zu können, wenn wir die Mitarbeiterinnen beteiligten, was bedeutete, ihnen bestimmte, fest umschriebene Aufgaben zu übertragen – mit der entsprechenden Verantwortung, Kompetenz und Weisungsbefugnis. Unser Ziel war es, die Motivation der Mitarbeiterinnen zu verstärken und ihnen zu zeigen, dass wir ihnen vertrauen, indem wir Aufgaben, die früher von Pflegedienstleitungen ausgeführt wurden, auf die Stations- und Funktionsleitungen übertrugen. Unser Handeln erfolgte und erfolgt vor dem Verständnis, dass wir durch Transparenz und Offenheit mehr Gemeinsamkeiten schaffen können.

Unsere Führungsgrundsätze – für jeden nachlesbar und überprüfbar – sind wie folgt formuliert: „Entscheidend für die Entwicklung unserer Führungskultur ist das Prinzip der Delegation. Verantwortung wird an den Ort der Leistungsveranlassung und -erbringung übertragen." (Aus: Vision der Pflege am Klinikum Ludwigshafen.) Das heißt für die bevollmächtigte Mitarbeiterin, dass sie in den genau bestimmten, klar umschriebenen Aufgabengebieten auf Dauer selbstständig handeln und gestalten kann.

Bevor wir die inhaltliche und praktische Umsetzung der Delegation erörtern werden, möchten wir in einem kurzen Abschnitt das Prinzip der Delegation etwas genauer erläutern.

2.4.2 Was ist unter dem Prinzip der Delegation zu verstehen?

Unter „Delegation" wird der Prozess der formalen Zuweisung von Entscheidungskompetenzen an nachgeordnete Stellen verstanden. Es geht um die vertikale Verteilung der Entscheidungsbefugnis. Delegation ist ihrer Natur nach eine dauerhafte Einrichtung. Sie darf in Krisenzeiten nicht plötzlich außer Kraft gesetzt werden, im Gegenteil – gerade dann soll sie sich bewähren, soll das Team der Bevollmächtigten das Boot mit vermehrter Kraft vorantreiben.

Wichtig bei der Delegation von Verantwortung ist auch, dass nicht nur Aufgaben und Arbeiten übertragen werden, sondern auch Entscheidungsbefugnisse. Für die bevollmächtigte Mitarbeiterin bedeutet Delegation, dass sie in genau bestimmten, klar umschriebenen Aufgabengebieten auf Dauer selbstständig handeln und gestalten kann. Das heißt, dass sie innerhalb eines genau festgelegten Rahmens eigenverantwortlich Maßnahmen festlegt und über Ziele entscheidet.

Die Wirkung des durch die Delegation geschaffenen Freiraumes ist beachtlich. Die Bevollmächtigte, der ein Teil der Gesamtmacht übertragen wurde, fühlt sich als „Mitunternehmerin", die mitbestimmt und mitverantwortet. In dem ihr zugewiesenen Arbeitsbereich entscheidet sie selbstständig und trägt die alleinige Verantwortung für ihr Handeln.

Durch höhere Motivation werden auch die von der Stations- und Funktionsleitung übertragenen Verantwortungsbereiche optimiert und zwar mit entsprechendem persönlichen Einsatz und Engagement.

Der Preis, der durch die Delegation gewonnenen Freiheit ist ein regelmäßiger Bericht über das Handeln im Freiraum. Er kann – freiwillig oder offen dargelegt – als Selbstkontrolle bezeichnet werden, an der die Mitarbeiterin vertrauensvoll ihre obere Instanz teilhaben lässt. Ohne Vertrauen ist das Prinzip der Delegation nicht zu verwirklichen. Vertrauensvolle Delegation heißt, dass die Bevollmächtigte selbst darüber entscheidet, ob sie ihrer Vorgesetzen einen dokumentierten Vorgang als wichtig zur Information oder zum Unterschreiben vorlegen soll.

2.4.3 Vertrauen als Voraussetzung des Prinzips der Delegation

Ohne Vertrauen ist Delegieren nicht möglich (Abb. 2.5). Das ist ein wichtiger Zusammenhang, der für alle Hierarchieebenen Gültigkeit hat. Auch als Stations- und Funktionsleitung werden Sie Verantwortung vor allem an die Mitarbeiterin delegieren, der sie vertrauen. Da wo die Zusammenarbeit stimmig ist, wo eine entsprechende Führungskultur gelebt wird, ist gegenseitige Transparenz eine Selbstverständlichkeit.

Die drei Elemente *Vertrauen, Delegation* und *Motivation* bauen aufeinander auf und bedingen einander. Wenn Sie an Ihre Erfahrungen im Alltag bzw. in Ihrer eigenen Realität denken, sind wir uns Ihrer Zustimmung sicher.

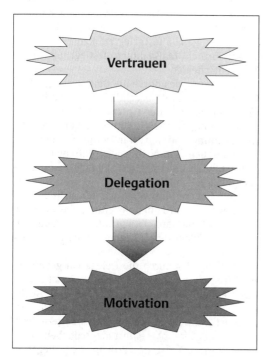

Abb. 2.5 Vertrauen – Delegation – Motivation

2.4.4 Welche Aufgaben sind delegierbar?

In Anlehnung an Hill, Fehlbaum und Ullrich (1989) haben wir vier grundsätzliche Thesen zur Delegierbarkeit von Aufgaben für unser Klinikum formuliert.

These 1: Entscheidungen, deren zeitliche Reichweite kurz ist, sind in der Hierarchie weiter nach unten delegierbar als solche mit langer Reichweite.

These 2: Je enger eine Entscheidung mit anderen Bereichen verwoben ist, desto schwieriger ist es, sie zu delegieren. (Personelle Entscheidungen sind z. B. weniger delegierbar als sachlich-technische.)

These 3: Je unübersichtlicher die Entscheidungssituation strukturiert ist und je größer das finanzielle oder sonstige Risiko für das Unternehmen ist, desto weniger ist eine Entscheidung delegierbar.

These 4: Routinearbeiten sind an untergeordnete Stellen zu delegieren. Die Situationen, in denen übergeordnete Stellen eingreifen sollen, sind dabei genau zu definieren.

Die Thesen zur Delegierbarkeit haben allgemein gültigen Charakter. Sehr viele Stations- und Funktionsleitungen können beispielsweise selbstständig und kompetent Entscheidungen treffen, die sich – ausgehend von den formulierten Thesen – nicht ausschließlich auf ihren Verantwortungsbereich beziehen (z. B. personelle Entscheidungen, Eingreifsituationen). Das heißt, die Frage danach, welche Aufgaben an wen delegiert werden können, sollte individuell unterschiedlich beurteilt werden.

2.4.5 Wie kann Verantwortung delegiert werden?

Nach den theoretischen Erläuterungen möchten wir nun die Praxis des Delegierens erörtern. Dabei wollen wir uns zunächst der Frage widmen, wie Verantwortung an die Stations- und Funktionsleitung übertragen werden kann. Hierzu sollen einige Beispiele vorgestellt werden (Tab. 2.7). Ob diese für Sie Gültigkeit haben, prüfen Sie bitte selbst. Vielleicht kommt Ihnen das eine oder andere Beispiel aus Ihrer eigenen Praxis bekannt vor. Schön wäre es, wenn Sie einige Anregungen erhalten würden.

In den folgenden vier Beispielen (Tab. 2.7) wird die „Delegation von Aufgaben seitens der Pflege-

2.4 Verantwortung delegieren

Tabelle 2.7 Praxisbeispiele „Delegation von Aufgaben an die Stationsleitung"

Aufgaben bzw. Verantwortung, die die PDL an Stations- bzw. Funktionsleitungen delegiert	Förderungsmaßnahmen/Angebote zur Kompetenzerreichung	Absprachen/Vereinbarungen
1. Dienstplangestaltung und Abrechnung	• Qualitätszirkel zum Thema „Dienstplangestaltung und Abrechnung". • Arbeits- und tarifrechtliche Bestimmungen bezogen auf den Dienstplan. • Theoretische Grundlagen zum Vorgehen bei Dienstplangestaltung und Abrechnung (mit praktischen Übungen an vorgegebenem Beispiel). • Merkblatt mit wichtigen Punkten, Aussagen und Sonderregelungen. • Arbeitstagung zum Thema „Dienstplan als Führungsinstrument" sowie Planbeispiel „Dienstplangestaltung". • PC-Schulungen mit dem Dienstplanprogramm.	• Kompetenzen und Zuständigkeiten von Abläufen werden definiert. Die Ergebnisse werden an alle Stations- und Funktionsleitungen weitergeleitet. • Nachfragen sind jederzeit möglich, Einzelübungen bei Bedarf. • Jede Stations- und Funktionsleitung hat Ordner zu diesem Thema (z. B. mit jederzeit nachlesbarem Merkblatt. • Unterstützung von PDL jederzeit einholbar. • Unterstützende Kontrolle von PDL mit Rückmeldung und gemeinsamer Korrektur, bis Sicherheit erreicht ist und keine Planungs- sowie Abrechnungsfehler mehr vorkommen. • Individueller Zeitrahmen für jede Stations- und Funktionsleitung bis Sicherheit erreicht ist.
2. Neue Führungsrolle und Führungsverantwortung	• Arbeitstagung für Führungskräfte mit folgenden Themen: – Führungsrolle und Aufgaben gestern und heute; Managementregelkreis; Führungsinstrumente; Mitarbeitergespräche führen; Konflikte konstruktiv nutzen. • Externe Führungsseminare, meist als berufsübergreifende Führungskräfteschulungen.	• Teilnahme jeder Stations- und Funktionsleitung ist gewünscht; bei Verhinderung kann auch die Stellvertretung teilnehmen. Themen werden zweimal jährlich angeboten, sodass jedem die Teilnahme ermöglicht werden kann. • Jede Stations- und Funktionsleitung soll drei dieser externen Seminare besucht haben.
3. Zusätzliche Führungsaufgaben	• Zeitmanagementseminare	• Einführung eines so genannten Büro- oder Führungstages für die Stationsleitung. – Dieser wird im Dienstplan eingeplant. Mindestens 2 Tage im Monat sind dafür zu berücksichtigen. An diesen Tagen ist die Leitung nicht in Dienstkleidung auf der Station.
4. Mit jeder Mitarbeiterin ein Orientierungsgespräch führen	• Eine Arbeitsgruppe, bestehend aus 6 Stations- und Funktionsleitungen und einer Pflegedienstleitung, erarbeitet einen Leitfaden für ein Orientierungsgespräch. • Weiterbildung zum Thema „Orientierungsgespräch". Im Seminar „Gespräche führen" und in Arbeitstagungen speziell für Stations- und Funktionsleitungen.	• Teilnehmerinnen der Arbeitsgruppe sollen in einer Pilotphase (6 Monate) mit allen ihren Mitarbeiterinnen ein Orientierungsgespräch führen, um den entwickelten Leitfaden zu testen. • Die Erfahrungen mit der Anwendbarkeit des Bogens werden dann eingearbeitet. • Des Weiteren soll der Bogen breit im Haus kommuniziert und Änderungswünsche aufgenommen werden. • Erst nach Verabschiedung des Bogens im Führungsteam soll er allen Mitarbeiterinnen ausgehändigt und im gesamten Pflegebereich umgesetzt werden.

dienstleitung (PDL) an die Stations- bzw. Funktionsleitung" beschrieben. Dabei wird gleichzeitig erläutert, wie die für die übertragenen Aufgaben notwendigen Kompetenzen erworben werden können, und welche Absprachen in diesem Zusammenhang mit der Pflegedienstleitung notwendig sind.

Das Prinzip der Delegation lässt sich sehr gut in die Praxis umsetzen, wenn man nach dem Top-Down-Ansatz (vgl. Kap. 1.2) verfährt. Das heißt, die Pflegedirektorin delegiert Aufgaben an die Pflegedienstleitung und diese an ihre Stations- und Funktionsleitungen. Sie als Stationsleitung können Aufgaben sowohl auf Ihre Stellvertretungen als auch auf Ihre Mitarbeiterinnen übertragen. Dabei soll jede Mitarbeiterin wissen, dass bei der Delegation alle Hierarchieebenen einbezogen sind.

2.4.6 Verantwortungsbereiche von Stations- und Funktionsleitungen nach Delegation

Zusammenfassend möchten wir Ihnen im Folgenden die Verantwortungsbereiche vorstellen, die nach erfolgter Delegation zum Aufgabengebiet einer Stations- und Funktionsleitung gehören: die Dienstplangestaltung und die Abrechnung. Diese beiden Verantwortungsbereiche umfassen die folgenden Aufgaben:

- Urlaubsplanung und -genehmigung,
- Bearbeiten von Ausfallzeiten und Weiterleiten der Ergebnisse an die Personalabteilung,
- Planung und Genehmigung innerbetrieblicher Fortbildungen, Planung externer Fortbildungen,
- Bestellung von Büromaterial und Einhaltung des dafür zur Verfügung stehenden Budgets,
- Vereinbarung von Zielen mit jeder einzelnen Mitarbeiterin, dem Team und der Pflegedienstleitung,
- Mitverantwortung bei der Personaleinsatzplanung und der Einhaltung des Personalkostenbudgets,
- Führen von Orientierungsgesprächen mit jeder Mitarbeiterin.

Mit der folgenden Tabelle (Tab. 2.8) wollen wir Ihnen Raum geben, spontan Aufgaben zu notieren, die Sie selbst als Stations- und Funktionsleitung verantwortlich übernehmen können oder möchten:

Tabelle 2.8 „Verantwortung, die ich als Stations- oder Funktionsleitung übernehmen möchte bzw. kann":

Aufgabe/Verantwortung	realisierbar, wenn ...	notwendige Unterstützung
1.		
2.		
3.		
4.		
5.		

2.4 Verantwortung delegieren

Praxis-Tipp

Notieren Sie Ihre Überlegungen und prüfen Sie für sich die Realisierbarkeit (auch in Bezug auf die Rahmenbedingungen in Ihrem Krankenhaus). Formulieren Sie dann, welche Unterstützung und Förderung Sie zur Umsetzung Ihrer Ideen benötigen. Stellen Sie beim nächsten Führungsgespräch mit Ihrer Pflegedienstleitung Ihre Gedanken und Überlegungen vor.

2.4.7 Delegation aus der Sicht von Stations- und Funktionsleitungen

Betrachten wir das Thema Delegation aus der Sicht von Stations- und Funktionsleitungen: Wie setzen Sie das Prinzip der Delegation im Alltag um? Empfinden Sie die neu gewonnene Entscheidungsbefugnis und Eigenständigkeit als Belastung oder erleben Sie die veränderten Arbeitsumstände als positiv?

Wenn wir über diese Aussagen reflektieren, kommen wir zu dem Schluss, dass wir Partizipation erreicht haben. Es ist durch die Delegation ein Mehr an Teilnehmen und Anteilhaben geschaffen worden.

2.4.8 Zusammenfassung

Führungskräfte bieten ihren Mitarbeiterinnen Qualifizierungs- und Entwicklungschancen. Sie nutzen deren Fachkompetenz und unterstützen und fördern sie in ihren Leistungen. Dies wirkt sich auf die Arbeitszufriedenheit und das Engagement der Mitarbeiterinnen aus. Durch klare Zielvereinbarungen mit ihren Vorgesetzten sowie durch regelmäßige Gespräche werden die Mitarbeiterinnen außerdem an Entscheidungen beteiligt.

Entsprechend dieser Prinzipien wird die Qualität von Führungskräften nicht in erster Linie anhand ihres Fachwissens bewertet. Das sichtbare Kriterium für ihre Professionalität ist die Umsetzung ihrer Mitarbeiterorientierung in das eigene Führungsverhalten. Verantwortung und Entscheidungsbefugnis sind an den Ort der Leistungserstellung delegiert.

Literatur

Hill, W., R. Fehlbaum, P. Ullrich: Organisationslehre, 4. Aufl. UTB, Bern 1989

Kolleginnen berichten

„Delegation bedeutet für mich vor allem mehr Selbstständigkeit und Kompetenz. Ich fühle mich in meiner Person und Position aufgewertet und gestärkt. Die Entscheidungswege sind kurz, und ich habe wesentlich mehr Weisungsbefugnis (z. B. über die Urlaubseinteilung meiner Mitarbeiterinnen) als vorher. Ich erhalte mehr Informationen und bin in Prozesse und Entscheidungen eingebunden. Ich kommuniziere ganz anders mit meiner Vorgesetzten, selbstbewusster, wie auf gleicher Ebene. Die Führung ist partnerschaftlicher, man spürt die abgeflachte Hierarchie. Die zwischenmenschliche Beziehung ist offener.

Ich weiß, was ich selber an Geld ausgebe, was mir zusteht und was die anderen haben: Das ist gelebte Transparenz. Durch die vermehrte Verantwortung werden höhere Anforderungen an mich gestellt. Das fördert mich. Meine Rolle wird aufgewertet, ich bin besser akzeptiert. Im vorgegebenen Rahmen habe ich großen Gestaltungsfreiraum. Die Führungsrolle steht nun im Vordergrund und nicht mehr meine Pflegefachlichkeit. Ich kann mich jetzt mit anderen vergleichen und werde auch verglichen. Ich habe zwar mehr Arbeit, aber auch mehr Führung. Ich habe mein eigenes Zeitmanagement."

2.5 Personaleinsatz planen und steuern

2.5.1 Stellenpläne und Budgets berechnen
Susanne Dieffenbach

■ **Ein Wort zuvor**

Als Stations- und Funktionsleitung haben Sie nicht nur Führungsverantwortung für die Ihnen unterstellten Mitarbeiterinnen. Sie sind auch Managerin Ihrer Station in Bezug auf die Kosten. Die Dienstplangestaltung, mit der man den Einsatz der vorhandenen Mitarbeiterinnen plant, beeinflusst die Abläufe ihn Ihrem Bereich, die Qualität der zu erstellenden Leistung und vieles mehr.

Sicherlich sind es nicht Sie und Ihre Kolleginnen, die den Stellenschlüssel festlegen. Aber die optimale Nutzung des vorhandenen (quantitativen) Potenzials liegt in Ihrer Verantwortung. Den Begründungsrahmen liefert dabei die Finanzierung des Gesundheitswesens in Ihrem Land. Damit wird letztlich vorgegeben, welches Budget Ihnen zur Verfügung steht. Die Kenntnis der gesetzlichen Grundlagen ist für das Verständnis und die Transparenz Ihres Handelns wichtig. (Beschaffen Sie sich die notwendigen Informationen bei Ihrer Pflegedienstleitung.)

Wie viel Geld Ihrem Bereich zugeteilt wird, ist abhängig von den insgesamt zu erbringenden Leistungen des Krankenhauses und dem Anteil Ihrer Station daran. Auskunft darüber geben Zahlen, Daten und Fakten, die den Führungskräften eines Unternehmens zur Verfügung stehen. Dabei benötigt jeder Bereich und jede Hierarchieebene eine andere Zusammenfassung dieser Daten.

Die Stellen- und Budgetplanung kann nach der Bottom-Up- oder der Top-Down-Methode (vgl. Kap. 1.2) erfolgen.

■ **Stellen- und Budgetplanung nach dem Bottom-Up-Ansatz**

Beim Bottom-Up-Ansatz gehen Sie von der kleinsten Einheit des Unternehmens (Station oder Funktionsbereich) aus. Für diese Einheit definieren Sie anhand der zu erbringenden Leistungen die notwendigen personellen Ressourcen. Dazu ist es erforderlich, die zu erbringenden Leistungen zu quantifizieren, also Leistungsdaten zu sammeln. Leistungsdaten können beispielsweise die Anzahl der auf Ihrer Station aufgestellten Betten, der Untersuchungszimmer oder OP-Tische sein. Diese geben Auskunft über die Leistungsquantität, also die Menge der zu erbringenden bzw. vorzuhaltenden Leistungen. Betrachten Sie außerdem die Entwicklung der Belegung oder Auslastung Ihrer Station bzw. Ihres Funktionsbereichs, so können Sie mit dieser zusätzlichen Information die „Leistungsquantität" bewerten. Sie kennen dann nicht nur ihre vorzuhaltenden Leistungen, sondern wissen um die Auslastung dieser, kennen also die Leistungsdichte.

Die Leistungsintensität hingegen wird durch das Instrument der Pflege-Personalregelung (PPR; vgl. Kap. 2.5.3) gemessen. Die Vollkräfte nach der PPR geben Hinweise auf die Intensität der Leistungen im betrachteten Bereich. Weitere wichtige Informationen für die Ermittlung der Leistungsdichte sind die Anzahl der Fälle, sowie der Anteil der A3-Pflegetage an den insgesamt erbrachten Pflegetagen.

Die vielfältigen Daten, Informationen und Instrumenten unterstützen Sie bei der Begründung der notwendigen personellen Ressourcen für ihren Bereich. Definieren Sie hierzu die entsprechende Schichtbesetzung, aus der Sie dann die benötigten Vollkräfte berechnen können. Diese orientiert sich an der für ihr Unternehmen gültigen Qualitätsdefinition, festgehalten im Pflegeleitbild oder der Unternehmenszielsetzung.

Vorgehensweise bei der Berechnung geplanter Vollkräfte eines Bereichs: Unterscheiden Sie bei der Berechnung für eine Schichtbesetzung die verschiedenen Wochentage. Dadurch bringen Sie zum Ausdruck, dass Sie keine Maximalforderung stellen, sondern in Ihrer Planung berücksichtigen, dass es Tage mit hohem und Tage mit niedrigerem Arbeitsaufwand gibt. Hilfreich für die Berechnung der Schichtbesetzung ist die Formel in Tabelle 2.**9**.

Erfragen Sie nun die durchschnittlichen Personalkosten pro Vollkraft pro Jahr für Ihre Station und multiplizieren Sie die berechneten Vollkräfte mit den Personalkosten pro Vollkraft pro Jahr. Mit diesem Budget können Sie dann die von Ihnen begründete Schichtbesetzung realisieren.

2.5 Personaleinsatz planen und steuern

Tabelle 2.9 Rechenformel: „Planstellenberechnung mittels Schichtbesetzung"

Tagdienst		
Mo – Fr	(Zahl der Mitarbeiter) × 251 Tage × 7,7 Std./Tag	= Std.
Sa – So	(Zahl der Mitarbeiter) × 114 Tage × 7,7 Std./Tag	= Std.
Nachtdienst		
Mo – So	(Zahl der Mitarbeiter) × 365 Tage × 9,5 Std./Tag	= Std.
Stationsassistentin		
Mo – Fr	(Zahl der Mitarbeiter) × 251 Tage × 7,7 Std./Tag	= Std.
(Summe der Stunden)/Nettojahresarbeitsstunden je Vollkraft		= Vollkräfte

Im nächsten Schritt fasst Ihre Pflegedienstleitung die Ergebnisse aller Stationen und Funktionsbereiche zusammen und vergleicht diese untereinander. So wird sichergestellt, dass die vorhandenen Daten und Informationen gleich bewertet werden. Es ist beispielsweise sehr ungewöhnlich, wenn bei Stationen mit gleicher Bettenzahl der errechnete Bedarf an Vollzeitkräften um mehr als 25 Prozent differiert. Diese Differenz muss sich in anderen Parametern niederschlagen, wie etwa der durchschnittlichen Zahl von Vollkräften nach der PPR.

Im letzten Schritt tragen die Pflegedienstleitungen eines Krankenhauses die einzelnen Ergebnisse ihrer Bereiche zusammen. Daraus ergibt sich dann das für den Pflege- und Funktionsdienst notwendige Personalbudget.

Exkurs »Budgetierung«

In der aktuellen gesundheitspolitischen Diskussion ist in der Regel nicht mehr von *Vollkräften*, sondern von *Personalkosten* und *Budgets* die Rede. *Budgets* sind – meist kurzfristige (max. ein Jahr) – Haushaltspläne, mit deren Hilfe die Verteilung von Ressourcen gesteuert wird. Personalkostenbudgets entstehen – wie oben beschrieben – aus der Bewertung der Vollkräfteberechnung mit Personalkosten pro Vollkraft. Bei der so genannten Budgetierung – dem Prozess der Erstellung von Budgets – gibt es unterschiedliche **Möglichkeiten der Bewertung von Vollkräften**. Drei davon sollen im Folgenden vorgestellt werden. Zuvor aber möchte ich auf einen wichtigen Umstand hinweisen: Aufgrund der flexiblen Gehälter, deren Höhe von der Anzahl der Bereitschaftsdienste und der Entwicklung der Altersstufen abhängt, ist die Planung von Personalkosten umso schwieriger, je kleiner ein Bereich ist.

1. Möglichkeit
Grundlage für die Bewertung von Vollkräften bilden die durchschnittlichen Kosten des Pflege- und Funktionsdienstes pro Vollkraft im Vorjahreszeitraum. Dieser Maßstab wirkt sich nachteilig für Bereiche mit überdurchschnittlich hohen Kosten aus (z. B. Intensivstationen oder Pflegeteams mit vielen (dienst)älteren Mitarbeiterinnen).

2. Möglichkeit
Grundlage für die Bewertung von Vollzeitkräften bilden auch hier die durchschnittlichen Kosten eines Bereiches pro Vollkraft im Vorjahreszeitraum. Im Gegensatz zur ersten Möglichkeit berücksichtigt diese Methode jedoch die Altersstrukturen und Qualifikationsunterschiede.

3. Möglichkeit
Neben der Schichtbesetzung wird zudem ein Qualifikationsprofil festgelegt. Ein Beispiel: Von 13 Vollkräften hat eine Mitarbeiterin die Qualifikation der Stationsleitung, zwei sind Stellvertretende Stationsleitungen, neun sollen Krankenschwestern sein, und die Besetzung der Stelle einer Stationsassistentin ist geplant. Die durchschnittlichen Personalkosten werden aus dem Vorjahr, und zwar den Qualifikationen entsprechend für jeden Bereich identisch angesetzt. Diese Möglichkeit berücksichtigt zwar Qualifikationsunterschiede, lässt aber die Altersstruktur unbeachtet.

Für welche Möglichkeit sich Ihr Unternehmen auch immer entscheidet: eine regelmäßige, monatliche Kontrolle der Abweichungen zwischen geplanten und tatsächlichen Kosten ist unabdingbar.

Andere Dienstarten budgetieren ihre Bereiche in gleicher Weise und die Addition aller Dienstarten ergibt dann das erforderliche Personalkostenbudget eines Krankenhauses. Dieses ist dann mit dem von den Krankenkassen zur Verfügung gestellten Budget in Einklang zu bringen. In der Praxis bedeutet das meist eine nochmalige „Runde" der Budgetüberprüfung, bei der nach möglichen Reserven und Kürzungen der Bottom-Up-geplanten Ressourcen gesucht wird.

■ Stellen- und Budgetplanung nach dem Top-Down-Ansatz

Bei der Top-Down-Methode verläuft der Prozess in umgekehrter Richtung. Maßgeblich ist das dem gesamten Krankenhaus zur Verfügung stehende Budget. Dieses wird zunächst auf die Dienstarten aufgeteilt. Kriterien dabei sind die geplanten Leistungen und die Erfahrungswerte aus der Vergangenheit. Die einzelnen Bereiche müssen dann die Verteilung der Budgets entsprechend vornehmen. Dabei ist die Anwendung der oben skizzierten Methode „Schichtbesetzung" (Tab. 2.**9**) wiederum hilfreich. Der Vorteil dieser Vorgehensweise ist, dass die sich wiederholenden „Runden" des Bottom-Up-Ansatzes direkt in den Planungsprozess integriert sind, da die Gesamtsumme, die ausgegeben werden darf, im Vorfeld bekannt ist. Darüber hinaus bewertet das Führungskräfteteam, das diese Planung betreibt, die Informationen und Daten im Planungsprozess gleich. Insgesamt wird deutlich, dass dieser Ansatz zwar weniger Mitarbeiterbeteiligung zur Folge hat, aber deutlich schneller zu einem Ergebnis führt. Mitarbeiterbeteiligung kann dennoch durch ein hohes Maß an Transparenz erreicht werden: Entscheidungskriterien und Entscheidungswege sowie die Interpretation der Zahlen, Daten und Fakten werden allen Mitarbeiterinnen zugänglich gemacht. Der Prozess ist nachvollziehbar und das Ergebnis erklärbar – auch wenn es vielleicht nicht die Zustimmung aller Mitarbeiterinnen finden sollte.

■ Planung mithilfe des Management-Informations-Systems (MIS)

Bei der Beschreibung von Methoden zur Stellen- und Budgetplanung habe ich schon viele Instrumente genannt, die diesen Prozess unterstützen und objektivieren. Wenn Sie die entsprechenden Verfahren auf Ihren Arbeitsbereich übertragen, können Sie sich sicher leicht vorstellen, wie umfangreich das dazugehörige Zahlenwerk werden kann. Für ein ganzes Unternehmen wird das schnell unüberschaubar. Aus diesem Grund versucht man, die große Menge von Zahlen, Daten und Fakten systematisch aufzubereiten. Eine solche systematische Übersicht nennt man Management-Informations-System (MIS). Dabei bauen die verschiedenen Elemente aufeinander auf.

1. **Daten** bilden die Basis. Daten, die in einem Krankenhaus erhoben werden, sind beispielsweise die Anzahl der Betten.
2. Die durchschnittliche Belegung der Betten in einem Zeitraum gehört zu den **Informationen**. Informationen entstehen aus der Interpretation von Daten, wie das folgende Beispiel zeigt: Für die durchschnittliche Bettenbelegung eines Jahres setzt man beispielsweise die Anzahl der tatsächlichen Pflegetage (Fallzahl multipliziert mit Verweildauer) ins Verhältnis zur Anzahl der maximal möglichen Pflegetage (Bettenzahl multipliziert mit 365 Tagen/Jahr).
3. Will man die Information „durchschnittliche Bettenbelegung" weiter verdichten, bildet man **Kennzahlen**. Das kann in unserem Beispiel eine Verknüpfung der „durchschnittlichen Bettenbelegung" mit dem maximalen und minimalen Belegungswert des gleichen Zeitraums sein. Ein Beispiel dazu: Die Station A verzeichnete im abgelaufenen Jahr eine durchschnittliche Belegung von 90 %. Am Tag mit der höchsten Belegung wurden 120 % erreicht, der Tag mit der geringsten Belegung wurde mit 0 % beziffert. Aus der Schwankungsbreite lassen sich Hinweise für die Personalplanung ableiten: Grundsätzlich sind Mitarbeiterinnen für 27 von 30 Betten vorzuhalten. Bei der Dienstplanung innerhalb des gesamten Jahres sind Tage zu berücksichtigen, an denen die Station geschlossen ist (0 % Belegung) und Tage, an denen 36 Patienten zu betreuen sind.
4. **Steuerungsinstrumente** entstehen aus Zielvereinbarungen heraus; für eine Kennzahl wird ein Zielwert festgelegt. Beispielsweise ist die Definition einer durchschnittlichen Bettenbelegung von 90 % bei gleichzeitiger maximaler Belegung von 100 % sowie minimaler Belegung von 0 % eine Zieldefinition. Das Steuerungsinstrument kann man sich als Ampel vorstellen, die Gelb anzeigt, wenn die 100 % erreicht sind und auf Rot springt, wenn an einem Tag mehr als 30 Patienten von den Mitarbeiterinnen der Station betreut werden. In der Phase Gelb muss die „Steuerfrau" – also Sie als Stationsleitung – dafür Sorge tragen, dass kein weiterer Patient auf Ihre Station verlegt wird.

Aus dem Aufbau des Zahlengeflechts wird deutlich, dass das Top-Management letztlich das Krankenhaus auf der Basis von Daten steuert. Daten sind die Grundlage für die Zielvorgaben,

2.5 Personaleinsatz planen und steuern

die mit Ihnen für Ihren Bereich vereinbart werden. Sie sind als Führungskraft für die Qualität der in Ihrem Bereich erhobenen Daten und generierten Informationen verantwortlich – beispielsweise die korrekte Einstufung der Patienten nach der PPR.

Die Vielzahl von relevanten Informationen und Kennzahlen – nicht nur die Belegung ist wichtig – kann auf so genannten Management-Informations-Seiten zusammengefasst werden. **Für Stationsleitungen sind folgende Informationen, Daten und Kennzahlen interessant:**

- Leistungserfassung – jeweils monatlich und kumuliert pro Jahr
- Anzahl der Vollkräfte nach der PPR
- Verteilung der Pflegetage in den A-Stufen der PPR
- durchschnittliche Belegung sowie Maximum und Minimum
- durchschnittliche Belegung nach Wochentagen
- Fallzahl
- Verweildauer
- Personalkosten – jeweils monatlich und kumuliert pro Jahr
- Vollkräfte – differenziert nach fest angestellten Mitarbeiterinnen und Aushilfen
- Personalkosten – differenziert nach fest angestellten Mitarbeiterinnen und Aushilfen

Eine Auswahl dieser Informationen haben wir auf einem Führungsblatt für die Stations- und Funktionsleitung zusammengestellt (Abb. 2.**6**). Diese Seite wird monatlich ausgegeben und bei Führungsgesprächen zwischen Stations- und Pflegedienstleitung zur Steuerung des Bereichs genutzt.

»Entscheidend für die Managerin/den Manager ist ein schneller Überblick über Trends und Entwicklungen in einem Bereich. Deshalb muss das Steuerungssystem (als Summe der Steuerungsinstrumente) so einfach wie möglich sein. Die Steuerung durch

Abb. 2.**6** Führungsblatt Stationsleitung

Interpretation und Ableitung von Planungs- und Handlungsschritten ist die eigentliche Management-Aufgabe. Mit Steuerung ist im Management vor allem eine periodische Kursüberprüfung gemeint. Planänderungen sind als Kurskorrekturen zu interpretieren, wie ein Segler ganz selbstverständlich den Kurs ändert, wenn sich eine Änderung der Windrichtung am Mast anzeigt. Die Änderung der Windrichtung bedeutet auf die Organisation übertragen eine Änderung der Rahmenbedingungen.«

(Harms, Kühnapfel, Krehbiel 1999, S. 96 f.)

Literatur

Fiedler, M., W. Schelter: Arbeitszeitrecht für die Praxis – Das Arbeitszeitgesetz, 2. Aufl. Courier-Verlag, Stuttgart 1995

Harms, K., S. Kühnapfel, J. Krehbiel: Personalentwicklung und Mitarbeiterführung. In Kerres, A., J. Falk, B. Seeberger: Lehrbuch Pflegemanagement. Springer, Berlin 1999

Lange, F.: Formeln und Berechnungen für Pflegedienstleitungen. Bibliomed, Melsungen 1995

ÖTV (Hrsg.): Dienstplangestaltung im Pflegedienst, 3. Aufl. ÖTV-Verlag, 1997

2.5.2 Dienstpläne gestalten
Gabriele Ehret-Böhm und Gisela Weber-Schlechter

■ Ein Wort zuvor

Das Hauptziel der Dienstplangestaltung ist die pflegerische Versorgung der Patienten durch einen adäquaten Personaleinsatz – 24 Stunden pro Tag, an 365 Tagen im Jahr. Gesetzliche Regelungen (z. B. Gesundheitsstrukturgesetz und Arbeitszeitgesetz) spielen dabei eine wichtige Rolle.

Außerdem stellt die Dienstplangestaltung ein wesentliches Instrument zur Erreichung von *Mitarbeiterzufriedenheit* dar und leistet somit einen erheblichen Beitrag zur Kundenorientierung. Nur zufriedene Mitarbeiterinnen arbeiten kunden- bzw. patientenorientiert. Dies ist das Fazit jeder Fortbildung zum Thema *Kundenzufriedenheit*.

Eine gerechte Verteilung der Dienstbelastung für jede Mitarbeiterin (z. B. Wochenend- und Feiertagsdienst) und die Berücksichtigung von Mitarbeiterwünschen im Rahmen des Möglichen sind wichtige Motivationsfaktoren.

In Zeiten immer knapper werdender Ressourcen ist der wirtschaftliche Personaleinsatz ebenfalls ein grundlegendes Ziel und stellt für die Stationsleitung eine besondere Herausforderung dar.

■ Gesetzliche und institutionsinterne Rahmenbedingungen

Bei der Gestaltung eines Dienstplans müssen ganz unterschiedliche Einflussfaktoren berücksichtigt werden (Abb. 2.7).

Schon aus haftungsrechtlichen Gründen ist es unumgänglich, bei der Erstellung eines Dienstplanes gesetzliche und institutionsinterne Rahmenbedingungen zu berücksichtigen.

Im Nachfolgenden sind die wichtigsten Grundsätze, die sich auf die Arbeit in Krankenhäusern oder anderen Pflege- und Betreuungseinrichtungen beziehen zusammengefasst. Berücksichtigt wird dabei die gesetzliche Grundlage nach dem Bundesangestelltentarif (BAT).

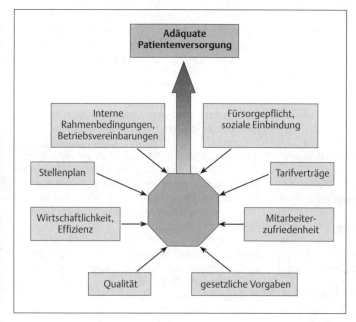

Abb. 2.7 Faktoren, die die Dienstplangestaltung beeinflussen

Arbeitszeitgesetz

Die Arbeitszeit an Werktagen (Montag – Samstag) darf acht Stunden nicht überschreiten. Sie kann allerdings auf bis zu zehn Stunden verlängert werden, wenn innerhalb von 24 Wochen die durchschnittliche Arbeitszeit von acht Stunden nicht überschritten wird.

Ruhepausen. Bei einer Arbeitszeit von sechs bis neun Stunden ist die Arbeit durch eine feststehende Ruhepause von 30 Minuten zu unterbrechen; bei einer Arbeitszeit von mehr als neun Stunden muss eine Pause von 45 Minuten gewährt werden. Die Ruhepausen können in Zeitabschnitte von jeweils 15 Minuten aufgeteilt werden.

Ruhezeiten. Nach Beendigung der täglichen Arbeitszeit muss Arbeitnehmerinnen eine ununterbrochene Ruhezeit von elf Stunden eingeräumt werden.

In Krankenhäusern und anderen Einrichtungen zur Behandlung, Pflege und Betreuung von Menschen, kann die Ruhezeit um bis zu eine Stunde verkürzt werden, wenn innerhalb desselben Kalendermonats an einem anderen Arbeitstag die Ruhezeit auf mindestens 12 Stunden ausgedehnt wird.

Es kommt vor, dass die **Einhaltung der Ruhezeiten** nicht möglich ist, weil Mitarbeiterinnen z. B. während des Bereitschaftsdienstes in Anspruch genommen werden. Werden die Ruhezeiten durch diese Inanspruchnahme nicht um mehr als die Hälfte der vorgeschriebenen Ruhezeiten verkürzt, kann der Mitarbeiterin die fehlende Ruhezeit an einem anderen Tag (das Gesetz benennt hierzu keine Ausgleichszeiträume) gewährt werden.

Bereitschaftsdienst. Von Bereitschaftsdienst spricht man, wenn die Arbeitnehmerin sich an einem vom Arbeitgeber vorgeschriebenen Ort aufhalten muss, um bei Bedarf die Arbeit unverzüglich aufnehmen zu können.

Um **Bereitschaftsdienststunden in fiktive Arbeitsstunden umrechnen** zu können, sind zwei Komponenten erforderlich:

Stufeneinteilung: Nach dem Umfang der durchschnittlich anfallenden Arbeit in dem jeweiligen Bereich (z. B. OP oder Dialyse) wird der Bereitschaftsdienst in eine von vier möglichen Stufen eingeteilt:

In Stufe A werden 15 % der Bereitschaftsdienstzeit als Arbeitszeit bewertet, in Stufe B 25 %, in Stufe C 40 % und in Stufe D 55 % als Arbeitszeit bewertet. Diese Stufen sind durch örtliche Tarifverträge geregelt.

Häufigkeitszuschlag: Der Häufigkeitszuschlag – jeweils bezogen auf einen Kalendermonat – beträgt für:

- 1–8 Bereitschaftsdienste: 25 %
- 9–12 Bereitschaftsdienste: 35 %
- Ab dem 13. Bereitschaftsdienst: 45 %

Diese fiktiv errechneten Arbeitsstunden werden in der Regel durch Freizeit ausgeglichen. In einem Kalendermonat dürfen in den Stufen A und B nicht mehr als sieben Bereitschaftsdienste, in den Stufen C und D nicht mehr als sechs Bereitschaftsdienste angeordnet werden.

Ein Wochenendbereitschaftsdienst der Stufe C oder D darf nicht von einer einzelnen Angestellten zusammenhängend geleistet werden. Nach einem ununterbrochenen Wochenendbereitschaftsdienst in den Stufen A und B oder einem anderen entsprechend langen Bereitschaftsdienst, ist der Angestellten eine 12-stündige Ruhezeit zu gewähren.

Hat die Beschäftigte bereits mehr als 7,5 Stunden gearbeitet und im Anschluss daran noch einen Bereitschaftsdienst von mindestens 12 Stunden geleistet, so muss ihr danach eine Ruhezeit von 8 Stunden eingeräumt werden.

Hat eine Angestellte während eines 12-stündigen Bereitschaftsdienstes mehr als die Hälfte der Zeit gearbeitet, so steht ihr eine Dienstbefreiung zu, auch wenn sie zum Dienst eingeteilt war.

Wird eine Angestellte unmittelbar nach ihrer planmäßigen Arbeitszeit zu weiterer Arbeit herangezogen, obwohl für diese Zeit Bereitschaftsdienst geplant war, gelten die geleisteten Arbeitsstunden als Überstunden und werden nicht als Bereitschaftsdienst gewertet.

Rufbereitschaftsdienst. Rufbereitschaft bedeutet, dass die Beschäftigte ihren Aufenthaltsort selbst bestimmen darf, mit der Einschränkung, sich nur so weit vom Arbeitsplatz zu entfernen, dass die Arbeit im Bedarfsfall in angemessen kurzer Zeit aufgenommen werden kann. Während des Rufbereitschaftsdienstes darf die Beschäftigte ihre Leistungsfähigkeit nicht beeinträchtigen (z. B. durch Alkohol).

Angestellte, die ausschließlich Rufbereitschaft leisten, dürfen nicht mehr als 12-mal pro Monat zu Rufbereitschaftsdienst herangezogen werden.

Rufbereitschaftsdienst wird außerhalb der regulären Arbeitszeit geleistet. Er wird mit einer Pauschale von 12,5 % als Arbeitszeit bewertet und mit Überstundenvergütung bezahlt. Für tatsächlich anfallende Arbeit (Wegezeiten sind ebenfalls Arbeitszeit) erhält die Arbeitnehmerin eine so genannte Mindestgarantie von drei Stunden, das heißt, es werden auf jeden Fall drei Stunden vergütet, auch wenn die erbrachte Arbeitszeit kürzer war. Tatsächlich geleistete Arbeit kann auch mit Freizeit ausgeglichen werden.

Sowohl Bereitschafts- als auch Rufbereitschaftsdienst sind im Sinne des Arbeitszeitgesetzes keine Arbeits-, sondern Ruhezeit. Das heißt, Beschäftigte können im Anschluss an diese Dienste ihre dienstplanmäßigen Tätigkeiten ausführen, selbst wenn sie während des Bereitschafts- bzw. Rufbereitschaftsdienstes in Anspruch genommen wurden. Die Inanspruchnahme darf allerdings nicht mehr als die Hälfte der Ruhezeit (also des Bereitschaftsdienstes) betragen (s. Abschnitt „Bereitschaftsdienst"). Ein Ausgleich für die Verkürzung der Ruhezeit kann später erfolgen, wobei keine Zeiträume für den Ausgleich im Gesetz festgelegt werden.

Nacht- und Schichtarbeit. Die Nachtarbeitszeit darf acht Stunden nicht überschreiten. Sie kann auf bis zu zehn Stunden verlängert werden, wenn innerhalb eines Monats die Arbeitszeit an Werktagen (Montag – Samstag) nicht mehr als durchschnittlich acht Stunden beträgt.

Sonn- und Feiertagsbeschäftigung. In Krankenhäusern und ähnlichen Einrichtungen (z. B. Pflege- oder Altenheime) dürfen Arbeitnehmerinnen auch an Sonn- und Feiertagen beschäftigt werden. Dabei müssen mindestens 15 Sonntage beschäftigungsfrei bleiben.

Werden Arbeitnehmerinnen an einem Sonntag beschäftigt, müssen sie innerhalb von 14 Tagen einen Ersatzruhetag erhalten. Daraus folgt, dass maximal 12 Arbeitsschichten hintereinander ohne einen Ruhetag möglich sind. Für Arbeit an einem Feiertag ist ein Ersatzruhetag innerhalb von acht Wochen zu gewährleisten.

Nichtanwendung des Gesetzes. Das Arbeitszeitgesetz ist nicht anzuwenden bei leitenden Angestellten im Sinne des Betriebsverfassungsgesetzes sowie bei Chefärzten.

■ Mutterschutzgesetz

Werdende und stillende Mütter dürfen in der Nacht zwischen 20.00 und 6.00 Uhr nicht beschäftigt werden. Schwangere oder stillende Frauen unter 18 Jahren dürfen nicht mehr als 80 Stunden in der Doppelwoche, ältere nicht mehr als 90 Stunden arbeiten. (Sonntage werden dabei mit einberechnet.)

Unabhängig vom Alter dürfen schwangere und stillende Frauen keine Arbeiten mit erhöhtem Risiko einer Berufskrankheit ausführen.

In Krankenhäusern dürfen werdende Mütter auch an Sonn- und Feiertagen beschäftigt werden, wenn ihnen in jeder Woche einmal eine ununterbrochene Ruhezeit von mindestens 24 Stunden im Anschluss an eine Nachtruhe gewährt wird.

Die Schutzfrist beginnt sechs Wochen vor der Entbindung und endet im Normalfall acht, bei Früh- und Mehrlingsgeburten 12 Wochen nach der Entbindung. Das bedeutet, sechs Wochen vor der Geburt darf die werdende Mutter nur beschäftigt werden, wenn sie selbst ausdrücklich erklärt hat, dass sie weiterarbeiten möchte. Ein absolutes Beschäftigungsverbot besteht während der Schutzfrist nach der Entbindung.

■ Jugendarbeitsschutzgesetz
(geltend für Krankenhäuser sowie Alten- und Pflegeheime)

Das Jugendarbeitsschutzgesetz gilt für alle Beschäftigten, die noch keine 18 Jahre alt sind.

Arbeitszeit. Jugendliche dürfen nicht mehr als acht Stunden täglich und nicht mehr als 40 Stunden wöchentlich (Montag bis Sonntag) arbeiten. Sie dürfen nur in der Zeit zwischen 6.00 und 20.00 Uhr und nur an fünf Tagen in der Woche beschäftigt werden.

Ruhepausen. Die Ruhepausen müssen 30 Minuten bei einer Arbeitszeit von viereinhalb bis sechs Stunden und 60 Minuten bei mehr als sechs Stunden betragen.

Arbeitsverbote. Am 24. und am 31. Dezember dürfen Jugendliche nicht nach 14.00 Uhr beschäftigt werden. Ein generelles Arbeitsverbot gilt für insgesamt vier Feiertage:
  1. Januar, 25. Dezember, erster Osterfeiertag, 1. Mai.

■ Tarifverträge

Die jeweiligen Tarifverträge regeln den Inhalt, den Abschluss und die Beendigung von Arbeitsverhältnissen. Zum Inhalt gehören beispielsweise der Umfang des Urlaubsanspruchs oder die Festlegung der Arbeitszeit. Bei einem Überschreiten der durch das Arbeitszeitgesetz (ArbZG) festgesetzten Höchstgrenzen kann eine Tarifregelung unwirksam werden.

Urlaubsanspruch. Insgesamt können drei gesetzliche Formen des Urlaubs unterschieden werden: Erholungsurlaub, Zusatzurlaub und Sonderurlaub.

Jede Beschäftigte erhält in jedem Kalenderjahr *Erholungsurlaub* unter Zahlung der Urlaubsvergütung.

Zusatzurlaub (unter Fortzahlung der Bezüge) wird nur bestimmten Arbeitnehmergruppen gewährt: Wechselschicht- oder Schichtarbeitenden, Nachtarbeiterinnen, Personen, die gesundheitsgefährdende Tätigkeiten ausüben, politisch Verfolgten und Schwerbehinderten.

Bei Vorliegen eines „wichtigen Grundes" und aus familiären Gründen kann unbezahlter *Sonderurlaub* gewährt werden.

Der **Umfang des Urlaubsanspruchs** ist tariflich festgelegt und richtet sich nach dem Lebensalter. Er beträgt für Beschäftigte in der Fünftagewoche:

– bis zum vollendeten 30. Lebensjahr: 26 Tage
– bis zum vollendeten 40. Lebensjahr: 29 Tage
– nach Vollendung des 40. Lebensjahres: 30 Tage

Bei mehr als fünf Arbeitstagen pro Woche erhöht sich der Urlaub für jeden zusätzlichen Arbeitstag um 1/260 des Erholungsurlaubs. Bei weniger als fünf Arbeitstagen pro Woche vermindert sich der Urlaub für jeden zusätzlich freien Arbeitstag um 1/260.

Für Nachtarbeit im Rahmen von Schichtarbeit erhält die Beschäftigte **Zusatzurlaub**. Die Höhe des Zusatzurlaubs ist abhängig von der Anzahl der geleisteten Nachtarbeitsstunden:

110 Nachtarbeitsstunden	1 Arbeitstag
220 Nachtarbeitsstunden	2 Arbeitstage
330 Nachtarbeitsstunden	3 Arbeitstage
450 Nachtarbeitsstunden	4 Arbeitstage

Der Zusatzurlaub für Nachtarbeit, die nicht im Rahmen von Schichtarbeit geleistet wurde, berechnet sich aus den geleisteten Nachtarbeitsstunden des Vorjahres:

150 Nachtarbeitsstunden	1 Arbeitstag
300 Nachtarbeitsstunden	2 Arbeitstage
450 Nachtarbeitsstunden	3 Arbeitstage
600 Nachtarbeitsstunden	4 Arbeitstage

Die *Höhe des Zusatzurlaubs für gesundheitsgefährdende Tätigkeiten* ist in den einzelnen Bundesländern unterschiedlich geregelt. Schwerbeschädigte (Grad der Behinderung mindestens 50%) erhalten einen Zusatzurlaub von fünf Tagen.

Verfall des Urlaubsanspruchs
Der Urlaub ist spätestens bis zum Ende des Urlaubsjahres anzutreten. Bei einer Übertragung des Urlaubs auf einen Zeitraum bis zum 30. April des folgenden Jahres wird nicht unterschieden, ob persönliche oder betriebliche Gründe den rechtzeitigen Urlaubsantritt verhindert haben.

Für eine Übertragung bis zum 30. Juni des folgenden Jahres müssen dienstliche oder betriebliche Gründe oder Schutzvorschriften nach dem Mutterschutz vorliegen, die einen Urlaubsbeginn bis zum 30. April verhindert haben. Eine Übertragung bis zum 30. September kann nur dann erfolgen, wenn ein festgelegter Urlaub auf Verlangen des Arbeitgebers in das Folgejahr verlegt wurde und der Urlaub wegen Arbeitsunfähigkeit nicht bis zum 30. April angetreten werden konnte.

Urlaub, der nicht innerhalb der vorgesehenen Fristen angetreten wird, verfällt.

Arbeitszeitverkürzung durch freie Tage. Jeder Arbeitnehmerin steht pro Kalenderjahr ein zusätzlicher arbeitsfreier Tag (Arbeitszeitverkürzung bzw. AV-Tag) zu. Neu eingestellte Mitarbeiterinnen haben erst einen Anspruch darauf, wenn ihr Arbeitsverhältnis fünf Monate ununterbrochen besteht.

Überstunden. Beschäftigte im Pflegedienst sind grundsätzlich verpflichtet, auf Anordnung des Arbeitgebers Überstunden zu leisten. Diese dürfen den Rahmen der gesetzlichen Höchstarbeitszeit von zehn Stunden pro Tag nicht überschreiten. Überstunden dürfen nur in dringenden Fällen angeordnet werden. Sie dürfen nicht dienstplanmäßig vorgesehen werden.

Überstunden sind mündlich oder schriftlich angeordnete Arbeitszeiten, die über die für eine Arbeitswoche planmäßig festgelegten Arbeitsstunden hinausgehen.

Arbeitszeit, die über die täglich geplante Zeit hinausgeht, zählt nur dann als Überstunde, wenn ein Ausgleich für diese Mehrarbeit nicht in der laufenden Woche erfolgt.

Bei Teilzeitbeschäftigten fallen erst dann Überstunden an, wenn 38,5 Stunden pro Woche überschritten werden.

Grundsätzlich ist für Überstunden Freizeitausgleich zu gewähren. Sofern eine Mitarbeiterin an einem Tag, an dem Arbeitsbefreiung vorgesehen ist, erkrankt, erwirbt sie keinen erneuten Anspruch auf Freistellung. Kann innerhalb des Ausgleichszeitraums kein Freizeitausgleich gewährt

2.5 Personaleinsatz planen und steuern

werden, ist es stattdessen möglich, die geleisteten Überstunden zu vergüten.

■ Betriebsvereinbarungen

Die Betriebsvereinbarung ist ein privatrechtlicher Vertrag zwischen Arbeitgeber und Betriebsrat, der gegenseitige Pflichten, Angelegenheiten des Betriebs und der Betriebsverfassung zum Gegenstand hat und sich ferner auf die Arbeitsverhältnisse des Betriebs beziehen kann. In ihr kann in der Regel nur festgelegt werden, was nicht durch Gesetz oder Tarifvertrag bereits geregelt ist. In einer entsprechenden Vereinbarung könnte z. B. Folgendes festgelegt werden: Regelarbeitszeiten, Dienstbeginn und -ende, Dienstplanintervalle, Festlegung der Pausen, Freizeitausgleich, Sonderregelungen usw.

■ Haftungsrechtliche Grundlagen und Fürsorgepflicht des Arbeitgebers

Der Dienstplan ist personell so zu gestalten, dass eine adäquate Patientenversorgung gewährleistet ist. Um ein Organisationsverschulden zu vermeiden, sind bestimmte haftungsrechtliche Vorgaben zu beachten. Die wichtigsten Gesetze, Verordnungen und Vorschriften, die es zu beachten gilt, sind:

- das Arbeitszeitgesetz,
- das Mutter- und Jugendschutzgesetz,
- das Schwerbeschädigtengesetz sowie das Erziehungsgeldgesetz,
- die Gefahrstoffverordnung,
- Unfallverhütungsvorschriften,
- Hygienevorschriften,
- Tarif-, Dienst- und Betriebsvereinbarungen,
- der Arbeitsvertrag.

Im Rahmen der Fürsorgepflicht des Arbeitgebers sollten bei der Dienstplangestaltung unter anderem folgende Punkte Berücksichtigung finden:

- Qualifikation,
- physische und psychische Belastbarkeit,
- gleichmäßiges Verteilen von Diensten zu ungünstigen Zeiten,
- Urlaubsplanung, Schulferien,
- Beachtung der Kindergartenöffnungszeiten,
- Einbindung in den öffentlichen Nahverkehr,
- Gegenschichten des Partners bzw. der Partnerin,

- Schichtblöcke – Freiblöcke,
- multikulturelle Belange bei ausländischen Mitarbeiterinnen.

■ Stellenplan

In der Regel werden Stellenpläne für Stationen sowie für Funktionsabteilungen anhand der vorgegebenen Personalbudgets erarbeitet. Aus dem Stellenplan geht hervor, über welche Qualifikation die Mitarbeiterinnen verfügen sollten, ob sie vollzeit- oder teilzeitbeschäftigt sind und welche Vergütung sie erhalten.

Zur Erstellung des Dienstplanes werden in erster Linie die Informationen über Anzahl, Qualifikation der Mitarbeiterinnen und den Umfang des Beschäftigungsverhältnisses benötigt.

Im Folgenden möchten wir Ihnen anhand zweier unterschiedlicher Musterdienstpläne (Abb. 2.**8** und Abb. 2.**9**) zeigen, wie ein Dienstplan gestaltet werden kann.

- **Musterdienstplan für eine Fünftagewoche bei einer Sollarbeitszeit von 177,1 Stunden (= 23 Arbeitstagen)**
  Für den in Abbildung 2.**8** vorgestellten Dienstplan gelten die in Tabelle 2.**10** aufgeführten Dienstzeiten.
  Die Arbeitsschichten F, M1, M2 und S entsprechen in diesem Beispiel (Abb. 2.**8**) jeweils 7,7 Stunden Arbeitszeit; N entspricht 9,5 Stunden Arbeitszeit. Für jede Arbeitsschicht ist eine bestimmte **Mindestbesetzung** vorgesehen:
  Mindestbesetzung an Werktagen:
  F = 2 Mitarbeiterinnen
  M1 = 1 Mitarbeiterin
  M2 = 1 Mitarbeiterin
  S = 2 Mitarbeiterinnen
  N = 1 Mitarbeiterin
  Mindestbesetzung an Wochenenden und Feiertagen:
  F = 2 Mitarbeiterinnen
  S = 2 Mitarbeiterinnen
  Die tatsächliche personelle Besetzung ist an manchen Tagen höher als die vorgeschriebene Mindestbesetzung. Das würde, je nach Arbeitsaufwand, eine zusätzliche Dienstschicht (z. B. von 9.30–17.42 Uhr) ermöglichen.
  Neben den oben erläuterten Dienstschichten finden Sie auf dem vorgestellten Musterdienstplan (Abb. 2.**8**) außerdem Angaben zur Urlaubszeit, zu freien Tagen oder ganz speziellen Dienstformen. Diese Angaben werden ebenfalls in Form von Abkürzungen dargestellt:

2 Mitarbeiterinnen führen

Dienstplan

5-Tagewoche
177,1 Std = 23 Arbeitstage

August 2000
Monat Jahr

Name / Status	Di 01	Mi 02	Do 03	Fr 04	Sa 05	So 06	Mo 07	Di 08	Mi 09	Do 10	Fr 11	Sa 12	So 13	Mo 14	Di 15	Mi 16	Do 17	Fr 18	Sa 19	So 20	Mo 21	Di 22	Mi 23	Do 24	Fr 25	Sa 26	So 27	Mo 28	Di 29	Mi 30	Do 31	Ist Soll Diff.
SL	DP	S	AV	X	F	F	F	F	F	X	X	X	X	F	F	S	S	S	S	S	M2	M1	F	F	X	X	X	S	S	M2	M2	177,1 / 177,1 / 0
SSL	F	F	F	F	X	X	X	X	M2	S	S	S	S	M2	M2	F	F	F	X	X	X	S	S	M2	F	F	F	F	F	F	F	177,1 / 177,1 / 0
KS	F	F	X	X	X	X	F	M2	M1	F	F	F	F	U	U	U	U	U	X	X	U	U	U	U	U	X	X	U	U	U	U	177,1 / 177,1 / 0
KS	U	U	U	U	X	X	U	U	U	U	U	X	X	S	S	M1	F	F	X	X	F	S	M2	M2	M1	F	F	F	F	X	X	177,1 / 177,1 / 0
KS	N	N	N	N	N	N	X	X	X	F	M1	X	X	S	S	M2	M1	M1	F	F	F	F	F	X	X	X	X	X	AV	S	S	172,5 / 177,1 / -4,6
KS	X	X	M1	M2	F	F	N	N	N	N	N	X	X	X	X	S	S	S	S	M1	F	F	M1	F	X	X	U	U	U	U		178,4 / 177,1 / +1,3
KS	S	M2	M2	M1	X	X	X	M1	M2	M2	N	N	N	N	X	X	X	M1	M2	S	S	S	S	S	M1	M1	F	X				178,4 / 177,1 / +1,3
KS	S	S	S	S	S	S	M1	F	X	M1	AV	X	X	F	M1	S	N	N	N	N	N	X	X	X	X	X	X	M2	S	S	S	178,4 / 177,1 / +1,3
KS	M1	M1	F	F	X	X	S	S	S	S	S	S	S	M1	F	F	X	X	X	X	S	N	N	N	N	N	N	X	X	X	M1	180,2 / 177,1 / +3,1
KS	X	X	S	S	S	S	M2	M1	F	M1	F	X	X	X	X	M2	M2	F	F	S	S	M1	F	F	X	X	N	N	N	N		176,6 / 177,1 / -0,5
KS	M2	M1	M1	M1	X	X	S	S	S	X	M1	F	F	X	X	X	U	U	X	X	U	U	U	U	S	S	S	S	M2	M1	F	177,1 / 177,1 / 0

Abb. 2.8 Musterdienstplan 1

Tabelle 2.10 Dienstzeiten bei einer Fünftagewoche und einer Sollarbeitszeit von 177,1 Stunden (23 Arbeitstagen)

Arbeitsschicht	Dienstzeiten	Ruhepausen
F (Frühdienst) M1 (Mitteldienst 1) M2 (Mitteldienst 2) S (Spätdienst) N (Nachtdienst)	06.00–14.12 Uhr 07.00–15.12 Uhr 11.03–19.15 Uhr 12.03–20.15 Uhr 20.00–06.15 Uhr	08.00–08.30: 30 Minuten 08.30–09.00: 30 Minuten 16.00–16.30: 30 Minuten 17.00–17.30: 30 Minuten 23.30–24.00: 30 Minuten 02.30–02.45: 15 Minuten

2.5 Personaleinsatz planen und steuern

X = Freier Tag
U = Urlaub; entspricht nach dieser Dienstplangestaltung (Abb. 2.8) 7,7 Stunden Arbeitszeit.
AV = Arbeitszeitverkürzung; entspricht nach dieser Dienstplangestaltung (Abb. 2.8) 7,7 Stunden Arbeitszeit.
DP = 8–16 Uhr (12.00–12.30 Uhr: 30 Minuten Pause)
DP ist ein Kürzel für den „Abrechnungs- oder Bürotag" der Stationsleitung, an dem sie sich nicht an der direkten Patientenversorgung beteiligt.

- **Musterdienstplan für eine Fünfeinhalbtagewoche bei einer Sollarbeitszeit von 175 Stunden (= 25 Arbeitstagen)**
Für einen Dienstplan wie in Abbildung 2.9 vorgestellt, muss nach den in Tabelle 2.11 aufgeführten Dienstzeiten gearbeitet werden.

Die Arbeitsschichten F, M1, M2 und S entsprechen in diesem Beispiel (Abb. 2.9) jeweils 7 Stunden Arbeitszeit; N entspricht 9,5 Stunden Arbeitszeit.
Die vorgesehene Mindestbesetzung für jede Arbeitsschicht entspricht der Mindestbesetzung im ersten Beispiel (vgl. Abb. 2.8).
Die tatsächliche Besetzung sieht nach diesem Plan in der Arbeitsschicht M1 eine Mitarbeiterin mehr vor, als in der Mindestbesetzung. Je nach Arbeitsaufwand könnte diese zusätzliche Mitarbeiterin auch einem weiteren Mitteldienst (z. B. von 10.00–17.30 Uhr) zugeteilt werden.
Auch im M2-Dienst ist an manchen Tagen eine Mitarbeiterin mehr anwesend als nach der Mindestbesetzung vorgeschrieben. Durch diese zusätzlichen Mitarbeiterinnen kann ein

Dienstplan 5½-Tagewoche, 175 Std = 25 Arbeitstage — August 2000

Name Status	Di 01	Mi 02	Do 03	Fr 04	Sa 05	So 06	Mo 07	Di 08	Mi 09	Do 10	Fr 11	Sa 12	So 13	Mo 14	Di 15	Mi 16	Do 17	Fr 18	Sa 19	So 20	Mo 21	Di 22	Mi 23	Do 24	Fr 25	Sa 26	So 27	Mo 28	Di 29	Mi 30	Do 31	Ist Soll Diff.
SL	S	DP	M2	M2	F	F	F	F	X	M1	F	X	X	S	M1	M1	S	S	S	S	M1	M1	F	F	X	X	X	S	S	M2	M1	175,0 / 175,0 / 0
SSL	F	F	F	F	X	X	X	S	S	S	AV	F	F	F	F	F	F	F	X	X	M2	S	S	M2	S	S	M1	M1	F	X		175,0 / 175,0 / 0
KS	X	S	M2	M1	F	F	F	M1	F	F	F	X	X	X	S	S	M1	M2	F	F	F	S	M1	F	X	X	M1	F	F	F		175,0 / 175,0 / 0
KS	U	U	U	U	X	X	U	U	U	U	U	X	S	S	M2	M1	M1	X	X	F	F	F	S	S	S	S	M2	F	X	F		175,0 / 175,0 / 0
KS	M2	M2	M1	F	X	X	M1	F	S	S	S	S	M1	X	F	F	M1	X	X	X	X	S	M2	F	F	N	N	N	N			171,0 / 175,0 / -4,0
KS	F	F	F	X	X	S	M2	M1	F	M2	S	S	M2	F	X	M2	F	X	X	S	S	N	N	N	N	X	X	S	S			173,5 / 175,0 / -1,5
KS	S	S	S	S	S	S	M2	M1	F	M1	F	X	X	X	M2	S	N	N	N	N	N	X	X	X	X	X	S	S	M1	M1		176,0 / 175,0 / +1,0
KS	M1	M1	S	S	S	S	M1	X	X	X	S	N	N	N	N	X	X	X	U	U	U	U	U	U	X	U	U	U	U			173,5 / 175,0 / -1,5
KS	M1	M1	M1	M1	X	X	N	N	N	N	X	X	X	X	AV	S	S	S	S	M2	M2	M1	M1	X	X	F	M1	M1	F			173,5 / 175,0 / -1,5
KS	N	N	N	N	N	N	X	U	U	U	X	X	U	U	U	U	U	X	U	M2	F	X	M1	F	F	X	X	X	M2			176,0 / 175,0 / +1,0
KS	U	U	U	U	U	X	S	S	M2	M2	M1	F	F	F	X	X	M2	F	F	M1	M1	M1	F	X	X	F	M2	S	S			175,0 / 175,0 / 0

Abb. 2.9 Musterdienstplan 2

Tabelle 2.11 Dienstzeiten bei einer Fünfeinhalbtagewoche und einer Sollarbeitszeit von 175 Stunden (25 Arbeitstagen)

Arbeitsschicht	Dienstzeiten	Ruhepausen
F (Frühdienst)	06.00–13.30 Uhr	08.00–08.30: 30 Minuten
M1 (Mitteldienst 1)	07.00–14.30 Uhr	08.30–09.00: 30 Minuten
M2 (Mitteldienst 2)	11.30–19.00 Uhr	16.00–16.30: 30 Minuten
S (Spätdienst)	12.45–20.15 Uhr	17.00–17.30: 30 Minuten
N (Nachtdienst)	20.00–06.15 Uhr	23.30–24.00: 30 Minuten
		02.30–02.45: 15 Minuten

eventuell auftretender Krankheitsausfall besser abgefangen werden.
Wie oben (vgl. Abb. 2.**8**) finden Sie auch auf diesem Musterdienstplan (Abb. 2.**9**) die folgenden Angaben zur Urlaubszeit, zu freien Tagen oder ganz speziellen Dienstformen:
X = Freier Tag
U = Urlaub; entspricht nach dieser Dienstplangestaltung 7 Stunden Arbeitszeit.
AV = Arbeitszeitverkürzung; entspricht nach dieser Dienstplangestaltung 7 Stunden Arbeitszeit.
DP = 8.00–15.30 Uhr
(12.00–12.30 Uhr: 30 Minuten Pause)

Gestaltung des Personaleinsatzes

Der Dienstplan ist ein Organisationsinstrument, mit dem man den Personaleinsatz und die anfallende Arbeit vorausschauend aufeinander abstimmen kann. Er sollte unter anderem folgende Kriterien erfüllen:

- Die personelle Planung muss eine adäquate, pflegerische Patientenversorgung über 24 Stunden gewährleisten.
- Durch wirtschaftlichen Personaleinsatz muss die Bewältigung der anfallenden Arbeit möglich sein.
- Der Personaleinsatz sollte im Rahmen der gesetzlichen, betrieblichen und tariflichen Vorgaben geschehen.
- Die Gestaltung des Personaleinsatzes muss auf eine hohe Mitarbeiterakzeptanz stoßen.
- Die Dienstplangestaltung ist ein Beitrag zur Qualitätssicherung (z. B. sinnvolle Zusammenstellung bzw. Auswahl des Personals, genügend personelle Ressourcen für Bereichspflege).

Der Dienstplan sollte mindestens vier Wochen im Voraus erstellt werden; noch besser ist eine längerfristige Planung von drei Monaten. Das bietet einige Vorteile: Mitarbeiterinnen können ihre Freizeit besser planen, Mitarbeiterwünsche lassen sich auf ihre Durchführbarkeit prüfen, Fort- und Weiterbildungen können eingeplant werden und nicht zuletzt werden Personalengpässe rechtzeitig erkannt. Nachteil einer solch langfristigen Planung sind unvorhersehbare Personalausfälle, die zwangsläufig zu Veränderungen des Dienstplanes führen.

In der Praxis hat es sich bewährt, von starren Dienstrhythmen wie Früh-, Spät- und Nachtdienst abzusehen. Mit der **Einführung von Mitteldiensten** (vgl. Abb. 2.8, 2.9), die auf die jeweiligen Stationen und deren Arbeitsspitzen zugeschnitten sind, haben wir in unserer Klinik gute Erfahrungen gemacht. Zudem wird der Gestaltungsspielraum für eine Stationsleitung wesentliche größer, wenn sie sich nur an bestimmten, festgelegten Rahmenarbeitszeiten orientieren muss. Vorgegeben sein sollte zum Beispiel der früheste Beginn des Frühdienstes, das späteste Ende des Spätdienstes und die Länge des Nachtdienstes. Unter Vorgabe der Tagewoche und Festlegung der Länge der einzelnen Schichten ist es der Stationsleitung möglich, den Dienstplan auf einen effizienten Stationsablauf auszurichten.

Das Schreiben des Dienstplans wird um vieles einfacher, wenn man sich während dieser Arbeit nicht am Stationsablauf beteiligt, sondern sich stattdessen an einen ruhigen und ungestörten Ort zurückzieht und sich Zeit für die Gestaltung des Dienstplans nimmt. Als sinnvoll hat es sich erwiesen, zuerst bereits feststehende Termine wie Urlaube, AV-Tage, Dauernachtwacheneinsätze, Mutterschutz, Kuren, Fort- und Weiterbildungen, Blockzeiten der Krankenpflegeschülerinnen sowie Besprechungstermine in den Dienstplan einzutragen. Anschließend sollten Mitarbeiterwünsche Eingang in die Planung finden. Erst danach werden die noch verbleibenden Personalressourcen, unter Berücksichtigung der Mindestbesetzungen sowie der benötigten Qualifikationen für die verschiedenen Schichten, verplant.

2.5 Personaleinsatz planen und steuern

■ Die Interdependenz von Ablauforganisation und Dienstplangestaltung

Die Ablauforganisation bezieht sich auf die Erfüllung der Arbeitsaufgaben (z. B. einer Station) und umfasst die raumzeitliche Strukturierung der erforderlichen Arbeitsprozesse. Ziel der Ablauforganisation ist die Schaffung einer dauerhaften und anpassungsfähigen Prozess-Struktur.

In der Regel orientiert man sich bei der Dienstplangestaltung an der bestehenden Ablauforganisation. Bedingt durch Personalausfälle kommt es häufiger vor, dass die Ablauforganisation dem Personaleinsatz angepasst werden muss. In solchen Fällen tritt die gegenseitige Abhängigkeit von Ablauforganisation und Dienstplangestaltung besonders deutlich zu Tage. Bei akutem Personalausfall lässt sich häufig ein adäquater Ersatz nicht beschaffen. Das erfordert zwangsläufig eine Änderung der Ablauforganisation. (So müssen beispielsweise bestimmte Tätigkeiten von den Pflegenden der folgenden Schicht erledigt werden.)

Die Versorgung zahlreicher schwerstpflegebedürftiger Patienten kann es notwendig machen, den Dienstplan entsprechend zu verändern, indem für die einzelnen Arbeitsschichten mehr Pflegende eingeteilt werden als ursprünglich vorgesehen war.

Die Stationsleitung sollte in der Lage sein, in den oben geschilderten und ähnlichen Situationen angemessen zu reagieren. Sie muss darüber entscheiden, ob mehr Mitarbeiterinnen eingesetzt werden oder die Ablauforganisation geändert wird. Die ausreichende pflegerische Versorgung der Patienten hat bei einer solchen Entscheidung Priorität.

■ Kooperation und Koordination mit anderen Berufgruppen

Die Gestaltung von patientenorienten, effizienten Arbeitsabläufen erfordert ein hohes Maß an Kooperationsbereitschaft und Koordinationsarbeit aller Prozessbeteiligten.

Stolpersteine auf dem Weg zu einer optimierten Prozessqualität sind häufig:

- stark hierarchisch geprägte Strukturen,
- mangelnder Kooperationswille,
- nicht zielgerichtete und unprofessionelle Kommunikation,
- Machtbestreben einzelner Berufsgruppen,
- Arbeitsüberlastung,
- Demotivation durch fehlende Anerkennung,
- unverbindliche Absprachen sowie Nicht-Einhaltung verbindlicher Absprachen,
- mangelnder Informationsfluss.

Es ist Aufgabe der Stationsleitung, möglichst viele dieser Stolpersteine „aus dem Weg zu räumen" und für einen reibungslosen Stationsablauf zu sorgen. Erst ein reibungsloser Ablauf bildet die Basis für einen wirtschaftlichen Personaleinsatz. Wichtig hierbei sind zeitliche Absprachen mit den beteiligten Funktionsabteilungen (z. B. darüber, wann Patienten in den OP oder zu diagnostischen Maßnahmen abgerufen werden). Durch so genannte Zeitfenster (vgl. Kap. 1.2) können Überschneidungen von Untersuchungen oder Arbeitsunterbrechungen vermieden werden.

Für den stationären Bereich ist die Festlegung von Visitenzeiten, auch der Chef- und Oberarztvisite, von Bedeutung. Nur so kann ein umfassender Informationsaustausch zwischen ärztlichen und pflegerischen Mitarbeiterinnen gewährleistet werden. Kurze Übergaben zu Dienstbeginn und -ende des Stationsarztes können ebenfalls zur Verbesserung der Kommunikation zwischen den beiden Berufsgruppen beitragen.

■ Führungsaspekte

Die Sicherung der Pflegequalität ist eine der Hauptaufgaben der Stationsleitung. Die Dienstplangestaltung ist ein bedeutendes Instrument, um diese Aufgabe zu erfüllen. Es gilt heute der Grundsatz: Qualität ist Chefsache!

In den vorangegangenen Abschnitten dieses Kapitels wurde auf die verschiedenen Kriterien der Dienstplangestaltung in Bezug auf Qualitätssicherung hingewiesen. Deshalb möchten wir an dieser Stelle nicht mehr näher darauf eingehen.

Ein wichtiger Führungsaspekt der Personaleinsatzplanung ist die soziale Kompetenz von Führungskräften. Sie findet z. B. Ausdruck darin, wie die Stationsleitung mit Mitarbeiterwünschen bezüglich der Arbeitszeiten umgeht. Die Dienstzeiten im Pflegeberuf sollten so gestaltet werden, dass:

- Beruf und Familie sich miteinander vereinbaren lassen. (Diese Forderung ist umso wichtiger, wenn man bedenkt, dass ca. 80 % Frauen in der Pflege arbeiten.)

- die Möglichkeit besteht, regelmäßig soziale Kontakte wahrzunehmen und an kulturellen Aktivitäten teilnehmen zu können.
- die gesundheitlichen Belastungen durch den Abbau von Schichtarbeit so weit wie möglich reduziert werden.

Die genannten Kriterien sind wesentliche Motivationsfaktoren und tragen erheblich zur Mitarbeiterzufriedenheit und somit zur Pflegequalität bei.

Fazit

Die Dienstplangestaltung stellt an die Stationsleitung vielfältige Anforderungen. Dazu gehören in erster Linie die kontinuierliche und ausreichende pflegerische Versorgung der Patienten, der wirtschaftliche Personaleinsatz und die Arbeitszufriedenheit der Mitarbeiterinnen. Unabdingbar bei der Erstellung des Dienstplanes ist die Beachtung von gesetzlichen und institutionsinternen Rahmenbedingungen. Der Dienstplan ist ein Instrument zur Organisation des Personaleinsatzes und spielt für die Sicherung der Pflegequalität – in Bezug auf die Qualifikation der Pflegenden – eine große Rolle.

Dieses Kapitel soll die Stationsleitung bei der Dienstplangestaltung unterstützen und somit einen Beitrag zur Qualität in der Pflege leisten.

2.5.3 Personalbedarf mit Hilfe der PPR berechnen
Vera Meißner

■ Warum macht die Anwendung der PPR heute noch Sinn?

Die PPR stellt ein Instrument zur Personalberechnung dar, das vor dem Hintergrund der neuen Vergütungsformen von großer krankenhausinterner Bedeutung ist.

Im Gesundheitsstrukturgesetz von 1993 wurden Maßstäbe für den Personalbedarf in der stationären Krankenpflege festgelegt. Mit der Zuordnung der Pflegestufen (A 1-3/S 1-3) legte der Gesetzgeber ein Instrument zugrunde, mit dem die Berechnung des Personalbedarfs in der Pflege erstmals einen gesetzlich verbindlichen Charakter hatte.

Seit der Einführung der neuen Entgeltformen im Jahre 1996 (Fallpauschalen, Sonderentgelte, Basis- und Abteilungspflegesatz) bleibt es weiterhin zwingend notwendig, pflegerische Arbeit zu planen und zu dokumentieren. Die entstehenden Personalkosten muss das Krankenhaus gegenüber den Kostenträgern rechtfertigen, was nur mit Hilfe der PPR möglich ist. In § 1 Abs. 1 der PPR sind der Anwendungsbereich und der Bedarf an Fachpersonal für den Pflegedienst festgelegt. Daher ist es für die Krankenhäuser wichtig, jeden Patienten gemäß der PPR einzustufen, um den Pflegepersonalkostenanteil transparent zu machen und diesen nach außen und innen rechtfertigen zu können.

Auch wenn die PPR 1996 außer Kraft gesetzt wurde, ist es dennoch sinnvoll, sich weiter daran zu orientieren, weil die Pflege mit der PPR erstmalig ein Instrument hatte, ihren Personalbedarf leistungsgerecht zu ermitteln. Solange kein alternatives Instrument zur leistungsgerechten Personalbedarfsermittlung gefunden wird, empfiehlt es sich, dieses Instrument weiter zu benutzen.

■ Entwicklung der Pflege-Personalregelung (PPR)

Die Deutsche Krankenhausgesellschaft (DKG) und die Spitzenverbände der Krankenkassen konnten sich Anfang der 90er Jahre nicht auf eine gemeinsame Empfehlung für den pflegerischen Personalbedarf in Krankenhäusern einigen. Deshalb beschloss die Bundesregierung 1992 im Rahmen des Gesundheitsstrukturgesetzes (§19 Abs. 2 KHG (Krankenhausgesetz)), den pflegerischen Personalbedarf der Krankenhäuser durch die PPR zu regeln.

Bis dahin hatten sich die Vertragsparteien an den Zahlen der Krankenhausgesellschaft von 1969 orientiert. Diese Zahlenangaben bezogen sich auf die durchschnittliche Bettenbelegung und nicht auf die Leistungen des Krankenhauspersonals.

Historischer Rückblick

- 1981 erteilte der Gesetzgeber (im Zuge des Kostendämpfungsgesetzes) der deutschen Krankenhausgesellschaft (DKG) und den Spitzenverbänden der gesetzlichen Krankenversicherung der Auftrag (Selbstverwaltung), gemeinsam Empfehlungen zu erarbeiten.
- 1982 forderte die DKG die Aufnahme von Verhandlungen über die Berechnung des Personalbedarfs für den Pflegedienst im Krankenhaus.
- 1984 wurden diese Verhandlungen ergebnislos abgebrochen.
- 1989 legte die DKG ein Konzept vor, nach welchem sich die Personalbesetzung an der Leistung des Pflegepersonals orientieren sollte. Die Krankenkassen brachen diese Verhandlungen ab.
- Nachdem die Verhandlungen innerhalb der Einjahresfrist (§ 19 Abs. 2 KHG) nicht wieder aufgenommen wurden, berief die Bundesregierung 1990 jeweils eine Expertengruppe für die Kinderkranken- und die Krankenpflege ein. Die beiden Expertengruppen setzten sich zusammen aus Pflegefachkräften unterschiedlicher Bereiche, aus Pflegedienstleitungen (PDL) verschiedener Krankenhäuser, Pflegewissenschaftlerinnen, unabhängigen Ärztinnen und

Verwaltungsdirektoren. Sie entwickelten innerhalb von zwei Jahren die PPR nach dem Vorbild der Psychiatrie-Personalverordnung (Psych.PV), weil diese sich bewährt hatte. Das Ziel der PPR sollte es sein, die Bedingungen, unter denen Pflegende zum damaligen Zeitpunkt im Krankenhaus arbeiteten, zu verbessern. Dem medizinisch-technischen Fortschritt sollte durch einen leistungsorientierten Personalschlüssel Rechnung getragen werden. Dieser Lösungsansatz orientierte sich an den pflegerischen Leistungen und dem unterschiedlichen Pflegeaufwand (Patientenstruktur/Leistungsangebot). Dass der Pflegeaufwand zunehmen würde, war schon zum damaligen Zeitpunkt offensichtlich: Aufgrund der demographischen Entwicklung wurde und wird erwartet, dass die Zahl der älteren multimorbiden und chronisch kranken Menschen, die versorgt werden müssen, stetig steigt.

Um ein Krankenhaus wirtschaftlich führen zu können, muss die Krankenhausverweildauer – ohne Risiko für den Patienten – möglichst niedrig gehalten werden. Mit diesem Ziel verbunden war und ist die Konsequenz, dass mehr Patienten aufgenommen werden müssen (höhere Fallzahl), was insgesamt einen höheren (organisatorischen) Arbeitsaufwand zur Folge hatte bzw. hat (mehr Entlassungen, Dokumentationen, Untersuchungen und Eingriffe (Ablauforganisation) etc.). Diese Situation erforderte auch von den Pflegenden einen stärkeren Leistungsaufwand und machte gleichzeitig eine bessere Organisation notwendig. Durch die PPR sollten ganzheitliche Pflegekonzepte in der von der PPR vorgegebenen Arbeitszeit ermöglicht werden.

Mit Hilfe der PPR wurde der Personalbedarf im allgemeinstationären Bereich geregelt; es konnten damit jedoch nicht alle Tätigkeiten des Pflegepersonals erfasst werden. Das grundsätzliche Ziel war es, personelle Engpässe zu reduzieren und überschüssige Personalbestände „umzuverteilen".

Die PPR sollte stufenweise – vom 1. 1. 1993 bis 31. 12. 1996 – eingeführt werden. Damit verbunden war geplant, zusätzliche Arbeitsstellen für Pflegende zu schaffen. Machte ein Krankenhaus von der Möglichkeit, zusätzliches Pflegepersonal einzustellen, keinen oder nur teilweise Gebrauch, mussten die nicht entstandenen Personalkosten zurückerstattet werden. Überstunden aufgrund Personalmangels wurden dem gegengerechnet. Mit dieser Regelung sollte sichergestellt werden, dass Krankenhäuser nicht dadurch Gewinn erwirtschafteten, dass sie freie Stellen nicht besetzten.

■ PPR und Gesundheitsstrukturgesetz

Die PPR wurde im Rahmen des Gesundheitsstrukturgesetzes beschlossen. In der Umsetzung des Gesundheitsstrukturgesetzes wurde schon bald der Widerspruch zwischen der Neuausrichtung des Entgeltsystems und der neuen Personalregelung für Pflegepersonal gesehen. Die Neuausrichtung des Entgeltsystems ist gekennzeichnet durch die Aufhebung des Selbstkostendeckungsprinzips und die Einführung landesweiter pauschalierter Entgelte (Fallpauschalen). Mit der neuen Pflege-Personalregelung wurde den Krankenhäusern ein Anspruch auf eine bestimmte Anzahl an Arbeitsstellen und deren Finanzierung bewilligt. Vor diesem Hintergrund wurde beschlossen, dass die PPR sich nicht an den Fallpauschalen orientieren sollte, weil das bei einem weiteren Ausbau der Entgeltsysteme das Ende der PPR bedeutet hätte. Aufgrund der PPR-Berechnung hätten 13.000 zusätzliche Arbeitsstellen geschaffen werden müssen, was die Kostenträger rund 9 Milliarden DM gekostet hätte. Dass die Einführung der PPR doppelt so teuer werden würde wie geplant, hatte niemand vorausgesehen. Hinzu kam, dass die Ausgaben der Krankenkassen stabilisiert werden mussten (Grundsatz der Beitragssatzstabilität (§ 6 (1) BPflV 1995)). Das hatte zur Folge, dass die Schaffung der noch ausstehenden Arbeitsstellen schon 1996 nicht mehr realisiert werden konnte, weil es nicht zu finanzieren war. Die PPR wurde ausgesetzt und letztlich abgeschafft. Für die Pflegenden in den Krankenhäusern kann sie jedoch weiterhin als internes Mess- und Steuerungsinstrument für Personalbedarfsberechnungen angewendet werden.

■ PPR und Pflege

Mit der PPR wurden vor allem zwei gleichrangig nebeneinander stehende Ziele verbunden: **Wirtschaftliche Betriebsführung** und der Ansatz eines **ganzheitlichen Pflegekonzepts** sollten miteinander in Einklang gebracht werden. Die Begründung für die Ausrichtung am ganzheitlichen Pflegekonzept lautete: „Krankenpflege heißt, den Patienten in seiner aktuellen konkreten Situation und Befindlichkeit aufzunehmen, ihn annehmen, sich ihm liebevoll zuwenden, ihn umsorgen, sich für ihn einsetzen, ihn gegebenenfalls auf seinem Weg zum Tod begleiten. Ganzheitliche Pflege umfaßt daher alle Maßnahmen, die notwendig sind und die dazu beitragen, daß der Patient seine

Selbständigkeit so bald als möglich und so vollständig wie möglich wiedererlangt oder aber würdevoll sterben kann." (Amtliche Begründung zu § 6 PPR, Schöning u. a. 1993, S. 24). Der ganze Mensch mit all seinen „emotionalen, sozialen, physischen und wirtschaftlichen Bedürfnissen" (Amtliche Begründung zu § 1 PPR, Schöning u. a. 1993, S. 20) soll durch die Personalaufstockung eine geplante, aktivierende und individuell abgestimmte Pflege erfahren. Nur so kann der Pflegeprozess, wie ihn der Gesetzgeber vorschreibt, auch umgesetzt werden. Durch die Transparenz des unterschiedlichen Pflegeaufwandes kann eine leistungsorientierte Personalbemessung im Pflegedienst begründet und die Pflegequalität sichergestellt werden.

Neben dem Ziel, die PPR an einem ganzheitlichen Pflegekonzept auszurichten, stellt der Gesetzgeber die Forderung nach Wirtschaftlichkeit im Sinne von § 12 SGB V (Sozialgesetzbuch Fünftes Buch). Wirtschaftlichkeit soll erreicht werden, indem die Arbeitsorganisation optimiert wird. Weil durch die Reduzierung der Krankenhausverweildauer die Fallzahl steigt (also insgesamt mehr Patienten aufgenommen werden), ist eine bessere Organisation der Tätigkeiten notwendig, um Leerlaufzeiten zu vermeiden und eine optimale Auslastung des Pflegepersonals zu erreichen. Durch eine Standardisierung bestimmter Tätigkeiten besteht zudem die Möglichkeit, Materialien einzusparen.

■ Anwendungsbereich der PPR

Der Geltungsbereich der PPR bezog sich auf alle Krankenhäuser, die den Bestimmungen des Krankenhausfinanzierungsgesetzes und der Bundespflegesatzverordnung unterliegen. Ihre Satzung richtet sich allerdings nur auf ein spezielles Aufgabengebiet bzw. einen bestimmten Tätigkeitsbereich des Krankenhauses: die pflegerische Behandlung und Versorgung im stationären Bereich.

Die PPR ist ein Instrument zur Ermittlung des Personalbedarfs im Pflegedienst. „Pflegedienst" bezieht sich hier auf den Regeldienst in der stationären Pflege mit Ausnahme der Intensiveinheiten, Dialyseeinheiten und der Psychiatrie. Die in der PPR geregelten Grundsätze (§ 3 PPR) beziehen sich auf den Regeldienst. Dieser umfasst die tägliche Arbeitszeit von 6.00 bis 20.00 Uhr (zuzüglich 30 Minuten Übergabezeit an den Nachtdienst) und dauert insgesamt 14,5 Stunden. Das heißt, die PPR gilt für die Zeit von 6.00 bis 20.30 Uhr (§ 3 Abs. 3 PPR). Dadurch wurde der Nachtdienst auf neuneinhalb Stunden zuzüglich einer halben Stunde Übergabe pro Nacht festgelegt.

Die PPR findet keine Anwendung im Nachtdienst und klammert Intensiveinheiten, Dialyseabteilungen, Ambulanzen sowie pflegerische Funktionsbereiche (z. B. OP, Anästhesie, Endoskopie) aus. Zudem wird sie nicht wirksam im ambulanten Versorgungsbereich (z. B. ambulantes Operieren, vor- und nachstationäre Behandlungen) und bei Patienten, die nicht unbedingt einer stationären Behandlung bedürfen. Das ist beispielsweise der Fall, wenn Menschen zwar pflegebedürftig sind, aber keine medizinische Versorgung im Krankenhaus benötigen oder wenn die ambulante Behandlung eines Patienten wirtschaftlicher ist als die stationäre.

■ Pflegestufen und Eingruppierung nach § 4 PPR

Die Basis für die Pflegepersonalbedarfsermittlung ist die Eingruppierung der Patienten in Pflegestufen (vgl. Tab. 2.**12**, 2.**13**, 2.**14**), denen entsprechende Minutenwerte sowie detaillierte Pflegeleistungen zugeordnet werden. Dabei wird zwischen der Krankenpflege für Erwachsene (Zweiter Abschnitt der PPR, S. 2 ff) und der Kinderkrankenpflege (Dritter Abschnitt der PPR, S. 5 f) differenziert. Ich stelle im Folgenden nur die Regelungen für die Krankenpflege vor. Die Eingruppierung der Patienten ist in beiden Pflegebereichen gleich, allerdings werden die Minutenwerte in der Kinderkrankenpflege anders bewertet.

Die Einstufung der Patienten erfolgt täglich zwischen 12.00 und 20.00 Uhr und wird in der Pflegedokumentation ausgewiesen. Das dient dazu, den durch den Patienten verursachten Leistungsbedarf auf den Stationen zu verdeutlichen und basierend darauf den Personalbedarf zu ermitteln.

Tabelle 2.12 Einordnungsmerkmale für die Pflegestufen des Bereichs „Allgemeine Pflege" (Hilfe bei der Befriedigung der Grundbedürfnisse)

Leistungsbereiche	A1 Grundleistungen	A2 Erweiterte Leistungen	A3 Besondere Leistungen
Körperpflege	„Serviceleistungen" Alle Patienten, die nicht A2 oder A3 zugeordnet werden	• Hilfe bei überwiegend selbstständiger Körperpflege	• überwiegende oder vollständige Übernahme der Körperpflege
Ernährung		• Nahrungsaufbereitung oder Sondennahrung	• Hilfe bei der Nahrungsaufnahme
Ausscheidung		• Unterstützung zur kontrollierten Blasen- oder Darmentleerung • Versorgung bei häufigem Erbrechen • Entleeren oder Wechseln von Katheter- oder Stomabeuteln	• Versorgung bei unkontrollierter Blasen- oder Darmentleerung
Bewegung und Lagerung		• Hilfe beim Aufstehen und Gehen • einfaches Lagern und Mobilisieren	• häufiges (zwei- bis vierstündlich) Körperlagern oder Mobilisieren

Zuordnungsregel:
Jeder Patient ist einmal am Tag einer der drei Pflegestufen zuzuordnen.
Einordnungsmerkmale sind durch getrennte Felder kenntlich gemacht.
Für die Zuordnung zu der Pflegestufe „A2" muss mindestens in zwei Leistungsbereichen je ein Einordnungsmerkmal zutreffen; trifft nur ein Einordnungsmerkmal aus „A2" zu und ist ein zweites aus „A3" gegeben, ist der Patient der Pflegestufe „A2" zuzuordnen.
Bei Vorliegen von mindestens zwei Einordnungsmerkmalen aus „A3" ist der Patient dieser Pflegestufe zuzuordnen.

Tabelle 2.13 Einordnungsmerkmale für die Pflegestufen des Bereichs „Spezielle Pflege" (Ausführung ärztlicher Anordnungen im Zusammenhang mit Therapie und Diagnostik)

Leistungsbereiche	S1 Grundleistungen	S2 Erweiterte Leistungen	S3 Besondere Leistungen
Leistungen im Zusammenhang mit Operationen, invasiven Maßnahmen, akuten Krankheitsphasen	Alle Patienten, die nicht S2 oder S3 zugeordnet werden	• Beobachtung der Patienten und Kontrolle von mindestens 2 Parametern* 4–6-mal innerhalb von 8 Stunden** • aufwendiges Versorgen von Ableitungs- und Absaugsystemen	• Beobachten des Patienten und Kontrolle von mindestens 3 Parametern* fortlaufend innerhalb von wenigstens 12 Stunden zum Erkennen einer akuten Bedrohung
Leistungen im Zusammenhang mit medikamentöser Versorgung		• kontinuierlicher oder mehrfach wiederholter Infusionstherapie oder bei mehreren Transfusionen • bei intravenösem Verabreichen von Zytostatika	• fortlaufendes Beobachten und Betreuen des Patienten bei schwerwiegenden Arzneimittelwirkungen
Leistungen im Zusammenhang mit Wund- und Hautbehandlungen		• aufwendiger Verbandswechsel • Behandlung großflächiger oder tiefer Wunden oder großer Hautareale	• mehrmals täglich Behandlung großflächiger oder tiefer Wunden oder großer Hautareale

* Diese Patienten sind insbesondere: Puls, Blutdruck, Atmung, Bewusstseinslage, Temperatur, Nierenfunktion, Blutzucker.
** Das bedeutet nicht, dass die Messungen sich auf die 8 Stunden gleich verteilen; es soll nur die Leistungsdichte beschrieben werden.
Zuordnungsregel:
Jeder Patient ist einmal am Tag einer der drei Pflegestufen zuzuordnen.
Einordnungsmerkmale sind durch getrennte Felder kenntlich gemacht.
Für die Zuordnung zu der Pflegestufe „S2" muss mindestens ein Einordnungsmerkmal zutreffen.
Eine Zuordnung nach „S3" erfolgt, wenn mindestens ein Einordnungsmerkmal aus „S3" zutrifft.

Zuordnungsregeln für den Bereich „Allgemeine Pflege" (A1–A3):

- „Jeder Patient ist einmal täglich einer Pflegestufe zuzuordnen.
- Einordnungsmerkmale sind durch getrennte Felder kenntlich zu machen.
- Für die Zuordnung zur Pflegestufe **A2** muss mindestens aus zwei Leistungsbereichen je ein Einordnungsmerkmal zutreffen (vgl. Tab. 2.**12**); trifft nur ein Einordnungsmerkmal aus **A2** und ein zweites aus **A3** zu, so ist der Patient der Pflegestufe **A2** zuzuordnen.
- Bei Vorliegen von mindestens zwei Einordnungsmerkmalen aus **A3** ist der Patient dieser Pflegestufe zuzuordnen." (Anlage 1 PPR, S. 7 mit Ergänzungen der Autorin)

Zuordnungsregeln für den Bereich „Spezielle Pflege" (S1–S3):

- „Jeder Patient ist einmal am Tag einer der drei Pflegestufen zuzuordnen.
- Einordnungsmerkmale sind durch getrennte Felder kenntlich zu machen.
- Für die Zuordnung zur Pflegestufe **S2** muss mindestens ein Einordnungsmerkmal zutreffen (vgl. Tab. 2.**13**).
- Eine Zuordnung nach **S3** erfolgt, wenn mindestens ein Einordnungsmerkmal aus **S3** zutrifft." (Anlage 2 PPR, S. 8 mit Anmerkungen der Autorin)

Jeder Patient muss täglich in eine A-Stufe und eine S-Stufe eingruppiert werden. Es ergeben sich die in der Tabelle aufgeführten, insgesamt neun Kombinationen von A- und S-Stufen. Sie kennzeichnen die Pflege- und Betreuungsbedürftigkeit der Patienten während ihres stationären Aufenthalts.

Die mit Hilfe der Stufeneinordnung erfassten pflegerischen Leistungen geben Hinweise auf den erforderlichen Bedarf an Pflegepersonal für eine Station. Für die Personalbemessung der jeweiligen Patientengruppen (ß 6 Abs. 2 PPR) sind je Patient und Tag bestimmte, in der PPR festgelegte Minutenwerte zugrunde zu legen (Tab. 2.**15**).

Ermittlung der Personalstellen für den Regeldienst nach § 7 PPR

Vorgehensweise bei der Zeitbedarfsberechnung für pflegerische Tätigkeiten im Regeldienst:

- Im ersten Schritt errechnet man den so genannten Pflegegrundwert jeder Station. Dieser umfasst pro Tag und Patient 30 Minuten für Organisation, Qualitätssicherung, Mitarbeiterführung und Mitarbeiter-Einsatzplanung.
- Für jede Aufnahme von außen wird ein Fallwert von 70 Minuten angerechnet. Diese Zeit ist angelegt für sämtliche pflegerischen Tätigkeiten am Tag der Aufnahme eines Patienten.
- Im dritten Schritt zieht man die aus der Eingruppierung aller Patienten in die Pflegestufe resultierenden Minutenwerten (vgl. Tab. 2.**13**) für die Berechnung heran.

Tabelle 2.**14**   Zuordnung nach Patientengruppen

Allgemeine Pflege Spezielle Pflege	A1 Grundleistungen	A2 Erweiterte Leistungen	A3 Besondere Leistungen
S1 Grundleistungen	A1/S1	A2/S1	A3/S1
S2 Erweiterte Leistungen	A1/S2	A2/S2	A3/S2
S3 Besondere Leistungen	A1/S3	A2/S3	A3/S3

Tabelle 2.**15**   Die PPR-Minutenwerte Erwachsener nach § 6 PPR

Patienten-Gruppe	Minutenwert	Patienten-Gruppe	Minutenwert	Patienten-Gruppe	Minutenwert
A1/S1	52	A2/S1	98	A3/S1	178
A1/S2	62	A2/S2	108	A3/S2	189
A1/S3	88	A2/S3	134	A3/S3	215

- Darüber hinaus berücksichtigt man für die Betreuung tagesklinischer Patienten und so genannter Stundenfälle folgenden Zeitbedarf: 50% der Minutenwerte aus den A- und S-Stufen, 50% des Pflegegrundwertes, 100% des Fallwertes.

Fallbeispiel zur Personalbedarfsermittlung mit Hilfe der PPR

Am Beispiel einer fiktiven Klinik mit 580 Planbetten (nur vollstationäre Patienten), fünf Fachabteilungen, 25 Stationen und 250 Vollkräften im Pflegebereich auf den Stationen wird im Folgenden vorgestellt, wie man den Bedarf an Pflegepersonal für den Regeldienst ermittelt. Für diese Berechnung benötigt man die während eines Jahres dokumentierten Angaben über die Anzahl der in den neun Patientengruppen erbrachten Pflegetage und die Fallzahl aus den verschiedenen Fachabteilungen bzw. von den einzelnen Stationen. Die Angaben werden in einer Tabelle zusammenfassend aufgeführt. Diese Basisdaten stehen in Tab. 2.16 zur Verfügung.

Zur Berechnung des Pflegegrundwertes wird die Summe der Pflegetage (Tab. 2.16 Spalte K, Zeile 8: 184.047 Pflegetage pro Jahr) mit dem in der PPR festgelegten Minutenwert von 30 Minuten multipliziert: 184.047 Patienten pro Jahr mal 30 Minuten pro Patient ergibt einen Pflegegrundwert für das im Beispiel betrachtete Jahr von 5.521.410 Minuten.

Zur Berechnung des Fallwertes wird die Summe aller Fälle (Tab. 2.16 Spalte L, Zeile 8: 18.366 Fälle pro Jahr) mit dem in der PPR festgelegten Minutenwert von 70 Minuten multipliziert: 18.366 Fälle pro Jahr mal 70 Minuten pro Fall ergibt einen Fallwert für das im Beispiel betrachtete Jahr von 1.285.620 Minuten.

Zur Berechnung der Pflegeminuten je Patientengruppe (vgl. Tab. 2.17) werden die Pflegetage je Patientengruppe (Tab. 2.17 Spalten B bis J, Zeile 2) multipliziert mit dem in der PPR festgelegten Minutenwert je Patientengruppe (Tab. 2.17 Spalten B bis J, Zeile 3). Das Ergebnis dieser Multiplikation ist der Zeile 3 zu entnehmen. Abschließend werden die Pflegeminuten je Patientengruppe summiert (Tab. 2.17 Spalte K, Zeile 4): 16.256.096 Minuten ist die Summe.

Da unser Modellkrankenhaus nur vollstationäre Fälle in dem betrachteten Jahr behandelt hat, entfällt die Berechnung der tagesklinischen Patienten sowie die Berücksichtigung der Stundenfälle.

Der Gesamtpflegezeitaufwand ergibt sich aus der Summierung der zuvor berechneten Parameter Pflegegrundwert, Fallwert und Pflegeminuten je Patientengruppe. Insgesamt wendet das Modellkrankenhaus nach PPR 23.063.126 Minuten für die pflegerische Betreuung der Patienten während des Regeldienstes auf (Tab. 2.18).

Die Berechnung des Gesamtpflegezeitaufwandes gibt die Höhe der Minuten an, die nach PPR in dem Modellkrankenhaus im betrachteten Jahr als Arbeitsleistung im Regeldienst zu erbringen sind. Bei der Vorstellung des Beispielkrankenhauses wurde angegeben, dass dort 250 Vollkräfte im stationären Pflegebereich (ohne Intensivstationen, Dialysestationen und Psychiatrie) beschäftigt sind. Diese Mitarbeiterinnen haben einen Gesamtpflegezeitaufwand nach PPR in Höhe von 23.063.126 Minuten dokumentiert.

Eine interessante Fragestellung in diesem Zusammenhang ist folgende: **Haben die 250 Vollkräfte mit den 23.063.126 Minuten Pflegezeitaufwand für mehr als 250 Vollkräfte dokumentiert oder für weniger als 250 Vollkräfte?**

Zur Beantwortung dieser Fragestellung ist es notwendig, Kenntnis über die Nettojahresarbeitszeit einer Vollkraft zu erlangen. Nettojahresarbeitszeit meint die Anzahl an Minuten, die eine Vollkraft tatsächlich als Arbeitskraft der Station zur Verfügung steht. Bei diesem Wert wird die vertraglich festgelegte Wochenarbeitszeit in der vereinbarten Tage-Woche (Sollarbeitszeit) um eine zu definierende erwartete Ausfallzeit für Urlaub, Krankheit, Fortbildung und ähnliches (Ausfallquote und Ausfalldivisor) gemindert.

Die Nettojahresarbeitszeit berechnet sich nach folgendem Schema:

Netto-Arbeitszeit pro Jahr =
Sollarbeitszeit pro Jahr × Ausfalldivisor

Berechnung der Sollarbeitszeit pro Jahr

365 Kalendertage abzüglich 52 Sonntage, 52 Samstage, 11 Feiertage ergibt 250 Soll-Arbeitstage pro Jahr. Bei einer 5-Tage-Woche im Rahmen eines 38,5-Wochenstunden-Vertrages berechnet sich die tägliche Arbeitszeit aus der Division von 38,5 Wochenstunden durch 5 Wochentage und ergibt 7,70 Soll-Arbeitsstunden pro Arbeitstag. Die Multiplikation der zu leistenden 250 Soll-Arbeitstage mit den pro Tag zu leistenden Soll-Arbeitsstunden ergibt die Sollarbeitszeit pro Jahr pro Vollkraft: **1.925 Soll-Arbeitsstunden pro Jahr.**

2.5 Personaleinsatz planen und steuern

Tabelle 2.16 Basisdaten für die Modellklinik

	A	B	C	D	E	F	G	H	I	J	K	L
1	Pflegetage in den Patientengruppen	A1/S1	A1/S2	A1/S3	A2/S1	A2/S2	A2/S3	A2/S1	A3/S2	A3/S3	Summe der Pflegetage	Fallzahl
2	Fachabteilung											
3	Innere	25.645	5.582	665	5.389	3.891	791	3.121	3.832	1.631	50.547	3.610
4	Chirurgie	22.121	8.745	1.105	7.434	8.430	1.581	2.234	2.881	1.752	56.283	4.613
5	Gynäkologie	25.381	4.024	493	3.351	4.129	1.862	330	352	661	40.583	5.073
6	HNO	12.480	6.011	154	342	1.268	391	14	121	334	21.115	3.519
7	Urologie	8.527	2.421	178	811	2.010	201	186	861	324	15.519	1.551
8	**Gesamt**	**94.154**	**26.783**	**2.595**	**17.327**	**19.728**	**4.826**	**5.885**	**8.047**	**4.702**	**184.047**	**18.366**

Tabelle 2.17 Berechnung der Pflegeminuten je Patientengruppe

	A	B	C	D	E	F	G	H	I	J	K
		A1/S1	A1/S2	A1/S3	A2/S1	A2/S2	A2/S3	A2/S1	A3/S2	A3/S3	Summe
2	Pflegetage je Patientengruppe	94.154	26.783	2.595	17.327	19.728	4.826	5.885	8.047	4.702	184.047
3	Minutenwert der Patientengruppe	52	62	88	98	108	134	179	189	215	
4	**Multiplikationsergebnis: Pflegeminuten je Patientengruppe**	**4.896.008**	**1.660.546**	**228.360**	**1.698.046**	**2.130.624**	**646.684**	**1.053.415**	**1.520.883**	**2.421.530**	**16.256.096**

Tabelle 2.18 Berechnung des Gesamtpflegezeitaufwandes nach PPR

	A	B
1	Pflegegrundwert	5.521.410
2	Fallwert	1.285.620
3	Pflegeminuten je Patientengruppe	16.256.096
4	**Gesamtpflegezeitaufwand**	**23.063.126**

Berechnung der Ausfallquote und des Ausfalldivisors

Zur Berechnung der Ausfallquote und des Ausfalldivisors müssen die Ausfallzeiten, die der Arbeitgeber finanziert, bekannt sein oder angenommen werden: dies betrifft im Wesentlichen Urlaub, Krankheit, Fortbildungen u. ä.

Berechnung der Ausfallquote (in %):

$$\frac{\text{tatsächliche oder angenommene Ausfallzeit in Stunden pro Jahr} \times 100}{\text{Sollarbeitszeit in Stunden pro Jahr}}$$

Am Beispiel der Modellklinik möchte ich die Berechnung der Ausfallquote demonstrieren: Die Modellklinik hat 250 Vollkräfte. Die Sollarbeitszeit dieser Mitarbeiterinnen beträgt pro Jahr (1.925 Soll-Arbeitsstunden multipliziert mit 250 Vollkräften) 481.250 Soll-Arbeitsstunden.

Da keine Daten über die Ausfallzeiten der Mitarbeiterinnen im Pflegebereich vorliegen, nehmen wir an, dass jede Mitarbeiterin im Durchschnitt von den 250 Soll-Arbeitstagen 50 Tage nicht arbeitet. Diese 50 Tage können sich wie folgt zusammensetzen: 30 Tage Urlaub, 12 Tage Krankheit, 6 Tage Fortbildung und 2 Sonderurlaub. Bezogen auf die gesamte Modellklinik ergibt sich somit eine Ausfallzeit von 50 Tagen mal 7,70 Soll-Arbeitszeit pro Tag mal 250 Vollzeitkräfte: 96.250 Stunden stehen die Mitarbeiterinnen nicht für Arbeitsleistungen zur Verfügung. Die Ausfallquote beträgt für die Modellklinik 20 %: 96.250 Ausfallstunden dividiert durch die 481.250 Sollarbeitsstunden aller Mitarbeiterinnen, multipliziert mit 100 (vgl. obige Rechenformel).

Der **Ausfalldivisor** ergibt sich dann aus der Formel

Ausfalldivisor = 1 − Ausfallquote

Für unsere Modellklinik ist der Ausfalldivisor 0,8.

Berechnung der Netto-Arbeitszeit pro Jahr

Für unsere Modellklinik beträgt nach dem oben erwähnten Schema die Nettojahresarbeitszeit einer Vollkraft demnach 1.925 Soll-Arbeitszeit pro Jahr × 0,8 = 1.540 Netto-Arbeitszeit pro Jahr.

Kehren wir nur zu unserer Ausgangsfragestellung zurück: Haben die 250 Vollkräfte mit den 23.063.126 Minuten Pflegezeitaufwand für mehr als 250 Vollkräfte dokumentiert oder für weniger als 250 Vollkräfte?

Wir berechnen den **theoretischen Vollkräftebedarf** für die Erbringung der 23.063.126 Pflegeminuten nach PPR wir folgt:

$$\frac{23.063.129 \text{ Pflegeminuten pro Jahr}}{(1.540 \text{ Netto-Arbeitsstunden pro Jahr} \times 60 \text{ Minuten})} = 249{,}60 \text{ Vollkräfte}$$

Nach den Ergebnissen der Patienteneingruppierung anhand der Vorgaben der PPR benötigt die Modellklinik knapp 250 Vollkräfte, um die Patienten entsprechend den in der PPR beschriebenen Anforderungen versorgen zu können. Dies bezieht sich – zur Erinnerung – nur auf den Regeldienst.

Zur vollständigen Personalbedarfsberechnung benötigen wir zusätzlich noch den Personalbedarf für den Nachtdienst. Dabei gehen wir für die Modellklinik davon aus, dass pro Station ein Nachtwachenplatz notwendig ist.

Berechnung des Personalbedarfs für den Nachtdienst (pro Jahr):

$$\frac{\text{Nachtwachenplätze (Stationen)} \times 10 \text{ Std. pro Nacht} \times 365 \text{ Nächte/Jahr}}{\text{Nettoarbeitszeit}}$$

$$\frac{25 \text{ Stationen} \times 10 \text{ Std./Nacht} \times 365}{1540 \text{ Std.}}$$

= 59,25 Stellen im Nachtdienst

Unsere Modellklinik benötigt insgesamt 59,25 Arbeitsstellen für Pflegende im Nachtdienst.

Insgesamt haben wir in unserem Modellkrankenhaus für den Pflegebedarf auf den Stationen 310 Vollkräfte nach PPR einschließlich Nachtdienst berechnet. Diese stehen den 250 tatsächlich beschäftigten Vollkräften gegenüber.

Die PPR bietet über die Berechnung des stationären Bereichs hinaus auch eine Anleitung zur Berechnung des Personalbedarf für leitende Angestellte (Pflegedienstleitungen). Für je 80 Vollkräfte wird eine Leitungsstelle oberhalb der Stationsebene berechnet.

2.5 Personaleinsatz planen und steuern

■ Berechnung des Personalbedarfs für leitende Angestellte des pflegerischen Bereichs:

$$\frac{\text{Arbeitsstellen des Tagdienstes} + \text{des Nachtdienstes}}{80}$$

Unserem Modellkrankenhaus stehen entsprechend den oben berechneten Vollkräften 3,86 Leitungsstellen zur Verfügung. Diese Anzahl ergibt sich wie folgt:

$$\frac{249{,}60 + 59{,}25}{80} = 3{,}86 \text{ Stellen}$$

Anhand der PPR-Berechnung konnte der Personalbedarf für das fiktive Modellkrankenhaus (580 Betten, 5 Fachabteilungen und 25 Stationen) ermittelt werden. Insgesamt werden **314 Vollzeit-Pflegestellen** benötigt, das heißt, die beschäftigten Mitarbeiterinnen haben 64 zusätzliche Stellen nach PPR erwirtschaftet.

Wie wirkt sich eine Veränderung der Basisdaten auf den Pflegepersonalbedarf nach PPR aus? Am Beispiel der oben beschriebenen Modellklinik stelle ich im Folgenden die Auswirkung von Veränderungen in den Basisdaten (Fallzahl, Pflegetag, Auslastungsgrad der Planbetten etc.) dar.

Die bereits in Tab. 2.**16** beschriebene Basisdaten (Fallzahl = 18.366, Pflegetage = 184.047, Planbetten = 580) werden ergänzt um die Information, dass die durchschnittliche Verweildauer über alle Fachkliniken berechnet 10 Tage beträgt.

Aus den Basisdaten können wir folgende Informationen berechnen:

■ Auslastung der Planbetten

Formel für die Berechnung der durchschnittlichen Auslastung der Planbetten im vorausgegangenen Jahr:

$$\frac{\text{belegte Betten (Pflegetage/Jahr)} \times 100}{\text{Anzahl der Planbetten} \times 365 \text{ (Tage/Jahr)}}$$

Berechnung der durchschnittlichen Auslastung der Modellklinik:

$$\frac{184.047 \text{ Pflegetage} \times 100}{580 \text{ Planbetten} \times 365}$$

$$= \frac{18.404.700}{211.700} = 86{,}93\%$$

Für die Modellklinik können wir feststellen, dass die Auslastung im ersten Betrachtungsjahr 86,93 % betragen hat. Somit waren 504 Betten im Schnitt belegt, bei 76 nicht belegten Betten.

■ Veränderung der Basisdaten im Folgejahr

Die Basisdaten verändern sich im nächsten Jahr wie folgt:

Die durchschnittliche Krankenhausverweildauer wird auf achteinhalb Tage reduziert. Dadurch kann die Fallzahl auf insgesamt 20.000 ansteigen. Diese Verschiebung ist nur bei gleichzeitiger Reduzierung der Pflegetage möglich, denn der Divisor aus Pflegetagen und Fallzahl ist die Verweildauer. Die Planbetten bleiben mit einem Wert von 580 unverändert.

Aufgrund der Reduzierung der durchschnittlichen Krankenhausverweildauer (im Modellkrankenhaus; s. oben) von zehn auf achteinhalb Tage im Jahr, sinkt die durchschnittliche Auslastung der Planbetten von 86,93 % auf 80,3 %.

$$\frac{170.000 \text{ Pflegetage} \times 100}{580 \text{ Planbetten} \times 365}$$

$$= \frac{17.000.000}{211.700} = 80{,}30\%$$

Dies hat eine Veränderung der Bettenbelegung zur Folge. Im Folgejahr waren nun 464 Betten belegt und 116 Betten nicht belegt.

Weil laut Gesetz keine Anhebung der durchschnittlichen Verweildauer mehr zulässig ist, müssen die nicht belegten Betten abgebaut oder umgewidmet (z. B. auf andere Fachabteilungen übertragen) werden.

Diese Veränderungen haben auch Auswirkungen auf den Personalbedarf, wie die folgenden Berechnungen zeigen. Die bereits bekannte Tabelle mit den Basisdaten verändert sich wie folgt (vgl. Tab. 2.**19**):

Daraus ergibt sich analog der Berechnung für das erste Jahr folgende Summe Pflegeminuten je Patientengruppe (vgl. Tab. 2.**20**):

Für das Folgejahr ist ein Gesamtpflegezeitaufwand in Höhe von 19.357.786 Minuten anzusetzen, der sich aus folgender Berechnung, analog der des ersten Jahres, ergibt (vgl. Tab. 2.**21**):

Geht man von der Hypothese aus, dass die Nettojahresarbeitszeit unverändert bleibt, ergibt sich folgender Pflegepersonalbedarf nach PPR:

2 Mitarbeiterinnen führen

Tabelle 2.19 Basisdaten für die Modellklinik im Folgejahr

	A	B	C	D	E	F	G	H	I	J	K	L
1	Pflegetage in den Patientengruppen	A1/S1	A1/S2	A1/S3	A2/S1	A2/S2	A2/S3	A3/S1	A3/S2	A3/S3	Summe der Pflegetage	Fallzahl
2	Fachabteilungen											
3	Innere	25.645	5.582	665	5.389	3.891	791	3.121	3.832	1.631	50.547	3.610
4	Chirurgie	22.161	8.745	1.129	7.434	8.470	1.581	2.234	2.881	1.792	56.427	4.757
5	Gyn.	25.381	4.024	493	3.351	4.129	1.862	330	352	661	40.583	5.073
6	HNO	12.661	6.011	254	342	1.368	391	14	121	434	21.596	4.000
7	Urologie	12.527	2.621	378	811	2.210	201	186	861	333	20.128	2.560
8	**Gesamt**	**98.375**	**26.983**	**2.919**	**17.327**	**20.068**	**4.826**	**5.885**	**8.047**	**4.851**	**170.000**	**20.000**

Tabelle 2.20 Berechnung der Pflegeminuten je Patientengruppe für das Folgejahr

	A	B	C	D	E	F	G	H	I	J	K
1		A1/S1	A1/S2	A1/S3	A2/S1	A2/S2	A2/S3	A3/S1	A3/S2	A3/S3	Summe
2	Pflegetage je Patientengruppe	98.375	26.983	2.919	17.327	20.068	4.826	5.885	8.047	4.851	170.000
3	Minutenwert der Patientengruppe	52	62	88	98	108	134	179	189	215	
4	**Multiplikationsergebnis: Pflegeminuten je Patientengruppe**	**5.115.500**	**1.672.946**	**256.872**	**1.698.046**	**2.167.344**	**646.684**	**105.341**	**152.088**	**1.042.965**	**12.857.786**

Tabelle 2.21 Berechnung des Gesamtpflegezeitaufwandes nach PPR für das Folgejahr

	A	B	C	D	E
1	Pflegegrundwert	170.000 Pflegetage	×	30 Minuten	5.100.000
2	Fallwert	20.000 Fälle	×	70 Minuten	1.400.000
3	Pflegeminuten je Patientengruppe				12.857.786
4	**Gesamtpflegezeitaufwand**				**19.357.786**

$$\frac{19.357.786 \text{ Pflegeminuten pro Jahr}}{(1.540 \text{ Netto-Arbeitsstunden pro Jahr} \times 60 \text{ Minuten})} = 209{,}50 \text{ Vollkräfte}$$

Das Ergebnis der Personalbedarfsberechnung nach der PPR weist aus, dass dem Pflegedienst des Modellkrankenhauses in Zukunft weniger Arbeitsstellen für den Tagdienst zustehen: Gegenwärtig vorhandene Arbeitsstellen: 249,60, zukünftig erforderliche Arbeitsstellen: 209,50. Das heißt, dass in unserem Modellkrankenhaus 40 Arbeitsstellen im Tagdienst überflüssig geworden sind und deshalb abgebaut werden müssen.

Ermitteln wir nun das Ergebnis für den Nachtdienst. Die Berechnungsgrundlage hat sich hier nicht verändert, das Modellkrankenhaus verfügt weiterhin über 25 Stationen, denen je ein Nachtwachenplatz zugeordnet ist.

$$\frac{25 \text{ Stationen} \times 10 \text{ Std.} \times 365 \text{ Tage/Jahr}}{1.540 \text{ Std.}} = 59{,}25 \text{ Stellen}$$

Gegenwärtig vorhandene Arbeitsstellen für den Nachtdienst: 59,25, zukünftig erforderliche Arbeitsstellen für den Nachtdienst: 59,25. Das heißt, dass im Nachtdienst keine Stellen reduziert werden müssen.

Berechnung der Arbeitsstellen für leitendes Pflegepersonal:

$$\frac{209{,}50 + 59{,}25}{80} = 3{,}36 \text{ Stellen}$$

Gegenwärtig vorhandene Arbeitsstellen: 3,86, zukünftig erforderliche Arbeitsstellen: 3,36. Auch beim leitenden Pflegepersonal müssen Reduzierungen in Höhe einer halben Vollkraft vorgenommen werden.

Aufgrund der PPR – Berechnung und der Veränderung von Verweildauer und durchschnittlicher Auslastung der Planbetten und trotz steigender Fallzahlen müssten in dem fiktiven Krankenhaus 40 Arbeitsstellen im Tagdienst und 0,5 Arbeitsstellen für leitendes Pflegepersonal abgebaut werden. Dieses Beispiel zeigt deutlich, dass sich eine Veränderung der Basisdaten direkt auf den Personalbedarf im Pflegebereich auswirkt.

Fazit

Für die Zukunft ist es wünschenswert, die Kennzahlen und die daraus resultierenden Maßnahmen (Belegungszahlen und Stellenpläne) innerhalb der Stationen zu diskutieren. Durch diese Erweiterung der Transparenz können die Pflegenden Maßnahmen der Krankenhausleitung nachvollziehen und bereits frühzeitig in ihrer Dienstplangestaltung auf Veränderungen reagieren (z. B. durch Abbau von Überstunden).

2.6 Personalentwicklung

2.6.1 Kompetenzen von Mitarbeiterinnen fördern und entwickeln
Jacqueline Krehbiel

▬ Wozu qualifizieren?

Visionäres Pflegemanagement richtet sich auf die Zukunft aus. Daran anknüpfend sollten Führungskräfte zwischen den Möglichkeiten von heute und den Erfordernissen von morgen vermitteln. Bezogen auf die Personalentwicklung heißt das, Führungskräfte müssen über die gegenwärtigen Arbeitsanforderungen in ihrem Verantwortungsbereich informiert sein und die Kompetenzen ihrer Mitarbeiterinnen kennen. Dieses Wissen ist notwendig, um die Pflegenden so fördern zu können, dass sie in der Lage sind, den zukünftigen Arbeitsanforderungen gerecht zu werden. Die Erfordernisse von morgen werden andere sein als heute. Sie werden hauptsächlich durch von außen wirkende Faktoren beeinflusst.

Faktoren, die die Arbeitsorganisation bzw. Arbeitsumstände von Unternehmen beeinflussen und sich also auch auf die Arbeitsbedingungen in Krankenhäusern auswirken sind beispielsweise: knapper werdende Mittel, technologische Neuerungen, Gesetzesänderungen, stärkerer Wettbewerb und höhere Ansprüche von Kunden. Die Komplexität in der Arbeitswelt nimmt zu, das Angebot an Arbeitsstellen nimmt ab. Wie erfolgreich ein Krankenhaus diesen neuen Herausforderungen begegnet, hängt entscheidend davon ab, ob und inwieweit seine Mitarbeiterinnen sich an dem Veränderungsprozess beteiligen und sich mit kreativen und konstruktiven Ideen für „ihr" Krankenhaus engagieren.

Im Laufe der Zeit führen unterschiedliche Entwicklungen zu Veränderungen an unseren Arbeitsplätzen. Diese Entwicklungen erfordern von uns Mitarbeiterinnen Flexibilität in zeitlicher, räumlicher und mentaler Hinsicht sowie in Bezug auf sich verändernde Rollen. Wir brauchen immer mehr mitdenkende und mündige Kolleginnen.

Zwar haben wir die Entwicklung von Aufgaben nicht in der Hand, die Entwicklung unserer Kompetenzen können wir aber sehr wohl beeinflussen, indem wir uns darum bemühen, notwendige Schlüsselqualifikationen zu erwerben.

Idealerweise entwickeln sich die Kompetenzen von Mitarbeiterinnen parallel zu den sich verändernden beruflichen Aufgaben bzw. Anforderungen (Abb. 2.10). Entsprechen die beruflichen Fähigkeiten nicht den tatsächlichen Anforderungen (Missverhältnis zwischen Aufgaben und Kompetenzen; symbolisiert durch den Blitz in Abb. 2.10), so wirkt sich das selbstverständlich auf die Arbeitsergebnisse der betroffenen Mitarbeiterinnen aus und kann zu katastrophalen Folgen führen. In einem wirtschaftlich orientierten Unternehmen müssen die Mitarbeiterinnen daher systematisch und kontinuierlich für die anstehenden Aufgaben qualifiziert werden.

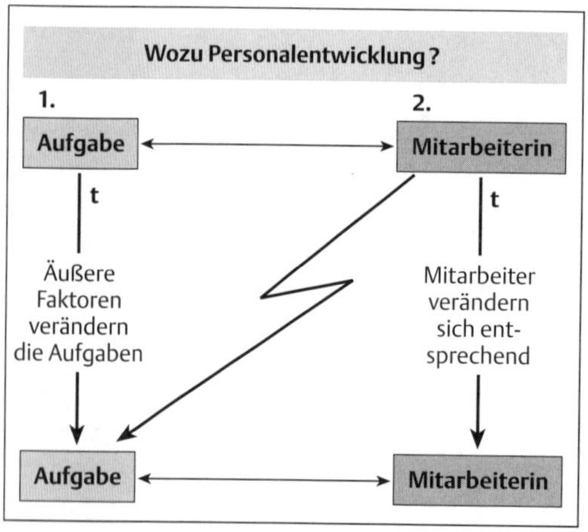

▬ Wer ist verantwortlich fürs Qualifizieren?

Kennen Sie folgendes Phänomen? Solange bis sie in einer Firma drin sind, fühlen sich die Menschen als Einzelne zuständig für ihre Fort- und Weiterbildung. In Bewerbungsschreiben und -gesprächen wollen sie ihre Fähigkeiten und Qualifikationen nachweisen können. Sind sie erst einmal angestellt, scheint sich ihre Einstellung zu wandeln, bis sie sich sogar ins Gegenteil verkehrt: Plötzlich verhalten sich Mitarbeiterinnen so, als seien nicht

Abb. 2.10 Wozu Personalentwicklung?

sie selbst, sondern ausschließlich das Unternehmen für ihre Qualifizierung zuständig. Alle Ressourcen für Qualifizierungsmaßnahmen (z. B. Dienstbefreiung, Reisekostenerstattung) werden vom Unternehmen eingefordert. Die Bereitschaft, persönliche Verantwortung für die eigene berufliche Qualifizierung zu übernehmen scheint dann nachzulassen, wenn Mitarbeiterinnen in einer Branche faktisch unkündbar werden. Vielleicht wird der in den USA geprägte Begriff der „employability" auch bei uns an Bedeutung gewinnen. Auf jeden Fall aber wird die Sicherung der Beschäftigungsfähigkeit zunehmend in die persönliche Verantwortung der einzelnen Mitarbeiterin übergehen. In der Industrie setzt sich bei den Mitarbeiterinnen langsam die Einsicht durch, dass der Erhalt der Beschäftigungsfähigkeit eine Notwendigkeit ist, und dass es darum geht, die Arbeitsstelle zu behalten. Erst für Ambitionierte geht es darüber hinaus um besser bezahlte Jobs.

Damit wird deutlich, **dass Qualifizierung nicht nur durch eine, sondern von mehreren Seiten gesteuert wird**:

- *der Führungskraft*
  Es wird weiterhin Aufgabe von Führungskräften bleiben, Qualifizierungsprozesse anzustoßen und zu fördern.
- *der einzelnen Mitarbeiterin*
  Es ist Aufgabe aller Mitarbeiterinnen, ihren Beitrag dazu leisten, eine hohe Qualität aufzubauen und zu halten. Jede Einzelne steuert selbstständig ihre eigene Personalentwicklung und sollte nicht erwarten, von der großen Unternehmens-Mutter versorgt zu werden.
- *dem Team*
  Die dritte Steuerungsgröße ist das Team. In Zukunft wird es an Bedeutung gewinnen, dass man sich in Teams und Projekten gegenseitig Hinweise auf Qualifizierungsbedarf gibt. Auch das Team kann dafür sorgen, dass es immer schwerer für die Einzelne wird, sich aus der Verantwortung zu nehmen.

Personalentwicklung ist originäre Führungsaufgabe. Das bedeutet nicht, dass Führungskräfte die alleinige Verantwortung übernehmen sollen. Die besondere Herausforderung für die Unternehmensführung besteht darin, Qualifizierung an der richtigen Stelle und zum richtigen Zeitpunkt einzusetzen. Hier wird die besondere Verantwortung von Führungskräften deutlich, die die Anbindung von Personalentwicklung an die strategische Ausrichtung und die Zielorientierung zu gewährleisten haben.

Ressorts oder Institute können für Personalentwicklung als zentrale interne Dienstleister zwar hilfreich sein, aber Führungskräfte können letztlich nie die Verantwortung für diesen elementaren Bereich delegieren (vgl. Harms, Kühnapfel, Krehbiel 1999).

Diese Verantwortung ernst zu nehmen, darf jedoch nicht zur Entmündigung führen. Es geht nicht darum, jemandem Verantwortung wegzunehmen, sondern die Selbstverantwortung zu stärken.

Wohin qualifizieren?

Bei der Personalentwicklung als Führungsaufgabe geht es längst nicht mehr nur um das korrekte „Abwickeln" administrativer Vorgänge (z. B. der Einstellung neuer Mitarbeiterinnen oder der Freistellung für Fortbildungen). Eine Leitungskraft sollte auch ein gutes „Witterungsvermögen" dafür haben, welche Kompetenzen Schlüssel für die Zukunft sein werden. Sie muss wissen, wohin die Reise gehen soll und welche Verhaltensweisen Qualität darstellen bzw. hervorbringen können.

Praxis-Tipp

Stellen Sie sich diese Fragen immer wieder und diskutieren Sie Ihre Antworten mit anderen Entscheidungsträgern im Unternehmen. So wird Personalentwicklung zielorientiert im Unternehmen eingebettet.

Die folgende Abbildung verdeutlicht die Größenverhältnisse: Vision und Unternehmensziele geben die Richtung vor. Wesentlich mehr Energie wird benötigt, daraus die Wege für Ihren Bereich abzuleiten. (Abb. 2.**11**).

Praxis-Tipp

Soll ein bestimmtes Ziel erreicht werden, reflektieren Sie immer wieder über die folgenden Fragen: Welche Fähigkeiten und Hilfsmittel erweisen sich als zieldienlich und welche sichern nachhaltig den Erfolg? Wenn Sie diese Überlegungen beispielsweise zu Anfang eines Jahres anstellen, so können Sie die Ergebnisse in Ihre Förder- oder Mitarbeitergespräche einfließen lassen. Auch in Teambesprechungen (alle zwei Jahre) können Sie solche Fragen zur Diskussion stellen, um die Orientierung auf die Zukunft auch in diesem Rahmen anzuregen.

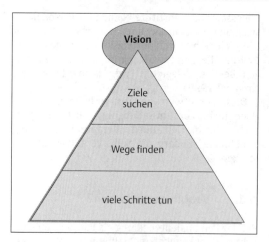

Abb. 2.11 Ziele-Dreieck: Größenverhältnisse bei Zielen

im Hinblick auf zwischenmenschliches Verhalten. So glaube ich, dass die Einstellung von einem lebenslangen Lernen hilfreich ist, sich eine Offenheit gegenüber Neuem zu bewahren. So verstanden ist Lernen ein Prozess, in dem man sich darauf vorbereitet, neue Situationen zu meistern, z. B. den Umgang mit neuen oder fremden Techniken wie etwa dem Computer.

Eine weitere Grundfähigkeit besteht darin, sich in andere Menschen hineinzuversetzen, das heißt das Verhalten und Denken von Patientinnen oder Kolleginnen zu verstehen versuchen, indem man ihre andere Perspektive einnimmt. Im Bereich der Kommunikation kann es darum gehen, Beziehungen zieldienlich zu gestalten, neue Mitarbeiterinnen zu integrieren, konstruktiv Kritik zu üben und selbstbewusst aufzunehmen und Konflikte als Chance zu nutzen. Von den methodischen Fähigkeiten her wird es darauf ankommen, wie zielorientiert und systematisch unsere Arbeitsweise insgesamt ist.

> Berücksichtigen Sie bei Ihren Reflexionen auch die Kompetenztrias (Abb. 2.12): Welche pflegefachlichen Fähigkeiten werden Schlüssel in der Zukunft sein? Welche methodischen und sozialen Fähigkeiten bilden dazu gute Ergänzungen? Welche Grundhaltung ist in Zukunft hilfreich, um pflegerische Dienstleistungen befriedigend erbringen zu können?

Ich möchte diese Fragen nicht für Sie beantworten. Ich zähle nur einige Fähigkeiten auf, die ich aus meiner Perspektive als Psychologin für wichtig halte: Eine Pflegehandlung bezieht sich immer auf einen Menschen, erfordert also neben pflegefachlichen Leistungen auch soziale Kompetenzen

— **Praxis-Tipp** —

Auch in Einzelgesprächen sollten Sie Mitarbeiterinnen immer wieder dazu anregen, sich mit den zukünftigen beruflichen Anforderungen zu beschäftigen. Stellen Sie ihnen z. B. die folgenden Fragen: „Was glauben Sie, wie unsere Klinik in zwei Jahren arbeiten wird? Wie wird sich Ihr Arbeitsplatz verändert haben? Welche Position möchten Sie in drei Jahren einnehmen?" Ziel dieser Fragen ist es zunächst, über Zukünftiges und zu erwartende Veränderungen ins Gespräch zu kommen.

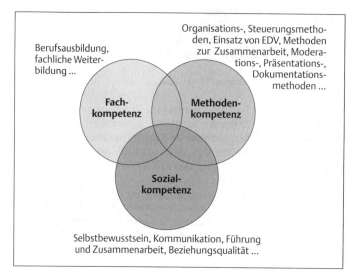

Abb. 2.12 Kompetenztrias

Wie qualifizieren?

Es gibt viele Situationen, die Lernen fördern und qualifizierend wirken. Aus der Vielzahl solcher Gelegenheiten werde ich einige Beispiele nennen. In Ihrer Position als Stations- oder Funktionsleitung sollten Sie vor allem den aktuellen Qualifizierungsstand Ihrer Mitarbeiterinnen im Verhältnis zu den zukünftigen Anforderungen im Blick haben. Die einzelnen Fort- und Weiterbildungsmaßnahmen können Sie delegieren.

Personalentwicklung fängt bereits bei der Personalauswahl an. Es geht darum, für eine vorhandene Aufgabe einen passenden Menschen zu finden, der in der Lage ist, die erforderliche (Pflege-)Leistung zu erbringen. Diese Aufgaben und Anforderungen sollten Sie als Führungskraft gut kennen und *vor* der Einstellung niederlegen. Aus diesen Anforderungen, die vielleicht auch in einer Stellenbeschreibung nachzulesen sind, ergeben sich die Bewertungskriterien für die Bewerberauswahl und für die Probezeitbeurteilung. Nach meiner Erfahrung fällt es selbst Stations- bzw. Funktionsleitungen, die die Stellenbeschreibung oder die Kriterien durchaus als sinnvoll und richtig akzeptieren, schwer, neue Mitarbeiterinnen auch wirklich daran zu messen. Ich möchte Sie an dieser Stelle ausdrücklich dazu ermuntern hier konsequent vorzugehen. Sie alle kennen Mitarbeiterinnen, die Ihren Aufgaben nicht gewachsen sind und deren Arbeit von den anderen Mitarbeiterinnen mitgetragen werden muss. Das ist für alle Beteiligten eine unbefriedigende Situation, die mit etlichen Konflikten verbunden ist. Es ist auch deswegen besondere Sorgfalt gefragt, da gravierende Fehler bei der Personalauswahl nicht durch Personalförderung wettzumachen sind.

Wenn Sie nun das Personal zum Mitdenken und zur verantwortungsbewussten Mitarbeit führen wollen, müssen Sie möglichst viele Lernsituationen schaffen. Wenn Sie grundsätzlich Ihre Mitarbeiterinnen weitestgehend in Entscheidungen mit einbeziehen (Partizipation als Führungsprinzip), gelingt Ihnen das wahrscheinlich am ehesten: Informieren Sie Ihre Mitarbeiterinnen über Entwicklungen im Hause, neue Pflegemethoden oder Zielvorgaben und schaffen Sie so die Voraussetzung zum Mitdenken. Übertragen Sie gezielt bestimmte Aufgaben oder Projekte und trauen Sie Ihren Mitarbeiterinnen etwas zu – geben Sie ihnen die Möglichkeit zu verantwortungsbewusster und zuverlässiger Mitarbeit. Dabei sollten jedoch nicht immer *die* Personen Aufgaben übernehmen, die das erfahrungsgemäß bereits am besten können, denn auf diese Weise tritt der gewünschte Effekt im gesamten Team nicht ein. Fördern Sie durch Delegieren.

Wenn Sie Leistung fordern, anstatt zu schonen, fördern Sie so Ihre Mitarbeiterinnen. Durch Job-Rotation und Job-Enrichment (Aushelfen, Hospitation, Arbeitsgruppen) stehen Ihnen weitere **arbeitsplatznahe Fördermöglichkeiten** zur Verfügung. Indem Sie Ihren Mitarbeiterinnen Feedback geben, den Zielerreichungsgrad auswerten und Ihnen gegenüber Kritik und Anerkennung aussprechen, fördern Sie das Lernen. Hier wird noch einmal der Sinn von Mitarbeitergesprächen besonders deutlich (vgl. Kap. 2.2).

Mitarbeitergespräche bieten auch die Möglichkeit, persönliche Entwicklungsziele und hierauf abgestimmte Fortbildungsmaßnahmen zu thematisieren. Dabei sollten Sie auch Weiterbildungsmöglichkeiten und längerfristige Entwicklungswege aufzeigen. Abbildung 2.13 illustriert einige Entwicklungsmöglichkeiten innerhalb der Pflege.

Dabei ist es durchaus auch erforderlich, Mitarbeiterinnen (MA) darin zu unterstützen, sich weiter zu entwickeln, selbst wenn sie als Folge daraus, das Team verlassen, um eine neue, höhere

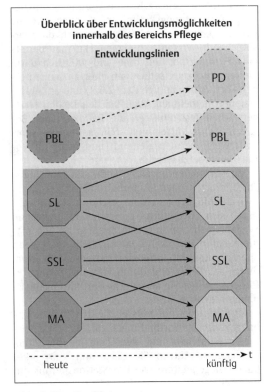

Abb. 2.**13** Qualifizierungswege

Position einzunehmen. Das wäre beispielsweise der Fall, wenn Sie als Stations- bzw. Funktionsleitung (SL/FL) eine kompetente Stellvertretung (SSL: Stellvertretende Stationsleitung) haben, die gerne die Position einer Stationsleitung einnehmen würde, dafür allerdings die Station oder vielleicht sogar das Krankenhaus wechseln muss.

Ähnlich verhält es sich, wenn Sie Mitarbeiterinnen darin unterstützen, sich als Expertinnen auf bestimmte Fachgebiete (z. B. Kinästhetik) zu konzentrieren. Es ist wahrscheinlich, dass diese Expertinnen irgendwann die Station verlassen werden, weil ihr Wissen auch in anderen Bereichen des Krankenhauses gefragt ist.

Dass es eine besondere Fähigkeit ist, Mitarbeiterinnen in ihrer beruflichen Entwicklung zu fördern und in ihrer Karriere zu unterstützen, anstatt ihnen im Wege zu stehen, wird mit den folgenden Worten besonders herausgestrichen: „An einer zweitklassigen Führungskraft kommt keiner vorbei. Doch aus der Umgebung einer erstklassigen Führungskraft wachsen weitere Erstklassige." (Volksmund)

Je nach Qualifizierungsinteresse müssen die Fortbildungs- bzw. Weiterbildungsangebote unterschieden werden. Wenn es um eine Aufstiegsqualifizierung geht (z. B. eine Leitungsqualifizierung für Führungskräfte), sind eher externe Grundlagenkurse angebracht, um sich das entsprechende Wissen anzueignen. Hat man bereits eine Führungsposition inne und will sich darin weiterentwickeln, sollte man eher an hausinternen Fortbildungen (vgl. Kap. 2.6.2) und an Supervisionen teilnehmen. Weil bei den beiden letztgenannten Instrumenten die Reflexion der Berufspraxis im Mittelpunkt steht, sollten sie sinnvollerweise berufsbegleitend (und nicht im Voraus) eingesetzt werden.

Mit Personalentwicklung verbindet man meist Fortbildungen oder Weiterbildungen. Erst wenn hier alle Möglichkeiten ausgeschöpft sind, macht man sich Gedanken darüber, auf welchen Wegen Qualifizierung noch denkbar ist. Ich plädiere dafür, umgekehrt vorzugehen: Erst wenn alle internen Möglichkeiten ausgeschöpft sind, durch das Team und durch Führung Lernen zu fördern, sollten Sie an externe Fortbildungsmaßnahmen denken.

Als Stationsleitung müssen Sie den Zusammenhang zwischen Fortbildungen und der Stationsarbeit herstellen und den Transfer begleiten. Idealerweise nützen Sie dazu drei Zeitpunkte oder Gelegenheiten, wie die Stationsleitung im Beispiel.

Praxis-Tipp

„Bevor ich einen Antrag auf ‚Dienstbefreiung zum Zwecke der Fortbildung' unterschreibe, rede ich mit der Mitarbeiterin darüber, welche Ziele wir beide mit dem Besuch dieser Veranstaltung verbinden. Bei der nächsten Teamzusammenkunft berichtet die Mitarbeiterin kurz über die besuchte Fortbildung, gibt ihr Wissen weiter und wir überlegen im Team, was wir davon nutzen wollen. Außerdem ist es mir wichtig, mit der Mitarbeiterin hinterher persönlich den Bezug zu unserem Zielgespräch wieder herzustellen. Sind ihre und meine Ziele erreicht? Wie kann ich das merken? Was fehlt noch? Was braucht sie von mir zur weiteren Umsetzung?"

Solche optimalen Bedingungen, wie sie die Mitarbeiterinnen der oben zitierten Stationsleitung erleben dürfen, scheinen eher selten. Wenn ich in Seminaren unter den Teilnehmerinnen frage, welche Hoffnungen ihre Vorgesetzten mit dem Besuch dieser speziellen Fortbildung verbinden, wird deutlich, dass weder über das Thema der Fortbildung noch über die damit verbundenen Ziele und Interessen offen gesprochen wurde. Diese Situation widerspricht der Absicht, dass Personalentwicklung strategiegeleitet sein sollte und sich an den Zielen des Unternehmens bzw. der Station ausrichten muss. Es gehört zu Ihren Aufgaben als Führungskraft, einen Zusammenhang zwischen Personalentwicklung und Unternehmenszielen herzustellen. Gespräche vor einer Bildungsmaßnahme sind dazu unbedingt erforderlich.

Weiterhin sollte die Maßnahme natürlich nicht Verschwendung sein, sondern Auswirkungen haben. Dazu brauchen Sie das Gespräch hinterher. Welchen Unterschied in der Arbeit oder im Verhalten macht es, dass er oder sie beim Seminar war? Welche Kenntnisse hat er erworben, welche persönlichen Schlussfolgerungen zieht sie daraus? Dies auch kollegial weiterzugeben, verstärkt den Transfer und die Verzahnung mit der Station. Solche Gespräche zeigen den Mitarbeiterinnen Ihr Interesse, dass Sie sie einbeziehen, ernst nehmen, schätzen, ihre Leistung brauchen und selbstverständlich erwarten.

Noch glaubwürdiger wirken Sie als Führungskraft, wenn Sie Ihre eigene Personalentwicklung genauso bewusst und aktiv gestalten, wie Sie das von Ihren Mitarbeiterinnen wünschen.

Zusammenfassendes Beispiel

Anhand eines Beispiels beschreibe ich, wie sich strategiegeleitetes Personalentwicklungsdenken über mehrere Hierarchieebenen hinweg in der Praxis niederschlagen kann. Die Ausgangslage ist folgende:

Wie in vielen anderen Firmen auch, gehört es zu unseren erklärten Unternehmenszielen, möglichst viel Verantwortung an den Ort der Leistungserbringung zu delegieren. Wenn die Unternehmensleitung immer mehr verantwortungsbereite, unternehmerisch handelnde Mitdenker haben will, müssen wir über das reden, was sie dazu brauchen.

Die Pflegedienstleitung soll die Verantwortung für das Personalkostenbudget einer Klinik wahrnehmen. Dazu braucht sie u. a. entsprechende Steuerungsinformationen über Vollkräfte und Geld. Aus ihrer Budgetverantwortung heraus kann die Pflegedienstleitung die Dienstplanverantwortung an die Stationsleitung/Funktionsleitung delegieren. Denn mit dem Dienstplan steuert die Stationsleitung/Funktionsleistung, wie viel Geld ausgegeben wird.

Was benötigt die Stationsleitung/Funktionsleistung, um diese Verantwortung wahrnehmen zu können? Zum einen ein Grundwissen in Budgetplanung und Personalcontrolling. Weiterhin einiges Fachwissen, das in die Dienstplangestaltung miteinfließen muss, z. B. über den BAT oder das Arbeitszeitgesetz. Die Führungskraft sollte über soziale Kompetenzen verfügen, um zwischen den Anforderungen an effiziente Planung und den Wünschen der Mitarbeiterinnen zu vermitteln. Soziale Fähigkeiten werden auch gebraucht, um mit den vielen Zielkonflikten umzugehen, die bei der Dienstplangestaltung auftauchen (z. B. zwischen dem Ziel, Qualität zu erhalten, indem sich die Mitarbeiterinnen regelmäßig fortbilden und dem Ziel die Arbeitskraft der Mitarbeiterinnen zu erhalten, indem sie nach einer längeren Arbeitsphase einer bestimmten Anzahl von Tagen/Nächten eine Erholungspause erhalten und nicht aus dem Frei geholt werden). Nicht zuletzt benötigt die Führungskraft einige Fähigkeiten, sich zu organisieren und ihre Arbeit so einzuteilen, dass der Dienstplan rechtzeitig fertig gestellt werden kann.

Nicht zuletzt benötigt die Führungskraft methodische Kompetenzen, um ihre Arbeit zu organisieren und so einzuteilen, dass der Dienstplan rechtzeitig fertig gestellt werden kann.

Auch eine Stationsleitung kann ihrerseits die Aufgabe der Dienstplanerstellung (oder Teile davon) an die nächste Ebene delegieren. Macht sie von dieser Möglichkeit Gebrauch, sollte sie sich fragen, welche Kompetenzen und welches Wissen ihre Stellvertretungen benötigen, um in die übertragenen Aufgaben hineinzuwachsen.

Literatur

Harms, K., S. Kühnapfel, J. Krehbiel: Personalentwicklung und Mitarbeiterführung. In Kerres, A., J. Falk, B. Seeberger: Lehrbuch Pflegemanagement. Springer, Berlin 1999

2.6.2 Stationsinterne Fortbildungen organisieren
Susanne Gierescher und Kerstin Ploil

Ein Wort zuvor

Die stationsinterne Fortbildung ist ein wesentliches Instrument, um den Wissensstand und die Qualifizierung aller Mitarbeiterinnen untereinander anzugleichen. Im Rahmen stationsinterner Besprechungen bietet sich die Möglichkeit, ohne zusätzlichen finanziellen Aufwand einen Großteil der Mitarbeiterinnen gleichzeitig zu schulen und somit Qualität auf breiter Basis zu sichern und zu entwickeln.

Ist-Analyse

Um ein adäquates Fortbildungskonzept entwickeln zu können, muss vor einer stationsinternen Fortbildung die fachliche Qualifikation der Mitarbeiterinnen überprüft werden. Das kann durch eine Ist-Analyse erfolgen, die von einer stationsexternen Person (z. B. Pflegeexpertin, vgl. Kap. 1.5) oder einer stationsinternen Person (Stationsleitung, Stellvertretende Stationsleitung) erstellt wird.

Ein Schwerpunkt der Ist-Analyse kann es sein, den Wissensstand der Mitarbeiterinnen zu überprüfen, wobei das jeweilige Fachgebiet (Gastroenterologie, Kardiologie etc.) den Rahmen für das erwartete Wissen bestimmt. Die Beurteilungskriterien für eine solche Analyse werden entsprechend der Qualifizierungsstruktur und der Erfahrung der Mitarbeiterinnen entwickelt.

Die Qualifizierungsstruktur der Mitarbeiterinnen ist auf ihre Komplexität hin zu überprüfen: Das heißt, man muss sich darüber informieren, welche Zusatzqualifikationen die Mitarbeiterinnen erworben haben und welche Fort- und Weiterbildungen sie besucht haben. Auch Berufserfahrung, Lebensalter und Engagement der Mitarbeiterinnen sind wichtig für die Bestandsaufnahme der fachlichen Qualifikation eines Pflegeteams.

Darüber hinaus können die folgenden Aspekte bei der Ist-Analyse berücksichtigt werden:

- Das persönliche Interesse der einzelnen Mitarbeiterin an fachspezifischer Literatur und Medien.
Dabei ist das Angebot an Literatur und Medien auf der Station bzw. in der hauseigenen Bibliothek sowie dessen Nachfrage und Nutzung ausschlaggebend. Ermitteln Sie, wie groß der Anteil der Mitarbeiterinnen ist, die sich regelmäßig mithilfe von Fachzeitschriften weiterbilden. Welche Zeitschriften werden abonniert und inwieweit werden die erworbenen Kenntnisse tatsächlich in die Praxis umgesetzt? Hinweise hierauf geben Facharbeiten, die von Mitarbeiterinnen im Rahmen von Weiterbildungen verfasst worden sind.
- Wie präsentiert sich die einzelne Mitarbeiterin in Gesprächen mit anderen Berufsgruppen?
Bleiben Projekte und Konzepte, die auf der Station erarbeitet und umgesetzt wurden, im engen Kreis der unmittelbaren Umgebung oder werden sie im Haus oder in der Öffentlichkeit präsentiert?

Im Rahmen dieser Ist-Analyse kristallisieren sich Rituale und Alltagsroutinen heraus und können dann klar definiert werden. Das Wissen hierüber dient als Grundlage für eine Umstrukturierung der Stationsarbeit sowie zur Abgrenzung der Pflegeinhalte und -aufgaben (Berufsbild, Pflegeleitbild).

Zielformulierungen

Nach der Erstellung und Auswertung der Ist-Analyse müssen für die Station zutreffende Ziele formuliert werden. Dies erfolgt in Zusammenarbeit mit dem Stationsteam, wodurch die kollektive Mitarbeit eingeleitet und gefördert wird. Die Mitarbeiterinnen identifizieren sich mit der neuen Aufgabe und gewinnen dabei eine Perspektive, aus der heraus Ängste diskutiert und abgebaut werden können. Bei der Zielformulierung werden erste Maßnahmen entwickelt, und die Zeitplanung des Projekts sowie Termine für dessen Evaluation werden festgelegt. Die Vorgehensweise wird an den Regelkreis der Pflegeplanung angelehnt, und so kann auf bereits bekannte Techniken zurückgegriffen werden. Die einzelnen Ziele werden entsprechend der Zielkriterien formuliert und schriftlich dokumentiert (vgl. Kap. 2.2).

Im Folgenden werden die einzelnen Ziele erläutert und Oberbegriffen zugeordnet. Die Erstellung eines Zielkatalogs muss für jede Station individuell erarbeitet werden und dient als Grundlage für die Formulierung von Maßnahmen.

- *Qualitätssicherung:* Arbeitsabläufe und Arbeitsweisen sind aufeinander abgestimmt, pflegerische Leistungen sind klar definiert.
- *Ressourcen-Nutzung:* Mitarbeiterinnen bringen ihre Stärken ein, Schulungen erfolgen innerhalb des Teams, Anleitung und Begleitung ebenfalls.
- *Gleicher Wissensstand:* Mitarbeiterinnen verfügen über einen vergleichbaren Wissensstand, neue Mitarbeiterinnen erwerben in der Einarbeitungszeit fachliche Kompetenzen.
- *Präsentation der Mitarbeiterinnen, Präsentation der gesamten Station:* Mitarbeiterinnen stellen sich und ihre Arbeit vor. Das Selbstwertgefühl wird gesteigert, die Fähigkeit sich auszudrücken, verbessert sich. Konzepte und Projekte werden schriftlich fixiert, die Darstellung der Mitarbeiterinnen und die Präsentation ihrer Arbeit sind wichtiger Bestandteil der Konzept- und Stationsentwicklung. Die gewonnenen Konzepte werden im Rahmen der hausinternen Weiterqualifikation genutzt.
- *Berufsbild:* Durch klare Strukturen sind die Berufsfelder abgesteckt und einzelnen Mitarbeiterinnen übertragene Aufgaben sind für alle Teammitglieder transparent.
- *Motivation:* Eigeninitiative steigert die Motivation der Mitarbeiterinnen. Das Team entwickelt sich kontinuierlich weiter, und jede Mitarbeiterin versteht sich als wichtiger Bestandteil des Teams.
- *Sicherer Umgang mit Medien/Literatur:* Der Umgang mit Medien ist in den Arbeitsalltag integriert. Die Mitarbeiterinnen beschäftigen sich selbstständig mit Fachliteratur. Nachschlagewerke und Fachliteratur sind auf den Stationen vorhanden.

Maßnahmen

Die Planung von Maßnahmen erfolgt – wie die Zielformulierung – in Teamarbeit. Die Stationsbesprechung wird zur Planungsvorbereitung und zur Präsentation der internen Fortbildungsvorträge genutzt, wobei die Ergebnisse der Ist-Analyse zugrunde gelegt werden. Die Fachgebiete, die es aufzuarbeiten gilt, werden im Einzelnen aufgeführt und daraus ergibt sich dann eine „Hitliste" der zu bearbeitenden Themen. Diese können nochmals ihrem Schwierigkeitsgrad und ihrer Komplexität entsprechend differenziert werden (vgl. Kap. 1.2, Bewertung von Problemen). Die Themenzuteilung erfolgt in erster Linie nach dem Interesse der Mitarbeiterinnen und der Möglichkeit, Ressourcen zu nutzen. Die Planung der Themen kann nach unterschiedlichen Gesichtspunkten erfolgen: So ist es z.B. nicht ratsam, eine Mitarbeiterin ein Thema bearbeiten zu lassen, in dem sie fachliche Defizite aufweist, denn das würde weder ihr Selbstbewusstsein noch ihre Motivation stärken. Es ist stattdessen wesentlich sinnvoller, die Mitarbeiterin für ein Thema zu gewinnen, in dem sie sich nach eigener Einschätzung verhältnismäßig gut auskennt. Alternativ besteht aber auch die Möglichkeit, Mitarbeiterinnen zu motivieren, ihre Defizite auszugleichen. Der Erfolg einer solchen Vorgehensweise hängt entscheidend vom Wesen der Mitarbeiterin ab, wobei versucht werden sollte, vorhandene Defizite nach einer Prioritätenliste abzubauen.

Zeitrahmen, Ort und die Art und Weise von Präsentationen müssen vorab festgelegt werden. Hilfestellung könnte hierbei eine exemplarische Präsentation bieten, die im Vorfeld vom Führungsteam erarbeitet wurde. Termine und Themenzuordnung werden im Rahmen eines straffen Zeitplans festgelegt. Die Mitarbeiterinnen werden dadurch in ein zeitlich strukturiertes Konzept eingebunden und können ihre individuelle Zeitplanung darauf einstellen. Für die Erarbeitung der Themen müssen den Mitarbeiterinnen im Dienstplan angemessene Freiräume geschaffen werden.

Die Präsentation eignet sich dazu, Wissen aufzufrischen und Neues zu erlernen, wobei die Auswahl der Themen und die Konzipierung der Präsentation zur Qualitätssicherung auf der Station dient. Darüber hinaus können sich aus diesen Präsentationen auch weitere Konzepte entwickeln. Hier kann als Beispiel die Übergabe am Patientenbett genannt werden: Es kann eine Arbeitsgruppe gebildet werden, die für die Umsetzung auf der Station verantwortlich gemacht wird. Diese Aufgabe fordert Teamfähigkeit, Flexibilität und Kompetenz – Neuentwicklungen werden nicht mehr hierarchisch diktiert, sondern an den Ort der Leistungserstellung delegiert. Dadurch werden Motivation, Arbeitsleistung und die Identifikation mit Beruf, Station und Haus gesteigert.

Bei der Erarbeitung der einzelnen Themen, werden Fachliteratur und -medien aus der hausinternen Bibliothek genutzt. Das Leitungsteam zeigt dabei Möglichkeiten der Literaturarbeit auf und gibt Hilfestellung bei den Recherchen. Parallel dazu wird eine entsprechende Literaturauswahl für die Station angelegt und kontinuierlich erweitert (dazu dienen auch eigene Facharbeiten). Fachzeitschriften werden für die Station abonniert, und die Mitarbeiterinnen entwickeln einen regelmäßigen und sicheren Umgang mit Fachliteratur.

Beispiel für die Umsetzung einer Fortbildung auf einer internistischen Station

Nach der *Ist-Analyse*, die von der Stationsleitung und ihrer Stellvertreterin gemeinsam durchgeführt worden ist, wurde während der Stationsbesprechung mit dem Personal der Vorschlag für eine Fortbildung erörtert, die im Rahmen der Stationsbesprechung stattfinden soll.

Im Anschluss an den Meinungsbildungsprozess legte das Team gemeinsam *Schwerpunktthemen* fest. Es konnte Einigung dahingehend erzielt werden, zunächst den Themenkomplex „Krankheitsbilder" zu bearbeiten. Der Komplex Krankheitsbilder wurde in Einzelthemen aufgeschlüsselt und deren jeweilige Inhalte gemeinsam festgelegt. Jede Mitarbeiterin konnte sich zunächst ein Präsentationsthema nach eigenen Interessen und Wünschen auswählen. Im Anschluss daran wurde ein Zeitrahmen vereinbart, innerhalb dessen ein präsentables Ergebnis der einzelnen Themen vorliegen musste. Damit hatte jede Mitarbeiterin die Möglichkeit, ihr Zeitmanagement an den individuellen Erfordernissen auszurichten. Die Gestaltung der Präsentation und ihrer Inhalte wurde weitgehend freigestellt, allerdings gab es eine zeitliche Begrenzung von einer Stunde.

Einmal im Monat wurde für die **Vortragsreihe innerhalb der Stationsbesprechungen** entsprechend Zeit eingeräumt. Jede Mitarbeiterin erhielt eine Übersicht über die geplanten Themen mit Angabe der Referenten und konkreten Zeitangaben.

In regelmäßigen Abständen wurden **Schwierigkeiten der Mitarbeiterinnen** bei der Erstellung ihrer Präsentationen in gezielten Gesprächen erörtert. Als problematisch erwies sich vor allem das Sprechen vor mehreren Zuhörerinnen und die verständliche Formulierung von Fachwissen bzw. die Befürchtung, es nicht vermitteln zu können. Das Führungsteam gestaltete die ersten drei Vorträge und schuf auf diese Weise einen Rahmen, an dem sich die Mitarbeiterinnen hinsichtlich ihrer Vorgehensweise, Präsentation und inhaltlichen Konzeptionierung orientieren konnten. Präsentationen von Mitarbeiterinnen, bei denen sich bereits eine gewisse Souveränität erkennen ließ, wurden gezielt an den Anfang der Vortragsreihe gestellt.

Nach den Vorträgen gab es jeweils genügend Zeit für Rückmeldungen, die auch den Referentinnen Gelegenheit bot, über ihre Probleme bei der Vorbereitung und beim Verfassen und Darstellen des Textes zu reden.

Die Vortragsreihe trug insgesamt zu einem besseren Verhältnis und Verständnis untereinander bei, weil jede Mitarbeiterin in die Fortbildung einbezogen wurde und sich den gleichen Anforderungen stellen musste. Bereits während der Vorbereitungsphase kam es zu zahlreichen anregenden Diskussionen, und die Mitarbeiterinnen halfen sich gegenseitig bei auftretenden Schwierigkeiten und bemühten sich, gemeinsam Lösungswege zu finden. Der Teamgeist wurde gestärkt.

Für einige Mitarbeiterinnen eröffnete sich so die Möglichkeit, ihr jahrelang praktiziertes Fachwissen auch wieder theoretisch aufzufrischen. Das schriftliche und mündliche Ausdrucksvermögen verbesserte sich zunehmend, was sich unter anderem in der Patientendokumentation zeigte.

Während der gesamten ersten Phase wurde versucht, den Leistungsdruck durch begleitende Gespräche zu senken. Durch die Präsentation im Rahmen von Stationsbesprechungen wurde eine Umgebung geschaffen, die den Mitarbeiterinnen vertraut war. Die wiederholte Übung, vor mehreren Personen sprechen zu müssen, führte bei einzelnen Mitarbeiterinnen hinsichtlich des Verhandlungsgeschicks mit anderen Berufsgruppen zu größerer Sicherheit. Weiter ist festzuhalten, dass die einzelnen Mitarbeiterinnen auch in ihren Fachgebieten zunehmend an Sicherheit gewannen und auch im Nachhinein als Ansprechpartner für weitere Fragen besser vorbereitet waren. Auf diese Weise konnten sowohl die Einzelqualifizierung als auch die Verbesserung der allgemeinen Qualifikation auf der Station erreicht werden.

Darüber hinaus wurde auch die **Präsentation der Station in einer hauseigenen Pflegebroschüre** angestrebt, was vonseiten der Pflegedirektion positiv aufgenommen und umgesetzt wurde. Die Mitarbeiterinnen gaben ihre Skripte an die Pflegedirektion weiter, die die Broschüre vierteljährlich mit unterschiedlichen Themen veröffentlicht und hausintern auf jeder Station verteilt.

In der ersten Evaluationsphase, die bisher nur im Führungsteam stattgefunden hat, wurde allerdings festgestellt, dass der Transfer in die Praxis noch unzureichend ist. Derzeit sind die bislang 15 Vorträge auch noch nicht vollständig für die Publikation überarbeitet. Deshalb soll nach der ersten, auf Führungsebene erfolgten Auswertung eine gemeinsame Evaluation stattfinden, um den Transfer in die Praxis zu gewährleisten. Im nächsten Schritt werden dann andere Themenkomplexe ins Auge gefasst, das heißt, sie werden von zunächst medizinischen Schwerpunkten nun in Richtung auf spezielle Pflegethemen hin erweitert (z. B. Basale Stimulation, Kinästhetik, Pflegevisite, Pflegediagnosen und Dokumentation).

Für die angestrebte **stationsinterne Bibliothek** wurden im Laufe der Zeit neue Bücher angeschafft. Die erarbeiteten Präsentationen wurden in einem speziell hierfür eingerichteten Stationsordner abgelegt und stehen allen Mitarbeiterinnen zur Verfügung. So können sie nach Belieben ihr Fachwissen vertiefen und auffrischen, und neu eingestellte Mitarbeiterinnen bekommen stationsspezifische Informationen.

Bisherige Ergebnisse

Zunächst wurden Themenvorschläge für die stationsinternen Fortbildungen primär vom Führungsteam eingebracht, aber im Laufe der Zeit kamen auch Vorschläge von Mitarbeiterinnen, und diese Themen werden nun in der zweiten Phase berücksichtigt. Weiterhin gibt es deutlichen Schulungsbedarf in den Bereichen „einheitliche Dokumentation" und „Überarbeitung der Anamnesegespräche".

Das Fachwissen der Mitarbeiterinnen wurde erweitert und vertieft. Die Bearbeitung der unterschiedlichen Themenbereiche sorgte für eine Angleichung des Wissensstandes aller Mitarbeiterinnen auf der Station. Die intensive Auseinandersetzung mit den Fachthemen führte zur Qualifizierung der einzelnen Mitarbeiterinnen.

Jede Mitarbeiterin bereitet sich ca. einmal im Jahr auf ihren Fachvortrag vor. Dabei werden die Einzelnen zwar gefordert, fühlen sich aber nicht überfordert. Die intensive Auseinandersetzung mit dem jeweiligen Fachgebiet erzeugt bei jeder Einzelnen eine höhere Identifikation mit ihrem Beruf und Arbeitsplatz. Darüber hinaus wird auch das eigene Berufsbild hinterfragt. Die im Zuge der Vorträge erworbenen rhetorischen Fertigkeiten helfen den Mitarbeiterinnen im Umgang mit ihren Kolleginnen und anderen Berufsgruppen sowie bei der Dokumentation. Schließlich treten die Mitarbeiterinnen auch bei Verhandlungen selbstbewusster auf.

Pflege kann zunehmend besser definiert werden, und Pflegende entwickeln ein angemesseneres Selbstverständnis für ihren Beruf. Der Austausch und die Diskussionen fördern das soziale Verhalten. Durch die aktive Mitgestaltung der Station wird das „Wir-Gefühl" gestärkt und die Identifikation mit Beruf, Station und Haus wird ausgeprägter. Mitarbeiterinnen zeigen deutlich mehr Motivation, weil sie nun mit in der Verantwortung stehen. Die Ergebnisse der Ist-Analyse auf der Station und die damit vorhandene Auseinandersetzung ließen uns viele Routinevorgänge hinterfragen. Durch das veränderte Selbstbild kamen neue Ideen zustande und einzelne Themenkomplexe wurden neu entwickelt.

Die erarbeiteten Fachthemen werden nun als Grundlage für das Stationskonzept genutzt und bei der Anleitung neuer Mitarbeiterinnen (vgl. Kap. 2.6.3) eingesetzt. Diese können sich besser in die fachspezifischen Gebiete einarbeiten und sich somit schneller integrieren.

Für die Zukunft kann dieses Modell erweitert werden. Patienten könnten beispielsweise über spezielle Themengebiete eingehend aufgeklärt werden, wobei der Kundenservice und die Kundengewinnung im Hintergrund stehen. Krankenhäuser präsentieren sich vermehrt im Internet. Auch hier könnten nähere Informationen für Pflegende und Interessierte angeboten werden. Innerhalb einer Klinik könnten sich daraus Gesprächszirkel und spezielle Qualifikationen entwickeln. Veröffentlichungen können hausintern publiziert und dann im Internet einem breiteren Publikum zur Verfügung gestellt werden. Weiter könnte dies ausgebaut werden zu einem Patientenforum, das heißt zur Kundenorientierung und Gesundheitserziehung.

2.6.3 Einarbeitung neuer Mitarbeiterinnen und Anleitung von Schülerinnen
Marion Maasch

▰ Ein Wort zuvor

Als Stationsleitung sind Sie daran interessiert, wie Sie neue Mitarbeiterinnen einerseits gut einarbeiten und andererseits die Einarbeitung effizient gestalten können. Das heißt, der Arbeitsaufwand und der daraus folgende Nutzen sollen in einem ausgewogenen Verhältnis zueinander stehen.

Zum Thema „Einarbeitung neuer Mitarbeiterinnen" gibt es inzwischen sehr viel Literatur – ein Zeichen dafür, dass es sich um einen wichtigen Gegenstand handelt. In diesem Kapitel möchte ich mich auf die Praxis der „Einarbeitung neuer Mitarbeiterinnen" konzentrieren. Sie werden also z. B. keine Erläuterungen dazu finden, welche Phasen der Einarbeitung sich psychologisch unterscheiden lassen oder welche Schwierigkeiten es beim Erlernen von Neuem gibt. Stattdessen werde ich Ihnen ein praktikables Einarbeitungskonzept vorstellen, dass zwar relativ unkompliziert ist, aber dennoch etwas Investition erfordert.

▰ Checkliste für die Einarbeitung neuer Mitarbeiterinnen

Zunächst müssen Sie sich überlegen, welche Informationen einer neuen Mitarbeiterin Ihrer Station grundsätzlich vermittelt werden sollen. In diesem Zusammenhang hat es sich als hilfreich erwiesen, eine Checkliste zu erstellen, auf der alle erforderlichen Hinweise über Ihre Station (Örtlichkeiten, Personen, zu besprechende Besonderheiten etc.) aufgelistet sind (Tab. 2.**22**). Diese Checkliste können Sie auch der neuen Mitarbeiterin aushändigen.

Gleichzeitig sollten Sie darüber nachdenken, welche der Informationen die neue Mitarbeiterin bereits am ersten Arbeitstag benötigt, welche ihr im Laufe der ersten Woche vermittelt werden müssen und welche man unter Umständen auch etwas später geben kann.

▰ Merkblatt für neue Mitarbeiterinnen

Ebenfalls bewährt hat sich die Erstellung eines Merkblattes für neue Mitarbeiterinnen (Tab. 2.**23**) oder das Anlegen einer persönlichen Mappe mit den wichtigsten Hinweisen zu hausüblichen Verfahrensweisen (Dienstzeiten, Krankmeldung, Urlaubsantrag, Genehmigung von Fortbildungen, Dienstanweisungen, Hygieneregeln etc.). Das Merkblatt oder die Sammelmappe wird der neuen Mitarbeiterin am ersten Arbeitstag ausgehändigt.

Wenn Sie diese – zugegebenermaßen recht umfangreiche – Vorarbeit geleistet haben, sind Sie mit Ihrem Einarbeitungskonzept bereits einen großen Schritt vorwärts gekommen.

▰ Unterstützung neuer Mitarbeiterinnen

Die nächste Überlegung gilt der Frage: Wer soll der neuen Mitarbeiterin die erforderlichen Informationen vermitteln? Möchten Sie als Stationsleitung diese Aufgabe selbst übernehmen, oder ist es günstiger, sie an eine Kollegin zu delegieren? Dabei gilt es zu berücksichtigen, dass eine Einarbeitung sowohl für die neue Mitarbeiterin als auch für die Bezugsperson (anleitende Krankenschwester) einfacher wird, wenn beide in den ersten vier bis sechs Wochen eng zusammenarbeiten können, die Bezugsperson der neuen Mitarbeiterin also als Bezugsperson zur Verfügung steht. Um dies zu ermöglichen, müssen beide weitgehend für dieselben Dienste eingeplant werden. So hat die eine den Überblick darüber, welche Informationen bereits geflossen sind, die andere wird nicht unnötig verwirrt durch unterschiedliche Aussagen und Herangehensweisen.

Eine zusätzliche Hilfe – nicht nur für neue, sondern für alle Mitarbeiterinnen – bietet ein Nachschlagewerk, in dem wichtige Informationen über den Stationsalltag nachgelesen werden können. Hier erfährt man z. B. etwas über Dienstzeiten, regelmäßig stattfindende Ereignisse wie

Tabelle 2.22   Checkliste für die Einarbeitung neuer Mitarbeiterinnen

Informationsgebiete	gezeigt/informiert von:	Datum
Vorstellen bei:		
• Pflegekräften/Schülerinnen		
• Mitarbeiterinnen in Funktionsbereichen		
• Stationsassistentin		
• Ärzten		
• Oberarzt/Chefarzt		
• Hauswirtschaftl. Assistentin		
• Reinigungspersonal		
• sonstigen Mitarbeiterinnen		
• Patienten		
Qualifikation der Mitarbeiterinnen erläutern		
Krankheitsbilder und Schwerpunkte der Erkrankungen		
Station:		
• Räumlichkeiten:		
– Stationszimmer		
– Arztzimmer		
– Umkleideraum/Aufenthaltsraum/Küche		
– Pflegearbeitsraum		
– Sanitäre Anlagen		
– Patientenzimmer		
• Personenrufanlage		
• Telefonsystem		
• Klingelanlage		
• Stationsablauf/Tagesablauf		
• Arztvisite		
• Pflegesystem		
• Übergabe schriftlich/mündlich		
Routineaufgaben/schriftlich fixierte Arbeiten		
Stationszimmer		
• Medikamentenschränke		
• Kurvenwagen		
• Formulare		
• Notfallkoffer/Notfalltelefonnummer		

Tabelle 2.22 Fortsetzung

Informationsgebiete	gezeigt/informiert von:	Datum
Speiseversorgung		
• Essenszeiten		
• Küchenhostess		
• stilles Wasser		
• Tablettsystem		
• Essensanforderung		
Materialanforderung und -entsorgung		
• Wäsche		
• Medikamente		
• Sterilgut		
• Bürobedarf		
• Müll/Sondermüll		
• Medizinischer Bedarf		
• Technischer Dienst/Reparaturen		
• Betten		
Zentraler Krankentransportdienst		
pflegerischer Hol- und Bringedienst		
pflegerische Versorgung (hausüblich)		
• Betten/Lagerung		
• Körperpflege/Grundpflege		
• spezielle Pflege		
• Mobilisationsweisen		
• Vorbereitung und Nachsorge bei Operationen und Untersuchungen		
• Bedienung der Geräte (z. B. Perfusor)		
• Medikamente, Infusionen, Injektionen etc. richten		
administrative Aufgaben		
• Aufnahme, Entlassungen, Verlegungen, Sterbefälle		
• Pflegeplanung/Pflegedokumentation		
• Einstufung nach PPR		
• Patientenbestand/EDV-Liste		
• Visite begleiten und ausarbeiten		

Tabelle 2.**23** Merkblatt für neue Mitarbeiterinnen

MERKBLATT FÜR NEUE MITARBEITERINNEN

Das Ziel der Einarbeitung ist es, dass Sie nach einer angemessenen Einarbeitungszeit selbstständig innerhalb eines zugewiesenen Aufgabenbereiches arbeiten können.
Um einer neuen Mitarbeiterin und der Station die Einarbeitung zu erleichtern, gehen wir nach einem gezielten Plan vor. Die Einführung gestaltet sich wie folgt:

Die Ziele der ersten 6–8 Arbeitswochen sind:
- Die Mitarbeiterin kennt ihren Arbeitsplatz auf der Station sowie die dazugehörigen Funktionsbereiche und die Mitarbeiterinnen anderer Berufsgruppen.
- Sie ist in der Lage, eine zugewiesene Patientengruppe eigenverantwortlich sach- und fachgerecht zu versorgen. Sie arbeitet konstruktiv mit allen an der Behandlung beteiligten Personen zusammen.
- Die Mitarbeiterin ist ins Team inegriert.

Nach Ablauf der ersten 4–6 Wochen findet ein ZWISCHENGESPRÄCH mit der Mitarbeiterin, ihrer Bezugsperson und der Stationsleitung statt.

Die Ziele der nächsten 4 Monate sind:
- Die Mitarbeiterin leitet Krankenpflegeschülerinnen entsprechend deren Ausbildungsstand sach- und fachgerecht an, gibt ihnen entsprechende Rückmeldung und ist in der Lage, deren Leistung zu beurteilen.
- Unter Berücksichtigung der Berufserfahrung leitet sie selbstständig und eigenverantwortlich eine Arbeitsschicht, einschließlich Nachtdienst.
- Sie nimmt an innerbetrieblichen Fortbildungen und sonstigen Veranstaltungen teil und gibt die erhaltenen Informationen an das Team weiter.

Nach ca. 5 Monaten erfolgt – nach vorheriger Terminabsprache mit der zuständigen Pflegedienstleitung – das Beurteilungsgespräch zum Ablauf der Probezeit. Die beteiligten Personen sind dieselben wie beim Zwischengespräch.

Weitere wichtige Informationen

Arbeitszeit
Das Pflegepersonal arbeitet im Funktionsbereich in der Fünftagewoche, im stationären Bereich in der 5- oder 5,5-Tage-Woche.
Die tägliche Arbeitszeit beträgt:
- in der 5-Tage-Woche: 7 Stunden, 42 Minuten
- in der 5,5-Tage-Woche: 7 Stunden
- in der Nacht: 9 Stunden, 30 Minuten

Beginn und Ende der Arbeitszeit sind auf den Stationen sehr unterschiedlich geregelt, da die Dienstformen auf die stationsspezifischen Gegebenheiten wie Arbeitsablauf, Patienten- und Mitarbeiterbedürfnisse, abgestimmt sind. Alle Dienstzeiten beinhalten eine unbezahlte Pause von 30 Minuten. Wochenenddienst fällt in der Regel im 2-Wochen-Turnus an. Der Dienst beginnt am jeweiligen Arbeitsplatz in Dienstkleidung.

Dienstplan
Der Dienstplan wird von der Stations- bzw. Funktionsleitung oder deren Stellvertretung erstellt und bearbeitet. Änderungen am Dienstplan dürfen nur von autorisierten Personen vorgenommen werden.

Innerbetriebliche Fortbildung
Es finden regelmäßig Fortbildungsveranstaltungen statt. Programmhefte dazu liegen auf allen Stationen und in den Funktionsbereichen aus.

Urlaubsplanung
Diese muss so erfolgen, dass ein ordentlicher Betriebsablauf gewährleistet ist. Urlaubsjahr ist das Kalenderjahr. Der Urlaub muss insgesamt verplant werden. Übertragungen in das nächste Kalenderjahr sind nur möglich, wenn der Urlaub aus dienstlichen oder Krankheitsgründen nicht vorher angetreten werden konnte.

Urlaubsanspruch
Informationen über den Ihnen zustehenden Erholungsurlaub können Sie bei Ihrer zuständigen Pflegedienstleitung oder Personalreferentin erhalten.

Haare, Hände, Make-up, Tragen von Schmuck
Mitarbeiterinnen mit langen Haaren müssen aus hygienischen Gründen die Haare zusammenbinden. Aus dem gleichen Grund müssen Fingernägel kurz geschnitten gehalten werden und dürfen nicht lackiert werden (auch nicht mit Klarlack).
Make-up soll dezent aufgetragen werden. Bitte denken Sie auch daran, dass starke Gerüche (z. B. Parfüm, Zigarettenrauch) von Patienten als sehr unangenehm empfunden werden können.
An Händen und Unterarmen dürfen keine Schmuckstücke, Uhren und Ringe getragen werden. Das Tragen von Ohrringen ist aus unfallschutzrechtlichen Gründen mehr als bedenklich, da sie eine ständige Verletzungsquelle darstellen (z. B. beim Umgang mit verwirrten Patienten u. a.).

Schuhe
Zur Unfallverhütung sollen Schuhe getragen werden, die dem Fuß Halt geben und keinen Lärm verursachen.

Schmuck und Wertsachen
Obwohl Ihnen ein abschließbarer Schrank zur Verfügung gestellt wird, bitten wir Sie, zur Arbeit möglichst ohne Schmuck, Wertgegenstände oder größere Geldbeträge zu kommen. Das Klinikum haftet nicht bei Abhandenkommen! Sollten Sie bei Patienten feststellen, dass diese wertvolle Dinge oder größere Geldbeträge bei sich haben, sprechen Sie sie bitte darauf an, dass die Angehörigen diese mit nach Hause nehmen. Notfalls können solche Dinge auch in der Verwaltung in Verwahrung genommen werden.

etwa Besprechungen, die Vor- und Nachbereitung sowie die Durchführung stationsüblicher Diagnostik und Therapie, das richtige Ausfüllen von Begleitscheinen oder das Pflegeleitbild des Hauses und das Pflegeverständnis der Station – sämtliche Hinweise, die notwendig sind für einen reibungslosen Stationsablauf, findet man systematisch geordnet in diesem Nachschlagwerk.

Erwartungen an neue Mitarbeiterinnen

Bisher haben wir uns hauptsächlich der Frage gewidmet: Wie bringe ich Informationen an die Frau? Im Folgenden geht es nun auch um die Frage: Wie nutzt frau denn die Informationen, die an sie heran gebracht werden?

Die Einarbeitung dient dem Zweck, dass eine neue Mitarbeiterin in relativ kurzer Zeit ein wertvolles und vollwertiges Mitglied des Teams wird. An diesem Ziel muss sie aktiv und eigenverantwortlich mitarbeiten, das bedeutet, sie darf nicht einfach die angebotenen Informationen passiv entgegennehmen. In Ihrer Führungsverantwortung liegt es daher, neuen Mitarbeiterinnen von Anfang an deutlich zu machen, was Sie ihnen bieten und was Sie im Gegenzug von ihnen erwarten.

Auch hier erleichtert systematisches Vorgehen die Arbeit und hilft, den Überblick zu behalten und Wichtiges nicht zu vergessen.

Wenn zu Ihrem Einarbeitungskonzept protokollierte Begleitgespräche gehören, können Sie mit neuen Mitarbeiterinnen in Vorgesprächen (Tab. 2.**24**) darüber reden, was Sie für wichtig halten und was Sie erwarten. Umgekehrt können Sie sich nach den Erwartungen, Vorkenntnissen und Ängsten der Mitarbeiterinnen erkundigen.

Vorgespräche sollten in Zielvereinbarungen münden: Welche Kenntnisse und Fertigkeiten kann eine neue Mitarbeiterin innerhalb der ersten sechs bis acht Wochen erwerben? Wozu verpflichten Sie als Stationsleitung sich, damit das vereinbarte Ziel auch zu erreichen ist?

Zwischengespräche mit neuen Mitarbeiterinnen

Nach sechs bis acht Wochen folgt ein Zwischengespräch (Tab. 2.**25**), in dem überprüft wird, ob beide Seiten – neue Mitarbeiterin und Stationsleitung – ihren Verpflichtungen nachgekommen sind. Wenn dies nicht der Fall ist, müssen nachvollziehbare Gründe für das Nicht-Einhalten der Zielvereinbarungen vorliegen und benannt werden.

Erwies sich die Einarbeitung vonseiten der Station als mangelhaft, kann und darf das der neuen Mitarbeiterin nicht angelastet werden. Hat sie trotz der offensichtlichen Einarbeitungsmängel die Zielvereinbarungen erfüllt, sollte das als besondere Leistung anerkannt werden. Wenn die Mitarbeiterin das verabredete Ziel aus eigenem Verschulden nicht erreicht hat, muss mit ihr über die daraus folgenden Konsequenzen gesprochen werden. Je nachdem wie unzufrieden beide Seiten miteinander sind, sollte auch eine Trennung erwogen werden.

Wurden alle Ziele erreicht, kann man mit der Phase der Einarbeitung beginnen, in der die neue Mitarbeiterin lernt, mehr und mehr Verantwortung zu übernehmen und in den einzelnen Handlungen Routine zu gewinnen. Nach ungefähr 12–14 Wochen sollte sie weitgehend selbstständig arbeiten können, weniger abhängig von anderen sein und keine feste Bezugsperson mehr benötigen. Vom Team wird sie als Bereicherung akzeptiert und mit zunehmender Sicherheit wird sie sich selbst auch viel wohler fühlen.

Ein zweites Zwischengespräch empfiehlt sich unter Umständen dann, wenn die Mitarbeiterin im ersten Gespräch noch deutliche Defizite aufwies und diese aber in der Folgezeit beheben konnte. Bestehen die Defizite weiter fort, ist ein zweites Zwischengespräch unbedingt notwendig.

Begleitgespräch vor Beendigung der Probezeit

Ein letztes Begleitgespräch findet zum Ende der Probezeit statt, also nach etwa fünf Monaten. Hier wird über die Einarbeitung und die Bewährung der neuen Mitarbeiterin rückblickend reflektiert (Tab. 2.**26**). Die – nicht mehr ganz so neue – Mitarbeiterin erhält dabei die Gelegenheit, sich darüber klar zu werden, ob sie weiterhin in diesem Team mitarbeiten möchte.

Als Stationsleitung haben Sie die Möglichkeit, das Erreichte zu loben und der Mitarbeiterin zu versichern, dass Sie froh sind, sie als Teil Ihres Teams betrachten zu können. Sind die bisherigen gegenseitigen Erfahrungen nicht so positiv ausgefallen, haben Sie beide mit dem Begleitgespräch die Möglichkeit, über die Schwierigkeiten zu reden und zu überlegen, ob eine Trennung unter Umständen für beide Seiten sinnvoll wäre.

Tabelle 2.**24** Protokoll eines Vorgesprächs

Protokoll eines Vorgesprächs

Zweck des Gesprächs: Erste gegenseitige Information und Zielvereinbarung

Name der Mitarbeiterin: _____

Einsatzort: _____

Einstellungsdatum: _____

1. Fragen zu Ihren Eindrücken und Ihrem Befinden

Wie fühlen Sie sich derzeit?
_____

Was würde Ihnen während der Einarbeitung gut gefallen?
_____

Was würde Ihnen weniger gut gefallen?
_____

Welche persönlichen Ziele haben Sie? Was möchten Sie hier lernen?
_____
_____
_____

2. Einarbeitungsziele der Stationsleitung
_____
_____
_____
_____

3. Wozu verpflichten sich die Mitarbeiterinnen der Station, um die Einarbeitung gut zu gestalten?
_____
_____
_____
_____
_____

Merkblatt ausgehändigt	☐ Ja	☐ Nein
Checkliste zur Bearbeitung ausgehändigt	☐ Ja	☐ Nein
Informationen über die Station gegeben	☐ Ja	☐ Nein

Datum, Unterschrift aller am Gespräch Beteiligten:

Tabelle 2.**25** Protokoll eines Zwischengesprächs

Protokoll eines Zwischengesprächs

Zweck des Gesprächs: Gegenseitige Rückmeldung

Name der Mitarbeiterin: _____

Einsatzort: _____

Einstellungsdatum: _____

1. Fragen zu Ihren Eindrücken und Ihrem Befinden

Wie fühlen Sie sich derzeit?
_____

Was gefiel Ihnen während der Einarbeitung gut?
_____

Was gefiel Ihnen weniger gut?
_____

Was könnte verbessert werden?
_____

2. Einarbeitungsziele aus dem Vorgespräch
_____

3. Wurden die anfangs ausgearbeiteten Ziele erreicht?   ☐ Ja   ☐ Nein

Wenn nicht, woran lag das?
☐ überfordert   ☐ unterfordert   ☐ Einarbeitung nicht ausreichend   ☐ andere Gründe

Begründung: _____

Sind noch Defizite vorhanden?   ☐ Ja   ☐ Nein
Falls Ja: Welche Unterstützung benötigen Sie? (Z. B. durch PDL, SL, Kolleginnen, Fachliteratur)
_____

4. Team

Wurden Sie gut in das Team aufgenommen?   ☐ Ja   ☐ Nein
Gab es Schwierigkeiten in der Zusammenarbeit?   ☐ Ja   ☐ Nein

5. Wurde Ihre Einarbeitung vom gesamten Team unterstützt?   ☐ Ja   ☐ Nein

6. Rückmeldung von Mentorin / Praxisanleiterin über die Einarbeitung
_____

7. Weiterführende / geänderte Ziele
_____

Termin des nächsten Gesprächs: _____

Datum, Unterschrift aller am Gespräch Beteiligten:

Kopie geht jeweils an die Unterzeichnerinnen.   Bitte dieses Protokoll zum nächsten Gespräch mitbringen.

Tabelle 2.**26**   Protokoll eines Abschlussgesprächs vor Beendigung der Probezeit

---

Protokoll eines Abschlussgesprächs vor Beendigung der Probezeit

Zweck des Gesprächs: Gegenseitige Rückmeldung vor Beendigung der Probezeit

Name der Mitarbeiterin: _____

Einsatzort: _____

Einstellungsdatum: _____

1. Fragen zu Ihren Eindrücken und Ihrem Befinden

Wie fühlen Sie sich derzeit?

_____

Was gefiel Ihnen während der Einarbeitung gut?

_____

Was gefiel Ihnen weniger gut?

_____

Was könnte verbessert werden?

_____

2. Einarbeitungsziele aus dem Zwischengespräch

_____

3. Wurden die ausgearbeiteten Ziele erreicht?   ☐ Ja   ☐ Nein
Wenn nicht, woran lag das?
☐ überfordert   ☐ unterfordert   ☐ Einarbeitung nicht ausreichend   ☐ andere Gründe

Begründung: _____

_____

Sind noch Defizite vorhanden?   ☐ Ja   ☐ Nein
Falls Ja: Welche Unterstützung benötigen Sie? (Z. B. durch PDL, SL, Kolleginnen, Fachliteratur)
Wie und bis zu welchem Zeitpunkt beheben Sie die Defizite?

_____

4. Möchten Sie auf dieser Station weiter mitarbeiten, oder gibt es Gründe für Sie, die Probezeit hiermit zu beenden?

_____

5. Begründung der Stationsleitung, ob sie eine Übernahme befürwortet oder nicht

_____

Datum, Unterschrift aller am Gespräch Beteiligten:

Wenn Sie beide der Meinung sind, dass einer weiteren Zusammenarbeit nichts im Wege steht, dann haben Sie als Stationsleitung das Ziel der Einarbeitung erreicht: Sie konnten eine neue Mitarbeiterin gewinnen, die umfassend eingearbeitet wurde und sicherlich dementsprechend zufrieden und engagiert ist. Wenn Sie zu der Ansicht gekommen sind, dass die neue Mitarbeiterin nicht Ihre Erwartungen erfüllt hat, dann sollten Sie zumindest nicht die Art und Weise der Einarbeitung dafür verantwortlich machen müssen.

Einarbeitung neuer Mitarbeiterinnen – zusammenfassender Überblick

Das vorgeschlagene Einarbeitungskonzept umfasst:

- eine Checkliste als Leitfaden für die Vermittlung der wichtigen Informationen;
- das Erstellen eines Merkblattes oder einer Sammelmappe mit Informationen zu Dienstzeiten, Verhalten im Krankheitsfall, sonstigen hausüblichen Verfahrensweisen, bestehenden Dienstanweisungen etc.;
- den Einsatz einer Bezugsperson für 4–6 Wochen;
- die Erarbeitung eines Nachschlagewerkes mit Hinweisen über den Stationsablauf und anderen wichtigen Informationen;
- das Führen und Protokollieren von Begleitgesprächen mit Zielvereinbarungen.

Anleitung von Schülerinnen

Zur Anleitung von Schülerinnen auf der Station kann das zuvor vorgestellte Einarbeitungskonzept genutzt werden. Besonders wichtig für Schülerinnen ist eine Bezugsperson, die relativ kontinuierlich mit der Auszubildenden zusammenarbeiten sollte.

Zur Begleitung während der Ausbildung sind protokollierte Gespräche mit Zielvereinbarungen sehr zu empfehlen (vgl. Tab. 2.25). Die einzelnen Gesprächsprotokolle geben einen Überblick über Fortschritte und Erfolge der Auszubildenden und helfen dabei, zu einer möglichst objektiven Abschlussbeurteilung zu gelangen.

Lernen durch Beobachten

Die Anleitung von Schülerinnen auf der Station geschieht kontinuierlich – auch wenn man sich dessen nicht immer bewusst ist. Dabei lernen Schülerinnen am meisten durch Vorbilder, also durch Sie und Ihre Mitarbeiterinnen. Indem die Auszubildenden die Krankenschwestern beobachten und ihr Handeln nachahmen, erlernen sie alle anfallenden Routinetätigkeiten auf der Station. Allerdings birgt diese Art des Lernens einen großen Nachteil: Da das Nachahmen meist unreflektiert geschieht, werden auch Fehler übernommen. Dem kann entgegengewirkt werden, wenn die Bezugsperson den Auszubildenden Beobachtungsaufträge erteilt, die zum Reflektieren zwingen.

Ein solcher Auftrag könnte z. B. lauten: Beobachten Sie genau, wie ich beim Verbandswechsel vorgehe, und konzentrieren Sie sich dabei besonders auf den Ablauf der einzelnen Handlungen und die Beachtung der hygienischen Kriterien. In einem Nachgespräch zwischen Pflegender (z. B. der Bezugsperson) und Auszubildender sollte dann über die eventuell aufgetretenen Fehler der agierenden Krankenschwester gesprochen werden. Auf diese Weise muss die Schülerin sich damit auseinander setzen, was sie im Unterricht zum Thema Verbandswechsel gelernt hat und ob das Beobachtete damit übereinstimmt.

Ähnliche Aufträge können für andere Pflegetätigkeiten mit unterschiedlichen Schwerpunkten erteilt werden (z. B. mit Blick auf die Gesprächsführung oder auf rückenschonendes Arbeiten). Derartige Anleitungen erfordern nur wenig zusätzliche Zeit, haben aber einen großen Lerneffekt.

Auch für geplante Anleitungen, das heißt, wenn mit der betreffenden Schülerin abgesprochen wurde, wann und zu welchem Thema eine Anleitung erfolgen soll, empfiehlt es sich, einen Beobachtungsauftrag zu erteilen. Dazu sollte die Auszubildende sich vorab mit der für die Anleitung ausgewählten pflegerischen Tätigkeit eingehend beschäftigen und die erforderlichen Kenntnisse für die Vorbereitung, Durchführung und Nachbereitung der Handlung in einem Lehrbuch nachlesen. Während der Anleitung kann die Schülerin dann die notwendigen Vorbereitungen selbstständig treffen und ebenso die Nacharbeiten besorgen. Bei der Durchführung der Pflegetätigkeit kann sie dann entweder mit einem Beobachtungsauftrag zusehen oder – je nach Ausbildungsstand – zeigen, was sie gelernt hat.

Die Ausführungen des Abschnitts „Anleitung von Schülerinnen" erheben natürlich nicht den

Anspruch auf Vollständigkeit. Auch zu dieser Thematik gibt es eine große Auswahl an Veröffentlichungen, in denen Sie noch zusätzliches Hintergrundwissen und Hinweise finden können. Im Gegensatz dazu, ging es in diesem Kapitel hauptsächlich darum, hilfreiche Tipps zu geben, die Sie ohne großen Aufwand in die Praxis umsetzen können.

Anleitung von Schülerinnen – zusammenfassender Überblick

- Empfehlenswert ist ein Einarbeitungskonzept, auf das zurückgegriffen werden kann. Damit stellt man zudem sicher, dass jede Auszubildende nach den gleichen Zielen und mit den gleichen Inhalten eingearbeitet wird.
- Protokollierte Ausbildungsbegleitgespräche erleichtern den Überblick und eine objektivere Beurteilung der Auszubildenden.
- Eine mit den Auszubildenden eng zusammenarbeitende Bezugsperson verbessert die Kontinuität der Ausbildung erheblich.
- Schülerinnen sollten für ihre Ausbildung Verantwortung übernehmen. Durch die Verknüpfung von Beobachtung und Lektüre lernen sie zu reflektieren, was sie sehen.

3 Strukturen und Prozesse optimieren

»Zusammenkomen ist ein Anfang.
Zusammenhalten ist Fortschritt.
Zusammenarbeiten ist Erfolg.«
(Henry Ford)

Der politisch-gesellschaftliche Druck auf das Gesundheitswesen nimmt immer mehr zu, und durch diese äußeren Einflüsse verändern sich die Arbeitsbedingungen für die einzelnen Menschen. Umso wichtiger ist es, innerhalb dieser wechselnden Rahmenbedingungen aktiv den eigenen Arbeitsbereich zu gestalten. Gestalten heißt, selbständig und kritisch Strukturen und Prozesse zu analysieren und zu beurteilen und – darauf aufbauend – neue Konzepte zu entwickeln. Dabei ist es das Ziel, auch in Zukunft attraktive Arbeitsbedingungen für die Mitarbeiterinnen zu schaffen und qualitativ hochwertige Leistungen für die Patienten zu erbringen.

Der stärker werdende Druck, dem das Gesundheitswesen ausgesetzt ist, entspringt einem höchst widersprüchlichen Umstand: Zum einen werden die zugewiesenen Budgets immer knapper, zum anderen werden die Anforderungen an Organisation und Qualität immer höher. Beides ist eng miteinander verwoben, weshalb klare Strukturen und reibungslose Abläufe immer wichtiger werden. Als einzelne Person kann man unter diesen Umständen nur wenig ausrichten. Die Zusammenarbeit mit anderen Berufsgruppen und Abteilungen wird deshalb immer mehr an Bedeutung gewinnen.

3.1 Organisationsformen von Unternehmen
Susanne Dieffenbach

3.1.1 Ein Wort zuvor

Die Strukturen eines Unternehmens bestimmen den Rahmen für die Handlungsfelder der Mitarbeiterinnen und regeln die Zuständigkeiten für die arbeitsteilige Erfüllung der Unternehmensaufgabe. Die Strukturen werden maßgeblich durch die Aufbauorganisation (*innerer Rahmen*) eines Unternehmens bestimmt. Mit der Aufbauorganisation wird das statische System der organisatorischen Einheiten einer Unternehmung definiert, welches sich in der Stellenbildung und der Gestaltung der Stellenbeziehungen ausdrückt.

Der *äußere Rahmen* ist festgelegt durch die Rechtsform des Unternehmens, die im Wesentlichen die Unternehmensorgane, die Geschäftsführung und die Vertretung im Außenverhältnis bestimmt und den aufbauorganisatorischen Gestaltungsspielraum einengt.

Die Aufbauorganisation wird mithilfe der folgenden Instrumente dokumentiert:

- Organisationsplan: grafischer Ausweis der Aufbauorganisation,
- Stellenbeschreibung: verbindliche und schriftlich fixierte Aufstellung der wesentlichen Merkmale einer Stelle,
- Stellenbesetzungsplan: Dokumentation der personellen Besetzung aller Stellen.

»Durch die Organisationsform des Unternehmens wird dessen organisatorische Struktur in ihren Grundzügen bestimmt. Das beinhaltet hauptsächlich die Art der hierarchischen Strukturierung der oberen Instanzen, also die Gestaltung der Unternehmensspitze.«

(Steinbuch 1995, S. 167)

Die Organisation eines Unternehmens hat unterschiedliche Aspekte, die im Folgenden erläutert werden:
Die **Organisationstiefe** bestimmt die Über- und Unterordnung der Mitarbeiterinnen in der Organisation. Die **Organisationsbreite** kennzeichnet den Umfang der Aufgabenteilung auf gleichgeordnete Mitarbeiterinnen.

Das **Organigramm** als grafische Darstellung einer vom Unternehmen gewählten Organisationsform gibt Auskunft über die Art und den Grad der Zentralisierung, die Zahl der vorgesetzten Stellen und die mit den Stellen verbundenen Kompetenzen.

Bei der Zentralisierung wird differenziert nach den Tätigkeiten (z. B. Einkauf, Verwaltung, Leistungserstellung), nach den Leistungen bzw. Produkten und nach Regionen oder nach Personen. Im Unterstellungsverhältnis unterscheidet man *Einfach- und Mehrfachunterstellungen*, bei den Kompetenzen *Voll-* und *Teilkompetenzen* (Stabsstellen). Hierarchie ist dabei kein Selbstzweck, sondern dient dazu, die Aufgaben der Mitarbeiterinnen zu koordinieren und aufeinander abzustimmen.

Grundsätzlich lassen sich zwei Leitungssysteme unterscheiden: das Einliniensystem und das Mehrliniensystem. In der Praxis haben sich daraus verschiedene Organisationsformen entwickelt; die drei gebräuchlichsten stelle ich nun vor.

3.1.2 Die Linienorganisation als klassische Organisationsform

»Die Linienorganisation ist durch eine ›reine‹ Baumstruktur gekennzeichnet. Jede Stelle hat einen einzigen Vorgesetzten, jeder Vorgesetzte hat mehrere unterstellte Mitarbeiterinnen.«

(Steinbuch 1995, S. 172)

Die Linienorganisation (Abb. 3.1) ist eine klassische Einlinien-Organisation.

Aus dem eindeutigen Unter- bzw. Überstellungsverhältnis resultieren einheitliche Kommunikations- und Berichtswege und in der Regel klare Abgrenzungen der einzelnen Aufgaben-, Befugnis- und Verantwortungsbereiche. Damit sind die Entscheidungsprozesse auf den Vorgesetzten ausgerichtet. Aus diesen Strukturen ergibt sich eine relativ einfache Führungsarbeit.

Die strenge Ausrichtung der Strukturen auf die Führungskraft erschwert die Zusammenarbeit im

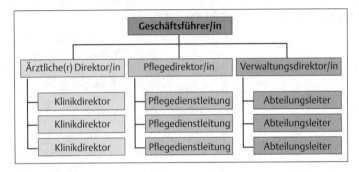

Abb. 3.1 Linienorganisation

Team und führt häufig nicht nur zu Bürokratisierung, sondern auch zur Überlastung der Führungskräfte. Das zeigt sich auch in einer geringen Entscheidungsqualität, da keine Spezialisierung in der Struktur angelegt ist und alles auf den Schultern der Führungskraft lastet.

Insgesamt verschafft die traditionelle Organisationsform einer Linienorganisation zwar einerseits gute Übersicht, ist aber andererseits durch hierarchisches Denken bestimmt. Die Vor- und Nachteile dieser Organisationsform sollten gegeneinander abgewogen und Alternativen geprüft werden.

3.1.3 Die Stab-Linienorganisation

Die Stab-Linienorganisation wurde in militärischen Kreisen entwickelt, und zwar mit dem Ziel, wesentliche Nachteile der Linienorganisation abzuschwächen oder aufzulösen.

»*Charakteristisch für die Stab-Linienorganisation ist die Trennung zwischen den Entscheidungsbefugnissen und dem Expertenwissen der Stabsmitarbeiterinnen.*«

(Steinbuch 1995, S. 174)

Als Modifizierung der Linienorganisation wird die Stab-Linienorganisation (Abb. 3.2) immer dann empfohlen, wenn die Führungskraft für die Bewältigung ihrer Aufgaben Expertenwissen benötigt oder wenn ihre Aufgaben so mannigfaltig sind, dass Unterstützung erforderlich wird. Auch innerbetriebliche Serviceleistungen werden oft durch Stabsstellen organisiert.

Die wesentlichen Vorteile der Stab-Linienorganisation ergeben sich überwiegend aus den Nachteilen der reinen Linienorganisation. So geht man beispielsweise davon aus, dass die Experten die Entscheidungsqualität verbessern und die Führungskräfte entlasten. Weil die Stab-Linienorganisation in ihrer grundsätzlichen Struktur

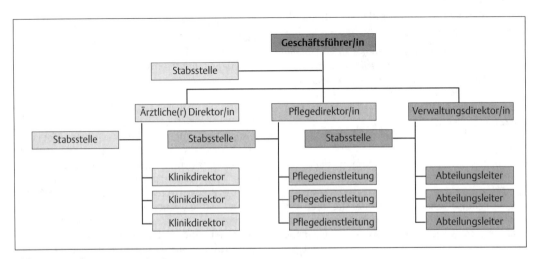

Abb. 3.2 Stab-Linienorganisation

der Linienorganisation entspricht, bleiben deren Vorteile – Einheitlichkeit und Klarheit in Zuständigkeiten und Aufgaben – erhalten.

Die Stab-Linienorganisation erzeugt allerdings neue Problemfelder, vor allem die so genannten **Stab-Linienkonflikte**. Diese Konflikte resultieren aus der Abgrenzung von:

a) Beratungskompetenz der Stabsstelle und
b) Entscheidungskompetenz der Linienverantwortlichen.

Ein weiteres Problem der Stab-Linienorganisation besteht in der Gefahr einer möglichen „Überdimensionierung" der Stabsstelle. Diese Situation ist dann eingetreten, wenn es mehr ‚Stäbe' als Führungskräfte bzw. mehr Berater als Entscheidungsträger gibt.

3.1.4 Die Matrixorganisation

Die Matrixorganisation (Abb. 3.**3**) ist eine Form des Mehrliniensystems. Sie ermöglicht die Spezialisierung der einzelnen Führungsstellen nach fach- und problemspezifischen Kriterien und somit die gleichberechtigte Berücksichtigung mehrerer Dimensionen sowie permanente Teamarbeit der Führungsstellen.

Charakteristisch für die Matrixorganisation sind die durch das Mehrliniensystem entstehenden Schnittstellen. Hauptvorteil dieser Organisationsform ist die einheitliche Zielausrichtung des ganzen Unternehmens. Obwohl Expertenwissen nutzbar ist und die Führungskräfte entlastet werden, entstehen nicht die typischen Stab-Linienkonflikte, weil die Teamarbeit fest in der Organisation verankert ist. Hervorzuheben ist noch das hohe Maß an Flexibilität und Reaktionsfähigkeit. Nachteilig wirken sich vor allem die Konflikte aus, die durch die Mehrfachunter-

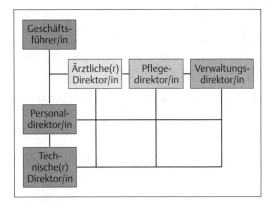

Abb. 3.**3** Matrixorganisation

stellung auftreten. Dadurch besteht die Gefahr, dass man unbefriedigende Kompromisse eingeht.

In der Matrixorganisation ist der Bedarf an Führungskräften mit sozialer, methodischer und fachlicher Kompetenz hoch. Obwohl keine Stab-Linienkonflikte auftreten, besteht doch die Gefahr von Kompetenzüberschreitungen zwischen den Entscheidungseinheiten. Die Entscheidungsprozesse sind anspruchsvoll und komplex und es besteht ein großer Kommunikationsbedarf, wodurch es zu unbefriedigenden Kompromissen oder Zeitverlust kommen kann.

3.1.5 Projektorganisationsformen

Merkmale von Projekten. Für den Begriff „Projekt" findet sich in der Fachliteratur keine allgemein gültige Definition, daher hier eine unvollständige Sammlung von Merkmalen, die häufig genannt werden: zielgerichtet, neu, zeitlich begrenzt, nur mit außerordentlichen Ressourcen durchführbar, komplex, multiprofessionell und

---

aus der Praxis

Beispiel: Matrixorganisation
Auch die Pflegedirektion des Klinikums Ludwigshafen hat für ihren Verantwortungsbereich die Matrixorganisation gewählt. Der Anlass hierfür war die drohende Überdimensionierung der Stabsstellen, die aufgrund des großen Verantwortungsbereichs und der vielfältigen Aufgaben notwendig geworden waren. Die Pflegedirektion des Klinikums führt den Pflege- und Funktionsdienst eigenverantwortlich und bestimmt den organisatorischen Rahmen für dessen Gestaltung. Die Matrixorganisation entsteht aus der Zusammenarbeit von Pflegedienstleitungen und Stabsstellen. Diese Stabsstellen werden – entsprechend ihrer neuen Aufgaben und Funktionen – **Ressorts** genannt. Die Pflegedienstleitungen haben Führungsverantwortung in der Linie, die Ressorts haben fachliche Beratungsverantwortung. Die Pflegedienstleitungen sind direkte Vorgesetzte der Stations- bzw. Funktionsleitungen. Letztere wiederum führen ihren Bereich individuell als Matrix- oder Stab-Linienorganisation, vereinzelt auch als Linienorganisation.

hierarchieübergreifend, mit finanziellen, personellen, fachlichen und terminlichen Risiken verbunden, konfliktträchtig und emotionalisierend.

Eine Abgrenzung zwischen „Projekt" und „kein Projekt" wird im Unternehmen selbst festgelegt.

Differenzierung verschiedener Projekttypen. Im Wesentlichen werden vier Arten von Projekten (s. weiter unten) unterschieden. Merkmale für die Unterscheidung sind der Grad der sozialen Komplexität und die Art der Aufgabenstellung (Abb. 3.**4**).

Eine **geringe soziale Komplexität** zeichnet sich dadurch aus, dass:

- hauptsächlich in einem Fachgebiet bzw. in einer Berufsgruppe zusammengearbeitet wird,
- die Wirkungszusammenhänge einfach sind und
- das Risiko gering ist.

Als **Projekte mit hoher sozialer Komplexität** bezeichnet man bereichsübergreifende, interdisziplinäre, multiprofessionelle Projekte mit komplizierten Wirkungszusammenhängen.

Bei der Art der Aufgabenstellung unterscheidet man zwischen einer klaren, geschlossenen und einer offenen Aufgabenstellung. Letztere beinhaltet eine Vielzahl inhaltlicher und methodischer Möglichkeiten.

Aus diesen Merkmalen ergeben sich folgende **Projekttypen**:

- *Routineprojekte* mit geringer sozialer Komplexität und klarer Aufgabenstellung,
- *komplexe Standardprojekte* mit hoher sozialer Komplexität und ebenfalls klarer Aufgabenstellung; es handelt sich hier meist um Wiederholungsprojekte,
- *Potenzialprojekte* mit einer offenen Aufgabenstellung, aber geringer sozialer Komplexität,
- *Pionierprojekte*, die sowohl eine hohe soziale Komplexität aufweisen als auch von ihrer Aufgabenstellung her offen sind.

Projekte sind eigenständige Organisationsformen im bestehenden Organisationssystem des Unternehmens. Ein Projekt selber kann wie ein Unternehmen in einer der oben beispielhaft beschriebenen Organisationsformen oder in einer anderen Form strukturiert werden. Die Entscheidung für eine bestimmte Organisationsform beeinflusst wesentlich den Stellenwert des Projekts im Gesamtunternehmen.

Wird ein Projekt in Form der **Projektkoordination** organisiert, so ist das gesamte Projektteam als Stabsstelle in der Linienorganisation eines Unternehmens anzusehen. Damit hat die Projektleitung keine Führungskompetenzen, das Projekt insgesamt einen untergeordneten Stellenwert. Projektmitarbeiterinnen und Arbeitszeiten im Projekt sind immer mit den Abteilungsleitungen abzustimmen. Die Projektleitung hat keinen direkten „Zugriff" auf bestimmte Mitarbeiterinnen. Vorteile der Projektkoordination sind:

- ein hohes Maß an Flexibilität hinsichtlich des Personaleinsatzes,
- ein relativ unproblematischer Erfahrungsaustausch,
- keine organisatorischen Umstellungen vornehmen zu müssen.

Abb. 3.4 Projekttypen

Nachteilig wirkt sich hingegen aus, dass sich niemand für das Projekt verantwortlich fühlt und die Reaktionsgeschwindigkeit sehr gering ist, weil durchweg der gewohnte Instanzenweg eingehalten werden muss. Zudem wird die organisationsübergreifende Sichtweise stark erschwert. Auch entsteht ein Projektteam nur aufgrund des persönlichen Engagements der Projektmitarbeiterinnen, weil alle Mitarbeiterinnen in ihren Abteilungen mit den „täglichen" Aufgaben bleiben und nur zu den Projekttreffen im Team arbeiten.

Wird ein Projekt in eine **Matrixorganisation** eingegliedert, so durchdringen Grund- und Projektstruktur einander. Hier ist es – wie in der Grundorganisationsform Matrix – Aushandlungs- und Entscheidungssache, welchen Stellenwert und welche Verantwortung dem Projekt und seiner Leitung zukommen. Die Mitarbeiterinnen arbeiten sowohl im Projekt als auch in ihrer Linienabteilung.

Der Vorteil gegenüber der Projektkoordination ist hier eindeutig die größere Verantwortlichkeit von Projektleiter und Team, die auch durch die klare Projektverantwortung und Entscheidungskompetenz beim Projektleiter gefördert wird. Durch die Matrixorganisation bleibt die Kontinuität der fachlichen Weiterbildung gewahrt, und es kommt zu keinem Kontaktverlust zwischen Projektmitarbeiterinnen und Linienabteilung. Auch hier ist der Personaleinsatz flexibel. Die verschiedenen Interessen können zielgerichtet koordiniert werden, und eine ganzheitliche Betrachtung wird gefördert. Wie in der Grundorganisationsform Matrix besteht auch bei der Matrix-Projektorganisation die Gefahr von Kompetenzkonflikten zwischen Linien- und Projektautorität und einer Verunsicherung von Vorgesetzten und Mitarbeiterinnen. Insgesamt stellt die Matrix-Projektorganisation auch hohe Anforderungen an die Informations- und Kommunikationsbereitschaft.

Bei der **reinen Projektorganisation** wird das Projekt gleichrangig zu den bestehenden Bereichen bzw. Abteilungen in die Organisationshierarchie für die Projektdauer eingegliedert. Diese Organisationsform räumt einem Projekt im Vergleich zu den beiden vorgenannten Formen den höchsten Stellenwert in Bezug auf Wichtigkeit und Ansehen ein. Das Projekt wird gleichwertig gegenüber allen anderen Abteilungen geführt und die Projektleitung hat die gleichen Führungskompetenzen wie Abteilungsleiterinnen. Für die Projektführung muss das gleiche Führungsverständnis gelten wie für die Abteilungsleiter. Die Mitarbeiterinnen werden für die Dauer eines Projekts von der bisherigen Arbeit freigestellt.

Für Großprojekte ist die reine Projektorganisation eine effiziente Organisationsform, die auch bei Störungen im Projekt (z. B. Zeitverzögerungen) eine schnelle Reaktion ermöglicht. Durch die klare Zuordnung der Mitarbeiterinnen zum Projekt entsteht eine hohe Identifikation des Projektteams mit dem Projekt. Das hat auf der anderen Seite eine geringe Personalflexibilität zur Folge, und die Rekrutierung von Projektmitarbeiterinnen ist unter Umständen schwierig. Schwierig ist vor allem die Reintegration der Mitarbeiterinnen in ihre „alte" Abteilung nach Beendigung des Projekts.

3.1.6 Fazit

Ein Unternehmen sollte, unter Einbeziehung seiner Unternehmensleitlinien und Führungsgrundsätze die passende Organisationsform wählen. Diese Entscheidung wird immer mit Vor- und Nachteilen verbunden sein. Für den langfristigen Erfolg des Unternehmens aber ist es unerlässlich, den Mitarbeiterinnen einen Rahmen für die Erfüllung ihrer Aufgabe zu geben.

Literatur

Steinbuch, P. A., Organisation, 9. Aufl. Kiehl, Ludwigshafen 1995

3.2 Stellenbeschreibungen für Pflegende

Roswitha Woiwoda und Joachim Conrad

■ Was sind Stellenbeschreibungen?

Definition

Stellenbeschreibungen sind personenunabhängige, funktionsspezifische, schriftlich fixierte Darstellungen aller wesentlichen Merkmale einer Stelle (vgl. Kap. 3.1). Neben den für die jeweilige Stelle relevanten Führungs- und Leistungsanforderungen wird in einer Stellenbeschreibung auch die Einordnung in die Organisationsstruktur beschrieben.

3.2.1 Warum sind Stellenbeschreibungen wichtig?

Mit den Stellenbeschreibungen wird Transparenz bezüglich Verantwortung, Weisungsbefugnis, Aufgabenstellung, Kompetenzen und Regelung der Zusammenarbeit dokumentiert (vgl. Zwierlein 1997, S. 336). Strukturelle Rahmenbedingungen (v. a. Entscheidungswege, Informations- und Kommunikationsregularien sowie organisatorische Aspekte) sind schriftlich hinterlegt und für alle Stelleninhaberinnen der gleichen Funktion identisch.

Neben den konkreten Aufgabenbereichen weisen die Stellenbeschreibungen gleichzeitig auch das entsprechende Anforderungsprofil der jeweiligen Funktion aus und sind ein wichtiges Hilfsmittel in der Aufbau- und Ablauforganisation. In Stellenbeschreibungen werden auch Schnittstellen zu anderen Stellen beschrieben. So können Kompetenzüberschneidungen aufgedeckt und die daraus resultierenden Konflikte im Alltag weitgehend reduziert werden.

Die detailliert formulierten, funktionsspezifischen Aufgabenabgrenzungen sind für alle Mitarbeiterinnen nachlesbar. Damit sind sie Teil einer übergeordneten Informationspolitik des Pflegemanagements als Grundlage für gegenseitiges, partnerschaftliches Zusammenarbeiten, das von einer durchgängigen Systematik geprägt ist und dadurch auch vernetzte, interdisziplinäre Ansätze zulässt. Die Information über den korrekten Instanzenweg innerhalb des Unternehmens komplettiert die Stellenbeschreibung.

Die funktionsspezifischen, identischen Stellenbeschreibungen sind ein fester Bestandteil der zur Qualitätssicherung und -entwicklung angewendeten Führungsinstrumentarien. Sie ermöglichen darüber hinaus einen Soll-/Ist-Vergleich der Leistungen von Stelleninhaberinnen und unterstützen so argumentativ das Pflegemanagement in Mitarbeitergesprächen (während der Probezeit, bei Zielvereinbarungs-, Förder-, Orientierungs-, Konflikt- und Leistungsbewertungsgesprächen) (vgl. Thommen u. Achleitner 1998, S. 596f. u. S. 693) und objektivieren die Lohn- und Gehaltsstruktur. Das heißt, die Stellenbeschreibungen sind auch Grundlage der Arbeitsplatzbewertung. Weiterhin leisten sie wertvolle Dienste bei der Personalplanung und -beschaffung sowie bei Stellenausschreibungen, -anzeigen und -bewerbungen.

Stellenbeschreibungen sollten bei Änderungen im Anforderungsprofil modifiziert werden können, um so zu gewährleisten, dass die Inhalte der Stellenbeschreibung mit den Anforderungen der Realität übereinstimmen. Auf diese Weise ist sichergestellt, dass durch aufgabenspezifische Befugnisse (mit adäquater Verantwortungsdelegation) Selbstständigkeit und Eigeninitiative der Stelleninhaberin gefördert wird.

3.2.2 Wie werden Stellenbeschreibungen entwickelt? – Ein Beispiel aus der Praxis

Um für alle Positionen über entsprechende Stellenbeschreibungen zu verfügen, ist es sinnvoll, Arbeitsgruppen zu bilden, die für ihren jeweiligen Bereich Vorschläge zu den Inhalten der Stellenbeschreibungen entwickeln. Um die Akzeptanz dieses Führungsinstrumentes zu fördern, werden die Vorschläge mit allen Mitarbeiterinnen, die diese Stelle besetzen, diskutiert, modifiziert und in allgemeinem Konsens schließlich festgeschrieben.

Zur stringenten Nutzung als Organisations- und Führungsinstrument hat sich ein einheitliches

Raster bei der Erstellung der Stellenbeschreibungen bewährt (vgl. Tab. 3.1). Als Hauptproblem kristallisierte sich bei der Arbeit mit dem Instrument dabei der Detaillierungsgrad heraus: Je umfassender und präziser die Formulierungen gewählt werden, desto eher entsteht ein rein formales, sachbezogenes Konzept. Dieses lässt keinen individuellen Spielraum zu und muss zudem ständig aktualisiert werden, weil häufig Veränderungen in der Aufgabenverteilung durch organisatorische Maßnahmen entstehen, die in der Regel nicht vorhersehbar sind (vgl. auch Thommen u. Achleitner 1998, S. 596f. u. S. 693).

Zurzeit gibt es für alle Arbeitsbereiche in der Pflege Stellenbeschreibungen, mit der Option, bei Bedarf Modifikationen vorzunehmen, um gegebenenfalls flexibel auf neue Anforderungen zu reagieren. Eine regelmäßige Überprüfung der Stellenbeschreibungen (etwa alle 18 bis 24 Monate) garantiert dabei ihre Aktualität. Die Überprüfung liegt im Verantwortungsbereich der Stelleninhaberin und ihren Vorgesetzten.

Beispiel für ein Raster zur Erstellung von Stellenbeschreibungen

Die Stellenbeschreibungen wurden für alle Positionen nach einer einheitlichen Systematik gestaltet und gemäß dem in Tabelle 3.1 dargestellten Raster ausformuliert.

Durch die Unterschrift von Vorgesetzter und Führungskraft erlangt die Stellenbeschreibung Wirkung und Verbindlichkeit.

Die inhaltliche Präzisierung einer Stellenbeschreibung erfolgt gemäß der entsprechenden Funktion. Die Integration des Anforderungsprofils in das Raster der Stellenbeschreibung dient sowohl als Basis für die Auswahl künftiger Stellenbewerberinnen, als auch zur Einschätzung des aktuellen Personalentwicklungsbedarfs. Nachfolgend stellen wir Beispiele für Stellenbeschreibungen der wichtigsten Stellen im Pflegebereich vor.

Tabelle 3.1 Raster für die Erstellung von Stellenbeschreibungen

Kriterien	Erläuterungen zu den einzelnen Kriterien
1. Stellenbezeichnung	Wie wird die Stelle offiziell bezeichnet?
2. Leitungsebene	Welchen Rang in der Hierarchie des Bereichs bekleidet die Stelleninhaberin? (Obere, mittlere, untere Leitungsebene oder keine Leitungsfunktion.)
3. Kurzdarstellung der Aufgaben und Ziele der Stelle bzw. Stelleninhaberin	Kurzfassung der Aufgaben im Rahmen der gültigen Organisation. Darstellung der Ziele beispielsweise in der „so dass"-Form, um den Aufgaben-Ziele-Bezug zu verdeutlichen.
4. Stellenbezeichnung der direkten Vorgesetzten	Benennung der Stellenbeschreibung der Vorgesetzten, die die Personalverantwortung gegenüber der Stelleninhaberin hat.
5. Weitere Weisungsberechtigte der Stelleninhaberin	Stellenbezeichnung und Angabe von Art und Umfang der Weisungsbefugnis.
6. Unterstellte Mitarbeiterinnen	Benennung der Stellenbezeichnungen der Mitarbeiterinnen, gegenüber denen die Stelleninhaberin Personalverantwortung hat.
7. Vertretung 7.1 Vertreten durch 7.2 Vertreten von	zu 7.1 Hier ist die Stellenbezeichnung und der Name der offiziell benannten Vertreterin zu nennen, und es sind die Vertretungsbefugnisse zu spezifizieren. zu 7.2 Hier ist die Stellenbezeichnung und der Name der Vorgesetzten zu nennen, die offiziell vertreten wird, und es sind die Vertretungsbefugnisse zu spezifizieren.
8. Befugnisse der Stelleninhaberin 8.1 Externe Vertretungsbefugnis 8.2 Verfügungsbefugnis 8.3 Unterschriftsbefugnis	zu 8.1 Nennung aller Vollmachten und Verpflichtungen externen Partnern gegenüber, ggf. mit ihren Einschränkungen. zu 8.2 Darstellung aller Weisungsbefugnisse mit Angabe der Umstände und ggf. Einschränkungen. zu 8.3 Aufzählung aller Unterschriftsbefugnisse mit Angabe der Umstände und ggf. Einschränkungen.

Tabelle 3.1 (Fortsetzung)

9. Ausführliche Stellenbeschreibung 9.1 Stellenziel	zu 9.1 Es sind die Ziele zu benennen, deren Erreichung die Stelleninhaberin selbstständig sicherstellen soll.
9.2 Aufgaben und Verantwortung	zu 9.2 Die Aufgaben und Kompetenzen der Mitarbeiterin werden anhand der folgenden Gliederung (9.2.1–9.2.3) aussagefähig gebündelt.
9.2.1 Horizontale Koordination – Planung und Organisation des Bereichs (Station, Funktionsbereich, Abteilung …)	zu 9.2.1 Dies bezieht sich auf alle fachlichen Aufgaben im Hinblick auf den zu betreuenden Bereich im Sinne der Planung und Organisation von Tätigkeiten und Arbeitsabläufen.
9.2.2 Vertikale Koordination – Führung der Station	zu 9.2.2 Dies bezieht sich auf alle Führungsaufgaben wie Gesprächsführung, Konfliktlösung, Information der Mitarbeiterin etc. Hat die Stelleninhaberin keine Leitungsfunktion, entfällt dieser Punkt.
9.2.3 Sonderaufgaben	zu 9.2.3 Dies bezieht sich z. B. auf stations- oder klinikspezifische Aufgaben oder zeitlich begrenzte Aufgaben wie die freiwillige Teilnahme an Qualitätszirkeln, Arbeitsgruppen, Hospitationen.
10. Anforderungsprofil 10.1 Unerlässliche Merkmale 10.1.1 Alter	zu 10.1.1 Angabe einer Altersspanne.
10.1.2 Ausbildung	zu 10.1.2 Genaue Angabe der für die jeweilige Stelle notwendigen Qualifikation.
10.1.3 Berufserfahrung	zu 10.1.3 Quantifizierung der notwendigen Berufserfahrung und Angabe der notwendigen Tätigkeiten während dieser Zeit.
10.1.4 Persönlichkeit	zu 10.1.4 Beschreibung der notwendigen Schlüsselqualifikationen und ggf. der unerlässlichen äußeren Merkmale (z. B. gepflegtes Aussehen)
10.2 Wünschenswerte Merkmale	zu 10.2 Ergänzung weiterer Merkmale, auch im Hinblick auf zukünftige Entwicklungen, die sich in einem veränderten Anforderungsprofil niederschlagen können.

Unterschrift des direkten Vorgesetzten (ggf. der obersten Führungsperson) sowie des Stelleninhabers

3.2.3 Beispiele für Stellenbeschreibungen im Pflege- und Funktionsdienst (Tab. 3.2 – 3.5)

Tabelle 3.2 Stellenbeschreibung für Stations- und Funktionsleitungen (SL / FL)

Kriterien	Inhaltliche Präzisierung gemäß Aufgabengebiet
1. Stellenbezeichnung	Stationsleitung bzw. Funktionsleitung
2. Leitungsebene	Dritte Leitungsebene des Pflegemanagements
3. Kurzdarstellung der Aufgaben und Ziele der Stelleninhaberin	• Mitwirkung bei der Umsetzung der Unternehmensziele und der strategischen Ausrichtung des Pflegemanagements; • Mitarbeiterführung und Mitverantwortung für die Personaleinsatzplanung und -entwicklung im übertragenen Bereich; • Verantwortung für die Durchführung einer prozess- und zielorientierten Pflege nach gesetzlichen und unternehmensinternen Vorgaben. Der Patient als Kunde steht dabei im Mittelpunkt. • Mitwirkung bei der Schaffung und Gestaltung von Rahmenbedingungen, um eine bestmögliche Patientenversorgung zu gewährleisten; • Aktive Mitgestaltung eines positiven Arbeitsklimas zur Motivation und Arbeitszufriedenheit der Mitarbeiterinnen; • Vorbildrolle im Führungsverhalten; • Aktive Mitgestaltung von gesellschafts- und berufspolitischen Prozessen; • Förderung der interdisziplinären Zusammenarbeit im Klinikum.
4. Stellenbezeichnung der direkten Vorgesetzten	Für die Station/den Bereich zuständige Pflegedienstleitung bzw. deren Vertretung
5. Weitere Weisungsberechtigte der Stelleninhaberin	Pflegedirektion
6. Unterstellte Mitarbeiterinnen	• Stellvertretende Stations- / Funktionsleitungen • Krankenschwestern / -pfleger • Krankenpflegehelferinnen • KrankenpflegeschülerInnen • Arzthelferinnen • Mitarbeiterinnen im Freiwilligen Sozialen Jahr • Stationsassistentinnen • Serviceassistentinnen • Praktikantinnen (im Pflegebereich) • Aushilfen (im Pflegebereich)
7. Vertretung 7.1 Vertretung durch 7.2 Vertretung von	zu 7.1 Stellvertretende Stations- / Funktionsleitung zu 7.2 Entfällt
8. Befugnisse der Stelleninhaberin 8.1 Verfügungsbefugnis 8.2 Unterschriftsbefugnis	zu 8.1 • Mitverantwortung für den ökonomischen Einsatz von Material- und Sachmitteln; • Mitverantwortung für die Einhaltung des Personalbudgets der Station / des Bereiches; zu 8.2 • Dienstpläne • Urlaubsplanung und -genehmigung • Ausfallzeiten (z. B. Krankmeldung, Kur, Mutterschutz) • Interne Fortbildungen • Bestellungen: Büromaterial im Rahmen des Budgets

Tabelle 3.2 (Fortsetzung)

Kriterien	Inhaltliche Präzisierung gemäß Aufgabengebiet
9 Ausführliche Stellenbeschreibung 9.1 Stellenziele	zu 9.1 • Die Vision und Strategie der Pflege im Rahmen der Unternehmenszielsetzung zu vertreten und kreativ zu deren Umsetzung beizutragen; • Selbstständige eigenverantwortliche Führung des übertragenen Zuständigkeitsbereichs; • Ökonomischer patientenorientierter Personal- und Sachmitteleinsatz; • Förderung der Teambildung; • Verantwortung für prozess- und patientenorientierte Pflege auf der Basis aktueller Forschungsergebnisse, Pflegetheorien und nach dem Krankenpflegegesetz (§ 4); • Förderung der Zusammenarbeit im interdisziplinären Team; • Ständiges Überprüfen der Arbeitsabläufe, eventuell Reorganisation zur Optimierung von Prozessen.
9.2 Aufgaben und Verantwortung 9.2.1 Horizontale Koordination – Planung und Steuerung des Bereiches	zu 9.2.1 • Mitverantwortung für die Personalentwicklung im Bereich der Stelleninhaberin; • Weiterentwicklung der Führungsqualität durch Fort- und Weiterbildung; • Kontaktaufnahme zu intern und extern beratenden Stellen; • Planung der Bettenbelegung gemeinsam mit dem ärztlichen Dienst und nach Absprache mit der Pflegedienstleitung (PDL); • Mitverantwortung für den wirtschaftlichen Einsatz des Budgets bei Ver- und Gebrauchsgütern und deren sachgerechte Lagerung; • Mitverantwortung für die Einhaltung arbeitsrechtlicher Bestimmungen und des Arbeitszeitgesetzes; • Engagement bei Umbau- und Renovierungsarbeiten oder räumlicher Gestaltung im Zuständigkeitsbereich; • Verantwortung für die sach- und fachgerechte Ausführung der Pflege.
9.2.2 Qualitätssicherung / Qualitätsentwicklung	zu 9.2.2 • Verantwortung für die Qualitätssicherung und -entwicklung der eingesetzten Pflegemethoden, der Pflegeplanung und der Pflegedokumentation; • Verantwortung für professionelle ganzheitliche Pflege der Patienten unter Berücksichtigung ihrer individuellen Bedürfnisse; • Verantwortung für die Umsetzung der aktuellen Hygienevorschriften; • Aktive Förderung interdisziplinärer Kommunikation und Kooperation zwischen den Berufsgruppen und Abteilungen; • Koordination, Reflexion und Gestaltung der Arbeitsabläufe; • Sicherstellung einer qualifizierten, fachgerechten praktischen Ausbildung von Krankenpflegeschülerinnen nach dem Krankenpflegegesetz sowie von Fachweiterbildungsteilnehmerinnen (FWB); • Sicherstellung einer gezielten Einarbeitung neuer Mitarbeiterinnen; • Kontrolle der Durchführung allgemeiner und spezieller Pflegemaßnahmen; • Verantwortung für die Einstufung der Patienten (PPR) bzw. Leistungserfassung.

Tabelle 3.2 (Fortsetzung)

Kriterien	Inhaltliche Präzisierung gemäß Aufgabengebiet
9.2.3 Vertikale Koordination – Führen eines Bereiches	zu 9.2.3 • Delegation von Aufgaben entsprechend der Qualifikation und Persönlichkeit der Mitarbeiterinnen; • Mitarbeiterförderung zur Eigenverantwortlichkeit und Selbstständigkeit sowie zu patientenorientiertem und wirtschaftlichem Verhalten; • Beurteilung der Leistung von Krankenpflegeschülerinnen und FWB-Teilnehmerinnen hinsichtlich ihres Ausbildungsstandes; • Aktive Mitwirkung bei der Erstellung und Umsetzung des Einarbeitungskonzeptes, bei Beurteilungsgesprächen, bei Beurteilungen während der Einarbeitungszeit und zum Abschluss der Probezeit; • Regelmäßige Orientierungsgespräche mit allen Mitarbeiterinnen; • Verantwortung für die Einhaltung von Richtlinien und Vereinbarungen; • Durchführung regelmäßiger Teambesprechungen sowie Teilnahme an Abteilungsbesprechungen und internen Fortbildungen zur Selbstqualifikation; • Initiative bzw. Absprache bei Neuanschaffungen; • Verantwortung für die effiziente Dienst- und Urlaubsplangestaltung unter Berücksichtigung der Mitarbeiterinteressen einschließlich Kontrolle der Änderungen und Abrechnungen; • Meldung von Krankheitsfällen, Unfällen und sonstigen Besonderheiten an die zuständige Personalreferentin bzw. Pflegedienstleitung.
9.2.4 Sonderaufgaben	zu 9.2.4 Teilnahme und aktive Mitarbeit an Arbeitsgruppen, Qualitäts- bzw. Themenzirkeln.
10. Anforderungsprofil 10.1 Unerlässliche Merkmale	zu 10.1 • Identifikation mit der Vision und Strategie der Pflege sowie mit der Zielsetzung des Unternehmens; • Pflege als eigenständige wissenschaftliche Disziplin anerkennen und den persönlichen theoretischen Hintergrund für die praktische Arbeit ausbauen; • Die Stations- / Funktionsleitung ist sich ihrer gesellschaftlichen Verantwortung und ihrer Vorbildfunktion bewusst. • Bereitschaft, Pflegequalität weiterzuentwickeln und als Impulsgeber zu fördern.
10.1.1 Alter	zu 10.1.1 Entfällt
10.1.2 Ausbildung	zu 10.1.2 • Dreijährige Ausbildung zur Krankenschwester bzw. zum Krankenpfleger; • Weiterbildung zur Leitung einer Station / Funktionseinheit bzw. berufspädagogisches Seminar.
10.1.3 Berufserfahrung	zu 10.1.3 • Mindestens zweijährige Tätigkeit als Krankenschwester nach Abschluss des Krankenpflegeexamens; • Führungserfahrung als Stellvertretende Stations- bzw. Funktionsleitung (SSL / SFL).
10.1.4 Persönlichkeit	zu 10.1.4 Die Stations- / Funktionsleitung: • ist sich als Führungsperson ihrer Vorbildrolle bewusst und füllt sie entsprechend aus; • ist konfliktfähig, offen, kreativ und zeigt Eigeninitiative; • reagiert flexibel und innovativ auf neue Anforderungen und zeigt Organisationsgeschick; • hat die Fähigkeit, Mitarbeiterinnen ihres Bereichs fachliches Wissen zu vermitteln; • ist kritikfähig, teamfähig und kooperationsbereit; • fördert die Teamarbeit in ihrem Bereich sowie die Zusammenarbeit mit anderen Berufsgruppen; • hat Durchsetzungsvermögen und ist belastbar; • hat Freude an der Übernahme von Führungsverantwortung.

Ludwigshafen, den _____

Pflegedirektorin   Pflegedienstleitung   Stelleninhaberin

Tabelle 3.3 Stellenbeschreibung für Stellvertretende Stations- und Funktionsleitungen (SSL / SFL) mit der Schwerpunktaufgabe „Pflegeprozess"

Kriterien	Inhaltliche Präzisierung gemäß Aufgabengebiet
1. Stellenbezeichnung	Stellvertretende Stations- / Funktionsleitung mit Schwerpunktaufgabe „Pflegeprozess"
2. Leitungsebene	Stellvertretung der dritten Leitungsebene des Pflegemanagements

3. Kurzdarstellung der Aufgaben und Ziele der Stelleninhaberin	Stellvertretungsaufgaben
	• Durchführen einer angemessenen Anleitung neuer Krankenschwestern und Schülerinnen in deren Einarbeitungszeit bezüglich:
	  – des Pflegeprozesses und
	  – einer zeitnahen Pflegedokumentation im pflegetheoretischen Rahmen.
	• Zusammenarbeit mit der Stations- / Funktionsleitung und den Pflegeexpertinnen (vgl. Kap. 1.6) zur Umsetzung von Pflegequalität in der Abteilung;
	• Begleitung der pflegerischen Mitarbeiterinnen bei der Umsetzung des Pflegeprozesses im Arbeitsbereich;
	• Sicherstellung einer zeitnahen, übersichtlichen, vollständigen und schriftlichen Pflegedokumentation in der Abteilung;
	• Kontinuierliche eigenverantwortliche Wissenserweiterung.

4. Stellenbezeichnung der direkten Vorgesetzten	Stations- bzw. Funktionsleitung
5. Weitere Weisungsberechtigte der Stelleninhaberin	• Pflegedienstleitung der Klinik; • In pflegefachlichen Fragen: Pflegeexpertinnen; • Bezüglich Therapie und spezieller Pflege: behandelnde Ärztin des jeweiligen Patienten.
6. Nachgeordnete Mitarbeiterinnen	• Krankenschwestern / -pfleger • Krankenpflegehelferinnen • Krankenpflegeschülerinnen • Arzthelferinnen • Mitarbeiterinnen im Freiwilligen Sozialen Jahr • Stationsassistentinnen • Serviceassistentinnen • Praktikantinnen (im Pflegebereich) • Aushilfen (im Pflegebereich)
7. Vertretung 7.1 Vertretung durch	zu 7.1 • die weiteren Stellvertretenden Stations- / Funktionsleitungen; • eine Krankenschwester in Absprache mit der SL / FL bei längerer Abwesenheit.
7.2 Vertretung von	zu 7.2 • Stationsleitung; • anderen Stellvertretenden Stations- / Funktionsleitungen der Station / Abteilung.
8. Befugnisse der Stelleninhaberin 8.1 Externe Verfügungsbefugnis	zu 8.1 Sie ist sich bewusst, dass sie die Pflege des Klinikums und ihre Ziele nach außen repräsentiert.
8.2 Interne Verfügungsbefugnis	zu 8.2 Sie erteilt in ihrer Eigenschaft als Führungskraft fachlich kompetente Anweisungen an die ihr nachgeordneten Mitarbeiterinnen.
8.3 Unterschriftsbefugnis	zu 8.3 • bei hausinternen Bestellungen (in Absprache mit der Stations- bzw. Funktionsleitung); • bei Bestellungen über den Einkauf zulasten der Kostenstelle der Station (in Absprache mit der Stations- bzw. Funktionsleitung); • bei der Annahme von Waren.

Tabelle 3.3 (Fortsetzung)

Kriterien	Inhaltliche Präzisierung gemäß Aufgabengebiet
9. Ausführliche Stellenbeschreibung 9.1 Stellenziele	zu 9.1 Die Stelleninhaberin ist verantwortlich für: • die optimierte Versorgung und die größtmögliche Zufriedenheit von Patienten im Sinne der Unternehmensleitlinien und der Vision und Strategie der Pflege; • die Befähigung und kontinuierliche Begleitung der Pflegenden bei der Umsetzung des Pflegeprozesses; • die Schulung, Umsetzung und Überprüfung des in der Abteilung gültigen Pflegemodells;
9.2 Aufgaben und Verantwortung	• die Durchführung von patientenorientierter, individueller Pflegeplanung durch alle Pflegenden der Abteilung und deren Umsetzung; • die Entwicklung der Abteilung durch das Führungsteam.
9.2.1 Horizontale Koordination – Planung und Organisation des Bereichs	zu 9.2.1 (Beratung und Anleitung) Die Stelleninhaberin plant und organisiert in Zusammenarbeit mit der SL / FL eigenverantwortlich den ihr übertragenen Bereich gemäß den gesetzlichen Bestimmungen. • Sie vermittelt in ihrem Arbeitsbereich die Wichtigkeit und Bedeutung des Pflegeprozesses und macht dessen Sinn und Zweck transparent. • Sie überprüft die Pflegedokumentation. • Sie stellt den effektiven Informationsaustausch innerhalb des interdisziplinären Teams sicher und fördert ihn. • Sie bezieht jede Mitarbeiterin kontinuierlich und aktiv mit ein. • Sie ist verantwortlich für eine einheitliche Leistungsdokumentation im Sinne der Pflege-Personalregelung (PPR) in ihrem Arbeitsbereich. • Sie beteiligt sich regelmäßig an den „Pflegeprozess-Arbeitsgruppen". Das ist wesentlicher Bestandteil und Voraussetzung für das Erfüllen der Funktion.
9.2.2 Vertikale Koordination – Führen eines Bereiches (Teambezogene Aufgaben)	zu 9.2.2 Die Stelleninhaberin: • unterstützt die SL / FL bei der Organisation der Abteilung und bei der Durchführung von regelmäßigen Teambesprechungen und Qualifizierungsangeboten. • gibt die Inhalte der Arbeitsgruppe „Pflegeprozess" an alle Mitarbeiterinnen weiter und trägt dafür Sorge, dass sie im Team diskutiert und umgesetzt werden. • ist verantwortlich für die konsequente Durchführung der einzelnen Schritte des Pflegeprozesses durch regelmäßige Evaluation und gezieltes Aufzeigen von Schwachstellen und Verbesserungsmöglichkeiten. • hat in enger Kooperation mit der SL / FL und dem Führungsteam die Abteilung mit zu führen. Dies geschieht entsprechend der Unternehmensleitlinien des Klinikums und der Vision und Strategie der Pflege. • verfolgt das Ziel einer professionellen, am aktuellen Stand der Pflegewissenschaft orientierten Patientenversorgung. • ist mitverantwortlich für die Entwicklung der Pflege und die Optimierung der Arbeitsabläufe in der Abteilung gemäß den jeweils aktuellen Zielvereinbarungen, die zwischen SL / FL und Pflegedienstleitung getroffen wurden. • benennt für den Fall einer längeren Abwesenheit in Absprache mit der SL / FL namentlich eine geeignete Person aus dem Team als Vertretung. • ist Vorbild und beeinflusst dadurch Motivation und Arbeitszufriedenheit ihrer Mitarbeiterinnen positiv.
9.2.3 Sonderaufgaben	zu 9.2.3 Entfällt, sofern nicht gesondert schriftlich vereinbart.

Tabelle 3.3 (Fortsetzung)

Kriterien	Inhaltliche Präzisierung gemäß Aufgabengebiet
10. Anforderungsprofil 10.1 Unerlässliche Merkmale 10.1.1 Alter	zu 10.1.1 Entfällt
10.1.2 Ausbildung	zu 10.1.2 • Dreijährige Ausbildung zur Krankenschwester / zum Krankenpfleger; • Lehrgang zur Leitung einer Station oder berufspädagogisches Seminar. Eine Nachqualifikation in den letztgenannten Bereichen ist möglich.
10.1.3 Berufserfahrung	zu 10.1.3 • Mindestens zweijährige Tätigkeit als Krankenschwester nach Abschluss des Krankenpflegeexamens; • Fundierte Kenntnisse im jeweiligen Fachbereich; • Nachweis kontinuierlicher Fortbildungsbesuche.
10.1.4 Persönlichkeit	zu 10.1.4 Die Stelleninhaberin: • muss über Führungsqualitäten und Organisationsgeschick verfügen. • muss Verantwortung tragen und Mitarbeiterinnen kompetent führen. • zeichnet sich durch ein hohes Maß an Kritikfähigkeit und Kompromissbereitschaft aus. • arbeitet kooperativ mit den Mitarbeiterinnen des Führungsteams der Abteilung zusammen, insbesondere mit der SL / FL. • verfügt über die Fähigkeit, zwischen Theorie und Praxis zu vermitteln. • hat ein sicheres kompetentes Auftreten, verbunden mit Durchsetzungs- und Einfühlungsvermögen. • ist sich ihrer Vorbildfunktion bewusst. • kann auf Neuerungen flexibel reagieren. Die Aufgaben einer SSL bzw. SFL erfordern von der Stelleninhaberin eine kontinuierliche Wissenserweiterung, verbunden mit Eigeninitiative und Kreativität.
10.2 Wünschenswerte Merkmale	zu 10.2 • Der Abschluss einer zweijährigen Fachweiterbildung ist anzustreben. • Die Stelleninhaberin sollte über pädagogisch-didaktische Fähigkeiten verfügen.

Ludwigshafen, den _____

| Stelleninhaberin | Pflegedienstleitung | Stations- / Funktionsleitung |

Tabelle 3.4 Stellenbeschreibung für Krankenschwestern und -pfleger

Allgemeine Kriterien	Inhaltliche Präzisierung gemäß Aufgabengebiet
1. Stellenbezeichnung	Krankenschwester / -pfleger
2. Leitungsebene	Keine Leitungsebene
3. Kurzdarstellung der Aufgaben und Ziele der Stelle	**Patientenbezogene Aufgaben** Die Krankenschwester / der Krankenpfleger hat aktiv zu sorgen für: • die sach- und fachgerechte Pflege sowie die Pflegequalität; • die Durchführung der individuellen ganzheitlichen Krankenpflege; • die Erarbeitung von Pflegestandards und die Vereinheitlichung von Pflegemethoden; • die korrekte und fachgerechte Durchführung der angeordneten therapeutischen Maßnahmen; • die korrekte Kurvenführung, Pflegedokumentation und Pflegeplanung; • die Durchführung der täglichen Dienstübergabe. **Mitarbeiterbezogene Aufgaben** Die Krankenschwester / der Krankenpfleger hat aktiv zu sorgen für: • die reibungslose Kommunikation und Koordination der Mitarbeiterinnen der Abteilung; • eine sorgfältige Dienstplangestaltung, die Urlaubsplanung sowie die ordnungsgemäße Einhaltung der Dienstzeiten; • die systematische Einarbeitung von Mitarbeiterinnen und Krankenpflegeschülerinnen. **Betriebsbezogene Aufgaben** Die Krankenschwester / der Krankenpfleger hat aktiv zu sorgen für: • den wirtschaftlichen und sachgerechten Ge- und Verbrauch des medizinischen und pflegerischen Sachbedarfs; • die Erfassung des Mitternachtsbestandes; • die Beachtung der korrekten Durchführung der Arbeitsschutz- und Hygienebestimmungen.
4. Stellenbezeichnung der direkten Vorgesetzten	Stations- / Funktionsleitung
5. Weitere Weisungsberechtigte der Stelleninhaberin	• Pflegedienstleitung der Klinik; • Stellvertretende Stations-/Funktionsleitung; • In fachlichen Fragen: Pflegeexpertin; • Bezüglich Therapie und spezieller Pflege: behandelnde Ärztin des jeweiligen Patienten.
6. Nachgeordnete Mitarbeiterinnen	• Krankenpflegehelferinnen • Krankenpflegeschülerinnen • Arzthelferinnen • Mitarbeiterinnen im Freiwilligen Sozialen Jahr • Stationsassistentinnen • Serviceassistentinnen • Praktikantinnen (im Pflegebereich) • Aushilfen (im Pflegebereich)
7. Vertretung 7.1 Vertreten durch 7.2 Vertreten von	zu 7.1 Entfällt zu 7.2 Entfällt
8. Befugnisse der Stelleninhaberin 8.1 Externe Vertretungsbefugnis 8.2 Verfügungsbefugnis 8.3 Unterschriftsbefugnis	zu 8.1 Die Stelleninhaberin ist sich bewusst, dass sie die Pflege des Klinikums und ihre Ziele nach außen repräsentiert. zu 8.2 Sie erteilt als Krankenschwester fachlich kompetente Anweisungen an die ihr nachgeordneten Mitarbeiterinnen. zu 8.3 • bei hausinternen Bestellungen zulasten der Kostenstelle der Station in Absprache mit der SL/FL oder deren Vertretungen; • bei Annahme von Waren.

Tabelle 3.4 (Fortsetzung)

Allgemeine Kriterien	Inhaltliche Präzisierung gemäß Aufgabengebiet
9. Ausführliche Stellenbeschreibung 9.1 Stellenziel	zu 9.1 Die Krankenschwester soll im Sinne der Gesamtzielsetzung der Pflegedienstleitung an den folgenden Zielen aktiv mitwirken: • die Zufriedenheit der Patienten durch eine individuelle ganzheitliche Krankenpflege ermöglichen; • die Arbeitszufriedenheit der Mitarbeiterinnen erreichen; • Arbeiten nach wirtschaftlichen Kriterien; • Durchführung der praktischen Ausbildung nach dem Krankenpflegegesetz; • Schaffung und Pflege eines guten Betriebsklimas. Die Krankenschwester hat für ihre fachliche Fort- und Weiterbildung Sorge zu tragen und hat regelmäßige Fortbildungsveranstaltungen zu besuchen.
9.2 Aufgaben und Verantwortung.	zu 9.2 Entfällt, sofern nicht gesondert schriftlich vereinbart.
10. Anforderungsprofil 10.1 Unerlässliche Merkmale	zu 10.1 • Identifikation mit der Vision und Strategie der Pflege sowie mit der Zielsetzung des Unternehmens; • Pflege als eigenständige wissenschaftliche Disziplin anerkennen und den persönlichen theoretischen Hintergrund für die praktische Arbeit ausbauen; • Bereitschaft, Pflegequalität weiterzuentwickeln und als Impulsgeber zu fördern.
10.1.1 Alter	zu 10.1.1 Entfällt
10.1.2 Ausbildung	zu 10.1.2 Krankenschwester bzw. -pfleger mit dreijähriger Ausbildung.
10.1.3 Berufserfahrung	zu 10.1.3 Entfällt
10.1.4 Persönlichkeit	zu 10.1.4 Die Stelleninhaberin: • muss Verantwortung tragen; • zeichnet sich durch ein hohes Maß an Kritikfähigkeit und Kompromissbereitschaft aus; • arbeitet kooperativ mit den weiteren Mitarbeiterinnen des Bereichs zusammen; • verfügt über die Fähigkeit, zwischen Theorie und Praxis zu vermitteln; • kann auf Neuerungen flexibel reagieren; Die Aufgaben einer Krankenschwester erfordern von der Stelleninhaberin eine kontinuierliche Wissenserweiterung, verbunden mit Eigeninitiative und Kreativität.
10.2 Wünschenswerte Merkmale	zu 10.2 Entfällt

Ludwigshafen, den _____

Stelleninhaberin   Stationsleitung   Pflegedienstleitung

Stellenbeschreibungen für Pflegende **145**

Tabelle 3.5 Stellenbeschreibung für Stationssekretärinnen

Allgemeine Kriterien	Inhaltliche Präzisierung gemäß Aufgabengebiet
1. Stellenbezeichnung	Pflegerische Stationssekretärin (SAS)
2. Leitungsebene	Keine Leitungsfunktion
3. Kurzdarstellung der Aufgaben und Ziele der Stelleninhaberin	• Durchführung administrativer Tätigkeiten im Pflege- und Funktionsbereich; • Organisation und Verwaltung der Patientenunterlagen; • Telefonate für die Station / den Bereich entgegennehmen, weiterleiten und führen; • Die Pflegerische Stationssekretärin ist zuständig und verantwortlich für die Beschaffung und Bevorratung von Büromaterial.
4. Stellenbezeichnung der direkten Vorgesetzten	Stationsleitung und bei deren Abwesenheit deren Vertretung
5. Weitere Weisungsberechtigte der Stelleninhaberin	Examiniertes Pflegepersonal der Station / des Bereichs
6. Unterstellte Mitarbeiterinnen	Keine
7. Vertretung	
7.1 Vertretung durch	zu 7.1 • Sind auf einer Station zwei Stationssekretärinnen tätig, vertreten sie sich gegenseitig. Darüber hinaus können sich die SAS von Nachbarstationen gegenseitig vertreten. • Ist keine Stellvertretungsregelung vereinbart, wird die Stelleninhaberin nicht vertreten.
7.2 Vertretung von	zu 7.2 Die Stelleninhaberin hat keine Vertretungsbefugnisse.
8. Befugnisse der Stelleninhaberin	
8.1 Externe Vertretungsbefugnis	zu 8.1 Keine
8.2 Verfügungsbefugnis	zu 8.2 Die SAS kann externe Servicedienste für Leistungen auf der Station anfordern (z. B. den Hol- und Bringedienst).
8.3 Unterschriftsbefugnis	zu 8.3 Die SAS ist für die Bestellung von Büromaterial bis zu einer vereinbarten Höhe zuständig und verantwortlich.
9. Ausführliche Stellenbeschreibung 9.1 Stellenziele	zu 9.1 • Die SAS hat durch ihr Tätigkeitsfeld oft den ersten Kontakt mit internen und externen Kunden und Publikumsverkehr. Ein freundlicher und taktvoller Umgang ist daher besonders wichtig. • In einem bestimmten Umfang erledigt die SAS die administrativen Aufgaben für das Pflegepersonal, um einen effektiven Arbeitsablauf zu fördern. Ziel ist, dass Pflegende mehr Zeit für patientennahe Pflegetätigkeiten haben. • Die SAS steht als erste Ansprechpartnerin am Telefon zur Verfügung und unterstützt den Informationsfluss innerhalb der Station, des Funktionsbereichs. • In administrativen und bestimmten organisatorischen Belangen im Arbeitsbereich (Station, Funktionsbereich) ist sie erste Ansprechpartnerin für Patienten, Besucher und Ärzte. Sie leitet in ihrem Zuständigkeitsbereich Informationen, Befunde und Berichte weiter. • Durch ihr freundliches Auftreten und ein angenehmes und ansprechendes äußeres Erscheinungsbild repräsentiert die SAS die Einheit.

Tabelle 3.5 (Fortsetzung)

Allgemeine Kriterien	Inhaltliche Präzisierung gemäß Aufgabengebiet
9.2 Aufgaben und Verantwortung 9.2.1 Horizontale Koordination – Planung und Organisation des Bereiches	zu 9.2.1 • Die SAS organisiert ihren Aufgabenbereich selbstständig und eigenverantwortlich. Dabei ist sie auf die Kooperation und die Anordnungen der Pflegenden angewiesen. • Sie soll in der Lage sein, die anfallenden Tätigkeiten realistisch, nach Wichtigkeit und Dringlichkeit, einzuschätzen, um sie ihrer Bedeutung nach zu bewältigen. **Administrative Tätigkeiten** Aufnahme und Entlassung des Patienten – Management der Patientenunterlagen: • Kurve anlegen und führen (ohne Eintrag medizinischer Anordnungen); • Sind Patienten und Angehörige nicht in der Lage, selbstständig die Aufnahmeformalitäten zu erledigen, nimmt sie die persönlichen Daten des Patienten auf und leitet sie in die Aufnahme weiter. • Arbeiten am PC-Arbeitsplatz (falls vorhanden): Eingeben von Patientendaten, Etikettenausdruck, Ausstellen von Aufenthaltsbescheinigungen; • Anforderungsscheine für Untersuchungen und Laborbefunde vorbereiten; • Abheften mitgebrachter Befunde und Arztbriefe; • Vorbereiten der Unterlagen zur Verlegung von Patienten; • Einheften von Befunden; • Bei Entlassung etc. Patientendaten aus dem Stationsbuch bzw. am PC austragen; • Abheften von Patientenunterlagen; • Kopien für den Bereich anfertigen; • Materialien für das Notfall-Labor wegbringen; • Anfordern von Material und Formularen; • Bereitstellen der Unterlagen und Röntgenbilder für den Patiententransport; • Vorbereiten der Rezepte; • Anfunken des Notfalldienstes der Anästhesie bei einem Notfall; • Nach Dienstschluss des Hol- und Bringedienstes Befunde, Post und Konsile von anderen Abteilungen abholen; **Kommunikation** • Begrüßung von Patienten und Angehörigen; • Auskünfte an Besucher geben; • Telefongespräche führen; • Gemeinsames Patientenmanagement mit der Schichtleitung hinsichtlich: Zugängen, Entlassungen und geplanten Untersuchungen; • Termine für Untersuchungen entgegennehmen und weiterleiten; • Abruf der Patienten zur Untersuchung und zum OP entgegennehmen, weiterleiten und den Patienten informieren; • Befunde im Labor erfragen; • Patiententransporte anmelden; • bei vorliegendem Rezept medizinische Hilfsmittel in Sanitätshäusern bestellen; • erforderliche Reparaturen an die Technische Abteilung melden; • Material, Formulare, Patientenetikette, Druckaufträge usw. anfordern.

Tabelle 3.5 (Fortsetzung)

Allgemeine Kriterien	Inhaltliche Präzisierung gemäß Aufgabengebiet
9.2.2 Vertikale Koordination – Führen eines Bereichs 9.2.3 Sonderaufgaben	zu 9.2.2 Entfällt zu 9.2.3 • Sonderaufgaben können in einem gewissen Rahmen individuell zwischen der Stations- / Funktionsleitung vereinbart werden, auch wenn sie die hier definierten Aufgabenbereiche überschreiten. Zusätzliche Aufgaben müssen in der Regelarbeitszeit leistbar und von beiden Seiten verantwortbar sein. • Die Stationssekretärin nimmt an Teambesprechungen regelmäßig teil und ist am internen Informationsaustausch maßgeblich beteiligt. • Es ist die Aufgabe jeder Stationssekretärin, regelmäßig an Fortbildungsveranstaltungen, insbesondere an EDV-Schulungen, teilzunehmen.
10. Anforderungsprofil 10.1 Unerlässliche Merkmale 10.1.1 Alter	zu 10.1.1 Entfällt
10.1.2 Ausbildung	zu 10.1.2 Abgeschlossene kaufmännische Ausbildung oder Ausbildung zur Arzthelferin
10.1.3 Berufserfahrung	zu 10.1.3 entfällt
10.1.4 Persönlichkeit	zu 10.1.4 Die Stationssekretärin muss in ihrem Aufgabengebiet Eigeninitiative zeigen. • Sie muss teamfähig und kooperativ sein. • Mit Organisationstalent fällt es ihr leicht, die Tätigkeiten zu koordinieren. • Sie ist flexibel. • Der Stationsalltag fordert von der SAS hohe Belastbarkeit. • Sie muss kontaktfreudig sein, weil der Umgang mit Menschen einen hohen Stellenwert hat. • Sie sollte ein repräsentatives Erscheinungsbild haben. • Sie muss den gestellten Arbeitsanforderungen gewachsen sein.
10.2 Wünschenswerte Merkmale	zu 10.2 Die Stationssekretärin soll in der Lage sein, den eigenen Aufgabenbereich klar zu erkennen, um diesen anderen Berufsgruppen deutlich zu machen.

Ludwigshafen, den _____

Stelleninhaberin   Stationsleitung   Pflegedienstleitung

3.2.4 Fazit

Die hier vorgestellten Stellenbeschreibungen zeigen exemplarisch, auf welche Details man bei deren Erstellung bzw. Einführung und Formulierung achten muss. Der Zeitraum, innerhalb dessen die Stellenbeschreibung mit den Anforderungen an die Stelleninhaberin übereinstimmt, wird von zwei Faktoren beeinflusst:

- dem Detaillierungsgrad und
- der Geschwindigkeit, in der sich das Unternehmen verändert.

Innerhalb des Pflegemanagements jeder Klinik muss daher im Vorfeld entschieden werden, wie die Inhalte formuliert werden sollen. Eine Einbindung der betroffenen Mitarbeiterinnen bei der Formulierung von Stellenbeschreibungen verbessert das Verhältnis von Anspruch und Realität und erhöht sowohl die Akzeptanz als auch die Identifikation der Stelleninhaberinnen mit den Stellenbeschreibungen. Für alle Beteiligten muss feststehen, dass späteren Veränderungen im Anforderungsprofil entsprechende Anpassungen der Stellenbeschreibungen folgen müssen.

Mit dem Mittel der Stellenbeschreibung steht sowohl Vorgesetzter wie Stelleninhaberin ein Instrument für den Soll-/Ist-Vergleich zur Verfügung, mit dem sie (z. B. in Mitarbeitergesprächen) präzise Standortbestimmungen durchführen und bewerten können.

Literatur

Thommen, J.-P., A.-K. Achleitner: Allgemeine Betriebswirtschaftslehre. Umfassende Einführung aus managementorientierter Sicht. 2. Aufl. Gabler, Wiesbaden 1998

Zwierlein, E.: Klinikmanagement Erfolgsstrategien für die Zukunft. Urban & Schwarzenberg, München 1997

3.3 Einführung von Bereichspflege

Maria-Theresia Kaiser

3.3.1 Ein Wort zuvor

Struktur- und Prozessveränderungen in einem Krankenhaus betreffen nicht nur das Krankenhaus im Ganzen, sondern auch alle einzelnen Abteilungen und Stationen. Im Sinne einer Prozessoptimierung ist es deshalb unabdingbar, alte Strukturen zu überdenken und neue Lösungsmöglichkeiten zu finden und zu erproben. Ein Baustein pflegerischer Prozesse und Strukturen ist die Organisationsform der Pflege, im Folgenden als Pflegesystem bezeichnet. So geht man davon aus, dass die Wahl des Pflegesystems erheblichen Einfluss auf die Zufriedenheit der Patienten und nicht zuletzt auch auf die der Mitarbeiterinnen nimmt.

Gegenstand dieses Beitrags ist die Frage danach, wie man ein neues Pflegesystem auf einer Station einführt. Dabei ist es wichtig, sich mit der Entwicklung unterschiedlicher Pflegesysteme bewusst auseinander zu setzen. Zum einen lassen sich dadurch die Vor- und Nachteile der unterschiedlichen Systeme besser herauskristallisieren. Zum anderen ist es für die Pflegenden eine Möglichkeit, eigene Arbeitsstrukturen zu reflektieren und den Anforderungen der Zeit anzupassen.

Im Rahmen dieses Beitrags beschränkt sich die Autorin auf den Vergleich der Funktionspflege mit der Bereichspflege.

3.3.2 Funktionspflege

Das System der Funktionspflege ist in Deutschland immer noch relativ stark verbreitet, obwohl es im Widerspruch zu einer an den individuellen Bedürfnissen der Patienten orientierten Pflege steht. Es hat sich im Zuge der Industrialisierung entwickelt, wobei hochgradige Arbeitsteilung zur Steigerung der Produktivität ebenso im Vordergrund standen wie streng hierarchische Machtstrukturen (Taylorismus). „Fließbandarbeit" von „Hilfskraft zu Hilfskraft" war die Devise. Komplexe Arbeiten wurden in einzelne aufeinander aufbauende Produktions- bzw. Arbeitsschritte zergliedert. Man ging davon aus, dass jeder Einzelne in der Lage sein würde, solche Einzelaufgaben zu erfüllen. Mit einer derartigen Arbeitsorganisation wurde versucht, dem Mangel an Facharbeitern zu begegnen.

Eigenverantwortung war nicht erwünscht, und die Austauschbarkeit und universelle Einsetzbarkeit der Arbeitskräfte wurde damit verstärkt. Vor allem der Aspekt „universelle Einsetzbarkeit" ist bis heute für die Funktionspflege ausschlaggebend. Er ist das Fundament der Funktionpflege in dem Sinne, dass es mit Blick auf die einzelnen pflegerischen Handlungen (Blutdruck messen oder Patienten waschen) völlig nebensächlich ist, wer sie ausführt. Damit wird dann gleichzeitig die Vorstellung verbunden, dass jeder diese Arbeit bewältigen kann.

Die traditionelle Funktionspflege ist ein hierarchisch-zentralistisches Modell. „Die Tätigkeiten sind arbeitsteilig und nach hierarchischen Gesichtspunkten verteilt: Je patientenferner eine Tätigkeit, desto höher ihr Sozialprestige (Schreibtischarbeit als Statussymbol)." (Elkeles 1994, S. 442)

Die Führung der Dokumentation, das Ausarbeiten der Visite, das Vereinbaren von Terminen oder Ähnliches waren bzw. sind häufig Aufgaben der Stationsleitung bzw. ihrer Stellvertreterin. Ebenso war es üblich, dass die Stationsleitung die Visite allein begleitete. Im System der Funktionspflege ist sie die Zentralinstanz, die alle Fäden in der Hand hält. Sie erteilt die Einzelaufträge und fordert entsprechende Rückmeldungen über die Ausführung der Arbeiten ein. Ihr obliegt eine ausgeprägte Kontrollfunktion, und sie verfügt über mehr Informationen als andere Mitarbeiterinnen. Kooperation, Koordination und Kommunikation mit anderen Berufsgruppen erfolgt in erster Linie direkt über die Stationsleitung. Das bedeutet, dass die Pflegenden, die am bzw. mit dem Patienten arbeiten nur selten direkt mit anderen Berufsgruppen kommunizieren.

Im Pflegesystem der Funktionspflege werden die unterschiedlichen pflegerischen Aufgaben auf mehrere Pflegende verteilt. Im Pflegefachjargon spricht man in diesem Zusammenhang von den so genannten Runden. Dabei führt jede einzelne Pflegende eine bestimmte Tätigkeit an mehreren bzw. allen Patienten durch. Es gibt beispielsweise „Bettenrunden", „Blutdruckrunden" oder „Spritzenrunden".

Vorteile der Funktionspflege

Die pflegerische Arbeit nach dem Prinzip der Funktionspflege zu organisieren hat durchaus Vorteile:

- Die Stationsleitung ist die Hauptansprechpartnerin, was von vielen Mitarbeiterinnen anderer Berufsgruppen nach wie vor gewünscht wird.
- Wenig bis gering qualifiziertes Personal kann besser eingesetzt werden, da keine komplexen Arbeiten durchgeführt werden müssen, sondern nur einzelne Tätigkeiten, für die jeweils begrenztes Wissen erforderlich ist.
- Die Einarbeitung und Anleitung neuer Mitarbeiterinnen und Auszubildender ist weniger aufwändig, weil die Unterweisung den Einzeltätigkeiten entsprechend erfolgen kann.
- Der geringere Bedarf an hoch qualifiziertem Personal und materieller Ausstattung (Geräte, Kurven- und Verbandswagen etc.) führt zu finanziellen Einsparungen – ein unter derzeitigen ökonomischen Bedingungen in deutschen Kliniken nicht zu verachtender Faktor.
- Der Kontakt zum Patienten ist weniger intensiv als z. B. in der Bereichspflege. Das kann unter Umständen als entlastend empfunden werden, z. B. bei der Pflege schwerstkranker Patienten.

Nachteile der Funktionspflege

Demgegenüber weist das System der Funktionspflege eine ganze Reihe an Nachteilen auf:

- Es gibt nur wenig Kontinuität in der individuellen Patientenversorgung, weil viele Pflegende am Patienten arbeiten und dabei die jeweils einzelne Tätigkeit und nicht der Patient im Vordergrund steht. (Dieser Umstand widerspricht der in der heutigen Zeit angestrebten Patientenorientierung.)
- Die Umsetzung eines kontinuierlichen, strukturierten Pflegeprozesses ist kaum erreichbar, da sich ein ganzheitliches Pflegeverständnis durch die zerstückelte Arbeit nur in geringem Maße entwickeln kann.
- Die Planung, Durchführung und Evaluation der Pflege liegt in unterschiedlichen Händen, was dazu führt, dass die Pflegenden den Verlauf des Pflegeprozesses nicht umfassend nachvollziehen können.
- Die ausschließliche Durchführung wenig verantwortungsvoller Einzeltätigkeiten führt bei den meisten Pflegenden zu Demotivation. (Was habe ich heute eigentlich getan?) Hinzu kommt, dass sie ihre Arbeit als monoton empfinden, weil komplexes pflegerisches Wissen und Können nicht gefragt sind.
- Der Handlungs- und Entscheidungsspielraum der einzelnen Pflegenden ist stark eingeschränkt.
- Im Hinblick auf ökonomisches Arbeiten (Zeitersparnis) kann sich Funktionspflege nachteilig auswirken. So verursachen etwa die durch die Funktionspflege bedingten unnötigen Wege und Wegzeiten, ständigen Ortswechsel und ablaufbedingten Wartezeiten (z. B. wenn eine Pflegende bei einem Patienten beschäftigt ist und eine Kollegin deshalb beim selben Patienten ihre Aufgaben nicht durchführen kann) zusätzlichen Zeitaufwand.
- Der Aufwand für die Koordination der einzelnen Aufgaben ist hoch, weil oft unklar ist, wer mit welchen Aufgaben betraut ist. Das führt unter Umständen dazu, dass Tätigkeiten doppelt ausgeführt oder vergessen werden. (Pflegefehler können eher auftreten.)
- In der Regel sind die Pflegenden über den gesamten Arbeitsablauf nur wenig informiert. Umfassendere Informationen hat meistens nur die Stationsleitung oder deren Stellvertretung. Das kann die Demotivation der Pflegenden noch verstärken.
- Die Kommunikation mit den Patienten und der Aufbau einer Beziehung zu ihnen sind eher oberflächlich. Das hat vor allem zwei Gründe: Einerseits ist der Aufenthalt im Patientenzimmer zur Durchführung von Einzeltätigkeiten eher kurz und andererseits haben die Pflegenden aufgrund der großen Anzahl zu betreuender Patienten nur unzureichende Informationen über die Patienten.
- Das System der Funktionspflege hat eine „Papierflut" zur Folge: Neben der eigentlichen Dokumentation werden viele gesonderte Pläne angelegt, was eine doppelte oder gar mehrfache Dokumentation bedeutet und außerdem zu Fehlern bei der Übertragung von Informationen führen kann. Nicht zuletzt ist es mit zusätzlichem Zeitaufwand verbunden, die Pläne zu aktualisieren bzw. neu zu schreiben.

Auswirkungen der Funktionspflege auf die Pflegenden:

- Man geht davon aus, dass die bereits genannte Demotivation durch „sinnentleerte Arbeiten" zur Erhöhung der Krankheitsrate und Fluktuation beiträgt (vgl. Elkeles 1994, S. 444).
- Die einzelne Mitarbeiterin identifiziert sich nicht mit ihrer Arbeit, weil sie keine Kontrolle über das „Produkt" Pflege hat.
- Mangelnde Verantwortung kann bei Pflegenden zu dem Gefühl qualitativer Unterforderung führen.
- Examinierte Mitarbeiterinnen stellen – zu Recht – den Sinn ihrer dreijährigen, qualifizierten Ausbildung in Frage.

Auswirkungen der Funktionspflege auf die Patienten:

- Die Patienten haben keine festen Bezugspersonen, was ihnen die Orientierung innerhalb des gesamten Arbeitsablaufs erschwert. Sie wissen nicht, von wem sie welche Informationen erhalten können und wer für was zuständig ist.
- Die Funktionspflege führt dazu, dass die Patienten häufig gestört werden, weil in kurzen Abständen hintereinander unterschiedliche Personen das Zimmer betreten, um bestimmte Tätigkeiten an bzw. mit ihnen auszuführen.
- Die Patienten müssen sich ständig anderen Pflegenden und unterschiedlichen Handlungsweisen anpassen, was die Passivität der Patienten fördern kann.
- Die durch das Funktionspflegesystem bedingten Umstände können bei den Patienten möglicherweise zu Unsicherheit und Entmutigung führen.

3.3.3 Bereichspflege

Die Bereichspflege gehört zu den patientenorientierten Pflegesystemen, zu denen auch die Zimmer- und Gruppenpflege gezählt werden.

Dass in den letzten Jahren in vielen deutschen Kliniken versucht wird, von Funktions- auf Bereichspflege umzustellen, um dem Anspruch ganzheitlicher pflegerischer Betreuung nachzukommen, wurde von mehreren Faktoren beeinflusst:

- Die zunehmende Erkenntnis, dass Krankheit auch psychischen Einflüssen unterliegt, hat dazu geführt, dass der Ruf nach ganzheitlicher, an den individuellen Bedürfnissen der Patienten orientierter Pflege und Betreuung lauter wurde. Man erkannte, dass die Organisationsform der Funktionspflege diesem Anspruch nicht gerecht wird.
- Im Krankenpflegegesetz von 1985 wird eine individuelle, sach- und fachgerechte Pflege des Patienten gefordert.
- Die Pflege-Personalregelung (PPR) und das Pflegeversicherungsgesetz basieren auf dem Grundsatz patientenorientierter Pflege.
- Die Akademisierung der Pflege (Pflegeforschung und -wissenschaft) führt zu einer zunehmenden Professionalisierung.
- Das Anspruchsverhalten der Patienten hat sich verändert.

Definition

Bereichspflege ist „eine Form der Pflege- bzw. Arbeitsorganisation, die mit Hilfe einer eindeutigen Zuordnung einer bestimmten Anzahl von Patienten zu einer Pflegekraft, die deren Versorgung umfassend und alleinverantwortlich übernimmt, die ganzheitliche Pflege verwirklichen soll" (Heger 1993, S. 609).

Das Optimum der Bereichsgröße wird in der Literatur mit einer Zahl von 8-12 Patienten angegeben, für die dann eine examinierte Pflegende – im Idealfall unterstützt durch eine Hilfskraft (Schülerin, Praktikantin) – alleinverantwortlich zuständig ist. Sie plant, organisiert und führt die gesamte Pflege für diese Patientengruppe durch. Das umfasst auch die Begleitung der ärztlichen Visite. Optimal ist es, wenn von der Aufnahme bis zur Entlassung dieselben Pflegenden für diese Patienten zuständig sind.

Vorteile der Bereichspflege

Die Vorteile dieses Pflegesystems – im Vergleich zur Funktionspflege – sind unübersehbar:

- Eigenverantwortliche und situationsbezogene Planung der Pflege fördern Selbstständigkeit und Verantwortung jeder einzelnen Pflegeperson. Die Pflege kann besser an die individuellen Bedürfnisse der Patienten angepasst werden.
- Pflegende begleiten ihre Patienten in allen Phasen des Pflegeprozesses und haben über einen

längeren Zeitraum dieselbe Patientengruppe. Das ermöglicht gleichzeitig eine bessere Einbindung der Angehörigen in die Pflege.
- Pflegende kennen durch diese Begleitung ihre Patienten besser. Eine Intensivierung der Kommunikation mit den Patienten führt zu einer intensiveren Beziehung.
- Die inhaltliche Umgestaltung der Arbeitsabläufe trägt dazu bei, dass die dieselbe Pflegende durchschnittlich mehr Zeit bei dem einzelnen Patienten (ihres Verantwortungsbereichs) zubringt und der jeweilige Patientenkontakt deutlich länger ist als bei der Funktionspflege.
- Die Bereichspflegenden sind umfassender über ihre Patienten informiert.
- Die Bereichspflegenden kommunizieren direkt mit dem ärztlichen Dienst und anderen Berufsgruppen. Dadurch bedingt, gibt es weniger Informationsdefizite bzw. -verluste.
- Durch die qualitativ höheren Anforderungen in der Bereichspflege können Pflegende ihre Qualifikation besser nutzen.
- Überschaubare Bereiche und festgelegte Zuständigkeiten ermöglichen eine leichtere und übersichtlichere Gestaltung der Arbeitsabläufe.
- Die Anleitung von Auszubildenden kann bei entsprechender Dienstplangestaltung kontinuierlicher stattfinden. Theoretische Ausbildungsinhalte lassen sich im System der Bereichspflege besser in praktisches Lernen und Arbeiten umsetzen. Die Auszubildenden sind an allen pflegerischen Aufgaben beteiligt und können – je nach Ausbildungsstand – selbstständig ein bis zwei Zimmer unter Aufsicht der Bereichspflegenden betreuen.
- Die umfassenden Kenntnisse der Pflegenden über ihre Bereiche erhöhen die Produktivität, weil Fehlerquellen vermieden werden.
- Unter Umständen ist der zeitliche Aufwand in der Bereichspflege geringer, weil weniger Absprachen und Koordinationsaufgaben mit anderen Kolleginnen nötig sind.

Nachteile der Bereichspflege

Die Nachteile der Bereichspflege sind folgende:
- Die Kosten für qualifiziertes Personal liegen höher, da Bereichspflege nur mit einem Mindestmaß an hoch qualifiziertem Pflegepersonal umgesetzt werden kann.
- Die quantitative Ausstattung der einzelnen Bereiche mit notwendigen Materialien wie Visitenwagen, Pflegemitteln, Thermometer, Blutdruckmessgeräte etc. verursacht höhere Materialkosten.
- Das wesentlich umfangreichere Aufgabengebiet erfordert längere Einarbeitungszeiten für neue Mitarbeiterinnen. Ebenso beansprucht der Wiedereinstieg nach Krankheit oder Urlaub mehr Zeit, um sich umfassend über den Stand der Dinge zu informieren.
- Die psychische Belastung durch intensiven Patientenkontakt ist unter Umständen größer. So kann beispielsweise die Betreuung schwerstpflegebedürftiger oder sterbender Patienten über einen längeren Zeitraum als stark belastend empfunden werden.

Auswirkungen der Bereichspflege auf die Pflegenden:

- Im Allgemeinen nimmt man an, dass die Umsetzung der Bereichspflege eine größere Arbeitszufriedenheit und höhere Motivation der Mitarbeiterinnen bewirkt (vgl. Elkeles 1994 S. 444).
- Die Arbeit kann als sinnstiftend erfahren werden. Die Pflegenden identifizieren sich mehr mit ihrer Arbeit, weil sie deren Effektivität im Verlauf des Pflegeprozesses besser verfolgen können. Positive Entwicklungen, aber auch Misserfolge und Rückschritte der Patienten werden sichtbarer, was allerdings auch als zusätzliche psychische Belastung empfunden werden kann.
- Der erweiterte Entscheidungs- und Kontrollspielraum sowie die größere Verantwortung der Einzelnen trägt ebenso zur höheren Motivation und Zufriedenheit bei, was sich unter Umständen wiederum positiv auf die Personalfluktuation auswirkt.
- Die in Aus-, Fort- und Weiterbildung erlangten Qualifikationen können umfassender eingesetzt werden.

Auswirkungen der Bereichspflege auf die Patienten:

- Es ist davon auszugehen, dass die konsequente Umsetzung der Bereichspflege zur höheren Patientenzufriedenheit führt. Die Patienten haben feste Bezugspersonen und wissen genau, an wen sie sich wenden können.

- Für die Patienten hat dies dann einen höheren Informationsgrad und eine bessere Orientierung zur Folge.
- Patienten sind stärker in den pflegerischen Prozess eingebunden und erfahren in ihrer Pflege mehr Kontinuität, was ihnen wiederum zu mehr Sicherheit verhilft.
- Die Patienten werden seltener in ihrem Tagesablauf gestört, weil der Besuch einer Vielzahl unterschiedlicher Pflegender nicht erforderlich ist.

3.3.4 Voraussetzungen für die Einführung der Bereichspflege

Um eine erfolgreiche Umsetzung der Bereichspflege in die Praxis zu gewährleisten, gibt es eine Reihe an Grundvoraussetzungen, die bei der Planung eines solchen Projektes bedacht werden müssen:

- Die Personalstrukturen der einzelnen Stationen müssen daraufhin überprüft werden, ob die erforderliche Mindestanzahl qualifizierter Mitarbeiterinnen vorhanden ist, denn Bereichspflege kann nicht mit Hilfskräften umgesetzt werden.
- Es ist unerlässlich, die an der Bereichspflege beteiligten Berufsgruppen (in erster Linie Pflege und Medizin) eingehend über das neue Pflegesystem zu informieren, die Umsetzung zu schulen und die Mitarbeiterinnen zu motivieren. Die Auseinandersetzung mit inhaltlichen und organisatorischen Bedingungen der Bereichspflege hat dabei einen hohen Stellenwert. Entsprechende Veränderungen in der Organisation müssen von allen Beteiligten umgesetzt und getragen werden. Kooperative Führungsstrukturen sind hierzu eine Grundvoraussetzung.
- Die Information und Einbindung weiterer Berufsgruppen sollte bedacht werden, da es sonst zu mangelnder Akzeptanz kommen kann.
- Es sind kontinuierlich fachliche Fort- und Weiterbildungen zur Erreichung einer einheitlichen Pflegequalität einzuplanen. Nur wenn alle Mitarbeiterinnen annähernd den gleichen Wissensstand haben bzw. über dieselben Fachkenntnisse verfügen, ist es möglich, eine effektive, umfassende und gleichbleibende Pflegequalität zu gewährleisten. Die Entwicklung stationsspezifischer Standards und Handlungsbeschreibungen bietet hierbei eine sehr gute Unterstützungsmöglichkeit.
- Die Bereitstellung der benötigten Arbeitsmittel für jeden Bereich (z. B. Visiten- und Verbandswagen, Blutdruckmessgeräte, Thermometer, Wäschewagen etc.) sollte rechtzeitig in die Wege geleitet werden, damit zu Beginn der Umsetzungsphase alles vorhanden ist.
- Ein umfassendes, übersichtliches Dokumentationssystem mit Daten- bzw. Reiterleiste, aus der jede Mitarbeiterin auf einen Blick die Pflegeintensität erkennen kann, ist eine unverzichtbare Voraussetzung.
- Die Entlastung von berufsfremden Arbeiten, z. B. durch den Hol- und Bringedienst, Reinigungsdienst, die Bettenzentrale, Serviceassistentinnen und Stationssekretärinnen sind eine weitere wichtige Voraussetzung.

Auftretende Probleme bei der Einführung von Bereichspflege

Jede Umsetzung von theoretischem Wissen in die Praxis ist erfahrungsgemäß mit Schwierigkeiten verbunden. Bei der Einführung von Bereichspflege kann man vor allem mit den folgenden Problemen konfrontiert werden:

- Ein grundsätzliches Problem ist der im Allgemeinen unzureichende Personalschlüssel, der ein striktes Umsetzen der Bereichspflege einschränkt. Ohne eine Mindestbesetzung mit qualifiziertem Pflegepersonal ist die Bereichspflege allerdings nicht denkbar. Oft ist es nicht zu realisieren, dass ein Springer eingeteilt werden kann. Ebenso ist die Gewährleistung der Bereichspflege über 24 Stunden an sieben Tagen in der Woche nicht immer möglich. Hinzu kommt die Schwierigkeit, den Dienstplan so zu gestalten, dass dieselben Pflegenden über einen längeren Zeitraum eine Patientengruppe betreuen. Ausfälle durch Urlaub, Krankheit, freie Tage oder Ähnliches können dazu führen, dass die Bereiche zeitweise vergrößert werden müssen bzw. die Pflegenden gezwungen sind, häufiger zwischen verschiedenen Bereichen zu wechseln.
- Eine relativ hohe Fluktuation unter Pflegepersonal hat für die Bereichspflege den Nachteil, dass immer wieder neue Mitarbeiterinnen angelernt werden müssen. Das ist eine zeitintensive Aufgabe und geht auf Kosten einer kontinuierlich hohen Pflegequalität.
- Pflegende, die in der Bereichspflege arbeiten, beklagen immer wieder das Informationsdefizit hinsichtlich anderer Bereiche. Dieses Defizit

kann zu Unsicherheit führen, z. B. wenn sie unverhofft in einem anderen Bereich einspringen müssen und mit Patienten konfrontiert sind, die sie nicht kennen, oder wenn Angehörige, Besucher und andere Berufsgruppen Fragen zu den für sie fremden Patienten stellen. ABER: Es ist unrealistisch zu glauben, man könne über mehr als vierzig Patienten umfassend informiert sein. Ebenso ist es eine Frage der Gewöhnung, Anfragen zu unbekannten Patienten ohne schlechtes Gewissen und selbstbewusst an die zuständige Pflegeperson weiterzuleiten, ohne dabei den Besuchern oder Angehörigen das Gefühl zu vermitteln, sie „abwimmeln" zu wollen.
- Gemeinsame Übergaben können das Informationsdefizit und das damit einhergehende Gefühl von Unsicherheit abmildern, haben jedoch den Nachteil, dass sie sehr viel Zeit benötigen. Eine weitere Möglichkeit, den Informationsstand zu verbessern, besteht darin, über PC eine Datei für einen Übergabezettel zu erstellen, auf dem alle Patienten der Station mit Name, Diagnose und Besonderheiten vermerkt sind. Diese Datei wird täglich aktualisiert (Aufnahmen und Entlassungen) und für alle im Dienst befindlichen Mitarbeiterinnen ausgedruckt. Ein solcher Übergabezettel bietet einen groben Überblick über alle Patienten. (Einige Stationen im Klinikum Ludwigshafen praktizieren dieses Verfahren.)
- Es ist möglich, dass einzelne Mitarbeiterinnen der Bereichspflege gegenüber negativ eingestellt sind. Das kann z. B. dazu führen, dass sie ihre Kolleginnen nicht in deren Arbeit unterstützen oder Tätigkeiten außerhalb des eigenen Verantwortungsbereichs verweigern, weil sie sich dafür nicht zuständig fühlen.
- Es gibt immer wieder Mitarbeiterinnen, die eine korrekte Führung der Dokumentation vernachlässigen, was zu Informationsdefiziten und Unmut bei anderen Mitarbeiterinnen führt.
- Die Kooperation mit anderen Berufsgruppen, insbesondere der der Mediziner, birgt manchmal Konfliktpotenzial, vor allem, wenn diese nicht ausreichend über die bevorstehenden Veränderungen informiert und in die Planung einbezogen werden.

Die Einteilung einer Station in Bereiche bedeutet nicht automatisch, dass auch tatsächlich nach dem Prinzip der Bereichspflege gearbeitet wird. In der Praxis ist immer wieder zu beobachten, dass die Pflegenden ihre Bereiche funktionell oder teilfunktionell organisieren. Deshalb ist eine eingehende Schulung aller Mitarbeiterinnen unerläßlich.

■ Strukturen zur Unterstützung der praktischen Umsetzung von Bereichspflege

Die Umsetzung der Bereichspflege in die Praxis kann durch bestimmte Arbeitsstrukturen und organisatorische Hilfsmittel unterstützt werden:

- Sinnvoll ist die Anschaffung einer Plantafel, aus der die Einteilung der Bereiche mit ihren zuständigen Pflegenden für alle erkennbar ist.
- Zur Erläuterung der Bereichspflege für Patienten und Angehörige sollten stationsbezogene Informationsblätter erstellt werden.
- Eine farbliche Kennzeichnung der einzelnen Bereiche (z. B. an den Zimmertüren) und der dazugehörigen Materialien wie Planetten, Visitenwagen, Namensschilder der Pflegenden etc. ermöglicht eine bessere Orientierung.
- Die Patientenzimmer sollten zu möglichst gleichmäßig großen Bereichen, in denen die Zimmer nahe beieinander liegen, zusammengefasst werden, damit unnötige Wege vermieden werden.
- Bereits bei der Zuordnung von Neuaufnahmen sollte darauf geachtet werden, dass nicht ein Bereich zu viele pflegeintensive Patienten hat. Gegebenenfalls müsste kurzfristig die Anzahl der Zimmer reduziert oder, wenn möglich, dem betroffenen Bereich eine zweite Pflegende zugeteilt werden.
- Die Arbeitsablaufplanung muss überdacht und der Bereichspflege angepasst werden.
- Eine gegenseitige Unterstützung in den Bereichen sollte selbstverständlich sein. Die Verantwortlichkeiten müssen dabei klar geregelt sein, das heißt, dass die Bereichspflegende die verantwortliche Person ist.
- Die Dienstplangestaltung muss den veränderten Erfordernissen der Bereichspflege angepasst werden.
- Eine feste Zuteilung Auszubildender zu einem Bereich und zu einer Bezugsperson ist anzustreben.
- Nach Möglichkeit sollte man eine Pflegende für Außendienste („Springer") einplanen. Diese Pflegende muss – je nach Aufgabenstellung – nicht unbedingt über eine dreijährige Ausbildung verfügen.
- Jedem Bereich sollte nicht mehr als eine Hilfskraft oder eine Auszubildende zugeteilt wer-

den, da ansonsten keine ausreichende Kontrolle durch die Bereichspflegenden gewährleistet werden kann. Nicht ausreichend qualifizierte Kräfte können niemals einen Bereich selbstständig übernehmen.
- Zum Erfahrungsaustausch (z. B. auch in Bezug auf die Dienstplangestaltung) sollten einige Mitarbeiterinnen (vor allem aber die Stationsleitung und deren Stellvertretungen) auf Stationen hospitieren, die bereits länger nach dem Bereichspflegesystem arbeiten.
- Für die Umsetzung der Bereichspflege sollten überschaubare Teilziele, die in einem bestimmten Zeitraum erreichbar sind, von allen Beteiligten gemeinsam festgelegt werden.
- Vor allem in der ersten Zeit der Umsetzungsphase sollten regelmäßige Besprechungen über Erfolge und Misserfolge stattfinden, um die Motivation zu stärken. So kann man zum Beispiel in den ersten zwei Monaten einmal wöchentlich eine Feed-back-Runde einplanen, die man später auf längere Intervalle ausdehnen kann.
- Eine regelmäßige Begleitung und Unterstützung der Pflegenden vor Ort, z. B. durch Pflegeexpertinnen oder Qualitätsbeauftragte, ist unerlässlich, um den Prozess der Umgestaltung positiv zu beeinflussen.

3.3.5 Fazit

Bereichspflege gehört im Klinikum Ludwigshafen bereits zur Basisqualität. Die konsequente Umsetzung der Bereichspflege leistet einen wesentlichen Beitrag zur Erreichung einer patientenorientierten Pflege, basierend auf einer individuellen, verantwortungsbewussten Beziehung zwischen Patient und Pflegender. Pflege wird dabei umfassend geplant und auf die spezifischen Bedürfnisse der Patienten abgestimmt.

Im Sinne von Prozessqualität stellt die Einführung der Bereichspflege eine Optimierung der Arbeitsprozesse dar. Letztlich führt diese Veränderung zu einer höheren Mitarbeiter- und Patientenzufriedenheit.

Die beschriebenen potenziellen Probleme bei der Umsetzung der Bereichspflege machen deutlich, dass ein solches Projekt gut vorbereitet werden muss und man schon im Vorfeld darüber nachdenken sollte, wie solche Schwierigkeiten vermieden werden können. Ebenso ist zu bedenken, dass sich Bereichspflege aufgrund ihrer Komplexität nicht binnen weniger Wochen umsetzen lässt. Daher ist es notwendig, einen ausreichend langen Zeitraum (mindestens ein halbes bis ein Jahr) einzuplanen.

Mittels eines Projektplanes kann man die stufenweise Einführung der Bereichspflege mit den entsprechenden Zielformulierungen, dem vorgesehenen zeitlichen Rahmen und den dazugehörigen Überprüfungszeiträumen sowie den Verantwortlichkeiten festlegen. Ein solcher Projektplan bietet auch Orientierungshilfe für die Mitarbeiterinnen während der Umsetzungsphase.

Literatur

Elkeles, T.: Arbeitsbedingungen und Taylorismus der Arbeitsorganisation im Krankenhaus – Ein unbewältigtes Problem. In: WSI – Mitteilungen 7 (1994) 438

Heger, I.: Die Einführung der Bereichspflege. Die Schwester/Der Pfleger 7 (1993) 609

Jong-Duk, K.: Gruppenpflege – Wege zur Patientenorientierten Pflege, 1. Teil. Die Schwester/Der Pfleger 4 (1996) 308

Jong-Duk, K.: Gruppenpflege – Wege zur patientenorientierten Pflege, 2. Teil. Die Schwester/Der Pfleger 8 (1996) 728

Kaiser, M.-Th.: Seminarunterlagen zum Thema „Pflegesysteme"; Wintersemester 95/96, Evangelische Fachhochschule Darmstadt

Mühlbauer, B. H., J. Reinhardt, G. Süllwold: Bereichs- und Bezugspflege im Spannungsfeld zwischen Theorie und Praxis. Die Schwester/Der Pfleger 6 (1994) 465

Reinhardt, J., R. Nurk: Neue Organisation der Pflege als Ansatz ganzheitlicher Versorgung. Die Schwester/Der Pfleger 9 (1995) 826

Steuer, B.: Einführung der Bereichspflege mit Kernarbeitszeit. Die Schwester/Der Pfleger 2 (1995) 104

3.4 Dokumentation pflegerischer Leistungen

Susanne Gierescher und Kerstin Ploil

3.4.1 Ein Wort zuvor

Die „Fachsprache" der gewohnten pflegerischen Dokumentation – wer versteht sie außer denen, die sie gerade benutzen? Ist es nicht eher ein Fachjargon, den nur diejenigen verstehen, mit denen wir eng zusammenarbeiten? Verstehen wir uns selbst?

Beispiele aus der Dokumentationspraxis. „Pat. o. B.; Pat. konnte nach Eingriff Wala; Pat. hat mit U. am WB TW durchgeführt; Pat. hat ausreichend getrunken; Pat. wurde gelagert; Mundpflege durchgeführt; Pat. fühlt sich gut."

3.4.2 Anwendung der pflegerischen Dokumentation im Krankenhaus

Rechtliche Grundlage

Laut Grundsatzurteil des Bundesgerichtshofs vom 18. 03. 1989 haben Pflegende die Pflicht zu einer ordnungsgemäß geführten Dokumentation.

Die Rechtsgrundlage für die pflegerische Dokumentation ist zum einen in § 4 des Krankenpflegegesetzes sowie im Vertragsrecht und im Aufnahme- oder Behandlungsvertrag des Krankenhauses festgehalten. Aus diesen Gesetzestexten erfährt man, dass die Dokumentationspflicht der Pflegenden eine dem Patienten als dienstvertragliche Nebenleistung geschuldete Pflicht ist. Das bedeutet: Der Krankenhausträger gewährleistet vertraglich die Dokumentation des Fortgangs der Grund- und Behandlungspflege.

In einem Haftungsprozess hat der klagende Patient sowohl den Beweis für einen Pflegefehler als auch den Ursachenzusammenhang zwischen diesem Fehler und dem geltend gemachten Gesundheitsschaden zu führen. Eine nicht nachvollziehbare und somit mangelhafte Dokumentation kann zu einer Beweiserleichterung für den Patienten bis hin zur Beweislastumkehr führen.

Bei der Dokumentation pflegerischer Leistungen ergeben sich im Klagefall eindeutige Vorteile für die Rechtsposition der Pflegenden. Insbesondere die schriftliche Dokumentation von:

- pflegerischen Prophylaxen am Patientenbett,
- Ausführungen der medizinischen und pflegerischen Anordnungen und Verordnungen,
- detailliert aufgeschriebenen Entwicklungen des Zustandes des Patienten (Verlaufsgeschehen),
- ärztlichen Anordnungen und Verordnungen.

Dokumentationspflicht. Jede pflegerische Maßnahme am Patienten muss von der jeweilig tätigen Person (Pflegende, Auszubildende, Praktikantin etc.) dokumentiert werden.

Die durchführende Pflegeperson dokumentiert mit ihrem Handzeichen Anordnung und Durchführung der pflegerischen Tätigkeit. Das Handzeichen ist durch eine Handzeichenlegende legitimiert.

Pflegebedarf

Durch eine korrekt geführte Dokumentation lässt sich der Pflegeaufwand genau ermitteln. In und mit der Pflegeanamnese werden zum ersten Mal Probleme und Ressourcen des Patienten erfasst und damit gleichzeitig der Pflegebedarf des Patienten festgestellt. Dieser ist Grundlage für die weitere pflegerische Behandlung. Je nach der im Krankenhaus zugrunde liegenden Pflegetheorie folgt aus den Ergebnissen der Pflegeanamnese eine charakteristische Bearbeitung der Pflegedokumentation. Am Beispiel der „Aktivitäten des täglichen Lebens" lässt sich eine rasche Gliederung der notwendigen pflegerischen Handlungen erstellen. Die nach dem Regelkreis geplanten Maßnahmen sind konkret nachvollziehbar und lassen sich nach Ablauf einer gewissen Zeitspanne evaluieren.

Auch wenn die Pflege-Personalregelung seit 1997 keine gesetzliche Gültigkeit mehr hat (vgl. Kap. 2.5.3), kann sie innerhalb eines Krankenhauses als internes Messinstrument genutzt werden. Klar formulierte Maßnahmen lassen sich schnell katalogisieren und in einer Klinik einheitlich als Messinstrument dazu verwenden, den aktuellen Pflege- und Personalbedarf zu ermitteln. Die Pflege-Personalregelung kann ebenfalls als Belegsystem für den Leistungsnachweis des Krankenhauses gegenüber den Trägern dienen.

Eine andere Möglichkeit, den Pflegebedarf in einer einheitlich verständlichen Fachsprache im Dokumentationssystem zu notieren, bestünde in der Nutzung von Pflegediagnosen, die sich allerdings derzeit in Deutschland noch nicht etabliert haben.

Pflegezustand und Pflegeverlauf

In der Dokumentation sollte der Verlauf des Pflegezustands der einzelnen Patienten verständlich und nachvollziehbar protokolliert werden. Anhand des dokumentierten Pflegeverlaufs kann man erkennen, ob die geplanten und durchgeführten pflegerischen Maßnahmen zum gewünschten Ziel geführt haben oder ob eine Umstellung der Pflegetherapie erforderlich ist. Die aus dem Pflegeverlauf gewonnenen Erkenntnisse sollten im therapeutischen Team ausgetauscht werden. Somit können fehlerhafte pflegerische Tätigkeiten schnell erkannt und zum Wohle des Patienten geändert werden.

Zentrale Informationsträger

Die Pflegedokumentation dient als zentraler Informationsträger und als Instrument zur Kommunikation zwischen Pflegenden, Ärzten, Physiotherapeuten, Mitarbeitern des Sozialdienstes und anderen an der Versorgung des Patienten beteiligten Berufsgruppen. Sie soll vor Informationsverlust und Übertragungsfehlern (vgl. Kap. 3.3) schützen und den Informationsfluss gewährleisten. Bei Verlegungen oder Entlassungen können mit einer übersichtlichen Dokumentation notwendige Pflegeschritte weitergeführt werden. Somit liefert die Pflegedokumentation die Grundlage für eine reibungslose Weiterversorgung des Patienten. Die ambulante pflegerische Betreuung und Versorgung des Patienten im Anschluss an einen Krankenhausaufenthalt wird im Hinblick auf die sinkende Krankenhausverweildauer immer wichtiger werden, und in diesem Zusammenhang wird auch die pflegerische Dokumentation immer mehr an Bedeutung gewinnen.

Bei Übernahme eines unbekannten Pflegebereichs sollte die verantwortliche Pflegende anhand der Dokumentation genau über den Pflegezustand eines Patienten informiert werden. So sollte etwa aus der Dokumentation hervorgehen, welche Handlungen gemeinsam mit dem Patienten durchgeführt werden müssen und welche er eventuell allein ausführen kann. Die Beschreibung soll in übersichtlicher Form, effektiv und verständlich sein. Sie muss den Ist-Zustand und den Pflegeverlauf auf psychischer, physischer und sozialer Ebene enthalten.

Pflegeprozess

Mit dem Begriff „Pflegeprozess" wird ein pflegerisches Vorgehen bezeichnet, das vier bis sechs Schritte umfasst. Wir möchten uns hier auf den erweiterten, in sechs Schritten verlaufenden Prozess von Fiechter und Meier (1993, S. 19) beziehen. Danach geht die Pflegende bei der Betreuung und Behandlung von Patienten folgendermaßen vor:

1. Informationssammlung durch eine Pflegeanamnese
2. Erkennen von Problemen und Ressourcen des Patienten: Hinweise dazu liefert das Erstgespräch mit dem Patienten.
3. Festlegen der Pflegeziele: Die Pflegeziele werden gemeinsam mit dem Patienten erarbeitet.
4. Planung der Pflegemaßnahmen anhand der gewonnenen Informationen
5. Durchführung der geplanten pflegerischen Maßnahmen
6. Beurteilung der Wirkung der Pflegemaßnahmen auf den Patienten: Die Evaluation erfolgt durch das Pflegeteam und den Patienten gemeinsam. (vgl. Fiechter u. Meier 1993, S. 19)

Das Resultat der durchgeführten pflegerischen Maßnahmen wird daran gemessen, ob das festgelegte Pflegeziel erreicht wurde. Mindestens einmal wöchentlich sollten bei allen Patienten die beschriebenen Ziele daraufhin überprüft werden. Bei Diskrepanzen zwischen gesetztem Ziel und Resultat beginnt der Prozess von vorn: Nach erneuter Informationssammlung und Problemerfassung werden Ziele und Maßnahmen neu angepasst. Wird das Ziel erreicht, ist dieser Prozess abgeschlossen.

Der Pflegeprozess als solcher ist kein Modell der Krankenpflege, sondern ein Denk- und Arbeitsinstrument für eine systematische Vorgehensweise in der Pflege. Der pflegerischen Versorgung der Patienten muss jedoch ein theoretisches Pflegemodell zu Grunde liegen.

Voraussetzung für den erfolgreichen Verlauf des Pflege- bzw. Problemlösungsprozesses ist der Aufbau einer vertrauensvollen Beziehung zwischen Pflegenden und Patienten.

Einfluss der Dokumentation auf die pflegerischen Arbeitsabläufe

Die Einführung der Pflegedokumentation bewirkte, dass die einzelnen pflegerischen Handlungen für alle Pflegenden einer Station sichtbar dargestellt wurden. Das wiederum hatte zur Folge, dass bis dahin eingespielte Tages- und Arbeitsabläufe hinterfragt wurden. So hat man beispielsweise erkannt, dass Dienstübergaben, gestützt auf die schriftliche Dokumentation, in Bezug auf ihre inhaltliche Gestaltung und die Erfassung des Pflegebedarfs optimiert werden können.

Durch eine veränderte Arbeitszeitgestaltung sollte ermöglicht werden, dass die notwendige Dokumentation direkt im Anschluss an die Pflegehandlung erfolgen kann. Dieses vor allem in der Bereichspflege sinnvolle Vorgehen hilft, den Informationsverlust zu verringern. Die Pflegedokumentation nimmt an vielen Stellen positiven Einfluss auf die Arbeitsorganisation.

Organisatorische Vorteile der Dokumentation sind z. B.:

- Ergonomische Arbeitsabläufe,
- kritische und aktive Auseinandersetzung mit den einzelnen Pflegetätigkeiten,
- Hinführung zur Bereichs- und Gruppenpflege,
- Reduktion von Plänen, Blättern und Zetteln,
- klare Benennung von Kompetenzbereichen,
- Transparenz des Wertes der therapeutischen Pflege,
- Abbau von Unzufriedenheit und Frustration,
- gesteigerte Eigenverantwortung der einzelnen Pflegenden,
- Grundlage für die Pflegeforschung,
- Grundlage für Ausarbeitung von Pflegestandards.

Auswahlkriterien für ein Pflegedokumentationssystem:

Bei der Auswahl eines für den Bereich optimalen Dokumentationssystems sind folgende Kriterien zu beachten:

- Die Formulare sollten übersichtlich sein.
- Zur leichteren Koordinierung der Arbeitsabläufe sollten Raider- oder Signalleitsysteme genutzt werden. Bei der Anschaffung von Dokumentationsmappen, Palettensystemen und Ähnlichem sollte auf Kompatibilität geachtet werden.
- Orientierungshilfen für den Umgang mit dem jeweiligen System müssen vorhanden sein.
- Zubehörartikel wie Dokumentationskästen oder Dokumentationswägen sollten der Arbeitssicherheit entsprechen, leicht im praktischen Umgang und haltbar bzw. robust sein.
- Eine Erweiterung auf EDV sollte möglich sein.

Bestandteile eines Pflegedokumentationssystems

Je nach Anforderung der Station enthält das Dokumentationssystem unterschiedliche Formblätter. Das können u. a. sein:

- Anamnesebogen,
- Patientenkurve,
- Vordruck für die Pflegeplanung,
- Vordruck für den Pflegebericht,
- Dokumentationsskalen (z. B. Norton-Skala),
- Überwachungsbogen,
- Bilanzierungsbogen,
- Lagerungsplan.

Wenn möglich, sollten die protokollierten pflegerischen Inhalte der einzelnen Formbögen eng miteinander verknüpft und Doppeleintragungen vermieden werden. Sinnvoll ist es, sämtliche Unterlagen in einem aufeinander abgestimmten Dokumentationssystem abzulegen.

Außerdem sollte darüber nachgedacht werden, wie eine doppelte Dokumentation der unterschiedlichen Arbeitsbereiche bzw. Berufsgruppen vermieden werden kann. So wird beispielsweise bei der Aufnahme eines Patienten sowohl eine ärztliche als auch eine pflegerische Anamnese erfasst. Hier könnte die Entwicklung eines gemeinsamen Anamnesebogens die Doppelbefragung sowie die Doppeldokumentation ersetzen. Diese Vorgehensweise würde eine deutliche Zeitersparnis für das therapeutische Team bedeuten und die Zufriedenheit der Patienten durch den Wegfall lästiger Doppelbefragungen erhöhen.

Methoden zur Sicherung der Pflegequalität und zur Standardisierung der Dokumentation

Um pflegerische Fähigkeiten und Potenziale von Pflegenden zuverlässig und genau erkennen zu können, bedarf es einer guten Dokumentationsmethode und entsprechender Messinstrumente. Es wird heute immer wichtiger, die Leistungen der Pflegenden messen zu können und somit einen Nachweis über die pflegerische Arbeit zu erbringen. In den Krankenhäusern werden derzeit ausschließlich medizinische Parameter erfasst, doch es bieten sich auch andere Möglichkeiten der Messung an. Die Funktionsfähigkeit des Dokumentationssystems, die kognitiven und sozialen Fähigkeiten der Pflegenden sind einige Beispiele dafür. Um die individuelle Versorgung des Patienten aus pflegerischer Sicht zu gewährleisten, muss ein einheitliches, das heisst für alle Pflegenden verständliches Informationssystem zu Grunde liegen. Deshalb ist der Einsatz von standardisierten Messverfahren notwendig.

Kriterien standardisierter Messverfahren sind:

- Objektivität,
- Reliabilität,
- Validität.

Zum besseren Verständnis dieser Kriterien möchten wir drei **Definitionen** vorstellen.

Definitionen

Objektivität ist „die Überindividuelle, unabhängig vom einzelnen Subjekt bestehende Wahrheit eines Gegenstandes, Ereignisses, Sachverhaltes oder einer Aussage; (...) Die O. einer wiss. Aussage erweist sich durch formale Notwendigkeit und allg. Überprüfbarkeit." (Der Brockhaus in fünf Bänden, 1994 Band 4, S. 76).

Reliabilität ist „die Zuverlässigkeit eines psychodiagnost. Verfahrens, speziell eines Tests, festgestellt z. B. durch Testwiederholung, Paralleltests." (Der Brockhaus in fünf Bänden, 1994 Band 4, S. 389).

Validität ist „die Gültigkeit eines psychodiagnost. (...) Tests." (Der Brockhaus in fünf Bänden, 1994 Band 5, S. 399).

Zum gegenwärtigen Zeitpunkt erfüllt die Pflegedokumentation diese Kriterien nur in Ausnahmefällen. Für die Zukunft müssen neue Instrumente für das Dokumentieren auf pflegewissenschaftlicher Grundlage entwickelt werden. Dazu ist eine Standardisierung notwendig, die den Kriterien Objektivität, Validität und Realibilität genügen muss. Die Instrumente müssen unter Beachtung methodologischer Anforderungen entwickelt werden.

Geschlossene Fragen dienen der Vergleichbarkeit der Einschätzung des Zustands des Patienten und sind weniger zeitaufwendig. Die Voraussetzung für die Verwendung von geschlossenen Fragen sind genaue Definitionen der Kategorien, z. B. in Form einer Einschätzungsskala und der vorgegebenen Antwortmöglichkeiten.

In Bezug auf die „Aktivitäten des täglichen Lebens" nach Nancy Roper sind erste konkrete Fragestellungen entwickelt worden. Die daraus resultierende Strukturierung der Antworten ist allerdings noch nicht als messbares Instrument verwendbar. Hier könnte durch eine einheitliche und genaue Regelung die Qualität der Pflegedokumentation deutlich verbessert werden.

3.4.3 Zusammenfassung

Die Dokumentation muss einerseits den rechtlichen Grundlagen entsprechen und andererseits zur Qualitätssicherung, Pflegebedarfsermittlung, Optimierung und Steigerung der Arbeitsabläufe beitragen. Zur Optimierung der Dokumentation im Bereich der Pflege muss man sich heute mit diesen Grundlagen auseinandersetzen. Diskussionen darüber, ob überhaupt dokumentiert werden muss, sollten der Vergangenheit angehören.

Die Anforderung an den Klinikbereich wird in Zukunft immer mehr an Bedeutung gewinnen, und es wird eine der Hauptaufgaben für Verantwortliche in der Pflege sein, ein einheitliches, klinikinternes Dokumentationsverfahren zu entwickeln und weiterzuführen.

Literatur

Fiechter, V., M. Meier: Pflegeplanung, 9. Aufl. Recom, Basel 1993
Der Brockhaus in fünf Bänden 1994

3.5 Multiprofessionelle Kommunikation

Monika Schmitt und Harald Kruschinski

> **Beispiel**
>
> **Ein Gleichnis**
> „Als ein unerwartet strenger Winter ins Land gezogen war und die meisten Tiere sich zum Winterschlaf zurückgezogen hatten, suchte sich auch eine Gesellschaft von Stachelschweinen eine wärmende Höhle. Sie verschlossen den Eingang und drängten sich dicht aneinander, um sich gegen die Kälte zu schützen.
> Doch nach einiger Zeit machten sie eine ärgerliche Feststellung: In der Enge der Behausung verletzten sie sich gegenseitig mit ihren Stacheln und mussten die angenehme Temperatur mit Schmerzen bezahlen. Auf den Rat der Ältesten hin suchten sie sich eine größere Höhle. Diese bot genügend Platz, um die Stacheln auszubreiten, hatte aber den Nachteil, dass die einzelnen Tiere jetzt die nachbarliche Wärme entbehren mussten. Sie froren ganz erbärmlich.
> Man war gezwungen, eine neuerliche Versammlung abzuhalten, in der Folgendes beschlossen wurde: jedes Mitglied der Stachelschweingesellschaft solle so weit von seinem Nachbarn entfernt sein, dass es den anderen nicht verletze, aber doch wiederum gerade so nahe, dass es auch in den Genuss der Wärmeausstrahlung seines Artgenossen komme. Dieses Übereinkommen funktionierte, und der soziale Friede war wiederhergestellt." (Arthur Schopenhauer, zit. n. Lasko u. Seim 1999, S. 151.)

3.5.1 Guter Wille allein genügt nicht

Die zunehmend komplexer werdenden Krankheitsbilder erhöhen die Notwendigkeit für therapeutische Gespräche aller den Patienten behandelnden Berufsgruppen.

Wir haben die Erfahrung gemacht, dass trotz guten Willens eine zielgerichtete Kommunikation ohne strukturierte Rahmenbedingungen nicht möglich ist. Kommuniziert wird zwangsläufig – unsere Fragestellung richtet sich auf das „Wie"? Es ist wichtig, Freiräume für die Gespräche mit dem Patienten zu schaffen und die fallbezogene Kommunikation ein Stück weit zu standardisieren. So wird die Qualität der Kommunikation gefördert.

3.5.2 Verbesserung von Kommunikationsabläufen durch berufsgruppenübergreifende Zusammenarbeit – ein Praxisbericht

Wie im Gleichnis muss erst die Form der Nähe bzw. der Zusammenarbeit gefunden werden, die keinem „wehtut", aber dennoch Synergieeffekte realisiert.

Bei einer Analyse der Arbeits- und Kommunikationsprozesse auf einer onkologisch-radiologischen Station haben wir festgestellt, dass viele patientenbezogene Informationen doppelt erhoben und erfasst werden. Daneben gibt es Informationen, die nur von einer Berufsgruppe in ihrer jeweiligen Dokumentation erfasst werden und gleichzeitig für andere Berufsgruppen auch wichtig sind.

Ein Angehöriger berichtete zu diesem Thema: „Meine Mutter musste sowohl dem Arzt als auch der Pflegeperson erzählen, dass sie kürzlich geschieden wurde und so für ihre häusliche Versorgung und Unterstützung keiner mehr da ist. Das war sehr unangenehm. Warum können sie sich nicht intern darüber austauschen?"

In zahlreichen Gesprächen mit Medizinern und Pflegenden wurde die Idee geboren, wichtige Patientengespräche gemeinsam zu führen (vgl. Projektbericht VerKet, unveröffentlicht). Begonnen haben wir mit dem Aufnahmegespräch. Zunächst wurde vereinbart, einbestellte Patienten gemeinsam aufzunehmen. Hierfür konnten Zeitfenster (vgl. Kap. 1.2) definiert werden, die eine Planung der Aufnahme erleichtern. Die erste Hürde war die zeitliche Abstimmung der Arbeitsabläufe von Medizin und Pflege auf die vereinbarten Zeitfenster.

Verlauf des gemeinsamen Aufnahmegesprächs. Während des Aufnahmegesprächs wird der Patient vom Arzt körperlich untersucht, die Pflegende kontrolliert die Vitalzeichen und beide schätzen gemeinsam mit dem Patienten seine Ressourcen in Bezug auf die Aktivitäten des täglichen Lebens ein.

Ziel des gemeinsamen Aufnahmegesprächs ist es, Informationen zu bündeln und direkt verfügbar zu machen. Dadurch wird eine schnellere und bessere Abstimmung zwischen den betreuenden Berufsgruppen möglich. Der Arzt entscheidet beispielsweise sofort im Anschluss an die Vitalzeichenkontrolle über die Anordnung der geplanten Chemotherapie, die Anlass für den stationären Aufenthalt des Patienten ist. Der Patient kann bedarfsgerechter versorgt werden.

Wie empfinden die Patienten die gemeinsame Aufnahme von Arzt und Pflegender? Hierzu äußerte sich ein Patient während der Probephase des Projekts folgendermaßen: „Ich fühle, dass ich im Mittelpunkt stehe. Ich habe den Eindruck, dass sich ganz viele Menschen zusammen um mich kümmern. Das nimmt mir die Angst vor den anstehenden Maßnahmen."

Eine andere Patientin stellte fest, dass sie sich „traut, mehr zu fragen, weil die Atmosphäre so beruhigend, ja professionell, ist."

Im Rahmen solcher gemeinsamen Gespräche können sich Arzt und Pflegende über Behandlungsalternativen abstimmen und diese dann mit den Patienten diskutieren. Nicht zuletzt entsteht daraus der eben geschilderte Eindruck, dass sich die Patientinnen besser aufgehoben fühlen.

Auf eine zügige Patientenversorgung wirkt sich vor allem der Wegfall von Wegen und Anfragen aus. So erübrigt sich das Nachlesen in der jeweils anderen Dokumentation, und auch die anschließende Suche nach dem Dokumentierenden bei Rücksprachebedarf ist nicht mehr erforderlich.

Der gemeinsame, pflegerisch-medizinische Anamnesebogen. Eingangs haben wir erwähnt, dass für die Kommunikation strukturierte Rahmenbedingungen ganz wichtig sind. Aus diesem Grund entschlossen wir uns, die Ergebnisse der gemeinsamen Aufnahme in einem speziell dafür entwickelten Formbogen zu dokumentieren. Dieser enthält alle Informationen des früheren ärztlichen und des früheren pflegerischen Aufnahmebogens. Bei der Neugestaltung haben wir auch Neues integriert, wie zum Beispiel die grafisch aufbereitete Ressourceneinschätzung des Patienten. Sie erleichtert die Aufnahme und unterstützt die Arbeit mit den gewonnenen Informationen.

Wichtig war uns auch eine weitestgehende Standardisierung des Aufnahmebogens. Wir haben, um Fehler und Unklarheiten zu vermeiden, möglichst viele Antwort-Alternativen vorgegeben, sodass es in der Regel ausreicht, die entsprechenden Hinweise anzukreuzen, um die Patienteninformation zu dokumentieren.

Die Umsetzung des gemeinsamen Aufnahmegesprächs erweist sich im Alltag als sehr schwierig. Wichtig ist es, dass Pflegende und Mediziner ihren Tagesablauf aufeinander abstimmen. Hier stoßen zwei Berufsgruppen mit ihren eigenen Strukturen und Abläufen – jeweils für sich optimiert – aufeinander. Das Ergebnis eines solchen Aushandlungsprozesses ist immer ein Kompromiss – jeder muss bereit sein, Zugeständnisse zu machen. Um für das hier vorgestellte Projekt zu einer Einigung kommen zu können, war es hilfreich, dass wir uns am Tagesablauf des Patienten orientieren konnten – denn um dessen Versorgung geht es beiden Berufsgruppen gleichermaßen.

Das Projekt hat uns gezeigt, dass bei der Umsetzung von neuen Ideen in die Praxis Durchhaltevermögen und Disziplin gefragt sind. Die Einhaltung der vereinbarten Zeitfenster ist entscheidend für die Akzeptanz dieses neuen Instruments im Team.

Stärker noch als vorher wurde den am hier beschriebenen Projekt Beteiligten bewusst, dass nicht nur Fachkompetenz, sondern auch kommunikative Kompetenz für eine gute Patientenversorgung wichtig ist. Bei Unsicherheiten oder Defiziten im Bereich „Kommunikation" sind Schulungen notwendig, um die Idee dieser multiprofessionell gestalteten Patientenkommunikation erfolgreich umsetzen zu können.

3.5.3 Zusammenfassung

Abschließend stellen wir in der folgenden Abbildung (3.**5**) nochmals den Ablauf der traditionellen Aufnahmegespräche dem Ablauf der im Klinikum Ludwigshafen neu entwickelten Form des Aufnahme- bzw. Anamnesegesprächs gegenüber. Aus dieser Darstellung sind die Vorteile des neuen Vorgehens klar ersichtlich. Machen Sie sich auf den Weg und nutzen Sie sie!

Literatur

A. Schopenhauer: In Lasko, W., I. Seim: Die Wow Präsentation. Gabler, Wiesbaden 1999 (S. 151)

Abb. 3.**5** Multiprofessionelle Kommunikation

4 Innovative Organisationskonzepte einführen

*»Wer allein arbeitet – addiert,
wer zusammenarbeitet – multipliziert.«*
(Sprichwort)

Generell ist jeder Grund, den Sie als Stationsleitung für die Entwicklung und Umsetzung eines neuen Organisations- und Pflegekonzepts auf Ihrer Station anführen, richtig und wichtig. Sie haben die Möglichkeit, die Rahmenbedingungen festzulegen, Ihre mit der Einführung des neuen Konzepts verbundenen Ziele, die entsprechenden Maßnahmen und die zu verändernden Arbeitsabläufe schriftlich zu fixieren, um zu einer prozess- und zielorientierten ganzheitlichen Pflege zu gelangen.

Das neu entwickelte Organisationskonzept kann Ihnen auch als Soll-Konzept dienen. Ein Soll-Konzept entsteht, wenn Sie die anzustrebende Pflegequalität auf Ihrer Station schriftlich festlegen. Dies ist beispielsweise möglich, wenn Sie in Ihrem Organisationskonzept ausführlich pflegerische Maßnahmen, Standards oder den Pflegeprozess beschreiben. Damit haben Sie ein Konzept entwickelt, an dem sich neue Mitarbeiterinnen, Schülerinnen aber auch andere Berufsgruppen, wie z. B. auf Ihrer Station arbeitende Ärzte, orientieren können und mit dessen Hilfe sie die einzelnen Arbeitsabläufe schneller nachvollziehen können. So erhalten alle Mitarbeiterinnen, die mit Ihrer Station in Kontakt kommen, Informationen darüber, wie ein Arbeitstag abläuft und wie

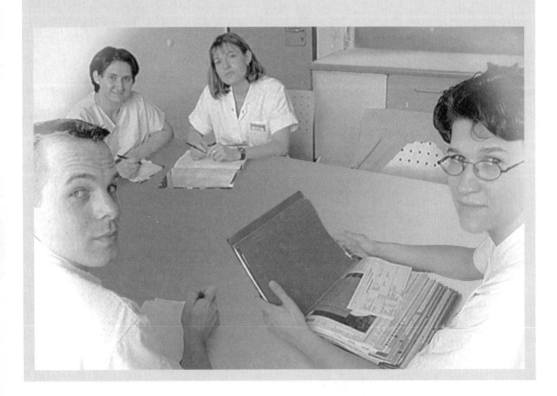

Ihre Station organisiert ist. Dies ist eine wichtige Grundlage für eine möglichst reibungslose Zusammenarbeit.

■ Partizipation als Führungsgrundsatz bei der Einführung innovativer Konzepte

Wichtig ist, dass Sie alle Mitarbeiterinnen Ihrer Station, aber auch die Stations- und Oberärzte sowie die Pflegedienstleitung und den Chefarzt in die Entwicklung des neuen Pflege- und Organisationskonzeptes mit einbeziehen. Aber auch andere Berufsgruppen und Fachabteilungen, mit denen Sie zusammenarbeiten (z. B. EKG, Röntgen, Sozialdienst, Krankengymnastik, Küche) sollten berücksichtigt werden. Bedenken Sie, dass neue Konzepte nur dann erfolgreich umzusetzen sind, wenn sich alle Beteiligten mit einbezogen fühlen und das Erarbeitete unterstützen. Nur so haben Sie mit der Einführung innovativer Organisationskonzepte Erfolg.

4.1 Einrichtung von Bereichen oder Stationen für Kurzlieger-Patienten

Roswitha Woiwoda

4.1.1 Ein Wort zuvor

Im Folgenden stellen wir Ihnen eine Möglichkeit vor, wie Sie für die Einrichtung einer Kurzlieger-Einheit (als Kurzliegerbereich oder Kurzliegerstation) (vgl. Kap. 4.2) ein Konzept entwickeln und dies in die Praxis umsetzen können. Dabei ist es wichtig, zunächst mit allen Beteiligten über die geplante Neuerung zu sprechen. Im Anschluss daran sollte eine Arbeitsgruppe gebildet werden, die federführend an dem Konzept arbeitet (vgl. hierzu Kap.1.2, Abschnitt: Instrumente des TQM).

4.1.2 Inhalte eines Organisationskonzeptes für Kurzlieger-Einheiten

Grundsätzlich sollten für die Entwicklung eines Organisationskonzeptes die folgenden Aspekte bzw. Elemente berücksichtigt werden:

1. Zielsetzung der Kurzlieger-Einheit,
2. Unternehmensleitlinien, Pflegeleitbild, Pflegephilosophie des jeweiligen Krankenhauses,
3. Pflegerische Ziele der einzurichtenden oder bereits existierenden Kurzlieger-Einheit,
4. Gesamtablaufplan,
5. Organisationsplan,
6. Organisatorischer Ablaufplan,
7. Anforderungsprofile an Mitarbeiterinnen und Personalbedarf,
8. Stations- bzw. Raumplan und notwendige Investitionen,
9. Anhang mit ausführlichen Beschreibungen und Informationen zu ausgewählten pflegerischen Tätigkeiten, Modellen oder Theorien (z. B. Pflegeanamnese, Aktivitäten des täglichen Lebens, Pflegestandards, Pflegeprozess), die neu eingesetzt bzw. umgesetzt werden sollen.

Welche Bedeutung die genannten Aspekte für die Einführung von Einheiten für Kurzlieger-Patienten haben, möchte ich nun beschreiben.

Zielsetzung der Kurzlieger-Einheit

Die Einrichtung einer Kurzlieger-Einheit ist zukunftsorientiert. Das bedeutet, dass damit die Strukturveränderungen im Gesundheitswesen und die Entwicklung der medizinischen Versorgung im stationären Bereich berücksichtigt werden. Damit trägt man unter anderem der sinkenden Verweildauer Rechnung und beachtet die ökonomischen Rahmenbedingungen sowie eine effiziente Leistungserstellung.

Mit der Einführung von Kurzlieger-Einheiten sind zwei Ziele verknüpft:

- Patientenzufriedenheit
- Mitarbeiterzufriedenheit

Patientenzufriedenheit

Mit diesem neuen Angebot wollen wir die Zufriedenheit unserer Patienten verbessern. Das kann erreicht werden durch:

- kurze Wartezeiten bei Untersuchungen und diagnostischen Eingriffen,
- möglichst kurze, dem Krankheitsbild angemessene Krankenhausaufenthalte,
- eine den Bedürfnissen der Patienten entsprechende ganzheitliche Pflege,
- gezielte Informationen über Abläufe (z. B. der Station oder von Untersuchungen) und pflegerische Maßnahmen,
- persönliche Betreuung durch entsprechend qualifizierte (fachlich und sozial kompetente) Mitarbeiterinnen,
- Erleben von multiprofessioneller und interdisziplinärer Zusammenarbeit und Kooperation der einzelnen, den Patienten betreuenden und behandelnden Berufsgruppen.

Die Bedürfnisse der Patienten sind der Maßstab für die zu erbringende Qualität.

Mitarbeiterzufriedenheit

Neben der Patientenzufriedenheit zielt die Einrichtung von Kurzlieger-Einheiten darauf ab, die Arbeits- und Berufszufriedenheit der Pflegenden zu verbessern. Um das zu erreichen ist es unter anderem wichtig, dass die Mitarbeiterinnen die Strukturen und Prozesse ihres Arbeitsbereichs verstehen. Der Tagesablauf und die einzelnen Schritte der Betreuung von Patienten, die zu diagnostischen Maßnahmen in die Klinik kommen, soll mithilfe des Organisationskonzepts für Kurzlieger-Einheiten übersichtlich strukturiert und transparent dargestellt werden. Durch die Darstellung der Arbeitsablauforganisation werden Tätigkeitsfelder strukturiert. Damit ist eine gezielte Personaleinsatzplanung möglich, das heißt, die Mitarbeiterinnen können entsprechend ihrer Qualifikationen und Fähigkeiten eingesetzt werden.

Der Organisationsplan ermöglicht die Kooperation zwischen den Berufsgruppen und fördert die Entwicklung von therapeutischen Teams. Der Bedarf an zusätzlichen, spezifischen Qualifikationen und an übergreifenden Schlüsselqualifikationen wird erkannt und kann im Rahmen von geplanten Fort- und Weiterbildungsmaßnahmen gedeckt werden.

Bezug zum Pflegeleitbild

Wichtig ist, dass Sie sich in Ihrem Organisationskonzept auf das Unternehmens- und/oder Pflegeleitbild Ihres Krankenhauses beziehen. Aus diesem wird das Pflegekonzept abgeleitet, das für Ihr Unternehmen und damit auch für Ihre Station maßgeblich ist.

Entwicklung der pflegerischen Ziele

Ein entsprechender Text zur Formulierung der pflegerischen Zielsetzung kann beispielsweise lauten:
„Der Pflegedienst des Klinikums Ludwigshafen wählt den pflegetheoretischen Ansatz von Nancy Roper, das „Modell des Lebens". In der Erweiterung von Maria Mischo-Kelling ergibt sich folgende Zielsetzung: Die Gewährleistung einer an den individuellen Bedürfnissen der Patienten orientierten sach- und fachgerechten Krankenpflege, unter Berücksichtigung wirtschaftlicher Aspekte, einer hohen Arbeitszufriedenheit des Personals sowie der kooperativen und konstruktiven Zusammenarbeit mit anderen Berufsgruppen." (Organisations- und Pflegekonzepte am Klinikum Ludwigshafen, unveröffentlicht)

Pflegeziele im Einzelnen

Wir möchten Ihnen beispielhaft einige Pflegeziele vorstellen, die mit dem neuen Organisationskonzept für Kurzlieger-Einheiten verwirklicht werden sollen. Grundsätzlich ist es sinnvoll, pflegerische Ziele speziell für einen bestimmten Bereich zu formulieren. Das bedeutet, es ist möglich, dass nicht alle der hier vorgestellten Ziele für Ihre Station relevant sind und Sie eventuell noch zusätzlich eigene Pflegeziele ergänzen müssen.

Einige Pflegeziele für Kurzlieger-Einheiten sind:

- Die Betreuung von Patienten, die zu diagnostischen Untersuchungen einbestellt werden, wird transparent gemacht.
- Der pflegerische, organisatorische und administrative Aufwand wird festgestellt. Er orientiert sich an den Bedürfnissen des Patienten.
- Der Patient wird von qualifiziertem Pflegepersonal betreut und informiert. So werden gesundheitliche Veränderungen früh erkannt und die Pflegenden reagieren gezielt mit entsprechenden Maßnahmen. Durch dieses kompetente Handeln vermitteln die Pflegenden dem Patienten ein Gefühl von Sicherheit.
- Der Patient wird über pflegerelevante Fragen vom Pflegepersonal informiert und erfährt psychosoziale Unterstützung.
- Für eine effiziente Arbeitsablauforganisation werden Arzthelferinnen und Stationsassistentinnen zur Unterstützung des Pflegepersonals in den Stationsablauf miteinbezogen.

Mit solchen und ähnlichen, auf Ihre spezielle Kurzlieger-Einheit ausgerichteten Pflegezielen können Sie eine prozess- und zielorientierte ganzheitliche Pflege realisieren.

Gesamtablaufplan

Abläufe lassen sich am besten grafisch darstellen. Die beiden folgenden Abbildungen (Abb. 4.1 u. 4.2) zeigen Beispiele für unterschiedliche Darstellungsformen von Abläufen. So ist z. B. in einem Gesamtablaufplan der vollständige organisatorische Ablauf aller am bzw. mit dem Patienten ausgeführten Maßnahmen von der Ankunft bis zu

4.1 Einrichtung von Bereichen oder Stationen für Kurzlieger-Patienten

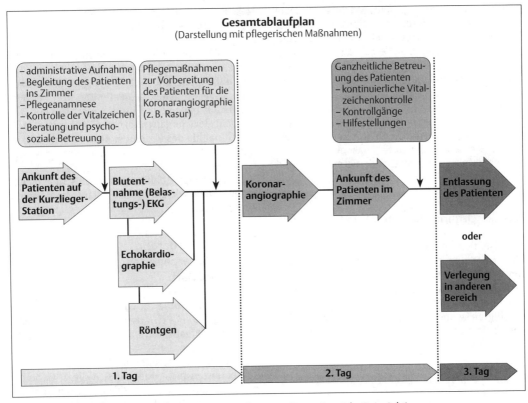

Abb. 4.1　Gesamtablaufplan für den diagnostischen Kurzlieger-Bereich, Beispiel 1

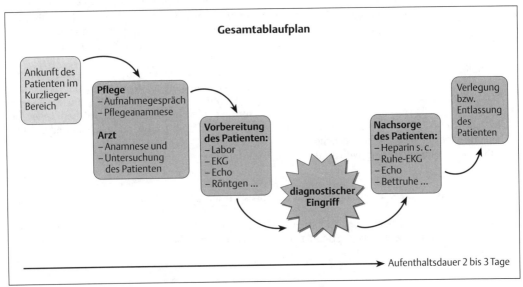

Abb. 4.2　Gesamtablaufplan für den diagnostischen Kurzlieger-Bereich, Beispiel 2

seiner Entlassung dargestellt. Wichtig ist dabei nicht, dass Sie alles bis ins kleinste Detail beschreiben, sondern dass Sie die anfallenden Aufgaben und Tätigkeiten auf einer Zeitachse strukturieren.

Bei der Ablaufplanung in Kurzlieger-Bereichen müssen Sie berücksichtigen, dass die meisten Voruntersuchungen (Abb. 4.1, 1. Tag) bereits prästationär erfolgen können. Sollten diese Untersuchungen dennoch in Ihrem Bereich erbracht werden, müssen Sie das auf dem Gesamtablaufplan entsprechend vermerken und markieren.

Organisationsplan

Die Orientierung an einem Organisationsplan soll die Umsetzung einer prozess- und zielorientierten Patientenversorgung unterstützen. Die organisatorischen Grundlagen sollten Sie unbedingt mit allen an der Einführung des neuen Konzeptes Beteiligten gemeinsam erarbeiten und vereinbaren. Beteiligte Bereiche und Personen können beispielsweise sein:

- Ärztinnen,
- Funktionsbereiche (z.B. EKG, EEG, CT, Labor, Röntgen),
- Sekretariate der Kliniken,
- Serviceabteilungen (z.B. Krankentransport, Bettenzentrale).

Darüber hinaus ist es wichtig, mit einzelnen Abteilungen, z.B. der Röntgenabteilung, Absprachen zu treffen. Hier hat die Erfahrung gezeigt, dass es sinnvoll ist, Zeitfenster (vgl. Kap. 1.2) für die Kurzlieger-Patienten zu vereinbaren. Diese Methode kann auch für die Organisation von EKG und Echolot angewendet werden.

Praxis-Tipp

Überlegen Sie sich, mit wem Sie welche Absprachen aushandeln müssen und welche Methoden der Zusammenarbeit sinnvoll sind.

Organisatorischer Ablaufplan (Stationsablauf)

Wie sieht nun der Tagesablauf einer Kurzlieger-Einheit im Einzelnen aus? Nachdem Sie im Gesamtablaufplan den Verlauf der gesamten Krankenhausverweildauer des Patienten im Überblick dargestellt haben, wird im organisatorischen Ablaufplan der Hergang einzelner Tätigkeiten (z.B. die Aufnahme des Patienten, Abb. 4.3a) detailliert und mit Angabe der Uhrzeiten (Abb. 4.4) beschrieben.

Die folgenden Abbildungen (Abb. 4.3a–c u. 4.4) zeigen Ihnen, wie ein solcher Ablaufplan gestaltet werden kann.

Anforderungsprofile an Mitarbeiterinnen und Personalbedarf

Anforderungsprofile an Mitarbeiterinnen (vgl. Kap. 3.2) leiten sich aus den jeweils zu bewältigenden Aufgaben im betreffenden Tätigkeitsbereich ab (Abb. 4.5).

Genügen die bereits im Team vorhandenen Kompetenzen nicht, müssen sich die Mitarbeiterinnen entsprechend qualifizieren, um den an sie gestellten Anforderungen gerecht werden zu können. Sollte sich ein Personalwechsel ergeben, ist es sinnvoll, nur solche Mitarbeiterinnen neu einzustellen, die über die in Ihrem Organisationskonzept beschriebenen Qualifikationen verfügen.

Für eine möglichst reibungslose Zusammenarbeit ist es erforderlich, dass sich Ihre Mitarbeiterinnen in den neu entwickelten Organisationsstrukturen gut zurechtfinden, und dass sie in der Lage sind, den Verlauf einzelner Tätigkeiten und den Ablauf eines ganzen Tages zufriedenstellend zu organisieren. Wie wichtig und notwendig Souveränität und organisatorische Kompetenz sind, zeigt sich vor allem an solchen Tagen, an denen der Arbeitsaufwand besonders hoch ist.

aus der Praxis

In einer Absprache mit dem Labor haben wir bei Kurzlieger-Patienten durch die Kennzeichnung „D" (= Diagnostik) auf dem Adressen-Etikett markiert, dass die betreffenden Patienten noch am selben Tag berücksichtigt werden sollen.

Organisatorischer Ablauf bei Patienten mit diagnostischen Eingriffen

Ab 7.30 Uhr: Aufnahme des Patienten auf die Station
- administrative Aufnahme
- Durchführung von Pflegeanamnese und Pflegedokumentation
- Betreuung und Beratung des Patienten, Beantwortung pflegerelevanter Fragen
- Erledigung administrativer Aufgaben
  - diagnostische Maßnahmen anmelden
  - Anlegen der Kurve, Kontrolle der Patientenunterlagen

Eingriff	Vorbereitende Maßnahmen					
	Coro-Labor	Ruhe-EKG	Echo	Rö.-Thorax	Monitor
1. Kontroll-Angiographie	X	X	X	X	–
2. Kontroll-Coronarangiographie (Coro) nach PTCA	X	X	X	X	–
3. Elektrophysiologischer Herzkatheter (Ep-U)	X	X	X	X	X
4. Medizinische Kardioversion (Med. CV)	X	X	(X)	–	X
5. Elektrische Kardioversion (Elektr. CV)	X	X	X/TEE TGE	–	–
6. Interne Kardioversion (I-CV)	X	X	X	X	X
7. Percutane Transluminale Coronar-Angioplastie (PTCA)	X/Blutgruppenbestimmung	X	X	X	X/6 h am Monitor
8. Katheter-Ablation	X	X	X	X	X

Organisatorischer Ablauf bei Patienten mit diagnostischen Eingriffen

Vorbereitende Pflegemaßnahmen bei allen diagnostischen Eingriffen (außer Check-up): `Pflege`
- Bereitlegen des OP-Hemds
- Bereitstellen der Urinflasche oder des Steckbeckens
- beidseitige Rasur der Leisten
- Anpassen der Antithrombose-Strümpfe
- soziale Betreuung und Beratung

Am selben Tag: Anmeldung der Maßnahme im entsprechenden Funktionsbereich
Am selben oder nächsten Tag: Durchführung des diagnostischen Eingriffs

Anschließend: Ankunft des Patienten im diagnostischen Bereich der Station `Pflege`
- sofort halbstündliche, dann stündliche bis zweistündliche Vitalzeichenkontrolle
- Kontrollen zur Früherkennung eventuell auftretender Komplikationen (z. B. Druckverband, Fußpulse, Temperatur, Bewusstseinszustand, Hautzustand)
- Hilfestellungen bei den Aktivitäten des täglichen Lebens (z. B. Richten des Essens: Tee, Schnabeltasse, Zwieback; Bereitstellen von Steckbecken/Urinflasche)
- einige Patienten (5F-Katheter) dürfen in Begleitung am gleichen Tag zur Toilette aufstehen

Organisatorischer Ablauf bei Patienten mit diagnostischen Eingriffen

Im Normalfall bleibt der Patient bis zum nächsten Morgen, bei Bedarf auch länger. `Pflege`
20.15 Uhr: Übernahme durch die Nachtwache
Nächster Morgen:
Ab 7.00 Uhr
- Vitalzeichen kontrollieren
- Frühstück
- Bett machen (nur wenn der Patient stationär bleibt)

⇒ falls erforderlich: Lösen des Druckverbands durch den Arzt `Arzt`
⇒ alle Patienten dürfen danach aufstehen
⇒ nach einem Abschlussgespräch mit dem leitenden Klinikarzt können die Patienten nach Hause gehen.

Bleibt der Patient länger als 3–4 Tage stationär, ist er von der Kurzlieger-Einheit auf eine Station zu verlegen.

- X = kennzeichnet, dass diese Maßnahme durchgeführt wird
- – = kennzeichnet, dass diese Maßnahme **nicht** durchgeführt wird
- (X) = kennzeichnet, dass diese Maßnahme optional durchgeführt wird

TGE = transösophageale Echokardiographie

Abb. 4.**3a–c** Organisatorischer Ablaufplan

Stationsablaufplan

Zeit	Tätigkeit	Zuständig
ab 7.00 Uhr	– Vitalzeichenkontrolle – Kontrolle und Vergabe von Medikamenten – Bei Bedarf: Bett machen	Pflege
ab 7.30 Uhr	– Frühstück – Aufnahme einbestellter Patienten – Patienten zu Untersuchungen vorbereiten und zu den Untersuchungen schicken – Kurzinfusionen und Injektionen vorbereiten	
ab 8.00 Uhr	– Blutabnahme – Neuzugänge aufnehmen	Arzt
ab 10.00 Uhr	– Visite mit dem Arzt durchführen und ausarbeiten – Patienten nach invasiven Eingriffen überwachen	Pflege, Arzt
11.30 – 12.00 Uhr 13.00 – 13.30 Uhr anschließend	– Mittagessen – Übergabe an den Spätdienst: geplant ist die Übergabe am Patientenbett – weitere pflegerische und administrative Maßnahmen nach Bedarf	Pflege
ab 17.00 Uhr 20.15 – 20.30 Uhr	– bis 17.00 Uhr entscheidet der Arzt über die Entlassungen am Folgetag – Abendessen – weitere pflegerische und administrative Maßnahmen nach Bedarf – Übergabe an die Nachtwache	Pflege, Arzt

Abb. 4.4 Stationsablaufplan

Anforderungsprofil an Mitarbeiterinnen

Aus der Darstellung der Arbeitsabläufe werden die unterschiedlichen Anforderungen, die zur Erfüllung einer qualitativ hochwertigen Patientenversorgung notwendig sind, ersichtlich. Dies ermöglicht mit Hilfe von Stellenbeschreibungen (die teilweise noch zu erstellen sind) eine Zuordnung der Zuständigkeiten von bestimmten Tätigkeiten an bestimmte Berufsgruppen.

Mitarbeitergruppe	Tätigkeitsbereiche
• Pflegepersonal	vorwiegend patientenbezogene pflegerische Aufgaben, wie z. B. Durchführung einer ganzheitlichen Pflege, therapeutische Maßnahmen, Pflegedokumentation, Dienstübergaben;
• Arzthelferinnen	sind vorwiegend für unterstützende Tätigkeiten des Pflegepersonals und des Arztes eingesetzt;
• Pfleg. Stationsassistentinnen	administrative Aufgaben, wie: Vorbereitung der administrativen Patientenaufnahme, Ausfüllen von Formularen, Telefondienst etc.

Abb. 4.5 Anforderungsprofil an Mitarbeiterinnen

4.1 Einrichtung von Bereichen oder Stationen für Kurzlieger-Patienten

■ Personalbedarf

Generell richtet sich der Gesamtpersonalbedarf nach der Größe einer Einheit bzw. Station. Daneben muss für die Personalkostenberechnung allerdings auch die Qualifikation berücksichtigt werden. So ist beispielsweise für jede Arbeitsschicht eine examinierte Pflegende einzuplanen. Außerdem muss für die Berechnung des Personalbedarfs geklärt werden, ob die Kurzlieger-Station an Wochenenden und Feiertagen offen oder geschlossen ist. Darüber hinaus muss festgelegt werden, wie viele Patienten über das Wochenende auf der Station bleiben können. Achten Sie bei den Absprachen mit ihrer Pflegedienstleitung sowohl auf wirtschaftliche Gesichtspunkte als auch auf Ihre Mitarbeiterinnen.

Praxis-Tipp

Berechnen Sie die notwendigen Vollkräfte mit den in Kapitel 2.5 erläuterten Instrumenten. Gehen Sie dabei – wie dort erläutert – von Schichtbesetzungen aus. Nehmen Sie am Wochenende und an Feiertagen keine pflegebedürftigen Patienten auf. Andernfalls werden Sie an den kommenden Wochentagen Schwierigkeiten haben, diese Patienten in den kurzliegerorientierten Arbeitsablauf zu integrieren.

■ Stationsplan und Investitionen

Die für die Einrichtung oder Umgestaltung einer Kurzlieger-Einheit erforderlichen räumlichen Veränderungen (z. B. bauliche Maßnahmen oder Neuanschaffungen) müssen frühzeitig besprochen und geklärt werden. Eine langfristige Planung ist vor allem deshalb wichtig, weil terminliche Schwierigkeiten die Implementierung des Gesamtkonzeptes verzögern können – wie die Erfahrung leider oft genug gezeigt hat.

Die folgende Abbildung (Abb. 4.6) ist ein Beispiel für die räumliche Gestaltung eines diagnostischen Kurzlieger-Bereichs auf einer Station.

■ Anhang des Organisationskonzeptes

In einem Anhang können Sie Leitbilder, Konzepte und Handlungsanweisungen, auf die Sie sich in Ihrem Organisationskonzept beziehen, ausführlich darstellen. Das hat den Vorteil, dass Ihr Konzept übersichtlich bleibt, die interessierte Leserin aber dennoch Details und Einzelheiten im Anhang nachlesen kann.

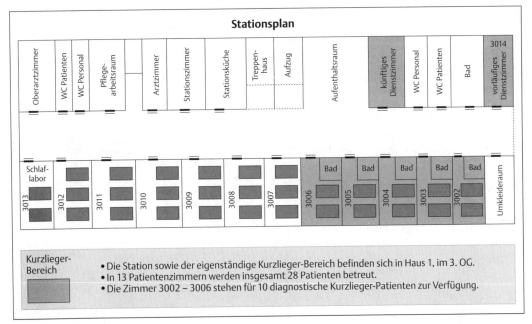

Abb. 4.6 Stationsplan mit Kurzlieger-Bereich

Auswahl häufiger Pflegetätigkeiten

1. Körperpflege

Ziel:
- Pflege wird auch bei körperlicher und geistiger Beeinträchtigung des Patienten gewährleistet.

Pflegerische Maßnahmen:
- bei Bedarf werden dem Patienten Waschutensilien bereitgestellt.
- Hilfe bei der Durchführung der Körperpflege unter Einhaltung der angeordneten Bettruhe.

2. Essen und Trinken

Ziel:
- ein angemessenes, ausreichendes Angebot an Nährstoffen und Flüssigkeit,
- Berücksichtigung soziokultureller und religiöser Faktoren und Einstellungen,
- Mahlzeiten sollten in angenehmer Atmosphäre und störungsfreier Umgebung eingenommen werden.

Pflegerische Maßnahmen:
- Vor der diagnostischen Untersuchung muss der Patient nüchtern bleiben, trinken ist jedoch möglich.
- Nach der Untersuchung erhält der Patient zunächst Tee und Zwieback; 1 – 2 Stunden später wird ihm das Essen vorbereitet und Pflegende sind ihm bei Bedarf bei der Nahrungsaufnahme behilflich.
- Nach diagnostischen Maßnahmen auf eine ausreichende Flüssigkeitszufuhr achten.

Abb. 4.7 Beispielseite aus dem Anhang des Organisationskonzeptes

Da wir uns in unserem Pflegekonzept auf das „Modell des Lebens" von Nancy Roper beziehen (s. oben), führen wir im Anhang des „Organisationskonzepts für den diagnostischen Kurzlieger-Bereich" eine Auswahl häufiger Pflegetätigkeiten auf (Abb. 4.7) und stellen das „Modell des Lebens" mit Hilfe einer Abbildung vor.

4.1.3 Zusammenfassung

Auch ohne dass eine Umstrukturierung für Ihre Station geplant ist, können Sie ein Organisations- oder Pflegekonzept für Ihren Bereich entwickeln. Dabei geht es unter anderem darum, dass Sie Ihre einzelnen Arbeitsabläufe und die Pflegeaktivitäten neu strukturieren und in eine die Zufriedenheit von Patienten und Mitarbeiterinnen fördernde Organisation einbinden.

Wenn Sie im Anhang des Organisationskonzeptes Ihre häufig wiederkehrenden Pflegemaßnahmen aufführen, haben Sie gleichzeitig eine Handlungsanweisung für Ihre Mitarbeiterinnen erstellt. Gerade für neue Mitarbeiterinnen oder Schülerinnen ist es eine wertvolle Hilfe, nachlesen zu können, wie was auf Ihrer Station gemacht wird.

Erfolgversprechend ist ein Organisationskonzept selbstverständlich nur, wenn alle sich an diesem Konzept orientieren. Nicht zuletzt kann die gemeinsame Umsetzung einer neuen Idee den Zusammenhalt im Team fördern und vielleicht sogar ein wenig Spaß bereiten.

Literatur

Mischo-Kelling, M., H. Zeidler (Hrsg.): Innere Medizin und Krankenpflege. Urban & Schwarzenberg, München 1989

Roper, N., W. W. Logan, A. J. Tierney: Die Elemente der Krankenpflege. 4. Aufl., Recom, Basel 1993

4.2 Integration ambulanter Operationen in die Prozesse einer Klinik

Hans-Jörg Habermehl

4.2.1 Ein Wort zuvor

Im Rahmen der stetigen Neuordnung des Gesundheitswesens gewinnt der Grundsatz „ambulant vor stationär" zunehmend an Bedeutung. Diese Entwicklung geht auch an den Krankenhäusern nicht vorbei. Hier sind insbesondere die Fachabteilungen betroffen, zu deren Leistungsspektrum operative Eingriffe zählen.

Im folgenden Beitrag möchte ich den sich seit 1996 vollziehenden Strukturwandel am Beispiel einer Augenklinik deutlich machen. In vielen Augenkliniken stellt die Kataraktoperation einen operativen Schwerpunkt dar. In der hier vorgestellten Klinik sind etwa zwei Drittel aller Operationen Kataraktoperationen. Die Einführung einer Fallpauschale ab Januar 1996 für diese Operation war der Auslöser für die umfangreiche Umstrukturierung der Augenklinik. Gegenwärtig werden Kataraktoperationen immer häufiger ambulant durchgeführt.

4.2.2 Reorganisationskonzept – Einrichtung einer Kurzlieger-Station

Das Konzept zur Reorganisation der eingangs erwähnten Augenklinik wurde durch einen multiprofessionell besetzten Themenzirkel (s. weiter unten und Kap. 1.2) entwickelt, der im Herbst 1995 seine Arbeit aufnahm.

Folgende Ziele waren zu realisieren:

- Patientenorientiertes Prozessmanagement,
- Sicherung der Behandlungsqualität,
- Verkürzung der Verweildauer,
- Kosteneinsparungen.

■ Ergebnisse der Reorganisation

Reduzierung der Betten. Die Gesamtbettenzahl der Klinik wurde von 71 auf 51 Betten reduziert. Die ursprünglich drei Krankenstationen wurden umgewandelt in eine Kurzlieger-Station mit 14 Betten, die ausschließlich für Patienten mit Kataraktoperationen zur Verfügung steht und in eine mit 37 Betten ausgestattete Station zur Behandlung von Patienten mit anderen Augenerkrankungen.

Reduzierung der Verweildauer. Die durchschnittliche Verweildauer der Kataraktpatienten verringerte sich von sechs auf ca. eineinhalb bis zwei Tage.

Reduzierung der Kosten. Kosteneinsparungen wurden im Wesentlichen im Personalbereich des Pflegedienstes realisiert, weil der Kurzlieger-Bereich von Freitagnachmittag bis Montagmorgen geschlossen ist. Hierdurch kann z. B. auf den Einsatz einer Nachtwache verzichtet werden.

Wie sich der Prozessablauf einer Kurzlieger-Station aus der Sicht des Patienten darstellt, zeigt Abbildung 4.8.

4.2.3 Reorganisationskonzept – Einführung ambulanter Operationen

Im Jahre 1998 wurde die Konzeption des Kurzlieger-Bereichs durch das Konzept „ambulante Kataraktoperation" ergänzt. Um dieses zu erarbeiten, wurde erneut die bewährte Methode eines multiprofessionell besetzten Themenzirkels angewendet. Ein solcher Themenzirkel ist gekennzeichnet durch einen genau definierten, zeitlich begrenzten Arbeitsauftrag. Er setzt sich zusammen aus Mitarbeiterinnen des betroffenen Bereichs und aus Mitarbeiterinnen anderer Berufsgruppen, die ebenfalls mit dem Reformvorhaben befasst sind.
Beteiligte Berufsgruppen des Reorganisationskonzeptes „ambulante Kataraktoperation" sind:

- Wirtschafts- und Versorgungsdienste (z. B. Küche, Transportdienst, Apotheke, Reinigung, Service),
- Verwaltung (z. B. Patientenabrechnung, Patientenaufnahme),

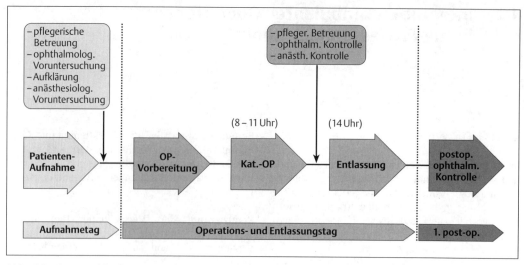

Abb. 4.8 Prozessablauf einer Kurzlieger-Station aus der Sicht des Patienten

- Informationstechnologie,
- Technik,
- Ärztlicher Dienst (Chefarzt der Klinik, Oberarzt, Anästhesist),
- Pflegedienst (Stations- und Funktionsleitung, Pflegedienstleitung),
- Betriebliche Interessenvertretung.

Der eingesetzte Themenzirkel bearbeitet den ihm gestellten Auftrag umfassend und unter Berücksichtigung der Erfordernisse aller Berufsgruppen. Die Wahrung der Patientenwünsche und -interessen müssen Grundlage aller Entscheidungen sein. Um dies zu gewährleisten, nehmen die primären Dienstleister – Pflegende und Ärzte – eine tragende und entscheidende Rolle in dem Reformprozess ein. Insbesondere die Stationsleitung ist hier gefordert, weil in der Regel nur sie umfassende Kenntnis der Gesamtabläufe im Hinblick auf das Zusammenspiel und die Koordination der einzelnen Dienstleister hat. Hinzu kommt, dass die Stationsleitung durch den ständigen und intensiven Kontakt mit Patienten und deren Angehörigen profunde Kenntnisse über Patientenwünsche und -interessen hat. Dieses Know-how ist von unschätzbaren Wert und muss für das jeweils geplante Reformvorhaben genutzt werden.

Mit der hier beschriebenen Reorganisation einer Augenklinik war folgendes Ziel zu realisieren: Ambulante Operationen sollten – bei gleich bleibend hoher Behandlungsqualität – in die bestehenden Strukturen der Kurzlieger-Station integriert werden.

Um dieses Ziel zu erreichen, waren folgende Maßnahmen notwendig:

- Optimierung der multiprofessionellen Abläufe auf der Kurzlieger-Station,
- Verbesserung der Kooperation mit externen Stellen (andere Abteilungen des Klinikums).

Ergebnisse der Reorganisation

Der Gesamtprozess der ambulanten Operation wurde in drei Teilbereiche gegliedert:

- Vorbereitungstag
- Operationstag
- Nachsorgetag

Diese Dreiteilung erfolgte im Wesentlichen aus organisatorischen Gründen. Wie sich der gesamte Ablauf aus Patientensicht darstellt, vermittelt Abbildung 4.9.

4.2 Integration ambulanter Operationen in die Prozesse einer Klinik

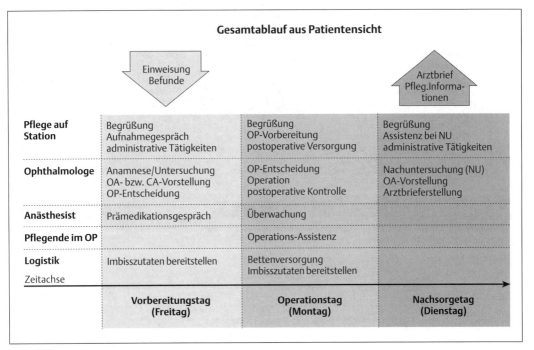

Abb. 4.9 Gesamtablauf aus Patientensicht

■ Abläufe am Vorbereitungstag einer ambulanten Kataraktoperation

Am Vorbereitungstag (Abb. 4.**10**) kommen die Patienten mit den notwendigen Papieren (z. B. Einweisungsformulare, Untersuchungsbefunde) in die Klinik. Im Vorfeld (bei der ersten Vorstellung im Krankenhaus oder durch den Hausarzt, der den Patienten zur Kataraktoperation in das Krankenhaus einweist) erhalten sie einen umfangreichen Aufklärungsbogen, der über den Aufnahmetermin, die mitzubringenden Untersuchungsbefunde sowie den zeitlichen Ablauf des Klinikaufenthaltes informiert.

Die Patienten werden von Pflegenden in Empfang genommen. Diese sichten die mitgebrachten Unterlagen und führen mit den Patienten ein an den Aktivitäten des täglichen Lebens (ATL) orientiertes Anamnesegespräch. Hierbei wird besonderes Augenmerk auf die nachstationäre häusliche Versorgung gelegt.

Daran anschließend finden die notwendigen ärztlichen Voruntersuchungen bzw. Gespräche statt: die ärztliche Anamnese und das Aufklärungsgespräch in Bezug auf die Operation. Beides erfolgt jeweils durch den verantwortlichen Operateur und den Anästhesisten.

Nachdem alle Entscheidungen für die anstehende Operation getroffen sind, gehen die Patienten über das Wochenende nach Hause.

■ Abläufe am Operationstag einer ambulanten Kataraktoperation

Am Operationstag (Abb. 4.**11**) werden die Patienten ebenfalls durch Pflegende in Empfang genommen. Nach Zuweisung eines Patientenzimmers werden alle notwendigen präoperativen Tätigkeiten durchgeführt. Die Patienten werden über den geplanten Operationszeitpunkt informiert und nach Abruf in den OP gebracht.

Nach erfolgter Operation bleiben die Patienten für ca. 2–3 Stunden zur postoperativen Versorgung auf der Station. Im Anschluss daran erfolgt eine Begutachtung durch den Operateur und den Anästhesisten und erst danach kann der Patient nach Hause entlassen werden.

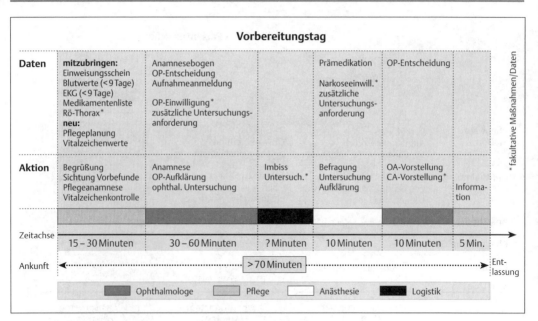

Abb. 4.10 Vorbereitungstag einer ambulanten Kataraktoperation

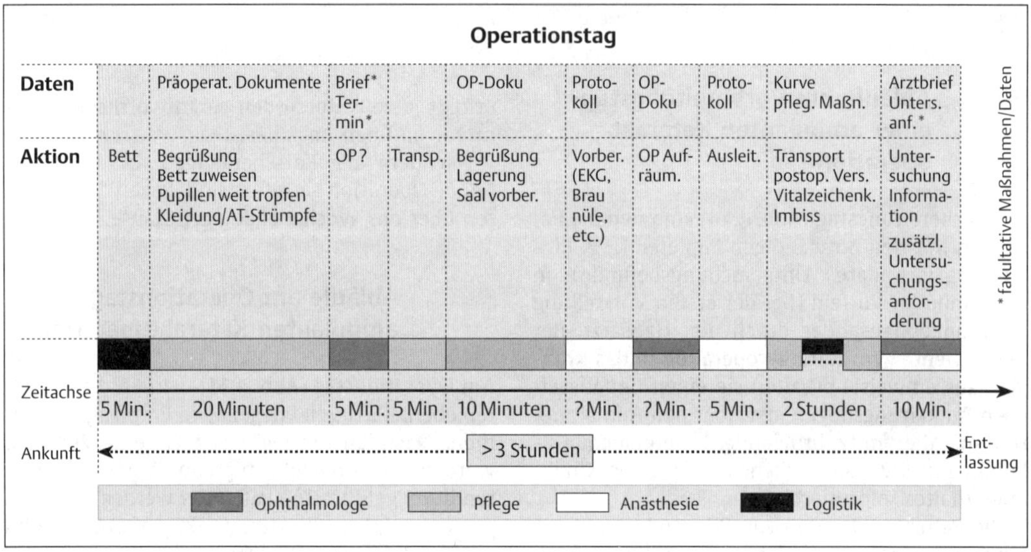

Abb. 4.11 Operationstag einer ambulanten Kataraktoperation

Abläufe am Nachsorgetag einer ambulanten Kataraktoperation

Der Nachsorgetag (Abb. 4.12) dient im Wesentlichen der postoperativen augenärztlichen Untersuchung, der Befund- und Arztbrieferstellung.

4.2.4 Optimierung der Servicequalität

Das Krankenhaus bzw. die Fachabteilung stellt sich mit der Einführung des ambulanten Operierens dem Wettbewerb mit den ambulanten Leistungserbringern außerhalb der Krankenhäuser. In diesem Wettbewerb spielt die Servicequalität der jeweiligen Einrichtung eine entscheidende Rolle. Daher ist es wichtig, Service als (pflegerische) Leistung zu integrieren.

Was heißt Servicequalität für den Bereich „ambulantes Operieren"?

Patienten bzw. Kunden beurteilen Servicequalität nach ganz bestimmten Kriterien, die Berry (1992) zufolge in fünf Faktoren zusammengefasst und folgendermaßen beschrieben werden können:

„1. Zuverlässigkeit. Die Fähigkeit, pünktlich und zuverlässig das zu leisten, was versprochen wurde.
2. Zuvorkommenheit. Die Bereitschaft, dem Kunden rasch behilflich zu sein.
3. Vertrauen. Ihr Wissen und die Höflichkeit, die Sie dem Patienten/Kunden gegenüber erweisen, und die Fähigkeit, Kompetenz, Glaubwürdigkeit und Sicherheit zu vermitteln.
4. Einfühlungsvermögen. Der Grad an Zuwendung und individueller Aufmerksamkeit, die Sie dem Patienten/Kunden gegenüber beweisen.
5. Konkrete Dinge. Die Einrichtungen, die zu Ihrem Unternehmen gehören, Ihr Arbeitsmaterial, Ihre Ausrüstung und Ihr Erscheinungsbild (und das Ihrer Kollegen)."

(Berry 1992, zit. n. Zemke u. Anderson 1995, S. 20)

Die Patienten werden in Zukunft die erbrachten Leistungen der verschiedenen Kliniken bzw. Fachabteilungen immer besser miteinander vergleichen können. Das Ergebnis dieses Vergleiches wird die Patienten erheblich in ihrer Entscheidung beeinflussen, in welcher Einrichtung sie eine Operation durchführen lassen. Berechtigterweise erwarten Patienten einen effizient gestalteten Ablauf, in dem ihnen z. B. unnötige und belastende Wartezeiten erspart bleiben. Schlechte bzw. unzureichende Informationen im Vorfeld einer geplanten Operation müssen ebenfalls vermieden werden.

Umsetzung der Servicequalität

Mit Blick auf die geforderte Servicequalität ist es von größter Bedeutung, den Patienten in den Mittelpunkt aller Überlegungen zu stellen und den

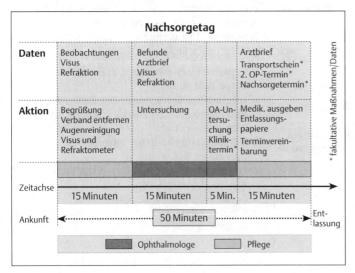

Abb. 4.12 Nachsorgetag einer ambulanten Kataraktoperation

gesamten Ablauf des ambulanten Operierens unter dem Gesichtspunkt der Patientenorientierung zu gestalten. Hierfür sind die entsprechenden Rahmenbedingungen zu schaffen, das heißt alle Betroffenen (Patienten und Personal) müssen umfassende Informationen erhalten, es müssen entsprechende Räumlichkeiten zur Verfügung stehen und die logistische, administrative und organisatorische Planung muss reibungslos ablaufen. Was das im Einzelnen bedeutet, soll nachfolgend aufgeführt werden:

Informationen:

- rechtzeitige Vorinformationen für die Patienten und die niedergelassenen Ärzte mit Ablauf- und Anforderungsbeschreibung, detailliertem Ablaufplan für jeden Tag sowie Nachsorgeempfehlungen;
- kontinuierliche ärztliche und pflegerische Beratung und Betreuung während des Aufenthaltes;
- zeitnahe Weiterleitung des Operationsberichtes, Arztbriefes und Pflegeberichtes an den einweisenden Arzt und weiterbetreuende Pflegedienste.

Räumlichkeiten:

- Aufenthaltsmöglichkeiten für Patienten und deren Begleitpersonen;
- Umkleideräume mit entsprechenden Schrankanlagen und Wertfächern;
- Patientenzimmer oder entsprechende Räumlichkeiten in unmittelbarer OP-Nähe zur prä- und postoperativen Versorgung.

Logistik:

- Sicherstellung der Bettenversorgung;
- Bereitstellung und Transport von Patientenessen;
- Sicherstellung des Patiententransportes;
- Sicherstellung des Patiententransportes nach Hause.

Administration:

- Bündeln aller administrativen Tätigkeiten am Ort der Leistungserbringung;
- zeitnahe (am Operationstag) Dokumentation und Erstellung des Operationsberichtes, Arztbriefes und Pflegeberichtes.

Patientenmanagement:

- rechtzeitige Planung der Einbestellungen;
- detaillierte Operationsplanung.

4.2.5 Standardisierung von Prozessen

Ein wesentliches Element einer erfolgreichen Implementierung des ambulanten Operierens ist die Standardisierung möglichst aller Prozess-Schritte. Dies gilt für die Gestaltung der Kontakte mit niedergelassenen Ärzten und Pflegediensten, den prä-, intra- und postoperativen Abläufen sowie den Abläufen der sekundären Dienstleister (z. B. Küche, Transportdienste).

Ziele der Standardisierung sind unter anderem:

- Förderung der multiprofessionellen Zusammenarbeit,
- Erhöhung der Patientenzufriedenheit durch transparente Abläufe,
- Förderung der Patientenbindung durch Erhöhung der Attraktivität für einweisende Ärzte und Pflegedienste,
- Minimierung der Kosten.

Die Umsetzung dieser Ziele verschafft dem Krankenhaus letztlich Wettbewerbsvorteile gegenüber anderen konkurrierenden Leistungserbringern. Das an den formulierten Zielen orientierte Handeln setzt allerdings den Willen aller Beteiligten voraus, Bereichsinteressen dem Gesamtinteresse unterzuordnen.

Um auf Dauer als Anbieter ambulanter Operationen am Markt bestehen zu können, ist aus meiner Sicht die Kontaktpflege zu niedergelassenen Ärzten und Pflegediensten wichtig und notwendig. Ebenso erforderlich ist es aber auch, das Angebot des ambulanten Operierens und die damit verbundenen Serviceleistungen bekannt zu machen – nach dem Motto: „Tue Gutes und rede darüber". Es gibt eine Vielzahl an **Möglichkeiten, die eigenen Leistungen außerhalb des jeweiligen Krankenhauses darzustellen.** Hierzu gehören zum Beispiel:

- Erstellen einer Broschüre, in der alle Leistungen dargestellt sind,
- regelmäßige Befragungen von Patienten, Ärzten und Pflegediensten zur kontinuierlichen Qualitätsverbesserung,
- Schulungsangebote für Angehörige zur postoperativen Betreuung,
- Fortbildungsangebote für Pflegedienste und niedergelassene Ärzte,
- Benennung von Ansprechpartnern,
- Tag der offenen Tür zur Darstellung der Leistungsfähigkeit.

4.2.6 Zusammenfassung

Die Integration ambulanter Operationen in die Prozesse einer Klinik sollte unter Beteiligung aller am Prozess beteiligten Personen bzw. Berufsgruppen erfolgen. Im Wesentlichen sind hier die primären Dienstleister „Pflegedienst" und „Ärztlicher Dienst" gefordert. Die sekundären Dienstleister (z. B. Technik, Bau, Logistik, Verwaltung, Küche) müssen ihre Leistungen an den Bedürfnissen der primären Dienstleister ausrichten.

Im stationären Bereich ist innerhalb des Teams durch die Pflegedienstleitung und Stationsleitung Überzeugungsarbeit zu leisten, um die erforderlichen organisatorischen Veränderungen reibungslos umsetzen zu können. Dies erfordert ein hohes Maß an kommunikativer, fachlicher und sozialer Kompetenz.

Die rechtzeitige Einbeziehung des Teams, und die umfassende Information aller Mitarbeiterinnen sind notwendige und unverzichtbare Bestandteile des Gesamtprozesses. Im Rahmen von Teamsitzungen und stationsinternen Arbeitsgruppen können und sollten Ideen der Mitarbeiterinnen aufgegriffen und in die Arbeit des Themenzirkels eingebracht werden.

Literatur

Graf, V., B. H. Mühlbauer, K. Harms, J. F. Riemann (Hrsg.): Ein Krankenhaus im Reformprozeß, Total Quality Management in der Praxis. Bibliomed Med. Verl.-Ges., Melsungen 1998

Zemke, R., K. Anderson: Umwerfender Service, 2. Aufl. Campus, Frankfurt 1995

4.3 Umsetzung eines ganzheitlichen Betreuungskonzeptes in einer geburtshilflichen Abteilung

Christiane Kral und Simone Winkel

4.3.1 Ein Wort zuvor

Die ganzheitliche Betreuung von Wöchnerinnen und Neugeborenen existiert bereits seit vielen Jahren in etlichen Ländern Europas und wird in unterschiedlichen Formen verwirklicht.

Schaut man sich die Entwicklung in der Geburtshilfe im 20. Jahrhundert an, so ist der gemeinsame Saal für Wöchnerinnen und Neugeborene die älteste Organisationsform. Diese Form ist zur Jahrhundertwende auf Wochenstationen von Frauenkliniken und Entbindungsanstalten anzutreffen, das heißt die Mutter war während des gesamten Klinikaufenthaltes mit dem Neugeborenen zusammen. Ein anderes System war zur damaligen Zeit erst einmal undenkbar. Das änderte sich, als man mehr über Infektionen und die Übertragung von Krankheiten wusste: Das bewährte System musste aufgrund der hygienischen Erkenntnisse verändert werden, um das Neugeborene vor Keimübertragungen durch die Mutter und andere Personen (z.B. Besucher) zu schützen. Dazu muss man wissen, dass um 1900 Krankenhausgeburten noch Ausnahmen waren. In die Krankenhäuser wurden überwiegend Frauen mit pathologischem Schwangerschaftsverlauf eingewiesen. Bei ihnen traten fieberhafte Wochenbettverläufe so häufig auf, dass es aus damaliger Sicht durchaus sinnvoll war, Schutzmaßnahmen für das Neugeborene einzuführen. Auf diese Weise entstanden die abgegrenzten Neugeborenenabteilungen, zu denen – außer dem Pflegepersonal und den zu betreuenden Ärzten – niemand Zutritt hatte. Das Neugeborene wurde den Vätern und Angehörigen durch eine Glasscheibe gezeigt.

Der Trend, im Krankenhaus zu entbinden, setzte besonders in den 50er Jahren ein. Bereits in den 80er Jahren stieg der Anteil der Krankenhausgeburten bis auf 99 Prozent. Inzwischen hat er sich wieder verringert, liegt aber immer noch über 90 Prozent.

Die damit nahezu vollständige Verlagerung des Geburtsortes vom eigenen Heim in ein Krankenhaus hat dazu geführt, dass der Anteil an Frauen mit „normalen" Schwangerschafts-, Geburts- und Wochenbettverläufen bei weitem dominiert. Daher sind die damals gewichtigen Gründe für eine getrennte Unterbringung und Pflege von Mutter und Kind als Routinemaßnahmen aus heutiger hygienischer Sicht bereits seit gut einem Jahrhundert nicht mehr zu vertreten.

Auf diese veränderte Situation haben die Krankenhäuser teilweise sehr spät reagiert. Erst in den 70er und 80er Jahren wurde zunehmend damit begonnen – auch auf den verstärkten Druck der Frauen hin – in den Krankenhäusern Rooming-in als Maßnahme zur Verbesserung der Kontaktmöglichkeit zwischen Eltern und Kind zu etablieren. Die Frauen forderten eine selbstbestimmte Schwangerschaft, Geburt und Wochenbettzeit sowie eine stärkere Beteiligung der Väter an Erziehungs- und Kinderbetreuungsaufgaben (vgl. Schiemann 1993, S. 5 ff).

Mittlerweile kann es sich kein Krankenhaus mehr leisten, Rooming-in nicht anzubieten. Dabei wiesen und weisen die einzelnen Anwendungsformen erhebliche Unterschiede auf. Die 1993 von Schiemann in ihrem Buch „Postnatales Rooming-in" beschriebenen Arten der Anwendung von Rooming-in haben immer noch Gültigkeit. Sie sind allerdings heute kaum mehr in ihrer Reinform anzutreffen, sondern werden auf verschiedenste Weise modifiziert.

Anwendungsformen des Rooming-in nach Schiemann

„Herkömmliches Zentralsystem"

Mutter und Kind werden nach der Verlegung aus dem Geburtsraum getrennt untergebracht und betreut." (Schiemann 1993, S. 9) Bereits nach der Geburt wird das Neugeborene in das Neugeborenen-Zimmer verlegt. „Der Mutter-Kind-Kontakt beschränkt sich auf die Neugeborenen-Mahlzeiten, an denen das Kind während des Krankenhausaufenthaltes nach einem festgesetztem Zeitplan zur Mutter gebracht wird. Für den Vater bestehen zum Kind während des Krankenhausaufenthaltes nur sehr wenige Kontaktmöglichkeiten." (Schiemann 1993, S. 9)

„Kontaktsystem"

Wöchnerinnen- und Neugeborenen-Zimmer liegen nebeneinander. Die Mutter hat jederzeit Zugang zu ihrem Kind." (Schiemann 1993, S. 9)

„Intermittierendes Rooming-in"

Das Kind hält sich am Tag nur über einen begrenzten Zeitraum bei der Mutter auf und ist nachts im zentralen Neugeborenen-Zimmer untergebracht. Die Kontaktmöglichkeiten für Väter und Geschwisterkinder unterscheiden sich prinzipiell nicht vom kontinuierlichen Rooming-in." (Schiemann 1993, S. 9)

„Kontinuierliches Rooming-in"

Mutter und Kind wird ein ununterbrochenes Zusammensein und Vätern sowie Geschwisterkindern tagsüber ein uneingeschränkter Kontakt ermöglicht." (Schiemann 1993, S. 9)

Abgesehen von Ausnahmen wird in Deutschland auch heute noch nahezu ausschließlich *intermittierendes* Rooming-in praktiziert. Damit wird deutlich, dass der Begriff *Rooming-in* auf keinen Fall mit einem ganzheitlichen Betreuungskonzept gleichzusetzen ist. Viele Krankenhäuser bieten ein Rooming-in an, ohne die Arbeitsabläufe entsprechend neu zu gestalten oder Personalentwicklungsmaßnahmen durchzuführen.

Inhalt und Ziel eines ganzheitlichen Betreuungskonzeptes in einer geburtshilflichen Abteilung

Unser Verständnis eines ganzheitlichen Betreuungskonzeptes möchten wir folgendermaßen zusammenfassen:

> **Definition**
>
> Ganzheitliche Betreuung bedeutet, die junge Familie in einer harmonischen Entwicklung mit möglichst wenigen Störungen und den kulturellen Bedürfnissen angepasst zu unterstützen. Das heißt für die betreuende Pflegeperson, sich darum zu bemühen, den unterschiedlichen Ansprüchen und Erwartungen von Mutter, Neugeborenem und Familienangehörigen gerecht zu werden.

Der Krankenhausaufenthalt soll dazu dienen, dass Mutter und Kind sich in Ruhe und Geborgenheit auf ihre neue Situation einstellen und damit auseinandersetzen können und dass beide einen gemeinsamen interaktiven „Lebensrhythmus" finden, in dem die Mutter auf die Bedürfnisse des Kindes eingehen soll. Gerade die erste Phase des Lebens soll einen prägenden Einfluss haben (vgl. Schiemann 1993, S. 8).

Um diesem theoretischen Anspruch gerecht zu werden, müssen für die Praxis folgende Aspekte berücksichtigt werden:

- In den ersten Tagen nach der Geburt muss eine Trennung von Mutter und Kind vermieden werden. Das bedeutet auch, dass das Kind gemeinsam mit der Mutter vom Kreißsaal auf die Wochenstation verlegt wird.
- Mutter und Kind benötigen eine integrierte Pflege. Das ermöglicht eine ganzheitliche Wahrnehmung von Veränderungen und somit eine individuelle Unterstützung von Mutter und Kind. Voraussetzung dafür ist, dass die tra-

ditionelle Aufgabenteilung zwischen Kranken- und Kinderkrankenschwester aufgehoben wird, und dass man nach dem System der integrativen Wochenbettpflege arbeitet.
- Mutter und Vater müssen bei der Pflege des Kindes unterstützt werden. Das bedeutet eine umfassende Beratung und Anleitung.
- Die Mutter muss eine individuelle Stillberatung und -anleitung erhalten, um das Stillen zu fördern.
- Die Mutter muss die Gelegenheit erhalten, den Tagesablauf im Krankenhaus individuell zu gestalten, um sich auf den Rhythmus des Kindes einstellen zu können.

4.3.2 Darstellung der geburtshilflichen Abteilung zu Projektbeginn

Wie im gesamten Bundesgebiet zeigte sich auch in unserer Region Anfang bis Mitte der 90er Jahre ein steter Geburtenrückgang. Gleichzeitig erwarteten die werdenden Eltern eine umfangreiche Information. Sie lasen viel, informierten sich umfassend und kamen dementsprechend mit konkreten Vorstellungen in die Krankenhäuser. Trotz ihres angelesenen Wissens – so unsere Erfahrung – erwarteten die schwangeren Frauen eine konkrete Beratung, Anleitung und Unterstützung von den Mitarbeiterinnen des Krankenhauses, die als Expertinnen galten. Serviceleistungen wurden als selbstverständlich angesehen (vgl. Kapitel 4.3.3). Für die Krankenhäuser bedeuteten diese Erwartungen, dass sie die entsprechenden Serviceleistungen anbieten mussten. Hinzu kam ein zunehmender Konkurrenzdruck der Krankenhäuser und Fachabteilungen untereinander, der ein Umdenken und Handeln erforderlich machte.

Zur besonderen Situation der „Projekt-Klinik".
Das Klinikum, von dem wir hier berichten, verfügt über keine Kinderklinik. Diese befindet sich in der näheren Umgebung. Die geburtshilfliche Abteilung wird routinemäßig durch einen Oberarzt der Kinderklinik betreut, der mindestens zweimal wöchentlich zu Untersuchungen der Neugeborenen kommt. In Notfällen steht jederzeit ein kompetenter Kinderarzt dieser Klinik zur Verfügung. Die Zusammenarbeit mit dieser Kinderklinik kann als sehr kooperativ gesehen werden.

Fast jede schwangere Frau schaut sich heute vor der Entbindung mit ihrem Partner unterschiedliche geburtshilfliche Abteilungen an und vergleicht die Angebote und die Serviceleistungen untereinander. Ausschlaggebend bei der Krankenhauswahl sind nicht nur das räumlich ansprechende Umfeld, sondern weitere Serviceleistungen des Hauses rund um die Geburt (z. B. spezielle Vorbereitungskurse, Roma-Rad im Kreißsaal, Möglichkeit zur Wassergeburt). Nicht zuletzt erwarten die Frauen eine individuelle und ganzheitliche Betreuung.

Für uns als Klinik war es daher unumgänglich, Mitte der 90er Jahre, den ursprünglichen Rooming-in-Gedanken der 70er Jahre neu aufzugreifen und zu überarbeiten. Das theoretische Konzept für das Reformprojekt, erarbeitet mit den Mitarbeiterinnen der Wochenstation und der Neugeborenen-Abteilung sowie dem zuständigen Oberarzt, beinhaltete allgemeine Informationen über eine ganzheitliche Betreuung. Zur Umsetzung des Konzeptes lagen ein grober Handlungsrahmen und die Formulierung der angestrebten Ziele vor. Wie sich die Situation in der geburtshilflichen Abteilung zu Beginn des Projekts Ende 1995 darstellte, möchten wir im Folgenden beschreiben. Dabei werden wir uns auf drei Schwerpunkte konzentrieren:

- die räumlichen Gegebenheiten der geburtshilflichen Abteilung,
- die Kompetenzen der Mitarbeiterinnen,
- die Arbeitsablauforganisation.

Räumliche Gegebenheiten der geburtshilflichen Abteilung

In der geburtshilflichen Abteilung gab es zum damaligen Zeitpunkt ein *Neugeborenenzimmer*, das man wegen seiner Größe eher als Saal bezeichnen konnte. Es bot ausreichend Platz für die Baby-Bettchen. Außerdem befanden sich in diesem „Saal" etwa zwanzig Arbeitsplätze, an denen die Babys gewickelt, gewogen und gebadet bzw. gewaschen werden konnten. Das Neugeborenenzimmer lag direkt neben dem *Kreißsaal* und konnte durch eine Verbindungstür erreicht werden. Direkt an dieses Zimmer war die *Mütterschule* angeschlossen. Hier wurden die Mütter von den Mitarbeiterinnen der Neugeborenenabteilung angeleitet.

Die *Wochenstation* umfasste 30 Betten. Es gab hier Dreibett- und einige wenige Zweibettzimmer, die jeweils mit einer Nasszelle ausgerüstet waren. Die Zweibettzimmer wurden in der Regel als Rooming-in-Zimmer genutzt.

Kompetenzen der Mitarbeiterinnen

Neugeborenenzimmer, Kreißsaal und Wochenstation waren zu Beginn des Projekts jeweils separate Einheiten mit je einer eigenen Leitung.

In dem Neugeborenenzimmer arbeiteten ausschließlich Kinderkrankenschwestern. Im Rahmen der Ausbildung wurden hier allerdings auch Auszubildende der Krankenpflege eingesetzt.

Der Kreißsaal, in dem ausschließlich Hebammen arbeiteten, wurde von einer Hebamme geleitet. Im Rahmen der Ausbildung wurden hier gelegentlich Krankenpflegeschüler- und -schülerinnen eingesetzt.

Die Wochenstation wurde von einer Krankenschwester geleitet. Hier waren vorwiegend Krankenschwestern und einige Kinderkrankenschwestern eingesetzt.

Mit Ausnahme der Stationsleitung der Wochenstation hatte weder die Leitung des Neugeborenenzimmers noch die Funktionsleitung des Kreißsaales eine Weiterbildung zur Stations- bzw. Funktionsleitung absolviert.

In allen drei Bereichen war die Fluktuation sehr gering. Das Personal, insbesondere der Neugeborenenabteilung und des Kreißsaales, war bereits sehr lange (bis zu 20 Jahre) in derselben Abteilung tätig. Auch ergab eine Auswertung der Teilnahmestatistik von Fortbildungen über die vergangenen drei Jahre, dass alle Mitarbeiterinnen sich kaum an internen Fortbildungen beteiligten. Auf der Suche nach den Ursachen für dieses Verhalten fand man in Gesprächen heraus, dass die Pflegenden große Angst vor Veränderungen hatten und dass sie in der Vielzahl über ein sehr tradiertes Pflegeverständnis verfügten. So sahen beispielsweise die Kinderkrankenschwestern ihre Aufgabe in erster Linie auf die Versorgung des Neugeborenen beschränkt. Die Notwendigkeit, die Mutter mit einzubeziehen, sahen nur wenige. Im Gegenzug sahen sich die Krankenschwestern hauptsächlich zuständig für die Betreuung der Schwangeren und der Wöchnerinnen. Eine Beratung der Wöchnerinnen erfolgte kaum. Auch der Servicegedanke war nur bei wenigen Mitarbeiterinnen vorhanden.

Bedingt durch die mangelnde Teilnahme an Fortbildungen bzw. die grundsätzlich fehlende fachliche Weiterentwicklung der Mitarbeiterinnen waren viele neue Pflegemaßnahmen bzw. -methoden nicht bekannt, und es wurde noch nach alten Mustern gepflegt. Defizite zeigten sich insbesondere bei der Stillberatung.

Im Kreißsaal wurden die Gebärenden individuell betreut. Allerdings waren auch hier nicht alle Mitarbeiterinnen über die neuesten Entwicklungen einer geburtshilflichen Abteilung informiert. Geburtsvorbereitungskurse wurden von einer Krankengymnastin durchgeführt. Einmal im Monat fand eine Informationsveranstaltung für interessierte Schwangere und deren Partner statt. Diese Veranstaltung wurde von einem Arzt organisiert und durchgeführt.

Arbeitsablauforganisation

Auf Wunsch der Mutter bestand die Möglichkeit für ein Rooming-in. Dies fand in der Regel am Tage statt. Nachts waren die Kinder im Neugeborenenzimmer untergebracht.

Die Versorgung der Neugeborenen erfolgte zum größten Teil durch die Kinderkrankenschwestern. Die Mutter wurde auf Wunsch mit einbezogen. Es existierten zwei unterschiedliche Tagesabläufe mit festen Weckzeiten und strukturierten Arbeitsabläufen. Diese waren nicht auf die Bedürfnisse der Mütter und der Kinder ausgerichtet, sondern orientierten sich an den zu erledigenden Tätigkeiten. So wurden morgens um 6.00 Uhr alle Neugeborenen im Neugeborenenzimmer gebadet oder gewaschen und anschließend zu den Müttern gebracht.

Die Wöchnerinnen wurden nur in Ausnahmefällen von einer Hebamme besucht. Eine systematische Zusammenarbeit der einzelnen Berufsgruppen des Neugeborenenzimmers, der Wochenstation und des Kreißsaales gab es nicht. Jede Berufsgruppe konzentrierte sich ausschließlich auf den eigenen Zuständigkeitsbereich: die Kinderkrankenschwester war für das Neugeborene verantwortlich, die Krankenschwester für die Wöchnerin und die Hebamme für die Geburt.

Auf der Wochenstation wurde noch überwiegend funktional gepflegt, auch wenn die Station in zwei Bereiche eingeteilt war.

Bewertung der dargestellten Arbeitsumstände in der geburtshilflichen Abteilung zu Projektbeginn

Die beschriebene Situation in der geburtshilflichen Abteilung Ende 1995 macht deutlich, dass Veränderungen dringend erforderlich waren. Auf Initiative der Pflegedienstleitung wurde das bestehende theoretische Konzept für die Umsetzung einer ganzheitlichen Betreuung evaluiert und überarbeitet. Daran beteiligt waren die Stationsleitungen der Wochenstation und des Neugeborenenzimmers sowie der zuständige Oberarzt. Es wurde ein Plan für die praktische Umsetzung des Konzepts erstellt und die daran geknüpften Ziele wurden formuliert. Das Projekt war auf eine Dauer von zwei Jahren festgelegt.

4.3.3 Geplante Veränderungen in der geburtshilflichen Abteilung

Der Handlungsrahmen wurde von der Pflegedienstleitung, in Absprache mit dem ärztlichen Leiter, festgelegt. Es wurden die folgenden Änderungen angestrebt:

- Verlegung des Neugeborenenzimmers auf die Wochenstation,
- räumliche Umgestaltung der Wochenstation (Zweibettzimmer) und gleichzeitige Bettenreduzierung von 30 auf 24 Betten,
- eine gemeinsame Leitung für die Wochenstation und das Neugeborenenzimmer,
- kontinuierliche ganzheitliche Betreuung von Mutter und Kind,
- Zusammenarbeit aller Berufsgruppen,
- Einführung einer patientenorientierten Bereichspflege (integrativen Wochenbettpflege),
- Qualifizierung der Mitarbeiterinnen in Bezug auf die Kompetenzen „Anleitung" und „Beratung",
- Intensivierung des Servicegedankens „rund um die Geburt".

Räumliche Veränderungen

An räumlichen Veränderungen war Folgendes vorgesehen:

- *Renovierung der gesamten Station:* Die Station sollte überwiegend aus Zweibettzimmern bestehen. Für jedes Zimmer waren Nasszellen geplant. Station und Zimmer sollten hell und freundlich ausgestattet sein. Es war beabsichtigt, jedes Zimmer mit einer Wickelkommode und ansprechenden Babybetten für die Neugeborenen auszustatten. Die Babybetten sollten fahrbar und mit einem Himmel versehen sein. Wickelkommoden und Babybetten sollten einheitlich gestaltet sein und den freundlichen Charakter des Zimmers unterstreichen.
- *Verlegung des Neugeborenen-Zimmers auf die Wochenstation:* Hier bestand zum damaligen Zeitpunkt in einem angrenzenden Raum schon die Möglichkeit, die Mütter anzuleiten und zu beraten.
- *Neukonzeption eines Stillzimmers, das nur den Müttern und Neugeborenen zur Verfügung steht:* Den Frauen sollte hiermit die Möglichkeit geboten werden, sich zurückzuziehen.
- *Neugestaltung des bereits vorhandenen Aufenthaltsraumes:* Dieser kann von den Vätern und anderen Besuchern genutzt werden.
- *Einführung eines Frühstücksbüfetts:* Damit war beabsichtigt, den Frauen die Möglichkeit zu bieten, innerhalb eines festgelegten Zeitrahmens individuell ihr Frühstück einzunehmen. (Das Büfett sollte im Zeitraum von 7.30 Uhr bis 9.00 Uhr gerichtet sein.)

Neugestaltung der Arbeitsabläufe

Die Umgestaltung der Arbeits- bzw. Tagesabläufe war einer der wesentlichsten Punkte,

- um eine kontinuierliche ganzheitliche Betreuung für Mutter und Kind zu erreichen,
- um den Frauen umfassende Informationen geben zu können,
- um den Frauen eine ausführliche Beratung und Anleitung im Umgang mit sich und ihrem Kind anbieten zu können,
- um geforderte Serviceleistungen zu realisieren.

Die Frauen sollten ihren *Tagesablauf weitestgehend individuell gestalten* können; Rituale, die bisher den Arbeits- bzw. Tagesablauf bestimmten, sollten aufgegeben werden, z. B. das morgendliche Sechs-Uhr-Weck-Ritual, in dem die Säuglinge ohne Einbeziehung der Mütter gebadet oder gewaschen wurden.

Im zukünftigen Tagesablauf sollten die Frauen lediglich an die Essenszeiten gebunden sein, wobei hier durch die Einführung des Frühstücksbüfetts bereits die Möglichkeit gegeben wurde, den eigenen Gewohnheiten zu folgen. Der zweimal täglich durchzuführende Wochenbettbesuch (vgl. 4.3.4) durch die zuständige Pflegende und eine Arztsprechstunde, die einmal täglich stattfinden soll, (vgl. 4.3.4) wurden als feste Bestandteile des Tagesablaufes geplant.

Eine *individuelle Betreuung* für Mutter und Kind ist nur möglich, wenn innerhalb einer Schicht eine feste Ansprechpartnerin zur Verfügung steht. Um das zu erreichen, war es vorgesehen, die Bereichspflege zu intensivieren. Eine Pflegende

(Krankenschwester, Kinderkrankenschwester, Hebamme) sollte eine Gruppe Frauen und deren Kinder betreuen. Hierzu musste auch die Dokumentation umgestaltet werden, das heißt, es war eine gemeinsame Kurve für Mutter und Kind zu erarbeiten und zu implementieren.

Die geplante Änderung des Tagesablaufs erforderte gleichzeitig eine *Änderung der Dienstzeiten des Pflegepersonals*. Der klassische Früh- und Spätdienst war jetzt nur noch dazu nötig, den Nachtdienst abzulösen bzw. einzuführen. Die Einführung von Mitteldiensten zeigte sich als zwingend notwendig.

Die individuellen *Besuchszeiten* im Krankenhaus hatten bzw. haben zur Folge, dass die Patientinnen tagsüber kaum zur Ruhe kommen. Auf Wunsch der Frauen (Umfrage) wurde deshalb beschlossen, die Besuchszeiten folgendermaßen zu modifizieren:

- Väter und Geschwister können jederzeit zu Besuch kommen.
- Andere Angehörige und Freunde dürfen Mutter und Kind nur zwischen 14.00 und 20.00 Uhr besuchen.

■ Zusätzliche Serviceleistungen

Es wurde geplant, die folgenden Serviceleistungen zusätzlich anzubieten oder zu erweitern:

- Erstellung einer Informationsbroschüre in Zusammenarbeit mit dem zuständigen Oberarzt,
- Erweiterung des Angebotes an Informationen und unterstützenden Kursen (Geburtsvorbereitungskurse, Hebammensprechstunden, Bauchtanz, Yoga, Säuglingspflegekurse) für Schwangere und Mütter durch Hebammen und Kinderkrankenschwestern,
- monatlich stattfindende Informationsabende für Schwangere und deren Partner, die berufsgruppenübergreifend gestaltet werden sollen (Beteiligte: ein Arzt, eine Hebamme als Vertreterin des Kreißsaales, eine Kranken- oder Kinderkrankenschwester als Vertreterin der Wochenstation),
- Einführung homöopathischer Methoden,
- Neuanschaffung von Kinderwagen, um Spaziergänge im Gelände zu ermöglichen,
- Anschaffung so genannter Perlen-Namenskettchen für die Neugeborenen,
- Erweiterung des Frühstücksbüfetts (s. oben) durch ein Abendbüfett.

Um zu erfahren, was die Frauen von dem Serviceangebot und der Umgestaltung der geburtshilflichen Abteilung halten und ob sie damit zufrieden sind, werden regelmäßig Patientenbefragungen durchgeführt. Sie geben nicht zuletzt Hinweise für Veränderungen.

■ Kompetenzerweiterung der Mitarbeiterinnen

Die Arbeit in der Bereichspflege ermöglicht ein selbstständiges und eigenverantwortliches Arbeiten. Dazu müssen die Mitarbeiterinnen allerdings über hohe fachliche Kompetenzen verfügen. Um diese erreichen bzw. halten zu können, sind folgende Maßnahmen erforderlich:

- stationsinterne Fortbildungen zu unterschiedlichen Themen (vgl. Kap. 2.6.2),
- Fortbildungen speziell zu geburtshilflichen Themen durch externe Referentinnen (z. B. erfahrene Hebamme),
- Fortbildungen zum neuen Aufgabengebiet „Anleiten und Beraten" durch externe Referentinnen,
- Erarbeiten einheitlicher Pflegestandards für die Aufgabenbereiche Schwangerenbetreuung, Wochenbettpflege, Säuglingspflege, Stillberatung und Stillförderung.

■ Auswirkungen des Reformprojekts auf die Mitarbeiterinnen der geburtshilflichen Abteilung – zusammenfassende Darstellung

Die Beschreibung der Soll-Situation macht deutlich, welche Konsequenzen die Umsetzung eines ganzheitlichen Betreuungskonzeptes für die Mitarbeiterinnen der jeweiligen Bereiche hat. Umfassende Neuerungen bedeuten für jede Einzelne, dass sie sich nicht nur umstellen und an die veränderten Umstände gewöhnen muss, sondern auch, dass sie umlernen muss. Von den Pflegenden wird also ein umfassendes Umdenken gefordert. Worauf sich das im Einzelnen bezieht, soll noch einmal zusammenfassend dargestellt werden:

- Teamzusammenführung (aus zwei Teams soll ein Team werden),
- berufsgruppenübergreifende Teamarbeit, weil in den zusammenzuführenden Teams Kinderkranken- und Krankenschwestern arbeiten,

- Erlernen von fremden Aufgabenfeldern, die bis zum Zeitpunkt des Reformprojektes nicht zum eigenen Handlungsbereich gehörten,
- Erweiterung des Aufgabengebietes durch die Kompetenzen „Beratung und Anleitung" der Mitarbeiterinnen untereinander im Hinblick auf die Versorgung der Patientinnen,
- gegenseitiges Anleiten, Austauschen und Rückmeldung geben,
- eigenverantwortliches und selbstständiges Arbeiten in der Bereichspflege,
- aktive Teilnahme an Umstrukturierungsprozessen sowie aktive Mitarbeit in Arbeitsgruppen,
- Umstellung des Tagesablaufplanes,
- regelmäßige Teilnahme an Fortbildungen,
- mehr Kundenfreundlichkeit und verbesserter Service für die Frauen.

4.3.4 Umsetzung des Projektes „ganzheitliche Betreuung" in die Praxis

Wie oben beschrieben lag für die Umsetzung einer ganzheitlichen Betreuung in der geburtshilflichen Abteilung ein grober Rahmen in Form eines theoretischen Konzeptes vor. Die Stationsleitungen und die Mitarbeiterinnen waren in die Planung involviert und die Zielsetzung war ihnen bekannt. Einige der geplanten Maßnahmen konnten bereits vor der Umsetzung des Gesamtkonzeptes verwirklicht werden, wie etwa die Verlegung des Neugeborenenzimmers auf die Wochenstation.

Um die für die Umsetzung des Reformkonzeptes geplanten Maßnahmen strukturiert und zielorientiert durchführen zu können und um die beiden getrennten Pflegeteams zu einem Team zusammen führen zu können, wurden so genannte *Teamtage* (s. dazu weiter unten) eingerichtet, die von einer externen Moderatorin begleitet wurden. Somit wurde folgende Projektgestaltung (Abb. 4.13) konstruiert, die eine Verzahnung der Beteiligten untereinander darstellt, aber trotzdem klar abgegrenzte Aufgaben beinhaltet.

Aufgabenschwerpunkte aller am Projekt Beteiligten

Für die Umsetzung des Projekts wurden den Beteiligten jeweils bestimmte Aufgaben zugeschrieben, die im Folgenden erläutert werden sollen.

Aufgaben der externen Begleitung

Als externe Begleitung wird die Mitarbeiterin einer Unternehmensberatung verpflichtet. Sie ist als Außenstehende eine neutrale Person und kann in dieser Position auf möglicherweise problematische Entwicklungen und Prozesse aufmerksam machen.

Die externe Begleitung gestaltet Teamtage mit allen beteiligten Berufsgruppen (Kinderkrankenschwestern, Krankenschwestern und Hebammen) und unterstützt an diesen Tagen in erster Linie die Teamentwicklung zwischen Kinderkranken- und Krankenschwestern.

In ihrer Funktion und als Außenstehende gilt die externe Begleitung als objektiv. Sie steht mit allen Projektbeteiligten in regem Austausch, berät und gibt Empfehlungen weiter.

Aufgaben der internen Begleitung

Die interne Begleitung fungiert in einer stationsübergeordneten Position, koordiniert das Projekt und ist erste Ansprechpartnerin für die Mitarbeiterinnen der Station. Sie arbeitet auf der Station mit, gestaltet die Arbeitsorganisation mit und gibt fachliche Anregungen. Weiterhin unterstützt sie die Station in der Umsetzung der festgelegten Ziele und gibt Rückmeldung zu den Entwicklungen. Bezogen auf das Projekt organisiert sie regelmäßig Teambesprechungen mit den Mitarbeiterinnen.

Bedingt durch ihr Aufgabengebiet und die regelmäßige Präsenz erfüllt die interne Begleitung somit auch eine Kontrollfunktion.

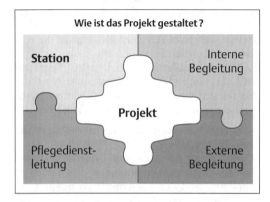

Abb. 4.13 Projektgestaltung

Sie steht in regelmäßigen Kontakt mit der Pflegedienstleitung und der externen Begleitung. Gemeinsam mit ihr werden die aktuellen Themen bzw. Problematiken für die Teamtage vorab angesprochen, damit die externe Begleitung sich entsprechend darauf vorbereiten kann. Die interne Begleitung ist bei Bedarf an den Teamtagen anwesend.

■ Aufgaben der Mitarbeiterinnen auf der Station

Mit Unterstützung der externen und internen Begleitung legen die Mitarbeiterinnen der betreffenden Station ihre Ziele und Arbeitsaufträge selber fest und bestimmen den Zeitpunkt der Umsetzung. Weiter bilden sie Arbeitsgruppen mit konkreter Zielsetzung.

Ein ausschlaggebender Faktor der Aufgabengebiete der Mitarbeiterinnen ist die gegenseitige Anleitung. Kinderkrankenschwester und Krankenschwester arbeiten die jeweils andere Profession in ihrem Fachgebiet ein. Sie melden Bedarf an, in welcher Form sie Unterstützung (externe Fortbildungen) benötigen.

Die Mitarbeiterinnen nehmen regelmäßig an den Teambesprechungen und Teamtagen teil.

■ Aufgaben der Pflegedienstleitung

Als Vorgesetzte hält die Pflegedienstleitung ständigen Kontakt zu allen Beteiligten. Durch regelmäßige Führungsgespräche und Maßnahmenvereinbarungen mit der Stationsleitung unterstützt und führt sie diese. Als Projektverantwortliche holt sich die Pflegedienstleitung bei den Mitarbeiterinnen Rückmeldung über das Vorgehen der internen und externen Begleitung. Auch ist sie in regelmäßigem Austausch mit den weiteren Projektbeteiligten.

Sie initiiert und beantragt die notwendigen Fortbildungen und ist verantwortlich für die Schaffung geeigneter Rahmenbedingungen, z. B. um die Mitarbeiterinnen bei der Umsetzung von Veränderungen innerhalb der Gesamtorganisation zu unterstützen (Umzugsplanungen, Einführen des Frühstücksbüfetts).

■ Instrumente zur Projektdurchführung

■ Hospitationen

Während der Entwicklungsphase des Projekts hospitierten die Pflegedienstleitung und die interne Begleitung in einem anderen Krankenhaus, in dem eine ganzheitliche Betreuung in der geburtshilflichen Abteilung bereits umgesetzt war. Hier bekamen sie fachliche Anregungen und lernten andere Strategien zur Umsetzung des neuen Pflegesystems kennen. Die Erfahrungen und Kenntnisse wurden an das Team der eigenen Klinik weitergegeben und konnten zum Teil auch in der Praxis angewandt werden.

Auch die Hospitation der internen Begleiterin und einer Stationsmitarbeiterin in einem anthroposophischen Krankenhaus war für die Umsetzung des ganzheitlichen Betreuungskonzept lehr- und hilfreich. Insbesondere der naturheilkundliche Ansatz der anthroposophischen Philosophie wurde zum Teil auf der Station umgesetzt.

■ Teamtage

An den von der externen Begleitung geleiteten Teamtagen fand unter anderem regelmäßig eine Evaluation über den Fortgang des Projektes statt. Dabei wurden Probleme und Hemmnisse benannt und gemeinsam Lösungen erarbeitet.

Exemplarisch werden im Folgenden die Inhalte der beiden ersten Teamtage vorgestellt, um die Themen dieser Teamtage zu verdeutlichen.

Inhalte der ersten beiden Teamtage. Am Anfang der beiden Arbeitstage stand das *gegenseitige Kennenlernen* von externer Begleitung und den Teams der Wochenstation und dem Kinderzimmer sowie einigen Mitarbeiterinnen aus dem Kreißsaal. Im Anschluss daran fanden klare *Absprachen über die Zielsetzung des Projektes* statt. Dabei wurde das theoretische Pflegekonzept angesprochen und weitere Fragestellungen diskutiert, wie zum Beispiel:

- Was beinhaltet eine ganzheitliche Betreuung von Mutter und Kind in der Praxis?
- Wie kann die Bereichspflege optimal organisiert werden?
- In welcher Form soll die Zusammenarbeit aller beteiligten Berufsgruppen erfolgen? Was muss dabei berücksichtigt werden?

Mit Hilfe von Moderationstechniken wurden zur Sprache gebrachte Probleme in einem Themenspeicher gesammelt. Daraus konnten Arbeitsaufträge für die einzelnen Beteiligten entwickelt werden. Die interne Begleiterin thematisierte beispielsweise bestimmte Probleme, die später während der Teambesprechungen erneut diskutiert wurden. Reibungspunkte in den Besprechungen waren unter anderem die Bereichspflege und die Änderung von Arbeitsabläufen und -zeiten.

Ein wichtiges Moment der beiden ersten Teamtage war die *Teamentwicklung*. Die Position der externen Begleitung als neutrale Person hat wesentlich dazu beigetragen, dass Probleme offen angesprochen und Lösungen erarbeitet wurden. Hierzu entwickelten die Mitarbeiterinnen im Laufe eines Teamtages Plakate, auf denen die einzelnen Schwierigkeiten bildhaft und symbolisch dargestellt wurden. Die Plakate wurden den einzelnen Mitarbeiterinnen als Erinnerung mitgegeben oder auf der Station aufgehängt.

An den beiden ersten Teamtagen haben sich *Arbeitsgruppen* zu anstehenden Themen gebildet, die unterschiedliche Aufträge hatten, für deren Umsetzung die Mitarbeiterinnen verantwortlich waren.

Im Zeitraum von 1997 bis Anfang 1998 fanden sechs Teamtage in der beschriebenen Form statt. Im Laufe der Zeit nahm die Motivation der Mitarbeiterinnen an der Teilnahme der Teamtage ab. Daraufhin wurde die Struktur der Teamtage gemeinsam mit der externen Begleitung verändert. Der veränderte Tagesablauf sah danach folgendermaßen aus:

Vormittags kam das Leitungsteam (bestehend aus Stationsleitung und Stellvertretungen der Wochenstation und der Leitung des Kreißsaales) zusammen und arbeitete an speziellen Problemen. Nachmittags versammelten sich alle Mitarbeiterinnen der geburtshilflichen Abteilung. Nach dieser neuen Einteilung konnte gezielt zuerst mit dem Leitungsteam gearbeitet und Vorbereitungen für den Nachmittag getroffen werden.

Das Leitungsteam hat in dieser Zeit viel mit gegenseitigem Feedback gearbeitet und konnte dadurch eine Zusammenarbeit zwischen Wochenstation und Kreißsaal forcieren.

■ Arbeitsgruppen

Nach den ersten beiden Teamtagen wurden die oben genannten Arbeitsgruppen gebildet, die sich mit folgenden Themen beschäftigten:

- Optimieren der Arbeitsabläufe,
- Erstellen von Standards für die Wochenbettpflege,
- Organisation eines Frühstücks- und Abendbüfetts,
- Vereinheitlichung der Dokumentation.

Arbeitsgruppe „Optimierung der Arbeitsabläufe". In dieser Gruppe wurde der Tagesablauf der Wochenstation neu strukturiert und auf die Bedürfnisse der Frauen und Kinder abgestimmt. So beschloss man z. B., auf das morgendliche „Weckritual" zukünftig zu verzichten und den gesamten Tagesablauf für die Frauen individueller zu gestalten.

Mit Bezug auf das Bereichspflegesystem wurden die Dienstzeiten verändert. Der klassische Früh- und Spätdienst ist jetzt nur noch mit einer bzw. maximal zwei Pflegenden besetzt. Es wurden unterschiedliche Mitteldienste eingeführt, sodass in der Kernarbeitszeit (8.00 bis 17.00 Uhr) ausreichend Personal vorhanden ist.

Bei der Dienstplangestaltung muss darauf geachtet werden, dass in jeder Schicht eine Kinderkrankenschwester arbeitet. Das ist nicht nur wegen der speziellen Kompetenzen erforderlich, sondern auch vorgeschrieben (**Vorgabe der Deutschen Gesellschaft für Gynäkologie und Geburtshilfe**). Je nach Einarbeitung und Kompetenz kann auch eine Hebamme diese Funktion übernehmen.

Arbeitsgruppe „Pflegestandards". Um ein einheitliches Arbeiten im Team zu ermöglichen, wurden in einer Arbeitsgruppe Standards für spezielle pflegerische Tätigkeiten in einer geburtshilflichen Abteilung erarbeitet. Dies waren:

- Schwangerenbetreuung, insbesondere Risikoschwangerschaften,
- Betreuung im Wochenbett,
- Säuglingspflege,
- Stillberatung und Stillförderung.

Arbeitsgruppe „Frühstücks- und Abendbüfett". Zur Einführung des Frühstücksbüfetts wurden viele Absprachen mit der Küche getroffen. Die Logistik der benötigten Lebensmittel und des Geschirrs war zu organisieren. Neben der Anschaffung einer Kühltheke, bunten Glasschalen und Karaffen konnte das Frühstücksbüfett optisch ansprechend gestaltet werden. Das Büfett

4.3 Umsetzung eines ganzheitlichen Betreuungskonzeptes in einer geburtshilflichen Abteilung

wird jeden Morgen von einer Mitarbeiterin aus dem Pflegeteam angerichtet und ist in der Zeit von 7.30–9.00 Uhr für die Patientinnen zugänglich.

Nachdem es eine sehr positive Resonanz zum Frühstücksbüfett gab, wurde damit begonnen, auch ein Abendbüfett einzuführen.

Arbeitsgruppe „Dokumentation". In Zusammenhang mit der Bereichspflege und dem Wunsch, eine ganzheitliche Betreuung adäquat umsetzen zu können, war es erforderlich, eine zeitnahe Dokumentation zu gewährleisten. Vor diesem Hintergrund wurde eine gemeinsame Kurve für Mutter und Kind entwickelt, in der Geburtsverlauf, postnatale Entwicklungen und der Zustand des Neugeborenen überschaubarer dargestellt werden können. Diese Kurve konnte von der Arbeitsgruppe innerhalb weniger Wochen in der Praxis eingesetzt werden, weil ein Musterexemplar aus einem anderen Krankenhaus vorlag. Die Inhalte der Vorlage wurden teilweise übernommen und weiterentwickelt.

Die gemeinsame Arbeit an der Erstellung eines neuen Dokumentationsbogens und die gemeinsame Nutzung der Kurve in der Praxis förderte gleichzeitig die Zusammenarbeit zwischen den Berufsgruppen. Die Kinderkranken- und Krankenschwestern dokumentieren nun gemeinsam, überwachen sich gegenseitig und achten auf eine korrekte Durchführung der pflegerischen Dokumentation.

■ Fortbildungen

Wie bereits erwähnt, bestanden bei einigen Mitarbeiterinnen fachliche Defizite, sodass es zwingend notwendig war, Fortbildungen anzubieten und zwar als interne und externe Veranstaltungen.

Die *internen Fortbildungen* fanden in der Regel auf der Station statt (vgl. Kap. 2.6.2). Sie erfolgten in Form gegenseitiger kollegialer Schulungen der Krankenschwestern und Kinderkrankenschwestern, in denen man sich jeweils mit speziellen Themen der einzelnen Fachgebiete beschäftigte. Regelmäßig referierten auch Ärzte über Notfallsituationen des Neugeborenen und pathologische Veränderungen in der Schwangerschaft und im Wochenbett.

Die *externen Fortbildungen* wurden meist als ein- oder zweitägige Seminare organisiert. Hierfür konnten kompetente Referentinnen gewonnen werden, die unter anderem die Themen ganzheitliche Neugeborenenpflege, Wochenbettpflege und Homöopathie behandelten.

■ Teambesprechungen

Teambesprechungen fanden regelmäßig (14-täglich bis 4-wöchentlich) und bedarfsorientiert statt. Initiiert und moderiert wurden sie von der internen Begleitung. Das gesamte Team der Wochenstation nahm an diesen Besprechungen teil. Ziele waren unter anderem eine kontinuierliche Evaluation des Projektverlaufs, die regelmäßige Berichterstattung der einzelnen Arbeitsgruppen und Offenlegung von Konflikten.

Um die Zusammenarbeit zwischen Wochenstation und Kreißsaal zu intensivieren und weiter zu fördern, finden seit Ende 1997 gemeinsame Teambesprechungen zwischen Kreißsaal und Wochenstation statt.

■ Darstellung und Erläuterungen des Projektverlaufes anhand eines Stufenplanes

In diesem Abschnitt soll die Umsetzung der oben beschriebenen Maßnahmen in ihrem zeitlichen Ablauf dargestellt werden. Einen groben Rahmen der kontinuierlichen Entwicklung liefert dabei ein Stufenplan (Abb. 4.**14**).

Im Folgenden werden die kurzen Hinweise des Stufenplans ausführlicher beschrieben.

Zeitraum 1970–1995. Ende der 70er Jahre wurde den Müttern erstmals ein intermittierendes Rooming-in angeboten. Zu diesem Zeitpunkt gab es noch keine Wickelkommoden und Babybetten. Die Mütter mussten ihre Babys auf dem Bett wickeln. Bald wurden „Wickelkommoden" für die Zimmer zur Verfügung gestellt. Hierbei handelte es sich oft um Behelfsgegenstände – die Kommoden ähnelten eher umfunktionierten Verbandswagen. Damit passten sie allerdings optisch sehr gut in das Krankenhaus. Auch die Neugeborenen-Bettchen, weiß-graue Metall-Kunststoff-Konstruktionen, genügten ausschließlich funktionalen Kriterien.

August 1995. In diesem Monat wurde das erste theoretisches Konzept für die Umsetzung eines ganzheitlichen Betreuungskonzept in einer geburtshilflichen Abteilung entwickelt und allen Mitarbeiterinnen der Abteilung vorgestellt. In dieser Textfassung wurden unter anderem die

4 Innovative Organisationskonzepte einführen

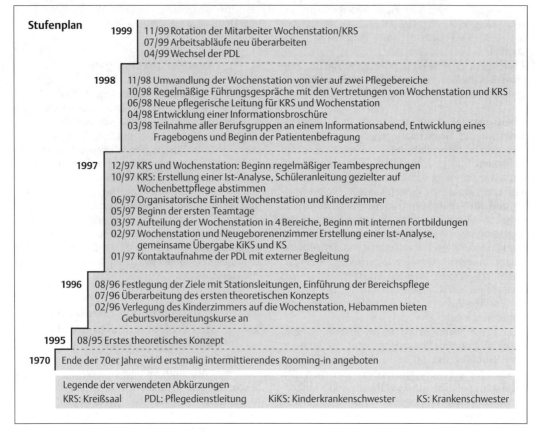

Abb. 4.14 Stufenplan

verschiedenen Formen von Rooming-in und einzelne pflegerische Zielsetzungen beschrieben.

Februar 1996. Das Neugeborenenzimmer wurde auf die Wochenstation verlegt. Einige Hebammen bieten erstmals Geburtsvorbereitungskurse an.

Juli 1996. Überarbeitung des theoretischen Konzeptes (08/95):
Auf Initiative der zuständigen Pflegedienstleitung wurde das erste theoretische Konzept überarbeitet und Umsetzungsstrategien festgelegt. An der Überarbeitung waren die Stationsleitungen der Wochenstation und des Neugeborenenzimmers sowie der zuständige Oberarzt beteiligt. Parallel dazu führte die zuständige Pflegedienstleitung Informationsgespräche mit dem verantwortlichen Chefarzt, der Pflegedirektorin und Institutionen zur Organisation und Finanzierung der Fortbildungen und Teamtage.

August 1996. In diesem Monat standen drei Schwerpunkte pflegerisch-organisatorsicher Maßnahmen im Mittelpunkt:

- Regelmäßige Führungsgespräche der Pflegedienstleitung mit den Leitungen der Wochenstation und des Neugeborenenzimmers sind institutionalisiert.
- In diesem Rahmen wurden auch die Verantwortlichkeiten der Leitungen von der Wochenstation und dem Neugeborenenzimmer schriftlich festgelegt und die Ziele für die Zusammenarbeit von Krankenschwestern und Kinderkrankenschwestern vereinbart.
- Es wurde damit begonnen, das Bereichspflegesystem einzuführen.

Januar 1997. Die Pflegedienstleitung setzte sich mit einer dem Haus empfohlenen externen Begleitung in Verbindung, um Termine für die geplanten Teamtage 1997 abzusprechen.

Teamtage wurden vereinbart, weil in den Führungsgesprächen des Leitungsteams und der Pflegedienstleitung deutlich geworden war, dass eine Unterstützung von außen erfolgen musste. So schien gewährleistet zu sein, dass die Mitarbeiterinnen sich auch weiterhin aktiv an der Umsetzung des Reformprojektes beteiligten. So hatte sich beispielsweise gezeigt, dass die Mitarbeiterinnen wenig flexibel waren, sich auf die neuen Arbeitsabläufe, die durch die Einführung der Bereichspflege notwendig geworden waren, einzustellen.

Februar 1997. Die zwei wichtigsten Maßnahmen im Februar waren:

- Das Erstellen einer Ist-Analyse der Wochenstation und des Neugeborenenzimmers durch die interne Begleitung.
- Die gemeinsame Übergabe von Wochenstation und Neugeborenenzimmer.

März 1997. Die Wochenstation wurde in vier Bereiche aufgeteilt. Für jeden Bereich war jeweils eine Pflegende zuständig (Kranken- oder Kinderkrankenschwester). Es wurde vereinbart, dass sich Kranken- und Kinderkrankenschwestern gegenseitig anleiten sollten. Dabei war es das Ziel, jede Pflegende in die Lage zu versetzen, ihren Bereich eigenverantwortlich zu betreuen.

Interne und externe Fortbildungen erfolgten von diesem Zeitpunkt an in regelmäßigen Abständen.

Mai 1997. Die ersten beiden Teamtage finden statt.

Juni 1997. Wochenstation und Neugeborenenzimmer wurden als eine organisatorische Einheit zusammengelegt. Für diese neue Einheit übertrug man einer Pflegenden – der Stationsleitung der Wochenstation – die Leitung. Es gab somit eine Stationsleitung (Qualifikation: Krankenschwester) und drei Stellvertretungen (zwei Kinderkrankenschwestern und eine Krankenschwester), die unterschiedliche Aufgabenschwerpunkte hatten. Diese Maßnahme wurde von der Pflegedienstleitung, in Absprache mit dem Chefarzt, initiiert und mit entsprechenden Gesprächen begleitet.

Oktober 1997. Die interne Begleitung erstellte eine Ist-Analyse im Kreißsaal.

Dezember 1997. Ende 1997 wurde mit regelmäßigen Teambesprechungen zwischen Kreißsaal und Wochenstation begonnen, die anfangs noch von der internen Begleitung oder der Pflegedienstleitung moderiert wurden. Es zeigte sich, dass es Vorbehalte zwischen den Mitarbeiterinnen der Wochenstation und des Kreißsaals gab. Zwischen beiden Bereichen fand kaum eine Zusammenarbeit statt und man unterstützte sich nur selten gegenseitig. Ziel der Teambesprechungen war es nun, gegenseitiges Verständnis füreinander zu entwickeln und die Arbeit der jeweils anderen zu akzeptieren und kennen zu lernen.

März 1998. In diesem Monat gab es zwei Schwerpunkte: a) die Einführung eines Informationsabends und b) die Aufnahme von Patientenbefragungen.

Der Informationsabend: Für die Frauen und Angehörigen wurden Abende eingeführt, an denen sie sich über die geburtshilfliche Abteilung informieren können. An der Organisation und Gestaltung der monatlich stattfindenden Informationsabende sind alle Berufsgruppen der geburtshilflichen Abteilung beteiligt. Unter Federführung des Oberarztes wurde dieser Abend so organisiert, dass jeweils ein Mitglied jeder Berufsgruppe (Hebammen, Ärzte und Pflegende) aus seinem Arbeitsbereich berichtet. Im Anschluss an diese drei Vorträge folgt eine gemeinsame Besichtigung der verschiedenen Bereiche.

Entwicklung und Beginn der Patientinnen-Befragung: Mit allen Berufsgruppen der geburtshilflichen Abteilung und mit Unterstützung des TQM-Büros (zum TQM vgl. Kap. 1.3) wurde ein Patientenfragebogen entwickelt, der während des Krankenhausaufenthalts an die Frauen verteilt wurde. Mit Hilfe dieses Bogens, der in zwei Fremdsprachen (serbokroatisch und türkisch) übersetzt wurde, konnten die Frauen eine Rückmeldung über ihren Krankenhausaufenthalt geben.

Mittlerweile sind die damals eingesetzten Fragebögen überarbeitet worden, und es findet zweimal im Jahr eine Stichpunktbefragung durch die Unternehmenskoordination statt.

Neben den schriftlichen Befragungen wird auch immer wieder über ein persönliches Gespräch durch die Leitung, die interne Begleiterin und die Hebammen in der Nachsorge eine Rückmeldung eingeholt.

April 1998. Unter Federführung des zuständigen Oberarztes und mit Beteiligung aller Berufsgruppen wurde eine *Informationsbroschüre* über die geburtshilfliche Abteilung entwickelt. Diese Broschüre liegt unter anderem bei den niedergelassenen Gynäkologen in der Region aus.

Juni 1998. *Neue pflegerische Leitung von Wochenstation und Kreißsaal:* Im Laufe des Jahres 1998 kam es zu personellen Veränderungen. Die Leitungen der Wochenstation und des Kreißsaales schieden, unter anderem durch Berentung, aus. Die stellvertretenden Leitungen der Wochenstation und des Kreißsaales wollten ihre Vertretungspositionen beibehalten. Somit bot sich die Möglichkeit, konzeptionell andere Ideen zu entwickeln und perspektivisch eine Zusammenlegung von Kreißsaal und Wochenstation anzustreben. Dies war zu Beginn des Projektes nicht vorgesehen.

Nach einer Stellenausschreibung in entsprechenden Fachzeitschriften wurde im Juni 1998 eine gemeinsame Leitung für die Wochenstation und den Kreißsaal eingestellt. Diese neue Leitung ist Hebamme und hat eine Weiterbildung zur Stations- und Funktionsleitung absolviert.

August 1998. Es finden regelmäßige, in kurzen Abständen terminierte Führungsgespräche zwischen der Leitung der geburtshilflichen Abteilung und der Pflegedienstleitung statt. Die wesentlichen Themen waren:
- Probleme der Umsetzung des ganzheitlichen Konzepts formulieren,
- Umsetzungsstrategien erarbeiten und festlegen,
- Definition von Problemen bei der Mitarbeiterführung,
- Unterstützung durch die Pflegedienstleitung bei den Führungsaufgaben.

Oktober 1998. Seit Ende 1998 finden regelmäßig Führungsgespräche mit den Vertretungen der Wochenstatione und des Kreißsaales statt. Die interne Begleiterin begann um die leitende Hebamme ein Leitungsteam aufzubauen, das sich zu Führungsgesprächen trifft und gemeinsam an weiteren Zielsetzungen in Bezug auf das ganzheitliche Betreuungskonzept arbeitet. Dieses Leitungsteam besteht aus der leitenden Hebamme, zwei Stellvertretungen der Station (einer Krankenschwester und einer Kinderkrankenschwester) und zwei Stellvertretungen aus dem Kreißsaal (Hebamme).

Desgleichen konnte die Umstrukturierung der Schüleranleitung abgeschlossen werden. Es hatte sich gezeigt, dass die Schülerinnen und die Mitarbeiterinnen der Wochenstation und des Kreißsaals oftmals für den Vier-Wochen-Einsatz in der geburtshilflichen Abteilung nicht sehr viel Motivation aufbrachten. Ursachen hierfür waren die extrem kurze Einsatzdauer, der sich zudem entweder auf der Wochenstation oder im Kreißsaal vollzog und die hohe Anzahl zeitgleich zu betreuender Schüler in diesen beiden Bereichen. Die beschriebene Problematik der Ausbildung konnte folgendermaßen gelöst werden: Die leitende Hebamme stellt den Auszubildenden die Geburtshilfe im Unterricht vor und ermöglicht so eine direkte Verzahnung von theoretischem Unterricht und praktischer Anleitung. Alle Schüler und Schülerinnen arbeiten während ihres geburtshilflichen Einsatzes sowohl auf der Wochenstation als auch im Kreißsaal. Die Dauer der beiden Einsätze ist jeweils genau vorgegeben. Eines der Lernziele des Einsatzes im Kreißsaal ist die vollständige Betreuung einer Geburt, wobei die psychologischen Aspekte hierbei für die Schülerinnen im Vordergrund stehen.

November 1998. Die Wochenstation mit ehemals vier Pflegebereichen wurde auf Betreiben der Mitarbeiterinnen in zwei Bereiche eingeteilt. In einem Bereich arbeiten je eine Krankenschwester und eine Kinderkrankenschwester zusammen. Die Aufteilung der Station wurde geändert, weil einzelne Pflegende noch massive Unsicherheiten mit der Organisation des Arbeitsablaufs hatten. Trotz Reduzierung der Pflegebereiche soll eine ganzheitliche Betreuung weiterhin gewährleistet sein. Die Kinderkrankenschwester und die Krankenschwester gehen gemeinsam zum so genannten „Wochenbettbesuch" (s. dazu weiter unten) zu den Wöchnerinnen.

Juli 1999. *Auf der Wochenstation wurden die Arbeitsabläufe neu überarbeitet:* Durch die Unterstützung einer Pflegeexpertin (vgl. Kap. 1.6) wurde auf der Wochenstation eine Arbeitsablaufanalyse vorgenommen. Mit Hilfe der Analyseergebnisse erarbeiteten alle Mitarbeiterinnen des Teams gemeinsam Verbesserungsvorschläge und setzten diese in die Praxis um.

November 1999. *Einführung von Rotationsmaßnahmen:* Bedingt durch steigende Geburtenzahlen und punktuell auftretende hohe Arbeitsspitzen war im Kreißsaal nicht immer eine individuelle Patientenbetreuung aufrechtzuerhalten. Problematisch war auch die Personalsituation im Nachtdienst, der in der überwiegenden Arbeitszeit nur durch eine Mitarbeiterin besetzt war. Um diese

Spitzenzeiten ausgleichen zu können, wurde geplant, dass die Mitarbeiterinnen der Wochenstation die Hebammen im Bedarfsfall unterstützen sollten. Um sich die dazu notwendigen Kenntnisse anzueignen, arbeiteten sich die Pflegenden der Wochenstation im Kreißsaal ein. Allerdings darf eine Kranken- oder Kinderkrankenschwester im Kreißsaal nur fest definierte Tätigkeiten übernehmen. Trotz dieser Einschränkung bedeutet die Unterstützung durch die Wochenstation eine wichtige Entlastung für die Hebammen. Nicht zuletzt kommt dies auch den Patientinnen zugute.

Weil auf der Wochenstation zwei Hebammen eingesetzt sind, sollte ein kontinuierlicher Austausch der Hebammen von Kreißsaal und Wochenstation erfolgen. Das bedeutete: Während die Hebammen der Wochenstation sich im Kreißsaal einarbeiten, kommen für insgesamt vier Wochen alle Hebammen aus dem Kreißsaal nacheinander auf die Station. Das bietet gleichzeitig die Möglichkeit bei vermehrtem Arbeitsaufwand im Kreißsaal Frauen mit leichten Wehen – nach ärztlicher Absprache – vorerst auf der Station von einer Hebamme betreuen zu lassen. Auch Vor-, Nachsorge und Beratung können bereits durch die Hebammen auf der Station erfolgen.

Mit diesen unterschiedlichen Rotationsmaßnahmen erhofften wir uns eine bessere Zusammenarbeit zwischen Kreißsaal und Wochenstation. Schon in der Planungsphase hat diese Maßnahme allerdings für einige Emotionen und Aufregung gesorgt. Es gab große Widerstände von einzelnen Mitarbeiterinnen. Auch die Ärzte sahen den geplanten Veränderungen sehr kritisch und skeptisch entgegen.

Die bisher durchgeführten Rotationen können auf den ersten Eindruck allerdings positiv gewertet werden: Die Pflegenden betrachten den vormals fremden Arbeitsbereich nun aus einer anderen Sichtweise; sie haben mehr Kontakt mit den Kolleginnen im Kreißsaal und bringen für die Arbeit der anderen mehr Verständnis und Wertschätzung entgegen. So waren beispielsweise einige Pflegende erstaunt darüber, wie sehr sie die Hebammen im Kreißsaal durch ihre Hilfe unterstützen konnten.

In etwa vier Monaten werden die ersten Erfahrungen mit den Rotationsmaßnahmen ausgetauscht und die gesamte Maßnahme evaluiert.

Wir erhoffen uns durch diese Maßnahmen entgegen aller Skepsis die weitere Zusammenarbeit zwischen Kreißsaal und Station und das gegenseitige Verständnis zu fördern, denn in vielen Kliniken werden diesen beiden Bereichen Vorbehalte gegeneinander nachgesagt.

Für die Zukunft ist geplant, die Wochenstation und den Kreißsaal als einen organisatorischen Bereich zu führen.

▄ Räumliche Gestaltung der geburtshilflichen Abteilung

Die gesamte geburtshilfliche Abteilung (Wochenstation und Kreißsaal) wurde 1997/98 renoviert, sodass die geplanten Umsetzungen im Rahmen des Projektes auch einen großen Einfluss auf die räumliche Gestaltung nehmen konnten. Beide Bereiche, die Wochenstation inklusive Neugeborenenzimmer und der Kreißsaal, befinden sich nun auf einer Ebene. Die renovierten Bereiche sind freundlich und hell ausgestattet (Abb. 4.**15**).

Die Wochenstation ist im Oktober 1998 umgezogen. Zwar war das Neugeborenenzimmer (Abb. 4.**16**) bereits vor dem Umzug (räumlich) in die Wochenstation integriert, konnte aber erst auf der renovierten Station als fester Bestandteil bei den Planungen berücksichtigt werden. Angrenzend an das Neugeborenenzimmer befindet sich auf der Station die so genannte „Mütterschule" zum Anleiten und Beraten der Mütter. Weiterhin wurde ein Stillzimmer eingerichtet, in das sich die Mütter mit ihren Kindern zurückziehen können. Ein Aufenthaltsraum bietet den Frauen die Möglichkeit zur zusätzlichen Kommunikation und zum Erfahrungsaustausch über das Patientenzimmer hinaus. Dieser Raum kann auch von Besuchern mitbenutzt werden. Morgens wird hier das Frühstücksbüfett angeboten.

Da vonseiten der Frauen hohe Erwartungen an das räumliche Umfeld gestellt werden, wurden alle Patientenzimmer mit Nasszellen versehen. Es existieren auf der Station Zwei- und Dreibettzimmer, die ansprechend gestaltet sind. Um das Rooming-in zu unterstützen, ist jedes Patientenzimmer (Abb. 4.**17**) mit einer Wickelkommode aus Holz ausgestattet. Auch die ansprechenden Babybetten sind aus Holz, fahrbar und mit einem hübschen Himmel versehen.

Der Kreißsaal (Abb. 4.**18**) wurde ebenfalls renoviert und diese entsprechenden Säle freundlich und hell gestaltet, sodass sich den Patientinnen und ihren Partnern ein ansprechendes Ambiente bietet. Ein Kreißsaal ist zusätzlich mit einer Badewanne versehen; so besteht die Möglichkeit zur Wassergeburt.

194 4 Innovative Organisationskonzepte einführen

Abb. 4.**15**
Wochenstation (Flur)

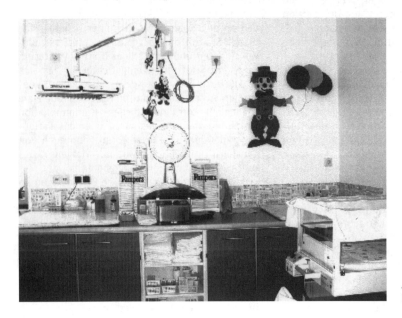

Abb. 4.**16**
Neugeborenenzimmer

4.3 Umsetzung eines ganzheitlichen Betreuungskonzeptes in einer geburtshilflichen Abteilung 195

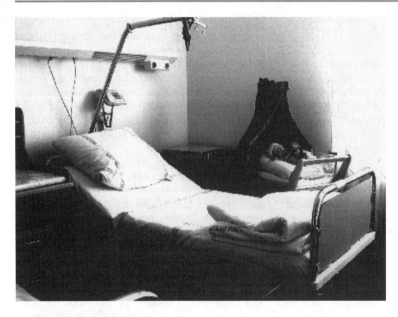

Abb. 4.**17** Patientenzimmer mit Wickelkommode, Babywiege und Patientin

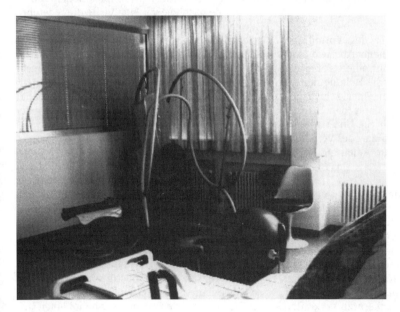

Abb. 4.**18** Kreißsaal (mit Roma-Rad)

■ Entwicklung von Serviceleistungen

Ein großer Aspekt der vorgenommenen Veränderungen ist die Entwicklung von mehr Serviceleistungen. In diesem Bereich müssen die Mitarbeiterinnen umdenken. An dieser Stelle möchten wir auf die Serviceverbesserungen außerhalb des Stufenplanes (vgl. Abb. 4. **14**) aufmerksam machen, die auf der Station umgesetzt wurden, denn diese sind unabhängig vom Stufenplan im Laufe der Zeit entwickelt worden. Meist sind sie keinem festen Datum zuzurechnen.

Durch die **Änderung der Arbeitsablauforganisation** und die **Einführung der Bereichspflege** hat jede Pflegende die Verantwortung für eine bestimmte Anzahl von Frauen und Kindern. Das bedeutet gleichzeitig einen verbesserten Service für die Patientinnen und deren Neugeborene, denn der standardisierte Tagesablauf mit Weckzeiten um 6.00 Uhr wurde abgeschafft. Für die Frauen ist der Tagesablauf individueller gestaltet.

Wochenbettbesuch. Im Laufe des Vormittages findet der so genannte Wochenbettbesuch statt. Die zuständige Pflegende kontrolliert dabei den Zustand der Frau, achtet auf die Heilung der Geburtswunden, die Rückbildung der Schwangerschaftsveränderungen, beobachtet den Zustand der Brust usw. Bei Bedarf gibt sie Unterstützung beim Stillen bzw. leitet dazu an oder vereinbart mit der Mutter Termine zur Anleitung in der Säuglingspflege.

Besuchszeiten. Soweit wie möglich und gewünscht sollen auch die Väter in die Wochenbettpflege mit einbezogen werden. Für sie und die Geschwister des Neugeborenen gelten gelockerte Besuchszeiten, soweit keine Rücksicht auf Mitpatientinnen genommen werden muss. Die Erfahrung hat in diesem Zusammenhang gezeigt, dass es für die Frauen manchmal problematisch ist, eine große Anzahl von Besuchern zu verkraften. Deshalb hat die Mutter gerade in den ersten Tagen nach der Geburt ein erhöhtes Ruhebedürfnis, denn sie muss sich und ihren Körper auf die neue Situation einstellen. Ziel im Krankenhaus und einer ganzheitlichen Betreuung ist eine Anpassung des kindlichen Organismus an die neue Umgebung. Auch die Mutter muss sich auf ihr Kind einstellen. Dazu braucht sie Ruhe, um dem Kind Geborgenheit und Sicherheit zu vermitteln. Damit es nicht zu Stillverzögerungen und -problemen kommt, soll eine gewisse Intimität in der „jungen Familie" vonseiten des Krankenhauses gewährleistet werden. Aus diesem Grund wurden klar abgegrenzte Besuchszeiten eingeführt. Im Laufe der Zeit hat dies zu Missstimmung und Verärgerung bei Mitarbeiterinnen und Besuchern geführt. Zwar sind die Besuchszeiten in unterschiedlichen Sprachen vor der Station angeschlagen, die Erfahrung hat jedoch gezeigt, dass sich die Besucher oft nicht daran halten. Deshalb wurde beschlossen, dass in Zukunft nicht mehr auf die strikte Einhaltung der Besuchszeiten vonseiten der Pflegenden gedrungen wird. Die Pflegenden sollen dennoch auf das individuelle Ruhebedürfnis der Mütter und der Neugeborenen achten, und die Angehörigen entsprechend informieren und beraten.

Arztsprechstunde und Visite. Da viele Frauen oft zur Visite nicht anwesend sein konnten, wurde auf der Station begonnen, eine Arztsprechstunde einzurichten. Für Frauen, die Bettruhe einhalten mussten oder bei denen Komplikationen auftraten, wurde nach wie vor eine Visite durchgeführt. Alle anderen Frauen konnten innerhalb eines festgelegten Zeitraums die Arztsprechstunde wahrnehmen. Diese Maßnahme bewährte sich jedoch nicht: Entweder nahmen die Frauen die Sprechstunden – wie erwartet – nicht wahr oder der zuständige Arzt konnte den vereinbarten Zeitpunkt nicht immer einhalten. Mittlerweile findet wieder täglich eine Visite statt.

Frühstücks- und Abendbüfett. Das Frühstücksbüfett gilt als eine Serviceleistung und wird von den Patientinnen sehr positiv aufgenommen. Es ist abwechslungsreich gestaltet und die Frauen können sich, je nach Appetit und Gewohnheit, die Speisen und den Zeitpunkt des Essens selbst auswählen. Die Frauen sehen die Zeit und den Ort des Frühstücks außerdem als „Kommunikations-Börse" an.

Im Gegensatz zum Frühstücksbüfett hat sich das Abendbüfett allerdings nicht bewährt. Zu dieser Zeit haben viele Frauen Besuch und holen sich ihr Essen dann aus dem Aufenthaltsraum in ihr Zimmer. Hin und wieder passierte es auch, dass sich Besucher am Büfett bedient haben. Das hat viele Patientinnen verärgert, weil sie sich dadurch gestört fühlten. Die Pflegenden konnten dieses Verhalten nicht unterbinden, und es war auch nicht möglich, das Büfett permanent zu überwachen. Unbefriedigend war für die Pflegenden auch, dass sie nach dem Abendbrot das Geschirr aus den Patientenzimmern räumen mussten. Aus diesen Gründen wird das Abendessen seither wieder in der gewohnten Form von den Pflegenden ausgeteilt.

Homöopathische Mittel. Auf der Station und im Kreißsaal werden den Frauen homöopathische Mittel angeboten, die mittlerweile auf eine große Resonanz stoßen. So wird beispielsweise stillenden Müttern täglich Milchbildungstee angeboten.

Pflegemittel für Säuglinge. Um eine zeitgemäße Pflege bei den Neugeborenen zu vertreten, wurde auf das Verteilen von Probepäckchen und Werbegeschenken verzichtet. Da die Säuglingspflege mit speziellen Hautpflegemitteln (mit Duftstoffen zugesetzt) nicht empfehlenswert bzw. umstritten ist, werden auf der Station lediglich Karten vergeben, mit denen die Frauen Probepäckchen bei den entsprechenden Firmen anfordern können. Diese Maßnahme führt immer wieder bei den Frauen zu Unmut, da sie es als Service ansehen, Probepäckchen zu bekommen. Es erforderte viele Erklärungen und Gespräche durch die Pflegenden.

Kleinere Serviceangebote. Um einen weiteren besonderen Service zu bieten, wurden neben *Stillkissen* auch Perlen für *Namenskettchen* angeschafft. Jedes Neugeborene erhält statt eines Plastikarmbands ein Kettchen aus Perlen mit dem eigenen Namen versehen. Damit die Mütter auf dem Krankenhausgelände spazieren gehen können, stehen *Kinderwagen* zur Verfügung, die ausgeliehen werden können. Einige Pflegende haben kleine bunte *Kindersöckchen* gestrickt, die gegen eine Leihgebühr ausgegeben werden.

Hör-Screening. In Zusammenarbeit mit der Hals-Nasen-Ohrenklinik im Hause wird von einem Facharzt bei allen Neugeborenen ein Hör-Screening durchgeführt, um Hörschäden frühzeitig erkennen zu können.

Seminar- und Beratungsangebote. In Nebentätigkeiten bieten vor allem die Hebammen aber auch einige Pflegende Geburtsvorbereitungskurse, Pflegekurse, Beratung, Nachsorge, Yoga, Akupunktur und ähnliches an. Gerade die Betreuung vor und nach der Entbindung ist den Hebammen sehr wichtig.

Das erste Foto. Nach der Geburt erhalten die Eltern im Kreißsaal eine Glückwunschkarte mit einem ersten Foto von ihrem Kind.

Informationen. Um die Angebotspalette darzustellen sowie Informationen über die Frauenklinik weitergeben zu können, wurde unter Regie des zuständigen Oberarztes eine Informationsbroschüre entworfen. Diese liegt bei den Gynäkologen der Umgebung sowie im Klinikum aus. Inhalt der Broschüre sind wichtige Informationen in Bezug auf die geburtshilfliche Abteilung. Außerdem werden hier alle von Hebammen und Pflegenden angebotenen Kurse (s. o.) beschrieben. Ergänzend zu dieser Broschüre finden monatliche Informationsabende statt, in denen ein Oberarzt, eine Hebamme und eine Pflegende Erläuterungen rund um die Geburt im Klinikum geben.

Weiter haben interessierte Paare die Möglichkeit, jederzeit im Kreißsaal oder auf der Station anzurufen und sich zu informieren oder – nach Absprache – die geburtshilfliche Abteilung zu besichtigen.

Patientenaufnahme. Mit der Auflösung der zentralen administrativen Aufnahme, werden die Patientinnen jetzt direkt auf der Station aufgenommen. Diese Maßnahme erspart den Patientinnen oder deren Angehörigen zusätzliche Wege und Wartezeiten.

Evaluation der Umsetzung des ganzheitlichen Betreuungskonzeptes

Während der Teamtage und Teambesprechungen wurden die festgelegten Ziele regelmäßig überprüft und die Maßnahmen zur Zielerreichung – falls erforderlich – korrigiert. Auch bestand hier die Möglichkeit, die Einstellung und das Verhalten der Mitarbeiterinnen zu reflektieren.

Die Teambesprechungen verliefen oftmals sehr hitzig, da hier die unterschiedlichen Einstellungen deutlich formuliert wurden. Die Mitarbeiterinnen schilderten sehr emotional ihre aktuelle Stimmung, um damit auch „Luft abzulassen". Dadurch, dass in diesem Plenum sehr offen diskutiert wurde und Probleme und Konflikte offen angesprochen wurden, trugen die Besprechungen sehr zur Teamentwicklung bei. Für die Mitarbeiterinnen war es wichtig, in diesem Plenum ihren Unmut und ihre Frustrationen zu äußern, für die Projektleitungen war es wichtig, die Mitarbeiterinnen einerseits weiterhin zu motivieren und ihnen andererseits deutlich zu machen, dass die geplanten Veränderungen auch in Zukunft umgesetzt werden müssen und dass es kein „Zurück" mehr gibt. Die interne Begleiterin hat dabei die Rolle der Moderatorin übernommen.

Der erste Schritt zur Umsetzung des Projektes, die Verlegung des Kinderzimmers auf die Wochenstation, erfolgte durch den Druck der Pflegedienstleitung. Für die Mitarbeiterinnen, vor allem die Kinderkrankenschwestern, war dies ein extremer Einschnitt. Es bedeutete für sie die Aufgabe ihres Bereiches und ihrer Eigenständigkeit. Aber im Nachhinein kann diese Maßnahme als ein wesentlicher Schritt zur Erreichung des Gesamtziels beurteilt werden.

Der Veränderungsprozess – die Neugestaltung der Arbeitsabläufe, insbesondere die neue Regelung der Dienstzeiten – löste viele Widerstände im Team aus. So wollten beispielsweise einige Mitarbeiterinnen an den bisherigen Dienstzeiten festhalten. Aufgrund der Erfahrungen und der Veränderung der Arbeitsschwerpunkte war jedoch die Einführung von Mitteldiensten unumgänglich, sodass diese Neuordnung eher mit Druck der Vorgesetzten erfolgen konnte.

Die Einführung der Bereichspflege stellte sich am Anfang als schwierig dar. Jede Berufsgruppe war sehr unsicher und ängstlich bei der Versorgung von Mutter und Kind. So rief z. B. die Blutabnahme bei den Säuglingen große Widerstände bei den Krankenschwestern hervor. Die Kinderkrankenschwestern fühlten sich dagegen nicht kompetent in der Beurteilung des Zustandes der Wöchnerin und der Betreuung von Frauen mit Risikoschwangerschaften. Diese Probleme haben sich über mehrere Monate hingezogen. Dabei hat das gegenseitige Anleiten sicherlich dazu beigetragen, dass die beiden Teams schon nach kurzer Zeit gut zusammengearbeitet haben. In Bezug auf das gemeinsame Arbeiten gab es viele Diskussionen in den Teambesprechungen und an den Teamtagen. Die damalige Leitung des Kinderzimmers war ihren Mitarbeiterinnen zu diesem Zeitpunkt ein großes Vorbild und gemeinsam mit der Leitung der Wochenstation konnte sie auf der geburtshilflichen Abteilung eine positive Arbeitsatmosphäre schaffen.

Fast alle Mitarbeiterinnen betreuen heute in ihrem jeweiligen Bereich Mutter und Kind eigenverantwortlich und selbstständig. Nach wie vor gibt es allerdings vereinzelte Mitarbeiterinnen, die sich nicht in der Lage sehen, eigenständig einen Bereich zu betreuen. Diese fallen dann in ihre gewohnte Arbeitsweise zurück, das bedeutet, Kinderkrankenschwestern betreuen in erster Linie die Säuglinge und Krankenschwestern zeigen sich nur für die Mütter verantwortlich. Konflikte entstehen dann, wenn Mitarbeiterinnen im Dienst sind, die diese Arbeitsweise nicht tolerieren.

Im Rahmen der Umsetzung des ganzheitlichen Betreuungskonzeptes wurden Handlungsanweisungen bzw. Standards (z. B. für die Stillberatung) von einzelnen Teammitgliedern erarbeitet und dem Team vorgestellt. Die Mitarbeiterinnen beurteilten dies als sehr positiv, weil ihnen die Pflegestandards für die Betreuung der Frauen und Kinder – vor allem in der Anfangsphase des Projekts – Sicherheit gab. Dennoch gibt es einzelne Mitarbeiterinnen, die an ihren tradierten Pflegemaßnahmen festhalten. Sie verwenden z. B. weiterhin herkömmliche Babyprodukte, statt die auf der Station üblichen parfümfreien Pflegemittel einzusetzen (z. B. Hautpflege mit Speiseöl). Gerade weil viele Frauen die neuen Pflegemittel nur schwer akzeptieren konnten bzw. können, ist es aber wichtig, dass die Pflegenden in ihrer Arbeitsweise einheitlich vorgehen. Dass bedeutet, dass alle Pflegenden die neuen Pflegeprodukte akzeptieren und deren Verwendung unterstützen sollten. Mit Blick darauf müssen sie die Frauen fachkompetent aufklären und beraten können.

Insgesamt hat die Evaluation des Projektes auch dazu beigetragen, dass Konflikte besser nachvollzogen und behoben werden konnten. So wurde beispielsweise erst durch die Evaluation deutlich, dass die Kinderkrankenschwestern fachlich und emotional große Schwierigkeiten hatten, sich auf das neue Aufgabengebiet „ganzheitliche Betreuung der Mutter" einzustellen. Sie sahen ihr Betreuungsfeld vorwiegend auf das Neugeborene bezogen.

■ Rückmeldungen der Patientinnen

Im Laufe der letzten vier Jahre bzw. seit Beginn der Umsetzung des Projektes, haben wir eine ständig steigende Geburtenzahl. Diese Entwicklung bestätigt uns, das Konzept Rooming-in bzw. die ganzheitliche Betreuung von Mutter und Kind weiter zu intensivieren.

Durch eine regelmäßige Patientenbefragung haben wir von den Frauen der geburtshilflichen Abteilung Rückmeldungen darüber erhalten, wie sie den Krankenhausaufenthalt empfunden haben. Wir erhielten hilfreiche Anregungen und Hinweise auf die Bedürfnisse der Frauen, die wir für unsere weitere Planung berücksichtigen konnten.

Insgesamt äußern sich die Frauen in den Fragebögen überwiegend positiv. Vor allem in den Antworten auf offene Fragen heben sie eine gute „Rundumbetreuung" hervor und äußern sich anerkennend über das Verhalten des Personals. Die Atmosphäre auf der Abteilung sei trotz des großen Krankenhauses, so beschreiben sie, meist entspannend gewesen. Die Arbeitsweise wird als fortschrittlich (Rooming-in) empfunden.

Neben diesen sehr positiven Rückmeldungen gibt es allerdings auch kritische Anmerkungen der Frauen. Diese beziehen sich auf:

- Baulärm,
- Nicht-Einhalten der Besuchszeiten,
- beschwerliches Parken,
- zu wenig Personal,
- ungünstige Konstellationen von Mitpatientinnen,
- den Ablauf der Station (Die Frauen fühlten sich zu häufig gestört.),
- eine zu knappe Anleitung im Umgang mit dem Kind,
- die Weitergabe von unterschiedlichen Informationen für denselben Sachverhalt (z. B. Stillen bzw. Abstillen),
- die Kinderarztuntersuchung, bei der die Frauen nicht mit anwesend sein dürfen und über die sie anschließend zu wenig Informationen erhalten. Ursprünglich war geplant, dass diese Untersuchungen bei den Müttern in den Patientenzimmern stattfinden. Aufgrund der Vielzahl an Untersuchungen hat sich dies als nicht praktikabel erwiesen.

Mit Blick auf die kritischen Anmerkungen der Frauen, sehen wir auf jeden Fall noch Handlungsbedarf. Diese Rückmeldungen der Frauen decken sich teilweise mit den Eindrücken, die wir als Beobachterinnen machen.

Rückmeldungen von Hebammen, die in der Nachsorge tätig sind, bestätigen, dass seit der Umsetzung des ganzheitlichen Betreuungskonzeptes von den Frauen vorwiegend positive Resonanz kommt.

4.3.5 Zusammenfassung

Um das vorgestellte Projekt realisieren zu können, war es uns wichtig, die Mitarbeiterinnen aktiv in den Reformprozess mit einzubeziehen. Sie sollten allerdings mit den anstehenden Veränderungen nicht „überrannt" werden, sondern den Zeitpunkt der Umsetzung des Konzeptes selbst mitbestimmen können. Trotzdem wurde unsererseits deutlich gemacht, dass der Rahmen des Projektes vorgegeben ist, und die Mitarbeiterinnen lediglich das Wie und Wann selber gestalten können.

Die Umsetzung eines ganzheitlichen Betreuungskonzeptes hat sich in unserer geburtshilflichen Abteilung als sehr interessant, wenn auch nicht immer ohne Probleme gestaltet. Es erfolgte eine umfassende Veränderung der Raum- und Organisationsstruktur. Weitreichend waren vor allem die Personalqualifikationen, die von einem umfassenden Personalentwicklungskonzept begleitet wurden und immer noch werden.

Trotz kurzzeitiger Stagnation des Reformprozesses in der Vergangenheit haben sich die Mitarbeiterinnen aktiv am Projekt beteiligt. Dadurch konnten sie selbst viel lernen und haben in mancher Hinsicht ihr berufliches Verhalten verändert. So nehmen sie z. B. jetzt regelmäßiger an Fortbildungen teil und beteiligen sich an allgemeinen Arbeitstagungen und sonstigen Aktivitäten, das heißt, sie haben inzwischen ihr „Insel-Dasein" aufgegeben.

Viele Ideen haben die Mitarbeiterinnen sehr schnell umgesetzt, wobei sie dabei großes Engagement und viel Elan zeigten. Dennoch müssen sie nach wie vor zu vielen Tätigkeiten angespornt werden. Auf Absprachen müssen sie wiederholt aufmerksam gemacht werden, damit die beschlossenen Maßnahmen auch wirklich umgesetzt werden. Ansporn und Anregung vonseiten der Stations- oder Pflegedienstleitung sind deshalb wichtig, um ein geplantes Konzept in die Praxis umzusetzen. Die Erfahrung hat gezeigt, dass die Umsetzung vor allem von der Stationsleitung und den Vertretungen getragen werden muss. Voraussetzung dafür ist natürlich, dass sich die Führungskräfte der Abteilung vollständig mit der Zielsetzung des Projektes identifizieren. Außerdem ist es für die Umsetzung eines geplanten Projektes wichtig, den Mitarbeiterinnen frühzeitig die Verantwortung für bestimmte Bereiche zu übertragen. Eine regelmäßige Kontrolle ist hierbei jedoch Voraussetzung.

Zusammenfassend können wir sagen, dass die mit dem hier vorgestellten Konzept verbundenen Ziele insgesamt umgesetzt wurden, das Projekt jedoch noch nicht als abgeschlossen betrachtet werden kann. Durch regelmäßige Evaluation wurde deutlich, dass die Pflegenden bei mangelnder Kontrolle schnell wieder in die „alten" Strukturen „zurückfallen". Daher ist eine kontinuierliche Begleitung durch die Pflegedienstleitung und regelmäßige Zielformulierung mit der Stationsleitung und den Mitarbeiterinnen zwingend notwendig.

Die positive Entwicklung der geburtshilflichen Abteilung hat sich mittlerweile über die Grenzen des Klinikums hinaus „herumgesprochen", dies belegt auch die stetig steigende Zahl an Geburten. Schon mehrmals haben uns Mitarbeiterinnen aus unterschiedlichen Krankenhäusern besucht, um auf der geburtshilflichen Abteilung zu hospitieren oder um sich zu informieren. Das bietet uns immer wieder die Möglichkeit für einen fachlichen Austausch.

Zur Zeit wird die Zusammenarbeit zwischen Wochenstation und Kreißsaal intensiviert; mit den Rotationsmaßnahmen wurde begonnen. Bedingt durch die damalige Situation (Ausscheiden der Leitungen, vgl. Abb. 4.**14**) haben sich unerwartet neue Möglichkeiten ergeben, sodass wir jetzt daran denken, beide Abteilungen als organisatorische Einheit zu führen. Das ist sicher ein neues, spannendes und natürlich wieder mit vielen Konflikten behaftetes Projekt. Wir sind gespannt, wie es sich entwickelt.

Literatur

Bartoszek, G., P. Nydahl: Basale Stimulation – Neue Wege in der Intensivpflege. Ullstein Mosby, Berlin 1997

Bienstein, Ch., A. Fröhlich: Basale Stimulation in der Pflege. Selbstbestimmtes Leben, Düsseldorf 1991

Bienstein, Ch., A. Fröhlich: Fördern – Pflegen – Begleiten. Selbstbestimmtes Leben, Düsseldorf 1997

Deiters, S.: Entspannungstechniken in der Intensivpflege. Ullstein Mosby, Berlin 1996

GFK (Gesellschaft zur Förderung der Qualifizierung der Krankenpflege am Klinikum der Stadt Ludwigshafen) (Hrsg.): Reise in die Zukunft, Ludwigshafen 1996

Schiemann, D.: Postnatales Rooming-in. Hans Huber, Bern 1993

4.4 Integration einer onkologischen Tagesklinik in den Stationsablauf einer Onkologiestation

Rosemarie Miessler

4.4.1 Ein Wort zuvor

Die tagesklinische Behandlung von onkologischen Patienten – beispielsweise im Anschluss an einen stationären Aufenthalt – entspricht den Bedürfnissen dieser Patienten. Die Integration der Tagesklinik in eine onkologische Station fördert die Kontinuität von Therapie und Betreuung und ermöglicht den Patienten einen vertrauensvollen und langfristigen Beziehungsaufbau zu den Therapeuten.

4.4.2 Integrationskonzept – Voraussetzungen und Rahmenbedingungen

Die Integration einer Tagesklinik in den stationären Ablauf erfordert neben den Veränderungen in den Arbeitsprozessen auch einen anderen strukturellen Rahmen. Ziel ist die Schaffung eines „Wohlfühl-Raumes" für Patienten und die Gestaltung abgestimmter Arbeitsprozesse für Pflegende und Ärzte.

Zu den wichtigsten Rahmenbedingungen struktureller Art gehören:

- ein Warteraum, welcher mit Informationsmaterial zu verschiedenen Diagnosen ausgestattet ist.
- ein Behandlungsraum, wo der Arzt seine Patienten untersucht und Gespräche führen kann.
- ein Aufenthaltsraum, in dem Patienten Platz nehmen können oder sich hinlegen können, wenn es während der Therapie zu Kreislaufproblemen kommt.
- Neben Arbeitstischen für medizinische Verrichtungen und Vorbereitungsarbeiten für die Therapie müssen Aktenschränke zum Aufbewahren der Krankenblätter vom stationären Aufenthalt vorhanden sein. Eine Suchkartei über Computer erleichtert das Anlegen und Finden von Akten.

Wie wir die vorhanden Räumlichkeiten unserer Tagesklinik aufgeteilt haben, können sie dem folgenden Raumplan (Abb. 4.19) entnehmen:

Darüber hinaus ist es wichtig, einen Standard zu entwickeln, der festlegt, welche Patienten eine tagesklinische Behandlung erfahren können und welche Anforderungen an die pflegerische und ärztliche Betreuung gestellt werden.

Unserer Erfahrung nach können zehn bis fünfzehn Patienten von einer Pflegenden und einer Sekretärin betreut werden. Der administrative Arbeitsanteil einer Tagesklinik ist sehr hoch, daher ist es sinnvoll, unterschiedliche Qualifikationen einzusetzen. Täglich werden ca. zehn Patienten aufgenommen, behandelt und entlassen. Eine umfangreiche Diagnostik muss geplant und organisiert werden. Die Zusammenarbeit mit der Blutbank, dem Labor und den Funktionsabteilungen sowie dem Hausarzt und dem Sozialdienst ist notwendig.

Durch die Integration der Tagesklinik in die onkologische Station wird für die Pflegenden ein zusätzliches Arbeitsfeld geschaffen, in dem sie sich qualifizieren können. Gleichzeitig erhöht die Integration die Kundenbindung.

Aus ökonomischer Sicht wird durch die räumliche und personelle Anbindung ein effizientes Arbeiten ermöglicht. Die Arbeitszeit der Pflegenden in der Tagesklinik deckt die Zeit von 07:30 bis 15:42 Uhr ab. Anschließend übernimmt der Spätdienst der Station die letzten Verrichtungen.

4.4.3 Abläufe in der Tagesklinik – Was sind die Arbeiten der Pflege in einem tagesklinischen Bereich?

Die Patienten werden morgens begrüßt. Nach der administrativen Aufnahme durch die Sekretärin erklärt die Pflegende dem Patienten den **Tagesplan**:

- Blutabnahme
- Befundabwartung
- Diagnostik
- Therapie
- Nachsorgeerklärungen für zu Hause bzw. ein neuer Vorstellungstermin

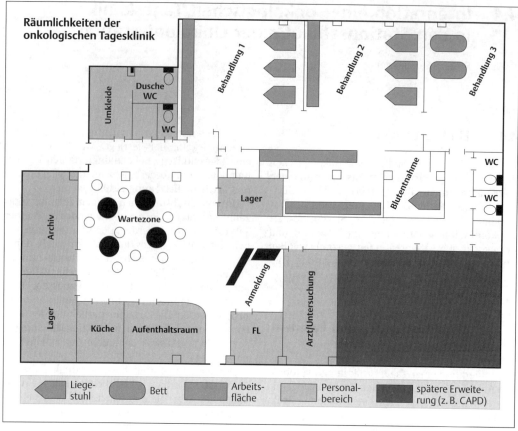

Abb. 4.19 Räumlichkeiten der onkologischen Tagesklinik

- Beratungsgespräch über Prophylaxen (z. B. Mundpflege, Hygiene, Ernährung)
- Bekanntmachen anderer Nachsorgeeinrichtungen (z. B. Tumorberatung, Psychologe, Selbsthilfegruppen)

Ein gut geplanter Tagesablauf für die Patienten hängt natürlich auch von einer guten Zusammenarbeit mit dem Ärztlichen Dienst ab. Am Tag zuvor sollte gemeinsam zwischen Arzt, Pflegender und Sekretärin der Tagesablauf für den Patienten festgelegt werden. Sehr günstig für den Verlauf ist die frühzeitige Einbeziehung bzw. das Treffen von Vereinbarungen mit dem Labor, dem Röntgen und der Apotheke. Der Patient kann eine Tagesgestaltung entsprechend planen.

Um Ihnen eine Anregung zu geben, wie so ein Tagesablauf strukturiert sein kann, finden Sie in den nächsten beiden Abbildungen (Abb. 4.**20** u. 4.**21**) Beispiele für Patienten mit Chemotherapie und Transfusion.

Günstig ist auch die Einführung von Standards, nach denen die einzelnen Aufgaben durchgeführt werden oder auch Prophylaxen erklärt werden.

Auch die regelmäßige Kommunikation mit allen beteiligen Diensten an der Tagesklinik ist nötig, um ständig weitere bessere Voraussetzungen für die Patienten zu erreichen, weil viele Patienten in der onkologischen Tagesklinik auch palliativ behandelt werden müssen und ihre Lebenserwartung eingeschränkt ist.

Patienten haben durch einen Tagesaufenthalt in der Onkologie viele Vorteile:

- Kurze Abwesenheitszeit von zu Hause im Vergleich zur stationären Therapie.
- Der Kontakt zu ihren Angehörigen reißt nicht ab.
- Das Heimweh ist klein.
- Die Angehörigen können gut einbezogen werden.

4.4 Integration einer onkologischen Tagesklinik in den Stationsablauf einer Onkologiestation

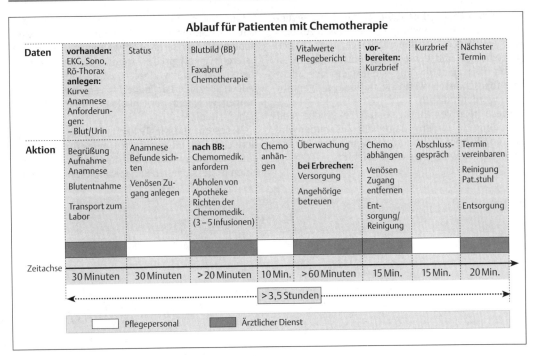

Abb. 4.20 Ablauf für Patienten mit Chemotherapie

Abb. 4.21 Ablauf für Patienten mit Transfusion

Patienten haben sofort Kontakt mit den Pflegenden, welche diese auch beim stationären Aufenthalt versorgen werden bzw. versorgt haben (Beziehungs- und Versorgungskontinuität). Es ist schon Vertrauen da und sie fühlen sich nicht wie abgeschnitten, wenn sie stationär aufgenommen werden müssen.

Diese positiven Einflüsse auf die Psyche sind unbedingt zu fördern, damit ein Zusammenwirken von Körper, Geist und Seele möglich ist. Die Krankheitsbewältigung ist so leichter.

Eine tagesklinische Versorgung von onkologischen Patienten bringt auch für Pflegende Möglichkeiten, den Beruf noch weiter zu professionalisieren. Onkologische Patienten haben, wenn sie das Krankenhaus verlassen, zwar einen Hausarzt, jedoch spezielle Pflegende für verschiedene Beratungen, welche in der Onkologie aufgetreten sind, haben sie nicht.

Es besteht die Möglichkeit, im tagesklinischen Bereich eine Pflegesprechstunde für Patienten einzurichten, um auch auf diesem weiten Gebiet einen professionellen Service anbieten zu können.

4.5 Einführung eines EDV-unterstützten Stationsarbeitsplatzes

Markus Stein

4.5.1 Ein Wort zuvor

Am Anfang jeder Implementierung von EDV-Anwendungen (**E**lektronische **D**aten**v**erarbeitung) steht das Pflichtenheft, in dem bestehende Strukturen und Prozesse beschrieben werden. Nur dieses kann eine Berücksichtigung aller Anforderungen der Benutzer gewährleisten. Mangelnde Abstimmung zwischen – vor allem ungeübten – Anwendern und DV-Fachleuten führen mit hoher Wahrscheinlichkeit zu einem Misslingen der DV-Integration in die tägliche Praxis. Erste Erfahrungen mit dem Einsatz von EDV im Pflegebereich zeigen, dass nur über eine schnell eintretende Akzeptanz eine dauerhafte Verwendung erreicht wird.

4.5.2 Bestandteile eines Pflichtenheftes

Im Sinne einer möglichst hohen Akzeptanz der einzuführenden EDV sollten bei der Zusammenstellung des Pflichtenheftes auch Vertreter der Pflege beteiligt werden. **Zur Erstellung eines Pflichtenheftes ist es hilfreich, sich an den großen ‚W's' zu orientieren,** das heißt ‚Was', ‚Wer', ‚Wo', ‚Wann' und ‚Wie'.

Als erstes ‚W' ist das **‚Was'** zu bearbeiten. Hierunter ist zu verstehen, welche Abläufe durch den Einsatz von EDV ergänzt und/oder erleichtert werden sollen. Grob vereinfacht lassen sich hier zwei große Sektoren differenzieren, nämlich Systeme im patientenfernen und patientennahen Bereich.

Zu den patientenfernen Tätigkeiten, die mittels EDV unterstützt werden können, zählen:

- *Patientenadministration* mit zeitnaher Erfassung von Aufnahmen, Verlegungen und Entlassungen und der Möglichkeit des Ausdrucks von Etiketten/Formularen direkt am Ort des Bedarfs.
- *Logistik*: Hierunter fallen alle rechnergestützten Bestellverfahren von z. B. Medikamenten, medizinischen und pflegerischen Hilfsmitteln.
- *Führung mit Ressourcenplanung*: Darunter ist vor allem der Einsatz von Dienstplanungsprogrammen zu verstehen, die mehr eine Erleichterung in der Berechnung von Soll-/Ist-Zeiten und von Zuschlägen als in der eigentlichen Erstellung bieten.
- *Kommunikation*, das heißt Übertragung von Anmeldungen an Diagnostik- und Therapieeinheiten zur Vergabe von Terminen und der Rückübermittlung der Zeiten.

Der große Komplex an patientennahen Tätigkeiten lässt sich über die folgenden Systeme abbilden:

- *Patienten- und Angehörigeninformation:* Die wachsende Zahl an informierten Patienten (z. B. über das Internet) erfordert ein Bereitstellen sinnvoller Informationen am richtigen Ort zum richtigen Zeitpunkt.
- *Funktions- und Operationsbereich:* Hier werden Elemente zur Planung (Zeit, Personen, Material) sowie zur Dokumentation vereint; aufgrund der sehr stark rationalisierten Abläufe sind die hier eingesetzten Systeme stark berufsgruppenübergreifend konzipiert.
- *Intensiv- und Anästhesiebereich:* Der hohe Technisierungsgrad mit meist digital gesteuerter Medizintechnik und der starke Dokumentationsaufwand für die Überwachung der Patienten erfordert schnelle, einfach zu bedienende Systeme; da die meisten medizintechnischen Geräte digital – das heißt in für „Computer verständlicher Sprache" – arbeiten, bietet sich eine automatisierte Übernahme der Messwerte aus diesen Geräten an.
- *Medizinische Informationssysteme:* Diese sollen Ärzte bei Diagnostik und Therapie unterstützen, ihr Fokus liegt daher sehr stark auf der Bereitstellung von Informationen am richtigen Ort zum richtigen Zeitpunkt.
- *Pflegerische Informationssysteme:* Hier liegt weniger eine datenzentrierte Sicht vor, sondern eher die Unterstützung des auf Kontinuität ausgelegten Pflegeprozesses.

Unter der ‚**Wer**'-Frage ist zu klären, welche Personen Zugriff auf die jeweiligen DV-Systeme haben sollen. Zudem ist zu definieren, wie dieser Zugriff aussehen soll. Im Allgemeinen unterscheidet man in der EDV die Zugriffsarten ‚Kein', ‚Nur Lesen' und ‚Lesen und Schreiben'. Nimmt man das Beispiel eines Programms zur Dienstplanerstellung, so dürfte für die Stationsleitung die Berechtigung ‚Lesen und Schreiben' zugeteilt werden, während für sonstige Stationsmitarbeiterinnen die Berechtigung ‚Nur Lesen' zuzuteilen wäre.

Die Klärung der ‚**Wo**'-Frage bezieht sich darauf, wo Daten erhoben und wo sie gegebenenfalls ausgewertet werden. Hier tritt ein grundsätzliches Problem für den DV-Einsatz im Krankenhaus auf, nämlich die meist dezentral – am Patientenbett – absolvierte Arbeit. Im Gegensatz zu klassischen administrativ-ökonomischen Arbeitsplätzen, die am Schreibtisch leicht durch den Einsatz von Computern unterstützt werden können, findet die pflegerische Arbeit nur selten in „Schreibtischnähe" statt. So dürfte sich der Einsatz eines Pflegeinformationssystems mit der Unterstützung bei Pflegeanamnese, Pflegeplanung und Pflegebericht nicht auf einen einzelnen DV-Arbeitsplatz (Abb. 4.**22**) im Stationszimmer beschränken, sondern müsste durch portable, einfach zu bedienende Erfassungsgeräte ergänzt werden. Als weiteres Beispiel mag wieder das Dienstplanungsprogramm dienen. Dieses sollte gerade auf großen Stationen nicht an einem Arbeitsplatz im allgemein hektischen und belebten Stationszimmer, sondern über einen Computer in einem separaten, ruhigeren Zimmer betrieben werden.

Die Frage nach dem ‚**Wann**' soll klären, zu welchen Zeitpunkten und in welcher Länge Zugriffe auf das geplante DV-System erfolgen sollen. Wird z. B. eine sehr lange, kontinuierliche Arbeit verlangt – wie bei einem administrativen Platz zur Aufnahme, Verlegung und Entlassung von Patienten – so müssen die Bedingungen eines so genannten Bildschirmarbeitsplatzes mit allen Implikationen auf Möblierung, Monitorstrahlung etc. erfüllt werden. Aus den Benutzungszeiten ist zudem abzuleiten, wann die Daten zum Zwecke der Datensicherung (auf getrennten Speichermedien) bzw. zur Archivierung „transportiert" werden können. Diese Prozesse funktionieren meist am besten bei gleichzeitigem Nichtbearbeiten der DV-Anwendung.

Über das ‚**Wie**' sollen die Möglichkeiten definiert werden, wie Daten erhoben bzw. ausgewertet werden. Erhebungsinstrumente reichen von der für Pflegende eher ungewöhnlichen Tastatur über die Maus bis zu so genannten Scannern ähnlich den Barcode-Lesern von Supermärkten. Analog ist die Ausgabe von Daten zu betrachten. Hier kann es unter anderem sinnvoll sein, im Sinne einer erhöhten Akzeptanz auf die Erstellung von Auswertungen in Form bisheriger, manuell geführter Formulare Wert zu legen.

Abb. 4.**22**
EDV-Arbeitsplatz

4.5.3 Schritte der DV-Einführung

Nach der Pflichtenhefterstellung im oben gezeigten Sinne steht die Vorauswahl eines adäquaten Systems aus (Abb. 4.23). Da Pflegende im Allgemeinen weniger Kenntnisse über den aktuellen Markt an DV-Systemen besitzen als erfahrene EDV-Anwender, sollten hier interne oder externe Fachleute diesen Part übernehmen.

Der nächste Schritt wäre dann die Begutachtung der ausgewählten Anwendungen durch interne Präsentationen, durch den Besuch von Referenzanwendern in anderen Kliniken oder sogar über den Einsatz einer Testinstallation. Letztere mag sehr verlockend klingen, birgt aber oft das Risiko, dass die betroffenen Mitarbeiterinnen infolge der kurzen Laufzeit nur ungenügend in das System eingewiesen werden können und daher dieses nur unzureichend beurteilt werden kann. Daher sei auf den Besuch anderer Anwender verwiesen, da hier über den direkten Kontakt mit anderen „Betroffenen" die Möglichkeiten, aber auch Grenzen des jeweiligen Systems ausgelotet werden können.

Nach dieser eingehenden Begutachtung durch möglichst viele Pflegende kann gemeinsam mit den internen oder externen EDV-Beratern die Entscheidung für ein System gefällt werden. Es kann jedoch auch der Fall eintreten, dass keine der begutachteten DV-Anwendungen den eigenen Anforderungen genügen. Dann sollte abgewogen werden, ob bestimmte Abstriche vertretbar sind oder ob zu diesem Zeitpunkt keine EDV-Lösung umgesetzt wird. Spätestens hier ist der Moment gekommen, sich eingehend Gedanken über den Aufbau eines Support- und Schulungswesens zu machen. Da diese Punkte einen sehr wichtigen Gegenstand bezüglich der Erwartungen von Pflegenden bei der Einführung von DV-Arbeitsplätzen darstellen, wird hierauf weiter unten konkreter eingegangen.

Sinnvoll erscheint der Einsatz eines neuen DV-Systems immer auf einer oder mehreren Pilotstationen. Diese sollten mit Bedacht gewählt werden. Zwar macht es durchaus Sinn, hierfür Teams mit einer gegenüber EDV sehr offenen Einstellung zu bevorzugen, doch sollte bedacht werden, dass nicht unbedingt alle Mitarbeiterinnen der anderen Stationen eine ähnliche Affinität zur DV-Technologie besitzen. Eine ausgewogene Mischung an erfahrenen/unerfahrenen bzw. offenen/kritischen Mitarbeiterinnen macht eine Station interessant für die Pilotanwendung.

Parallel zum Einsatz auf Pilotstationen sollte eine Evaluation, das heißt ein Vergleich der früheren manuellen mit den neuen DV-technischen Vorgängen, durchgeführt werden. Diese Evaluation liefert Hinweise darauf, ob gegebenenfalls das gewählte System gemeinsam mit dem Hersteller weiter modifiziert werden muss, z. B. hinsichtlich der Geschwindigkeit des Aufbaus oder des Aussehens der Bildschirmmasken. Ein Beispiel für eine Optimierung kann die mangelnde Akzeptanz eines Kennwort-geschützten Zugangs zu den benötigten Daten sein. Hier könnte der Zugriff z. B. durch ID-Karten, durch Fingerabdruck-Erkennung oder durch Stimmerkennung geschehen.

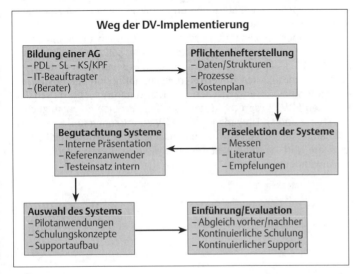

Abb. 4.23 Weg der DV-Implementierung

4.5.4 Schulungen und Support

Wie schon kurz erwähnt, bieten ausgiebige, gegebenenfalls kontinuierlich angebotene Schulungen eine wichtige Sicherheit für Pflegende beim Einsatz von EDV. Zunächst sollte bedacht werden, dass Schulungen sich nicht unbedingt auf die Zeit der Neueinführung des DV-Systems beschränken sollten. Die zum Teil nicht unerhebliche Fluktuation unter dem Stammpersonal der Stationen sowie der Einsatz von Krankenpflegeschülerinnen und Pflegenden in der Fachweiterbildung unterstreichen die Notwendigkeit eines auf Kontinuität ausgerichteten Schulungskonzeptes. Aus diesem Grund ist es wichtig, eine grobe Schätzung über die Zahl der anfänglich und später zu schulenden Mitarbeiterinnen zu erstellen. Diese kann sich von Anwendung zu Anwendung sehr stark unterscheiden. So dürfte sich beim Einsatz eines Dienstplanprogramms die Liste der zu schulenden Pflegenden auf die Leitungen und deren Stellvertretungen beschränken, während ein System zur Online-Laborabfrage möglichst allen Mitarbeiterinnen der Stationen näher gebracht werden sollte.

Meistens bieten die Hersteller von DV-Anwendungen eine initial durchgeführte Schulung aller relevanten Mitarbeiterinnen und gegebenenfalls eine Schwerpunktschulung von Multiplikatoren an, doch darf hierbei nicht übersehen werden, dass ein späterer Rückgriff auf die externe Firma nicht unerhebliche Kosten verursachen kann. Aus diesem Grund ist es für jedes Haus interessant, mit wachsendem Einsatz von EDV auf den Stationen bzw. in den Funktionsbereichen Koordinatoren auszubilden, die bevorzugt aus der eigenen Berufsgruppe kommen. Diese Koordinatoren sollen das Know-how anreichern und weitere Schulungen für neue Pflegende und Schüler übernehmen.

Zudem bilden diese Koordinatoren das Rückgrat des aufzubauenden Supports, das heißt des Angebots von jeglicher Unterstützung bei Problemen und Fragen bezüglich der eingesetzten EDV. Durch ihre detaillierte Kenntnis der Systeme und begünstigt durch das Wissen der Belange der eigenen Berufsgruppe bilden sie die ideale Mittlerrolle zwischen den eigentlichen Anwendern und der Technik.

Beim Support wird grundsätzlich zwischen einem so genannten ‚First-Level- Support' und einem ‚Second-Level-Support' unterschieden. Der **‚First-Level-Support'** – auch Hotline genannt – soll alle Fragestellungen und Probleme erfassen und direkt an die jeweiligen Fachleute weiterleiten, je nachdem ob diese sich auf Defekte der Geräte oder auf spezifische Anwendungsfragen der eingesetzten Systeme beziehen. Gerade diese erste Anlaufstelle bei Fragen und Störungen muss durch geübte und diplomatische Fachleute besetzt werden, da man von den Endanwendern keine konkrete Fehlerdiagnose bei einem so berufsfernen Medium, wie die EDV es für Pflegende darstellt, erwarten kann. Außerdem ist darauf zu achten, dass abhängig von den eingesetzten Anwendungen eine dauerhafte Hotline – z.B. über die Einrichtung einer Rufbereitschaft – installiert wird. Bei der DV-gestützten Erstellung und Auswertung von Dienstplänen mag ein Ausfall am Wochenende toleriert werden, nicht jedoch bei einem Ersatz der manuellen Pflegedokumentation durch ein EDV-System.

Für spezifische Fragestellungen wie z.B. der Art von „Wie gebe ich in das System XYZ die PPR für jeden Patienten ein?" steht der so genannte **‚Second-Level-Support'** zur Verfügung. Hier bieten sich die schon erwähnten DV-Koordinatoren an, da sie sich eingehend mit den genutzten Anwendungen auseinander setzen und zudem die Sprache der Benutzer verstehen. Auch hier ist natürlich Fingerspitzengefühl verlangt, wenn unerfahrenen und unsicheren Pflegenden eine gegebenenfalls sehr komplexe Anwendung per Computer näher gebracht werden soll.

Um einen engen Kontakt der Koordinatoren mit den Stationen und Funktionsbereichen zu ermöglichen, sollten in jedem Bereich Kontaktpersonen benannt werden. Diese müssen nicht unbedingt absolute EDV-Kenner sein, sollten jedoch kritisch und offen dafür sein, die Belange ihrer Kolleginnen zu vertreten. Regelmäßig durchgeführte Treffen zwischen den Koordinatoren und diesen Ansprechpartnern helfen Probleme im täglichen Umgang mit der EDV zu erkennen und zu beseitigen sowie gemeinsame Strategien für die Einführung weiterer DV-Systeme zu entwickeln.

4.5.5 Beurteilungskriterien für DV-Anwendungen

Da Pflegende nicht geübt sind im Umgang mit EDV, also auch nicht in der Bewertung dieser Anwendungen, sollen im Folgenden Kriterien aufgelistet werden, die eine leichtere Beurteilung gestatten:

- **Nützlichkeit.** Werden alle zur Aufgabenerfüllung benötigten Daten und Funktionen in einer der verlangten Arbeitshandlung entsprechenden Reihenfolge angeboten? Ein schlechtes Beispiel wäre hier die Möglichkeit der Pflegezielbeschreibung ohne vorherig durchgeführte Pflegeanamnese.
- **Komfort/Übersichtlichkeit.** Sind alle relevanten Daten und Informationen übersichtlich und auf möglichst wenig Bildschirmmasken dargestellt?
- **Erlernbarkeit.** Ist die Führung der Benutzer durch das System sehr einfach und ist keine überaus lange Einarbeitungszeit erforderlich? Hilfreich ist hier die Abbildung ggf. vorhandener Formulare und Berichte durch das DV-System.
- **Fehlerrobustheit.** Treten keine oder nur wenig Fehlermeldungen auf und sind diese vor allem für einen Laien verständlich?
- **Erwartungskonformität.** Werden Daten den Funktionen des DV-Systems zugeordnet, unter denen sie angenommen werden? Ein einheitliches Lay-out der vom System angebotenen Bildschirmmasken ermöglicht ein schnelles Zurechtfinden in der Bedienung des EDV-Programms.
- **Individualisierbarkeit.** Kann die Anwendung an die eigenen Bedürfnisse angepasst werden? Dies kann sich auf die Abbildung der hausintern genutzten Formulare und Berichte beziehen aber auch die Möglichkeit beliebiger Ad-hoc-Auswertungen zulassen.
- **Steuerbarkeit.** Welche Eingabemedien (Tastatur, Maus, Barcode-Leser etc.) können möglichst effizient genutzt werden?
- **Verfügbarkeit.** Wo und wie lange sind die benötigten Daten verfügbar?

Alles bisher Gesagte unterstreicht die Notwendigkeit einer eingehenden Beschäftigung aller beteiligten Mitarbeiterinnen mit den DV-Systemen vor deren Einführung. Nur die kritische Prüfung der Möglichkeiten und Grenzen der speziellen EDV-Anwendungen mag die Akzeptanz der betroffenen Pflegenden erhöhen und zu einem wirklichen Erfolg beim täglichen Einsatz führen.

4.6 Einführung von Instrumenten zur Entlassungskoordination

Susanne Dieffenbach und Simone Winkel

4.6.1 Ein Wort zuvor

Die verstärkte Ausrichtung des Krankenhauses als Gesundheitszentrum und die auch vom Gesetzgeber forcierte Verzahnung von ambulanter und stationärer Versorgung bedingt die stärkere Ausrichtung der krankenhausinternen Prozesse auf die Bedürfnisse der nachsorgenden Einrichtungen (Ausrichtung der Prozesse auf Vernetzung). Gerade bei Schwerkranken und pflegebedürftigen Patienten hat das Krankenhaus einen besonderen Stellenwert, da hier die einschneidensten Veränderungen für die Lebenssituation des Patienten stattfinden. Wichtig ist, untereinander keine Konkurrenzsituationen zu schaffen, sondern die Zusammenarbeit zu fördern und dabei die Patientenorientierung in den Vordergrund zu stellen.

4.6.2 Entlassungskoordination – ein Definitionsversuch

Entlassungskoordination ist Beratung und Management, das heißt Begleitung, Moderation und Kontrolle des Entlassungsprozesses. Unter Entlassungskoordination verstehen wir im Wesentlichen koordinierende Tätigkeiten. Wichtig ist es auch, Strukturen und Prozesse so auszurichten, dass sie vernetzungsfähig sind. Was das im einzelnen heißt, hängt von den auf Ihrer Station zu betreuenden Patienten und ihren Krankheitsbildern ab, aber auch von der Versorgung in Ihrer Region (z. B. Organisation der ambulanten Pflegedienste, Altenheime etc.).

Entlassungskoordination beginnt bereits im Aufnahmeprozess und setzt sich über den ganzen stationären Aufenthalt des Patienten hinfort. Entlassungskoordination findet jeden Tag statt und muss während des Aufenthaltes des Patienten immer weiter voran schreiten. Sie beinhaltet viele Informationen und Beratungen für den Patienten und seine Angehörigen. Eine gute Entlassungskoordination bedingt auch eine gute Kommunikation und Abstimmung zwischen den verschiedenen Berufsgruppen.

Entlassungskoordination ist ein Entwicklungsprozess. Entlassungskoordination hängt wesentlich von den Entscheidungen ab, die der Patient trifft. Dabei kann er in seiner Entscheidungsfindung beraten und unterstützt werden. Entlassungskoordination ist dann erfolgreich, wenn es nach Entlassung zu keinem Versorgungsbruch in dem ambulanten Bereich kommt und Drehtüreffekte vermieden werden. Ein optimierter Informationsaustausch zwischen den verschiedenen Berufsgruppen und zwischen den verschiedenen ambulanten und stationären Einrichtungen verhindert Übertragungsfehler und minimiert Rücksprachebedarf. Bei aller Koordination darf sich durch die Abstimmung der stationäre Aufenthalt nicht verlängern. Initiator einer solchen Koordination ist die Stationsleitung, denn sie ist für die Abläufe auf ihrer Station verantwortlich. Das heißt, die vorhandenen Arbeitsabläufe müssen daraufhin überprüft werden, inwieweit sie den Entlassungsprozess fördern oder hemmen.

4.6.3 Instrumente der Entlassungskoordination

Im Folgenden stellen wir verschiedene Instrumente vor, die in den stationären Prozess integriert werden können und so die Entlassungskoordination unterstützen.

Welche dieser Instrumente Sie dann auf Ihrer Station implementieren und welche sinnvoll sind, müssen Sie selbst entscheiden. Am besten in Ihrem Team, oder Sie schließen sich mit Stationen, die vergleichbar organisiert sind oder vergleichbare Patientengruppen haben, zusammen. In dieser Gruppe bestimmen Sie den passenden Mix von Instrumenten zur Entlassungskoordination oder Sie entwickeln neue bzw. modifizierte Verfahren zur Entlassungskoordination (Abb. 4.**24**).

Abb. 4.24 Entlassungskoordination im stationären Prozess

Instrumente im Aufnahmeprozess

Im Aufnahmeprozess setzen folgende Instrumente an:

- Sozialanamnese,
- therapeutisches Team,
- Case Management.

Sozialanamnese

Im Rahmen der Sozialanamnese wird die häusliche Situation des Patienten erhoben. Dabei wird besonderer Wert auf folgende Aspekte gelegt: Wie wohnt der Patient? Wie ist seine familiäre Anbindung? Wie gestaltet er seine sozialen Kontakte?

Relevante Fragestellungen für die Entlassungskoordination sind dabei beispielsweise Umbaumöglichkeiten, Anbindung an Versorgungseinrichtungen, Infrastruktur, aber auch Verfügbarkeit, Bereitschaft und Fähigkeit von Angehörigen, ein Stück weit die Betreuung mit zu übernehmen.

Wichtig ist, dass diese Aspekte im Rahmen des Anamnesegespräches erhoben werden, damit sie bei der Auswahl verschiedener Versorgungsmöglichkeiten für die Zeit nach dem stationären Aufenthalt berücksichtigt werden können. Oft scheiden verschiedene Versorgungsformen, z. B. der ambulanten Pflege, auf Grund ungünstiger, infrastruktureller oder baulicher Rahmenbedingungen in der Wohnung des Patienten aus. Wichtig für die Entlassungskoordination ist eine frühstmögliche multiprofessionelle Einschätzung von Möglichkeiten und Ressourcen des Patienten und seiner Angehörigen. Durch Anleitung können die Angehörigen schon im Krankenhaus in die Patientenbetreuung einbezogen werden. Dies ermöglicht den Abbau von Unsicherheiten im Umgang mit der Versorgung des Patienten nach der Entlassung und verbessert die Laienpflege.

Therapeutisches Team

Ein weiteres Instrument, das bereits im Aufnahmeprozess ansetzt, ist das Konzept „Therapeutisches Team". Als therapeutisches Team bezeichnet man verschiedene Formen der Zusammenarbeit unterschiedlicher Professionen in einem Bereich. Im therapeutischen Team arbeiten diejenigen zusammen, die an einer therapeutischen Leistungserstellung für eine bestimmte Patientengruppe mitwirken. Die gleichberechtigte Kooperation aller Professionen wird für den Patienten beispielsweise sichtbar in gemeinsamen Visiten, ineinandergreifenden therapeutischen Maßnahmen sowie widerspruchsfreien und effizienten Abläufen. Neben der engen Zusammenarbeit von Berufsgruppen, die im Krankenhaus tätig sind, können auch externe Professionen in ein therapeutisches Team integriert werden. So wird vernetzte Versorgung Realität. Bei der Bildung eines therapeutischen Teams haben wir die Erfahrung gemacht, dass es sinnvoll ist, sich zunächst auf wenige Professionen zu beschränken, beispielsweise Ärzte und Pflegende. Es ist ein großer Schritt, wenn diese beiden Professionen einen gemeinsamen Behandlungsplan für eine Patientengruppe erarbeiten. Dass dabei jedes Teammitglied das Selbstverständnis der eigenen Profession vertritt und von der Bedeutung des eigenen Beitrags für den Patienten durchaus auch in Abgrenzung zu anderen Teammitgliedern überzeugt ist, macht die Effektivität des Teams aus. Ein praktizierendes therapeutisches Team ist als Ganzes mehr als die Summe seiner Teile. Wenn sich die Teamstrukturen in einer Station oder in einem Bereich gefestigt haben, sollten weitere Berufsgruppen integriert werden, beispielsweise Physiotherapeuten und für überleitende Maßnahmen auch Sozialdienstmitarbeiterinnen. Die Einbeziehung von nachsorgenden Einrichtungen unterstützt die Vermeidung von Versorgungsbrüchen und Drehtüreffekten.

Case Management

Ein therapeutisches Beratungsteam in der stationären und ambulanten Versorgung koordiniert, organisiert und steuert die Patientenflüsse. Zielsetzung von Case Management ist eine Verbesserung der Rehabilitation im Krankenhaus und der individuellen vorstationären Versorgung. In der Literatur werden zusammengefasst folgende Zielsetzungen von Case Management formuliert:

- Bezogen auf den Patienten:
- Verbesserung der Versorgungskontinuität und Sicherung der Lebenskontinuität,
- Bereitstellung eines Ansprechpartners, der anwaltschaftlich die Interessen des Patienten vertritt,
- Vermeidung von Krankenhauseinweisungen und ungewünschten Umzügen in ein Pflegeheim,
- Vermeidung von Liegezeiten im Krankenhaus,
- Koordinierung aller an der Versorgung des Patienten beteiligten Personen und Berufsgruppen,
- Aufdeckung von Mängeln in der ambulanten Versorgungsstruktur.
- Aus Sicht der Krankenkassen:
- Ansprechpartner für Patienten bereitstellen,
- Lösungen der Strichschnittstellenproblematik mit anderen Sozialleistungsträgern,
- Kosteneinsparung durch eine schnelle Versorgung von Langzeitkranken.
- Bezogen auf das Gesundheitssystem:
- Schaffung einer Verknüpfung zwischen dem ambulanten und dem stationären Bereich, die über die medizinische Versorgung hinaus geht,
- Schließen von Informationslücken zwischen dem ambulanten und dem stationären Bereich,
- Koordinierungsverbesserung aller an der Versorgung Beteiligter durch erhöhte Transparenz, Verminderung von Fehlbelegungen, Aufdeckung von Schwächen in der ambulanten Versorgung

Case Management wird in der Regel durch die Einrichtung einer Stabsstelle bzw. eines Stabsteams umgesetzt, das für die Koordination der Versorgung des Patienten zuständig ist. Der Case-Manager oder das Case-Management-Team koordiniert zwischen allen beteiligten Berufsgruppen, den Patienten und den Angehörigen. Häufig wird der Case-Manager durch eine Koordinierungsstelle unterstützt, die Case Management anbietet. Damit unterscheidet sich Case Management wesentlich von der Konzeption des therapeutischen Teams: Nicht die betreuenden Professionen übernehmen die Koordinationsaufgaben, sondern externe Stellen. Dadurch werden zusätzliche Schnittstellen geschaffen.

Welches sind die Anreize, die häufig für die Einführung von Case Management genannt werden? In verschieden Projekten wird auf die hohe Motivation der ausführenden Case-Manager hingewiesen, die damit begründet wird, dass der Bedarf erheblich ist und somit der Sinn der Tätigkeit nicht weiter in Frage gestellt wird. Die Angehörigen erhalten mit dem Case-Manager einen Ansprechpartner, der sie berät und betreut. So können die Ängste, die die Angehörigen vor der Übernahme der Verantwortung für den kranken Partner oft haben, reduziert werden. Für die Sozialstationen, die Hausärzte und andere Dienstleister ist der Case-Manager ebenfalls Ansprechpartner.

An die Qualifikation und die Entscheidungsbefugnisse der Case-Management-Stelle werden besondere Anforderungen gestellt: Der Case-Manager sollte eine sozialarbeiterische Kompetenz haben. Darüber hinaus sind Managementkompetenz und Kommunikationskompetenz sehr wichtig. Über eine Fachkompetenz muss der Manager nicht unbedingt verfügen. Die Stelle, die der Manager ausfüllt, sollte institutionell unabhängig sein und an keinen bestehenden Dienst angegliedert werden. Es sollten auch keine eigenen Versorgungsleistungen durch den Case-Manager erbracht werden, sondern nur vermittelt werden. Es besteht immer ein Drang, bei Versorgungsengpässen selbst anzupacken.

Instrumente im stationären Behandlungsprozess

Im stationären Behandlungsprozess setzten folgende Instrumente an:

- Sozialvisite,
- Laienanleitung,
- Kontakte zu nachsorgenden Einrichtungen.

Sozialvisite

Die Sozialvisite ist die gemeinsame Fallbesprechung im Vorfeld einer Überleitung, die ein patientenadäquates Entlassungsmanagement unterstützt. Das Team, das die Sozialvisite durchführt, kann aus verschiedenen Professionen und Berufen bestehen. In der Regel sind Ärzte, Pflegende, Sozialdienstmitarbeiterinnen und Physiotherapeuten beteiligt. Darüber hinaus können auch Patienten und deren Angehörige in die Sozialvisite einbezogen werden. Sozialvisiten werden in der Regel einmal wöchentlich zu einem festen Termin durchgeführt. In dieser Zeit werden solche Patienten der Station thematisiert, die für eine Überleitung in Frage kommen, das heißt Patienten, bei denen die Versorgung nach Ende des stationären Aufenthaltes noch unklar ist. Werden die Patienten und Angehörigen nicht in die Visite einbezogen, findet diese in einem Raum außerhalb des Patientenzimmers statt. Das hat den Vorteil, dass das Besprochene schneller abgehandelt werden kann. Die Durchführung der Sozialvisite als herkömmliche Visite, sprich mit Besuch des Patienten in seinem Zimmer, hat den Vorteil, dass der Patient direkt mit einbezogen ist. So können Entscheidungen zügiger vorbereitet werden, die Information des Patienten seitens der betreuenden Professionen kann zeitnah erfolgen und direkte Absprachen werden möglich. Nach einer Fallbesprechung werden Aufgaben verteilt, die dann bei der nächsten Sozialvisite rückgemeldet werden. Wichtig ist die Dokumentation der getroffenen Absprachen und der vereinbarten Maßnahmen, damit die Mitarbeiterinnen, die nicht an der Visite teilnehmen konnten, dieses nachlesen können. Als günstig hat es sich erwiesen, einen Bogen zu konzipieren, auf dem diese Inhalte festgehalten werden können, der von den Beteiligten mit Handzeichen unterschrieben und in der Patientenakte aufbewahrt wird. Alle für die Entlassung und die weitere Versorgung notwendigen Formulare werden während der Visite ausgefüllt. Dies erspart sehr viel Zeit und viele Wege und beschleunigt den Prozess der Genehmigung nachsorgender Betreuung durch die Kostenträger und trägt damit zu einer frühstmöglichen Entlassung des Patienten in seine häusliche Umgebung bei. Durch die frühzeitige Fallbesprechung können die nächsten Schritte adäquat eingeleitet werden.

Mit dem Instrument der Sozialvisite wird ein Zeitrahmen für laufend anfallende Tätigkeiten geschaffen, denn der Arzt und die Pflegende müssen sich über die weitere Versorgung austauschen und den Sozialdienst informieren. Durch den festen Zeitrahmen können sie dies geplant tun und müssen nicht „zwischen Tür und Angel" sprechen oder jedem Beteiligten die Information einzeln zukommen lassen. Der Patient kann so schneller über die verschiedenen Möglichkeiten einer Versorgung nach seiner Entlassung informiert werden.

In einigen Konzeptionen wird die Sozialvisite zu einem *Patient-Care-Team* ausgeweitet. Das bedeutet, dass sich im Krankenhaus ein Kernteam befindet, das sich überwiegend mit der Themenstellung eines patientenadäquaten Entlassungsmanagements beschäftigt, Sozialvisiten auf verschiedenen Stationen supervisiert und Vernetzungen berät und begleitet.

■ Anleiten von Angehörigen

Das Anleiten von Angehörigen ist auch ein Bestandteil der Entlassungskoordination. Die Angehörigen werden sukzessive in die Pflegemaßnahmen einbezogen und nicht, wie es üblich ist, z. B. aus dem Zimmer geschickt. Ziel der Anleitung von Angehörigen ist der Abbau von Hemmungen und Ängsten in Bezug auf die weitere Versorgung des Patienten nach der Krankenhausentlassung. Durch Einbeziehung, Beratung und Information können Pflegende den Angehörigen Handgriffe beibringen und die Auseinandersetzung mit der Erkrankung fördern.

■ Regelmäßige Kontakte zu nachsorgenden Einrichtungen

Es ist wichtig, als Stationsleitung den Kontakt zu nachsorgenden Einrichtungen zu pflegen. Über persönliche Kontakte können Sie eine Überleitung und Entlassungskoordination gut strukturieren und organisieren. Sie sind in der Lage, Patienten und Angehörige umfassender zu informieren und zu beraten. Die Kenntnis über die Prozesse in den nachsorgenden Einrichtungen hilft Ihnen bei der Vorbereitung einer guten Entlassungskoordination. Beispielsweise dokumentieren Sie mit wenig Mehraufwand nicht nur die im Krankenhaus relevanten Aspekte, sondern erfassen auch speziell für nachsorgende Einrichtungen wichtige Inhalte und können diese weitergeben.

Durch die Einbeziehung von Selbsthilfegruppen können auch ehrenamtliche Tätigkeiten in den stationären Ablauf eingebunden und genutzt werden. Dies schafft neue Koordinationsräume, ohne dass zusätzliche Ressourcen in Anspruch genommen werden müssen. Auch fördern Fortbildungsangebote für stationäre und ambulante Einrichtungen Kooperation, denn sie stellen den Kontakt über fachliche Themen her. So werden gute Kooperationsbeziehungen vorbereitet.

Instrumente im Entlassungsprozess

Instrumente zur Entlassungskoordination während des Entlassungsprozesses:

- Multiprofessionelle Überleitung,
- Pflegeüberleitung,
- Infotelefon und Visitenkarten.

Multiprofessionelle Überleitung

Bei der Dokumentation überleitungsrelevanter Informationen ist es wichtig, nicht nur die im stationären Bereich wichtigen Punkte zu berücksichtigen, sondern auch auf die Bedürfnisse der nachsorgenden Einrichtungen einzugehen. Diese kann man im regelmäßigen Kontakt erfahren. Die Zusammenarbeit mit nachsorgenden Einrichtungen in unserem Haus hat ergeben, dass es hilfreich ist, die Entwicklung der Ressourcen des Patienten zu dokumentieren und nicht nur – wie allgemein üblich – den Zustand bei Entlassung. Hierzu können Sie den Verlauf der PPR-Einstufung vom Aufnahme- bis zum Entlassungstag aufschreiben oder sich grafischer Instrumente bedienen. Ein einfaches, aber inhaltsstarkes Instrument ist die FIM-Rosette (Functional Independence Measurement – Selbstständigkeit des Patienten) (Abb. 4.25).

Mit Hilfe der Kreise können Sie verschiedene Ressourcenstufen definieren, in unserem Beispiel sind es fünf. Die Kriterien wurden gemeinsam mit nachsorgenden Einrichtungen anhand der Aktivitäten des täglichen Lebens auf die stationären und ambulanten Bedürfnisse abgestimmt. Wir unterscheiden zwanzig Ressourcenkriterien. Durch die Einstufung des Patienten am Aufnahme- und Entlassungstag wird die Entwicklung der Ressourcen optisch „auf einen Blick" sichtbar. Die ambulant Pflegenden erkennen so Potenziale – ein wichtiger Hinweis für die weitere Arbeit mit dem Patienten.

Die FIM-Rosette ist Bestandteil des neu konzipierten Überleitungsbogens (Abb. 4.26a–d). Dieser wurde entsprechend den Anforderungen ambulant betreuender Berufsgruppen gestaltet. Im Überleitungsbogen sind medizinische, pflegerische, physiotherapeutische und versicherungs-

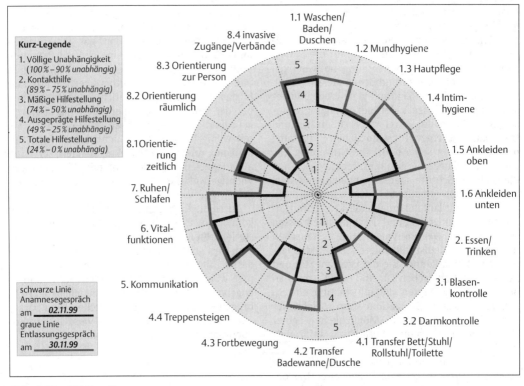

Abb. 4.25 FIM-Rosette

4.6 Einführung von Instrumenten zur Entlassungskoordination

Multiprofessioneller Überleitungsbogen

Patientenaufkleber

**KLINIKUM
DER STADT LUDWIGSHAFEN gGMBH
Bremser Str. 79
67063 Ludwigshafen**

Pflegekraft .... Telefon 0621 – 503 ....

Stationsarzt .... Telefon 0621 – 503 ....

Hausarzt Name .... Telefon ....
          Adresse ....

Angehörige Name .... Telefon ....
           Adresse ....

Stationäre Anamnese

aufgenommen von ○ zu Hause   ○ zu Hause mit amb. Pflegedienst ....
                 ○ Altenheim .... ○

Allergien: ....
.... ○ Allergiepass

Entlassungsdiagnose

....
....
....

entlassen nach ○ Hause   ○ Hause mit amb. Pflegedienst ....
               ○ Altenheim .... ○

Weitere Versorgung: Art der Behandlungspflege § 37 I und II SGB V

Eine häusliche Krankenpflege ist notwendig, weil eine Krankenhausbehandlung
○ geboten, aber nicht ausführbar ist   ○ dadurch nicht erforderlich ist   ○ dadurch abgekürzt werden kann

Folgende Leistungen sind neben der ärztlichen Behandlung notwendig:
○ Behandlungspflege vgl. hierzu 3. Ausscheidung, 6. Vitalfunktionen, 8.4 invasive Zugänge und Verbände,
  sowie die Hinweise unter „klinische Medikation" und „Bedarfsmedikation"
○ Grundpflege   ...... × täglich oder ...... × wöchentlich   ○ Hauswirtschaftliche Versorgung

Abb. 4.26 Überleitungsbogen (a)
(Entnommen aus: Abschlussbericht VerKet – gefördert durch DLR – Projektträger des BMBF.)

Multiprofessioneller Überleitungsbogen

Kurz-Legende
1. Völlige Unabhängigkeit
   (100% – 90% unabhängig)
2. Kontakthilfe
   (89% – 75% unabhängig)
3. Mäßige Hilfestellung
   (74% – 50% unabhängig)
4. Ausgeprägte Hilfestellung
   (49% – 25% unabhängig)
5. Totale Hilfestellung
   (24% – 0% unabhängig)

schwarze Linie
Anamnesegespräch
am _____
graue Linie
Entlassungsgespräch
am _____

Achsenbeschriftungen (Radardiagramm):
- 1.1 Waschen/Baden/Duschen
- 1.2 Mundhygiene
- 1.3 Hautpflege
- 1.4 Intimhygiene
- 1.5 Ankleiden oben
- 1.6 Ankleiden unten
- 2. Essen/Trinken
- 3.1 Blasenkontrolle
- 3.2 Darmkontrolle
- 4.1 Transfer Bett/Stuhl/Rollstuhl/Toilette
- 4.2 Transfer Badewanne/Dusche
- 4.3 Fortbewegung
- 4.4 Treppensteigen
- 5. Kommunikation
- 6. Vitalfunktionen
- 7. Ruhen/Schlafen
- 8.1 Orientierung zeitlich
- 8.2 Orientierung räumlich
- 8.3 Orientierung zur Person
- 8.4 invasive Zugänge/Verbände

---

1. Körperpflege

1.1 Waschen/Baden/Duschen
....

1.2 Mundpflege
....

.... ○ Spezialgriff

1.3 Hautpflege

Hautbeschaffenheit
○ normal   ○ trocken   ○ fettig
○ Juckreiz ○ Ulcus

1.4 Intimhygiene
....

1.5 Ankleiden oben

Hilfsmittel: ○ Knöpfhilfe ○ ....

1.6 Ankleiden unten

Hilfsmittel: ○ Hose ○ Strumpf ○ Schuh ○ ....

2. Essen/Trinken

.... ○ Spezialgriff
○ Diät Art .... BE ....
○ Sondennahrung Art   Dosierung ....
Ernährungssonde ○ PEJ ○ PEG ○ MS seit ....
Art .... Größe ....
Trinkt Pat. ausreichend ○ Ja ○ Nein ○ Trinkmenge ....

3. Ausscheidung

3.1 Blasenkontrolle

○ Dauerkatheter seit/bis   ○ Suprapup. Kath. seit/bis
Größe .... letzter Wechsel ....

3.2 Darmkontrolle

○ Stuhlgang regelmäßig ○ Verstopfung
letzter Stuhlgang am .... ○ Durchfall
○ Stoma   Art ....
Versorgung .... Größe ....

(b)

Multiprofessioneller Überleitungsbogen

4. Bewegung
a) allgemeine Mobilisierung

○ 30°-Lagerung ○ Bauchlagerung ○ ....
○ Häufigkeit/Rhythmus ....

b) Physiotherapie

○ KG ○ Atmungsbehandlung ○ Gehschule
○ spez. Lagerung nach Bobath (siehe Beiblätter)

4.1 bis 4.4 Transfer-Hilfsmittel

○ Gehstock   ○ Gehstützen   ○ Wannenlift
○ Rollstuhl   ○ Rutschbett   ○ Duschwanne
○ Gehwagen   ○ Drehscheibe   ○ Armprothese
○ Rollator   ○ Nachtstuhl   ○ Beinprothese
○ Pflegebett ....

5. Kommunikation

Verstehen ....

Ausdruck ....

Hilfsmittel
○ Hörgerät   ○ Sehhilfe   ○ Sprechhilfe
○ Schreibhilfe   ○ Zahnprothese oben
○ Augenprothese li/re   ○ Zahnprothese unten

6. Vitalfunktionen

Atmung
○ keine Probleme ○ Schmerzen
○ Auswurf   ○ Asthma   ○ Kardialer Stau
○ Verschleimung   ○ Bronchitis ○ Husten

Hilfsmittel
○ O$_2$-Gerät   ○ Inhalation   ○ Absauggerät
○ Apparative Atemtherapie

○ Pneumoniegefahr durch.............................
○ Tracheostoma   Art .... Größe ....
Versorgung ....
Probleme ....

○ Herzschrittmacher seit ....

Körpergröße .... Gewicht ....
RR .... Puls .... Temperatur ....

7. Ruhen/Schlafen

Medikamente   ○ Ja   ○ Nein

8. Sicherheit

8.1 Orientierung zeitlich

8.2 Orientierung räumlich

8.3 Orientierung zur Person

8.4 invasive Zugänge, Verbände

9. Arbeit und Freizeit
○ ledig ○ verh. ○ verwitw. ○ gesch. ○ ....
Kinder ....
Beruf ....

Freizeitgestaltung ....

10. Gefühlswelt, Glauben, Sterben
Konfession ○ rk ○ ev ○ moslem. ○ ....
Name der Gemeinde ....
○ Kontakt zu Seelsorger erwünscht

Stimmung/Gemütszustand ....

(c)

Multiprofessioneller Überleitungsbogen

Hautläsionen

Δ Dekubitus ....

✱ Pilz ....

⌒ Blasen ....

Σ Ekzem ....

X Strahlenreaktionen ....

/ Amputation ....

O Stoma ....

☐ Hauterkrankungen ....

Klinische Medikation

	selbstständig		selbstständig
.... ☐☐☐☐	○ ja ○ nein	.... ☐☐☐☐	○ ja ○ nein
.... ☐☐☐☐	○ ja ○ nein	.... ☐☐☐☐	○ ja ○ nein
.... ☐☐☐☐	○ ja ○ nein	.... ☐☐☐☐	○ ja ○ nein
.... ☐☐☐☐	○ ja ○ nein	.... ☐☐☐☐	○ ja ○ nein

Bedarfsmedikation bei

Schmerzen .... max. Tagesdosis .... ○ ja ○ nein
Übelkeit .... max. Tagesdosis .... ○ ja ○ nein
Schlafstörungen .... max. Tagesdosis .... ○ ja ○ nein

Zusätzliche Informationen/Notizen

....
....
....
....
....
....

mitgeführte Wertsachen: ....

| Datum | Arzt | Pflegekraft | Patient |

(d)

relevante Informationen integriert. Alle ambulanten Betreuenden bekommen die gleichen Informationen. Die Einzelheiten entnehmen Sie bitte den Abbildungen (Abb. 4.**26a–d**).

▪ Pflegeüberleitung

Pflegeüberleitung bezieht sich ausschließlich auf die pflegerischen Handlungen und unterscheidet sich somit von der eben beschriebenen multiprofessionellen Überleitung.

Pflegeüberleitung wird durch eine dafür einzurichtende Stabsstelle (vgl. Kap. 3.1) vollzogen. Die Überleitungskraft koordiniert zwischen allen beteiligten Berufsgruppen, den Patienten und den Angehörigen. Sie unterstützt die Angehörigen durch Hauspflegekurse.

Pflegeüberleitung ist eine Zusatzqualifikation für eine erfahrene und engagierte Pflegende. Ein Anreiz für das Krankenhaus ist, dass es sich den nachstationären Bereichen öffnet. Dadurch erhöht sich der Bekanntheitsgrad wodurch gleichzeitig eine gute Werbung für das Krankenhaus entsteht. Zudem wird durch die Verkürzung der Liegezeiten eine Fehlbelegung vermieden. Die Einrichtung von Pflegeüberleitungsstellen sichert die Versorgung der Patienten nach Entlassung aus dem Krankenhaus und entspricht dem Anspruch einer professionellen, ganzheitlichen Pflege. Dies ist ein wichtiger Anreiz für die Berufsgruppe der Pflegenden, Pflegeüberleitungsstellen einzurichten, entbehrt aber nicht von der Verpflichtung, grundsätzlich eine qualitativ gute Überleitung zu gewährleisten. Die Erweiterung des Blickwinkels auf den weiteren Verlauf des Patientenweges entspricht einem ganzheitlichen Ansatz. Die Angehörigen erhalten einen Ansprechpartner und können beraten und betreut werden, um so Ängste vor der Übernahme der Verantwortung zu reduzieren. Die Durchführung der oben beschriebenen Hauspflegekurse ist dabei eine wertvolle Unterstützung.

Ziele der Pflegeüberleitung, die sich oft mit den Zielen der Pflege decken, bezogen auf die Patienten sind:

- die Verbesserung der Versorgungskontinuität,
- eine frühzeitige Entlassung aus dem stationären Bereich,
- die möglichst frühe Aktivierung des Patienten,
- die Ermutigung von Patienten und Angehörigen zur Durchführung der häuslichen Krankenpflege sowie

- die Inanspruchnahme vorhandener Hilfestellungen.

Ziele der Pflegeüberleitung bezogen auf die Einrichtungen sind:

- die Vermeidung von Fehlbelegungen und
- die Erweiterungen des Leistungskataloges der Krankenhäuser.

Für die Mitarbeiterinnen lassen sich in Bezug auf Pflegeüberleitung folgende Ziele formulieren:

- Schaffung eines neuen Berufsbildes,
- Weiterbildung und Qualifizierung der Mitarbeiterinnen,
- Erhöhung der Motivation durch ganzheitliche Abrundung der Pflege.

Für das Gesundheitssystem bedeutet Pflegeüberleitung, dass eine Verknüpfung zwischen dem ambulanten und stationären Bereich geschaffen wird, die über die medizinische Versorgung hinaus geht. Die Informationslücken zwischen ambulantem und stationärem Bereich werden geschlossen und die Versorgung wird durch eine erhöhte Transparenz verbessert. So kommt es zur Vermeidung von Fehlbelegungen.

Case Management und Überleitungspflege sind sich in vielen Aspekten ähnlich. Case Management ist jedoch umfassender, nicht nur auf Pflege bezogen, sondern auch auf weitere Berufsgruppen und eher dazu geeignet, komplexe Pflege- und Betreuungsbedarfe zu organisieren.

▪ Infotelefon und Visitenkarten

Ein weiteres Instrument für die Entlassungskoordination zum Entlassungszeitpunkt ist die Einrichtung eines Informationstelefons und die Mitgabe von Visitenkarten. Beides zielt darauf ab, dem Patienten auch nach Ende seines stationären Aufenthalts bei Problemen und Fragen als Ansprechpartner zur Verfügung zu stehen. Mit beiden Instrumenten konnten wir in der Praxis sehr gute Erfahrungen machen, z.B. wurden durch reine Information am Telefon einige Wiederaufnahmen auf Grund von Ängsten über Probleme mit dem Zustand des Patienten vermieden. Visitenkarte und Infotelefon, das heißt die Station als Ansprechpartner, ermöglichen den Patienten einen Kontakt über 24 Stunden an 365 Tagen. Da diese Serviceleistung kaum zusätzliche personelle Ressourcen beansprucht, kann dieser Rundumservice sehr leicht auch auf Ihrer Station zur Verfügung gestellt werden. Erfahrungen am

Klinikum Ludwigshafen haben gezeigt, dass insbesondere chronisch kranke Patienten dieses Angebot gerne in Anspruch nehmen.

4.6.4 Zusammenfassung

Wägen Sie bei der Auswahl der Instrumente zwischen deren Nutzungsgrad und den für die Einführung des Instruments notwendigen Ressourcen ab. Hierbei ist es wichtig, nicht nur die personellen Ressourcen zu betrachten, sondern auch notwendige Investitionen in Sachmittel und laufende Kosten im Vorfeld abzuschätzen. Darüber hinaus sind Schnittstellen-Kosten zu berücksichtigen, d.h. wie aufwendig ist die Abstimmung zwischen den Pflegenden einer Station und beispielsweise einer Pflegeüberleitungsmitarbeiterin. Wir haben die Erfahrung gemacht, dass es wenig Sinn macht, zusätzliche Stellen einzurichten. Diese erhöhen die Anzahl der Schnittstellen und der zu koordinierenden Berufsgruppen und Menschen. Sehen Sie Entlassungskoordination als Bestandteil des stationären Prozesses und damit in Ihrer Verantwortung.

Scheuen Sie nicht den anfänglichen Mehraufwand. Mit der Zeit merken Sie, dass ohnehin anfallende Tätigkeiten der Entlassungskoordination jetzt in einem strukturierten Rahmen stattfinden. Diese Arbeit kann Ihnen auch eine neu eingerichtete Stelle nicht abnehmen.

Es ist wichtig, dass Sie als Stationsleitung die Initiative ergreifen und die stationsinternen Prozesse auf eine vernetzte Versorgung ausrichten, sich mit anderen Berufsgruppen hierüber austauschen und gemeinsame Formen der Entlassungskoordination finden. Bei der Gestaltung der Entlassungskoordination sind Ihren Ideen und Ihrer Kreativität kaum Grenzen gesetzt. Beziehen Sie alle Beteiligten ein und verteilen Sie gemeinsam die anstehenden Aufgaben in einem multiprofessionellen Prozess neu.

Literatur

Endbericht Projekt „Verket" (Partizipative Entwicklung patientenbezogener Sektoren übergreifender Versorgungsketten)
Förderkennzeichen 01 HG 9614/9, gefördert vom BMBF Projektträger Arbeit und Technik

5 Innovative Pflegekonzepte einführen

»Wer zur Quelle will, muss gegen den Strom schwimmen.«
(Japanisches Sprichwort)

In diesem Kapitel stellen wir Möglichkeiten vor, neue Pflegekonzepte in den Alltag auf der Station und in den Funktionsbereichen zu integrieren. Wir zeigen auf, wie Sie hierzu Ihre Führungskompetenzen anwenden müssen, damit Innovationen Realität werden können. So sind die folgenden fünf Beiträge nicht nur ein Beispiel für Fachkompetenz, sondern auch für Personalentwicklungskompetenz. Denn sie gehen einher mit einer Weiterbildungsmaßnahme für einzelne Mitarbeiterinnen und einer Fortbildung für das Team.

Für den Erfolg und die Innovationskraft ist es unerlässlich, dass die Einführung und Anwendung innovativer Pflegekonzepte von allen Teammitgliedern unterstützt wird. Idealerweise sind Innovation und Partizipation als Grundsätze in einem Leitbild des Unternehmens formuliert. Ihre Innovation ist dann die Umsetzung des Leitbildes in das praktische Handeln.

Als Stationsleitung oder Funktionsleitung sind Sie innovative Kraft. Sie sind der Motor und der Impulsgeber für die Entwicklung der fachlichen Qualität Ihres Bereichs. Auch wenn Sie nicht alles allein entscheiden können: Geben Sie Anstöße, demonstrieren Sie im Kleinen, was im Großen machbar sein kann.

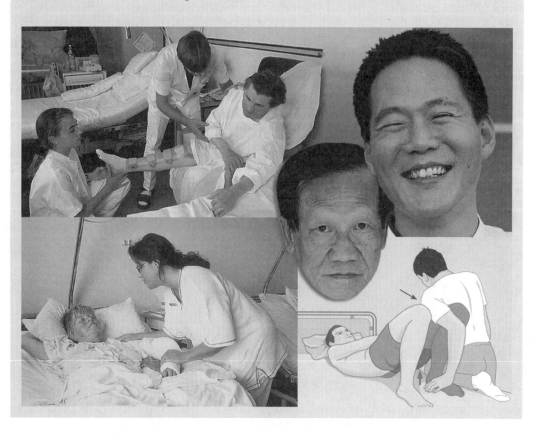

5.1 Professionelle Pflege von Schlaganfall-Patienten – über das Bobath-Konzept hinaus

Claudia Schwartz

5.1.1 Ein Wort zuvor

Der folgende Erfahrungsbericht schildert die vielschichtigen Bestrebungen des Pflegedienstes am Klinikum Ludwigshafen, eine zeitgemäße professionelle Pflege bei Schlaganfall-Patienten auf der Basis moderner Pflegekonzepte zu gewährleisten.

Hierbei kommt der Förderung nach dem Bobath-Konzept, einem international anerkannten physiotherapeutischen Ansatz, eine besondere Bedeutung zu. Weitere Konzepte werden – jeweils entsprechend der individuellen Situation des Patienten – komplementär eingebunden. Hierzu werden Krankenschwestern und -pfleger mit hohen fachlichen und sozialen Kompetenzen benötigt.

Durch ein angemessenes Fortbildungsangebot und moderne Führungsstrukturen schafft das Pflegemanagement wesentliche Voraussetzungen, um Pflegende neben der fachlichen Bildung auch in ihren Schlüsselqualifikationen zu fördern.

In den Pflegeexperten finden die Stationsteams jederzeit kompetente Ansprechpartner für Pflegefragen, die auch bei der praktischen Umsetzung mit Patienten Unterstützung leisten.

5.1.2 Schlaganfall – Schicksalsschlag und sozialmedizinisches Problem

Der Schlaganfall ist hinsichtlich seiner epidemiologischen Häufigkeit und seiner Folgen für die Betroffenen eine sozialmedizinisch und volkswirtschaftlich bedeutsame Erkrankung. In der Bundesrepublik Deutschland erleiden jährlich 200 000 Menschen einen (ersten) Schlaganfall, weitere 50 000 ein Rezidiv. Die meisten Patienten sind über 60 Jahre alt, aber immer häufiger trifft der Schlag auch jüngere Menschen. Etwa 20 % versterben an den Folgen des Schlaganfalls, weitere 35 % überleben schwer behindert oder pflegeabhängig.

Mit Blick auf die prognostizierte Bevölkerungsentwicklung kommender Jahrzehnte ist damit zu rechnen, dass diese Zahlen noch ansteigen werden: Schon im Jahr 2025 wird der Anteil der über 60-Jährigen ein Drittel der Gesamtbevölkerung ausmachen.

Der Schlaganfall ist ein dramatischer Schicksals-„Schlag" für die Patienten und ihre Angehörigen, die dadurch mitten aus dem Leben gerissen werden.

Schlaganfälle sind als dritthäufigste Todesursache und häufigste Ursache bleibender Behinderung für die moderne Medizin und die Pflegeberufe eine fachliche und soziale Herausforderung.

Die erfolgreiche Behandlung bedarf spezieller Kenntnisse und Fertigkeiten. Zusätzlich sind in besonderem Maße Einfühlungsvermögen, Geduld und kommunikative Leistungen gefordert.

5.1.3 Vision der Pflege

Die Profession Pflege hat im Klinikum Ludwigshafen ihre Vision formuliert, „eine führende Kraft im Gesundheitswesen" zu sein und „als Impulsgeber Maßstäbe für herausragende Qualität zu setzen, die in allen Bereichen spürbar ist". (aus: GFK e.V. (Hrsg.), Reise in die Zukunft, ohne Verlag, 1996)

Die Vision benennt als oberste Ziele die optimierte Versorgung und größtmögliche Zufriedenheit unserer Kunden, welche erreicht werden durch:

- **Personale Pflege.** Zwischen Pflegenden und Patienten entsteht eine Beziehung, mit der wir verantwortlich umgehen. Wir berücksichtigen bei unserer Arbeit die individuellen Bedürfnisse der Patienten.
- **Umfassend geplante Pflege.** Die einzelnen Maßnahmen sind genau auf die spezifische Situation des Patienten abgestimmt.
- Dabei sehen wir unsere Aufgabe auch in der **Stärkung der Selbstheilungskräfte** der Patienten und nicht nur in der Versorgung der kranken Körper.

Ein mitarbeiterorientierter, partizipativer Führungsstil auf allen Ebenen des Pflegemanagements bietet den Pflegenden im Rahmen ihres jeweiligen Aufgabengebietes Handlungs- und Gestaltungsspielraum. Regelmäßige Zielvereinbarungen und deren Evaluation dienen der Qualitätsentwicklung.

Die Vision der Pflege in Ludwigshafen soll innerhalb eines Zehnjahreszeitraumes erreicht werden.

5.1.4 Fortbildung: „Pflege bei Schlaganfall"

Im Jahr 1993 entstand erstmalig eine Konzeption für eine multiprofessionell gestaltete Fortbildung zur Pflege von Schlaganfall-Patienten, indem eine Mitarbeiterin der Pflegedirektion das Thema aufgriff. Dabei erfuhr sie inhaltliche Unterstützung durch die damalige Leiterin des dem Klinikum angegliederten Instituts für Physikalische Medizin.

Themenschwerpunkte waren zunächst Pathophysiologie und Klinik des Schlaganfalls, Entstehung und Inhalte des Bobath-Konzepts, Lagerung, Mobilisation und Transfers, orofazialer Trakt sowie aktivierende Körperpflege und Ankleidetraining.

Neben theoretischer Wissensvermittlung bot die Veranstaltung reichlich Raum für praktische Demonstration des Handlings. Partnerübungen unter Anleitung ermöglichten das Ausprobieren im geschützten Rahmen.

Die zweitägige Veranstaltung, getragen von Referenten aus dem ärztlichen Dienst, der Pflege und Physiotherapie, stieß auf lebhaftes Interesse bei den Pflegenden. Seitdem finden in unserem Klinikum im Rahmen des innerbetrieblichen Fortbildungsprogramms zweimal jährlich Seminare zur Pflege nach dem Bobath-Konzept statt. Für die Organisation und Moderation der Veranstaltung ist die Pflegeexpertin der Neurologischen Klinik verantwortlich. Sie steht den Seminarteilnehmern auch im Anschluss an die Schulung für Praxisbegleitungen auf deren Station zur Verfügung, um die praktische Umsetzung bei Patienten einzuüben.

Die notwendige inhaltliche Aktualisierung wird durch jährliche Evaluation mit den beteiligten Referenten sichergestellt. Die engagierte Mitarbeit von Bobath-Therapeutinnen erleichtert eine zeitnahe Verzahnung mit neuen Erkenntnissen der Bobath-Lehre. Schließlich konnten auch Logopädie und Ergotherapie mit eingebunden werden.

Pflegewissenschaftliche Forschung und nicht zuletzt auch die Pflegekonzepte Basale Stimulation und Kinästhetik in der Pflege revolutionierten in den letzten Jahren das stark traditionell geprägte Pflegeverständnis in Deutschland. Neue Techniken wurden entwickelt und fanden Eingang in die Pflegepraxis. Ansatzweise konnten auch diese aktuellen und pflegespezifischen Aspekte der Behandlung von Schlaganfall-Patienten bereits in die Schulung integriert werden. Dies bedarf zukünftig eines weiteren Ausbaus.

Die Veranstaltung wurde rasch zur Standardfortbildung, vor allem für neurologische Pflegekräfte. Ihr maßgeblicher und bis jetzt anhaltender Erfolg gründet unter anderem auf dem in dieser Form einmaligen Konzept mit Referenten aus unterschiedlichen Professionen, welche alle im praktischen Berufsfeld mit Schlaganfall-Patienten arbeiten und im Klinikum jederzeit ansprechbar sind.

Somit spiegelt das Seminar die Situation in der Praxis wider, in der eine multiprofessionelle Zusammenarbeit im therapeutischen Team die Rehabilitation des Patienten fördert.

5.1.5 Stroke Unit

Bisher konnten über 200 Pflegende unseres Klinikums im professionellen Umgang mit Schlaganfall-Patienten fortgebildet werden – eine gute Voraussetzung für die Gründung einer eigenen Schlaganfall-Spezialstation (Stroke Unit) im Mai 1999. Zugrundeliegendes Konzept der Überwachungseinheit in der Neurologischen Klinik ist ein 24-Stunden-Management. Jeder Patient wird individuell und intensiv durch ein therapeutisches Team verschiedener Berufsgruppen betreut. Hierbei hat die Pflege als einzige Berufsgruppe, die rund um die Uhr am Patienten tätig ist, eine bedeutsame Schlüsselstellung.

Als wesentlicher Erfolg der in den skandinavischen Ländern bekannt gewordenen „Stroke Unit Policy" gilt die Anerkennung des Schlaganfalls als Notfall. Es wird sofort eine genaue Diagnose ermittelt und unverzüglich mit der Therapie begonnen: sowohl medizinisch als auch mittels pflegerischer und physiotherapeutischer Intervention.

5.1.6 Ursprung und Entwicklung des Bobath-Konzepts

Das Bobath-Konzept geht zurück auf seine Begründer Berta und Karel Bobath. Das Ehepaar gewann seit den 40er Jahren Erkenntnisse zur erfolgreichen Behandlung von spastischen Bewegungsstörungen. Aus eher zufälligen Beobachtungen der Gymnastiklehrerin Berta Bobath beim praktischen Umgang mit Patienten entwickelten sich empirische Studien. Frau Bobath entdeckte Techniken, welche den Muskeltonus beeinflussten und unkontrollierte Bewegungsmuster hemmen konnten.

Später betrieb Karel Bobath die systematische Erforschung der neurophysiologischen Zusammenhänge. So konnten die neuen Behandlungsansätze auf ein theoretisches Fundament gestellt werden.

Das Ehepaar Bobath begründete in London ein renommiertes Therapiezentrum. Beide arbeiteten und lehrten bis ins hohe Alter gemeinsam.

5.1.7 Indikationen zur Anwendung des Bobath-Konzeptes

Das Bobath-Konzept beschreibt keine fest vorgegebene Methode. Seine Prinzipien werden individuell in Interaktion mit dem Patienten angewandt. Das Konzept erfährt stetige Weiterentwicklung, indem die Erfahrungen der damit arbeitenden Therapeuten analysiert und eingebunden werden. Es eignet sich zur Anwendung bei Patienten mit Lähmungen, welche durch Läsion innerhalb des ersten motorischen Neurons verursacht wurden. Die häufigste Ursache ist eine zerebrovaskuläre Schädigung, zumeist durch Verschlüsse oder seltener Blutungen gehirnversorgender Gefäße.

Die Auswirkungen sind abhängig von der Lokalisation und der Ausdehnung der betroffenen Gehirnareale. Sie stellen sich als komplexes Syndrom dar. Auf den ersten Blick imponieren die halbseitige Lähmung sowie Sprachstörungen als Leitsymptome, jedoch ist die Wahrnehmung des Betroffenen ebenfalls betroffen, was die unterschiedlichsten Phänomene mit sich bringt.

Liste einiger Schlaganfall-assoziierter Störungen

- Motorische Störungen,
- Empfindungsstörungen,
- Sehstörungen, z. B. Hemianopsie,
- Schluckstörungen,
- Störungen der Ausscheidungsfunktionen,
- Sprach- und Sprechstörungen,
- Neglect,
- Pusher,
- Anosognosie,
- Agnosie,
- Apraxie,
- verändertes Körper- und Raumgefühl,
- Nachlassen intellektueller Fähigkeiten,
- neuropsychologische Störungen.

Die Auswirkungen dieser unterschiedlichen Beeinträchtigungen reichen von Erschwernissen bei der alltäglichen Lebensgestaltung bis hin zu völliger Pflegeabhängigkeit, nicht selten verbunden mit der Unfähigkeit, sich der Umgebung „normal" verständlich mitzuteilen.

5.1.8 Grundlagen zur Pflege nach dem Bobath-Konzept

Ständige Beobachtung des Patienten und neurophysiologische Grundlagen sind das Fundament der Bobath-Konzeptes. Das menschliche Gehirn ist „plastisch" und somit bis ins hohe Alter fähig dazuzulernen, damit sich der Mensch weiterentwickeln und anpassen kann.

Mit Hilfe des Bobath-Konzeptes werden notwendige Pflegemaßnahmen bewusst gestaltet. Das heißt, den Patienten auf eine Weise anzusprechen und zu behandeln, die für seine Rehabilitation förderlich ist. Ziel ist es, durch gezielte Stimulation der Wahrnehmung Aufmerksamkeit zu wecken, den außer Kontrolle geratenen Muskeltonus zu regulieren, primitive Reflexmotorik zu hemmen bzw. zu integrieren und physiologische Bewegungsmuster anzubahnen.

Dies stellt hohe Anforderungen an die Pflegenden, denn die Förderung beginnt mit der Aufnahme ins Krankenhaus und ist in der Zusammenarbeit fortlaufend präsent.

Jeder Kontakt mit dem Patienten löst einen Lernprozess aus – unabhängig davon, ob eine negative Stimulation, z. B. durch ungeeignete Lagerung oder Bewegung, ein „schlechtes" Lernangebot darstellt, welches der weiteren Entwicklung des Patienten schadet und seine Rehabilitation behindert.

Nachlässig oder auch nur routinemäßig durchgeführte Pflegemaßnahmen können den Behandlungserfolg des Patienten somit gefährden. Es liegt in der Verantwortung der Pflegenden, alle Interaktionen so zu organisieren, dass jeder Pflegekontakt für den jeweiligen Patienten förderliche Elemente enthält.

5.1.9 Die Einbindung komplementärer Konzepte

Hier kommen auch Aspekte der Basalen Stimulation zum Tragen. Pflegemaßnahmen wirken sich nur dann förderlich aus, wenn sie für den Betroffenen „passen" und von ihm angenommen werden können. Der Patient soll sich sicher fühlen. Deshalb werden irritierende oder gar angstauslösende Einflüsse identifiziert und vermieden oder auf ein unvermeidliches Maß reduziert. Gestaltungselemente aus der gewohnten häuslichen Umgebung wie Bilder oder Lieblingsmusik werden gezielt eingesetzt, um Wohlbefinden und Sicherheitsgefühl zu verstärken.

Bei schwer Wahrnehmungsbeeinträchtigten ist die Qualität von Berührungen von besonderer Wichtigkeit. Alle Wahrnehmungsbereiche werden bewusst genutzt, um Patienten eindeutige Informationen zu vermitteln. Die Art und Weise des Vorgehens der Pflegenden, beispielsweise beim Waschen oder bei der Zahnpflege, spielt eine große Rolle. Vertraute Abläufe, und somit ihr Sinn, sollen für den Patienten wiedererkennbar und möglichst angenehm sein. Aus diesem Grund ist die Erhebung einer biografischen Anamnese nützlich. Die Lebensgeschichte eines Patienten, seine persönlichen Bedürfnisse und Gewohnheiten werden erfragt, um ihm adäquate Pflegeangebote machen zu können.

Bei Bewegung, Lagerung und Transfers von Schlaganfall-Patienten sind die im Kinästhetik-Konzept entwickelten Formen der Interaktion äußerst hilfreich. Sie ermöglichen Haltungs- und Lageveränderungen (auch von Menschen mit wenig oder ohne Eigenaktivität) mit geringstmöglichem Kraftaufwand. Schädliches Heben und Tragen werden weitgehend überflüssig.

Alle kinästhetischen Bewegungen werden so durchgeführt, dass der Betroffene aufmerksam seinen Körper und die Art der Gewichtsverlagerung spüren kann. Entsprechend der verbliebenen oder neu erlernten Möglichkeiten wird seine aktive Mitarbeit eingebunden und gefördert.

Beide Pflegekonzepte lassen sich harmonisch und kreativ mit den Erkenntnissen des Bobath-Konzeptes verbinden.

5.1.10 Wie sieht die Pflege konkret aus?

■ Lagerung

Idealerweise wird beim Schlaganfall-Patienten unmittelbar bei der Aufnahme mit der Lagerung nach Bobath begonnen. Die Rückenlage fördert das spastische Muster und sollte möglichst vermieden werden.

Durch die regelmäßige Umlagerung auf die rechte und linke Körperseite nach definiertem Muster erfahren betroffene und nicht betroffene Körperseite therapeutisch wirksame Stimulation (Abb. 5.**1** u. 5.**2**). Unter anderem bewirkt sie die Dämpfung unerwünschter Reflexe, normalisiert den Muskeltonus und fördert die Wahrnehmung der betroffenen Körperseite.

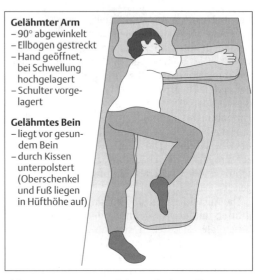

Gelähmter Arm
– 90° abgewinkelt
– Ellbogen gestreckt
– Hand geöffnet, bei Schwellung hochgelagert
– Schulter vorgelagert

Gelähmtes Bein
– liegt vor gesundem Bein
– durch Kissen unterpolstert (Oberschenkel und Fuß liegen in Hüfthöhe auf)

Abb. 5.**1** Lagerung auf der nicht betroffenen Seite

■ Raumgestaltung

Auf der Station angekommen, wird das Krankenzimmer entsprechend der Beeinträchtigung des Patienten eingerichtet. Ziel ist es, dem Patienten Stimulation von seiner betroffenen Seite her anzubieten, um sein Interesse bewusst in diese Richtung zu lenken.

Hemiplegie-Patienten nehmen ihre betroffene Seite schlechter wahr und neigen dazu, ihre entsprechende Körperhälfte und auch die räumliche Umgebung einseitig zu vernachlässigen (= Neglect). Ist zum Beispiel die rechte Seite ge-

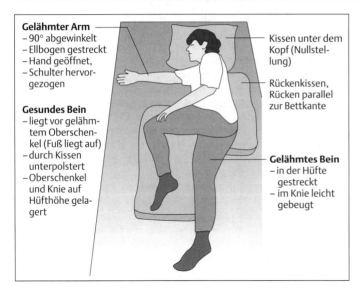

Gelähmter Arm
- 90° abgewinkelt
- Ellbogen gestreckt
- Hand geöffnet,
- Schulter hervorgezogen

Gesundes Bein
- liegt vor gelähmtem Oberschenkel (Fuß liegt auf)
- durch Kissen unterpolstert
- Oberschenkel und Knie auf Hüfthöhe gelagert

Kissen unter dem Kopf (Nullstellung)

Rückenkissen, Rücken parallel zur Bettkante

Gelähmtes Bein
- in der Hüfte gestreckt
- im Knie leicht gebeugt

Abb. 5.2 Lagerung auf der betroffenen Seite

lähmt, so gehört der Nachttisch mit Getränken und persönlichen Gegenständen des Patienten grundsätzlich auf die rechte Seite des Bettes. Der Patient wird dadurch motiviert, über seine betroffene Seite hinwegzuschauen. Um selbstständig Gegenstände greifen zu können, muss er sich auf die betroffene Seite drehen und sich bei dieser Aktivität mit dem schlechter wahrgenommenen Teil seines Körpers bewusst beschäftigen. Zudem wird unerwünschte Spastizitätsbereitschaft gedämpft.

Wo immer möglich, sollten weitere räumliche Gestaltungsmaßnahmen genutzt werden (Abb. 5.3). Insbesondere ist das Bett so im Raum zu platzieren, dass sich die für den Patienten attraktivere Seite des Zimmers (z. B. Tür, Fenster, Bettnachbar) auf seiner plegischen Seite befindet. Visuelle Stimulationsangebote wie Bilder oder Mobiles, aber auch der Stuhl für Besucher sind ebenfalls grundsätzlich von der betroffenen Seite her sinnvoll. Dass wir den Patienten von dieser Seite her ansprechen und Pflegemaßnahmen von hier aus durchführen versteht sich von selbst.

▄ Krankenbett

Verfügen die Betten über einen „Galgen" mit Triangelgriff, so ist dieser zu entfernen. Schlaganfall-Patienten gewöhnen sich in kürzester Zeit daran, die fehlende Beweglichkeit der betroffenen Seite mittels doppelter Kraftanstrengung auf der vermeintlich „gesunden" Seite zu kompensieren. Sie wollen ja gerne mithelfen und fixieren sich häufig sehr auf den Griff als „Hilfsmittel". Einseitige Bewegungen bergen jedoch die Gefahr des Auftretens spastischer Muster, die später kaum noch behebbar sind.

Aus diesem Grund ist es sinnvoll, den Patienten frühzeitig – und nötigenfalls immer wieder – zu erklären, dass übermäßige Aktivität der nicht betroffenen Seite vermieden werden muss, weil sie den Rehabilitationsbemühungen zuwiderläuft. Wir haben die Erfahrung gemacht, dass es am einfachsten ist, Betten für Schlaganfall-Patienten von vornherein ohne Galgen und Haltegriff aus der Bettenzentrale liefern zu lassen, um den Patienten den vermeintlichen „Verlust" zu ersparen.

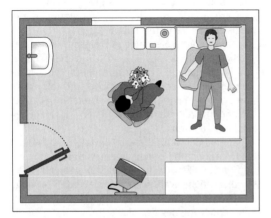

Abb. 5.3 Zimmergestaltung

Bei der Lagerung nach Bobath soll das Bett möglichst flach gestellt sein. Sofern keine vitale Notwendigkeit besteht (cave Ateminsuffizienz oder Blutung), sollte das Kopfteil möglichst nicht angehoben werden. Dies wird am besten toleriert, wenn der Patient gar nicht erst an eine Oberkörper-Hochlagerung gewöhnt wird. Zudem vermindert die gleichmäßigere Druckverteilung bei Flachlagerung die Dekubitusgefahr.

Schulter-Arm-Syndrom

Verlagerungen im Bett müssen bei Schlaganfall-Patienten mit großer Sorgfalt geschehen. Der reduzierte Muskeltonus im Schulter-Arm-Bereich der gelähmten oder geschwächten Seite verursacht eine Art Subluxation des Gelenkes. Dieses darf deshalb keinesfalls Belastungen durch Zug oder Druck ausgesetzt werden, weshalb beispielsweise das „Hochziehen" im Bett durch Untergreifen der Achselhöhle zu unterlassen ist.

Auch bei Transfers, etwa vom Bett zum Rollstuhl, muss eine Art der Hilfestellung gewählt werden, welche den betroffenen Schulter-Arm-Komplex schont. Andernfalls besteht die Gefahr, dass sich ein Schulter-Hand-Syndrom ausbildet: Der Patient klagt über Beschwerden im Arm und/oder der Hand; jede (auch passive) Bewegung verursacht stärkste Schmerzen. Ursache dieser gefürchteten Komplikation sind Verletzungen der Muskelfasern und Bänder durch Überdehnung bei falschem Handling.

Zur Behandlung bedarf es einer absoluten Ruhigstellung während der Heilungsphase, welche wegen der trophischen Störung in den betroffenen Geweben unter Umständen viele Wochen dauern kann. Jede länger dauernde Unterbrechung der Therapie gefährdet jedoch den Rehabilitationserfolg.

Bewegen

Für das adäquate Bewegen von Schlaganfall-Patienten wurden im Rahmen des Bobath-Konzepts zahlreiche Techniken und Griffe entwickelt. Sie werden in der Regel zusammen mit einer Hilfskraft angewendet. Außerdem kann das Umlagern auch mit Hilfe eines Patientenlifters geschehen.

Die Kinästhetik als pflegerisches Bewegungskonzept greift die spezifische Problematik der Erkrankung auf und bietet neue Ansätze, wie die Betroffenen auch ohne Hilfsperson bewegt werden können. So genannte „Hau-Ruck-Methoden", welche den ganzen Körper des Patienten rasch mit Schwung und Kraftaufwand in eine andere Position bringen, unterbleiben hier. Die verbliebene Bewegungsfähigkeit des Betroffenen wird aufmerksam beobachtet und seine tragfähigen „Massen" einbezogen, was Ressourcen optimal einbindet. Dies ist auch bei völlig passiven und/oder schwergewichtigen Personen möglich. Zugleich werden die Interaktionen gezielt eingesetzt, um den gelähmten, wahrnehmungsgestörten Patienten zu ermöglichen, sich selbst in Bewegung zu spüren.

Kinästhetisches Bewegen kann in Grund- und Aufbaukursen „Kinästhetik in der Pflege" erlernt werden.

Pflege im Therapeutischen Team

Die Schlaganfall-Therapie im Therapeutischen Team bringt für den Patienten Kontakte mit vielen verschiedenen Personen mit sich.

Die Pflege hat erkannt, dass es sinnvoll ist, die Anzahl der am Bett tätigen Personen zu reduzieren und organisiert ihre Arbeit im Bezugspflegesystem: Die Bezugspflegende ermittelt den individuellen Pflegebedarf, sie plant die Pflegemaßnahmen und ist verantwortlich für die Durchführung. Ihr kommt die Aufgabe zu, die Aktivitäten der anderen Berufsgruppen mit dem Patienten so zu koordinieren, dass dieser nicht überfordert wird und angemessene Ruhephasen gewährleistet sind. Schlafentzug und Überforderung sind krankenhaustypische Stressfaktoren, die Gesundung und psychische Verarbeitung und somit die Rehabilitation massiv beeinträchtigen.

Als Partnerin des Patienten achtet die Bezugspflegende mit darauf, dass bei therapeutischen oder diagnostischen Maßnahmen vermeidbare Beeinträchtigungen oder gar Verletzungen der plegischen Seite unterbleiben.

Insbesondere seien hier der Einsatz von Überwachungstechnik (z. B. Blutdruckmanschette) und Kanülenstiche (zur Blutentnahme oder Infusionstherapie) erwähnt, welche oftmals noch immer aus Bequemlichkeit, Unkenntnis oder Gleichgültigkeit dem Betroffenen zusätzlichen Schaden zufügen.

Dauer- oder Schmerzreize entfalten auch dann eine Wirkung im Nervensystem, wenn sie vom Patienten subjektiv (etwa wegen einer Sensibilitätsstörung) nicht wahrgenommen werden können. Häufig erfolgt ein zunächst unmerklicher, aber zunehmender Anstieg des Muskeltonus und hebt die Bereitschaft zu unerwünschter Spastizität.

Besonders fatal wirkt es sich aus, wenn Infusionslösungen nicht in die Vene, sondern ins umliegende Gewebe fließen. Da der Patient Schmerz oder ggf. auslaufende Flüssigkeit nicht spürt, fällt die paravenöse Kanüle meist erst bei starker Schwellung auf und wird viel zu spät entfernt. Das gleiche gilt für die an Venenverweilkanülen häufig auftretenden Thrombophlebitiden.

Die Resorption eines einmal aufgetretenen Ödems geschieht aufgrund der trophischen Gewebestörung stark verzögert. Während der Heilungsphase ist der Patient nur begrenzt in der Lage zur Bewegungstherapie.

▬ Therapeutische Waschung

Zumeist benötigen Schlaganfall-Patienten Unterstützung bei der Körperpflege. Die Hilfeleistung beim Waschen kann notwendig werden, weil die Lähmung die Beweglichkeit so stark beeinträchtigt, dass eine selbstständige Körperreinigung unmöglich ist. Aber auch bei erhaltener Bewegungsfähigkeit können Störungen der Orientierung und Wahrnehmung dazu führen, dass der Betroffene zu planvollem Handeln nicht in der Lage ist. Außerdem tritt bei einigen Patienten in bestimmten Phasen der Rehabilitation eine Hyperaktivität auf, die nicht unterstützt werden sollte. Überforderung provoziert das Auftreten unerwünschter, „primitiver" Reflexe.

Es kann also sinnvoll sein, eine Ganzkörperwaschung vorzunehmen, obwohl der Patient sich durchaus in der Lage fühlt, sich selbst zu waschen. Zu den Indikationen zählen neben dem genannten unangemessenen Aktivitätsdrang zum Beispiel mangelnde Rumpfstabilität und bestimmte Ausprägungen von Neglect und Pusher.

Die Waschung soll neben dem reinigenden Aspekt auch der Entspannung dienen, das Wohlbefinden und das Körpergefühl des Patienten fördern.

Die „Basal stimulierende Waschung bei Hemiplegie" (Abb. 5.4) hat sich bei Patienten mit Halbseitensymptomatik bestens bewährt. Diese therapeutische Waschung fördert gezielt die Wahrnehmung und die Integration der betroffenen Seite in das Körperbild. Dies geschieht durch eindeutige, großflächig umfassende Berührung und sich rhythmisch wiederholende, einprägsame Abläufe.

Der Körper wird beidhändig gewaschen, abgetrocknet und eingecremt. Dabei werden alle Körperformen „nachmodelliert".

Der Patient soll zuerst die Körperteile der nicht betroffenen Seite spüren, um im weiteren Verlauf

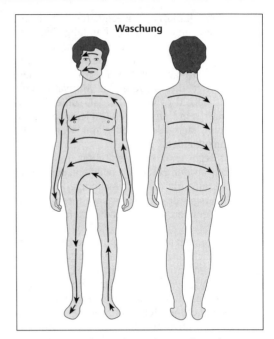

Abb. 5.4 Basal stimulierende Waschung bei Hemiplegie

der Waschung das Gefühl auf die andere Seite „zu übertragen". Deshalb wird bei der Durchführung von der nicht betroffenen zur betroffenen Seite gewaschen. Zudem soll eine regelmäßige Druckverstärkung im Bereich der vorderen Thoraxmitte die Wahrnehmung der Körpermitte und -symmetrie verbessern. Dabei werden auch die Dermatome angesprochen, welche sich dort diffus überkreuzen.

Um eine erhöhte Spastizität zu vermeiden, werden Handinnenflächen, Fußsohlen und weitere gefährdete Areale der plegischen Seite mit besonderer Aufmerksamkeit behandelt und wenn nötig ausgespart.

Abschließendes Ausstreichen der Körperkonturen sowie eine Ruhephase ermöglichen intensives Nachspüren, damit die Waschung ihre volle Wirkung entfalten kann.

▬ Anziehtraining

Selbstständiges An- und Auskleiden ist ein wichtiges Rehabilitationsziel, denn das Tragen eigener Kleidung hat einen nicht zu unterschätzenden Einfluss auf Selbstbewusstsein und Lebensgefühl des Kranken. Im Schlafanzug oder gar mit Flügelhemd fühlen sich die meisten Menschen weit kränker und hilfloser; ungeeignetes Schuhwerk (etwa Hausschuhe) kann sogar unfallgefährdend sein. Wenn Patienten ihre Bewegungstherapie notdürftig bedeckt ausführen müssen und unter der mangelhaft geschützten Intimsphäre leiden, beeinträchtigt dies zudem die Motivation zur Mitarbeit. Sobald es vertretbar ist, sollte der Patient daher seine eigene Alltagskleidung tragen und lernen, sich alleine oder mit wenig Hilfe selbst umzukleiden.

In der Regel wird Rumpfstabilität im aufrechten Sitzen an der Bettkante oder auf dem Stuhl Voraussetzung für das selbstständige Ankleiden sein. Kleidungsstücke mit etwas weiterem Schnitt und aus dehnbaren Materialien erleichtern das Üben.

Der Pflegenden kommt die Aufgabe zu, das Vorgehen in nachvollziehbare Einzelschritte zu gliedern und den Patienten Schritt für Schritt anzuleiten. Anfangs wird sie die einzelnen Kleidungsstücke so für den Patienten vorbereiten, dass dieser sie leicht greifen kann, ihn bei einzelnen Bewegungen unterstützen, ermutigen und ihn auch für kleine Erfolge loben. Mit zunehmender Übung zieht sie sich mehr und mehr zurück, beobachtet, gewährleistet Sicherheit (z. B. vor Sturz) und lässt den Patienten alleine zurechtkommen.

Für jedes Kleidungsstück muss die geeignete Handhabung herausgefunden werden (Abb. 5.**5**). Dazu wird es zuerst auf dem Schoß des Betroffenen ausgebreitet. In der Regel ist es sinnvoll, zunächst den plegischen Körperteil anzukleiden; beispielsweise bei Oberteilen kommt zuerst der passive Arm in den Ärmel, die nicht betroffene Hand bleibt so für das weitere Vorgehen frei.

Die meisten Patienten müssen dazu angeleitet werden, abschließend die Kleidung bewusst auf korrekten Sitz zu überprüfen, da sie aufgrund der Vernachlässigungsphänomene nicht merken, ob der Pullover z. B. ganz heruntergezogen wurde. Techniken, welche die Kleidung beeinträchtigen (z. B. mit Hilfe der Zähne ziehen), soll der Patient sich nicht angewöhnen: Hier benötigt er freundliche, aber bestimmte Rückmeldung.

Jeder Patient, der gelernt hat, sich selbst umzukleiden, kann auch seine Schuhe selbstständig anziehen. Teilweise können Schuhe mit elastischen Einsätzen oder Klettverschluss eingesetzt werden. Aber auch eine besondere Technik zum einhändigen Knüpfen von Schnürsenkeln ist erlernbar.

▄ Schluck- u. Sprachtherapie

Viele Schlaganfall-Patienten sind von Schluck-, Sprach- und Sprechstörungen betroffen. Zumeist ist eine logopädische Therapie hier unerlässlich. In Absprache mit der zuständigen Logopädin, welche die Störung exakt diagnostiziert und einen Therapieplan erstellt, kann die tägliche Stimulation des orofazialen Bereiches in pflegerische Alltagsaktivitäten einfließen.

Nicht nur bei der Mundpflege oder beim Vorbereiten und ggf. Anreichen der Mahlzeiten und Getränke, sondern auch bei allen kommunikativen Kontakten bieten sich Situationen, in die sich fördernde Angebote integrieren lassen.

Gesicht, Hals und Mundhöhle sind äußerst sensible Bereiche des Körpers. Berührungen an diesen Stellen werden von Menschen zumeist als sehr intim erlebt. Als Basis für eine wirksame Förderung der Wahrnehmung und der Funktionen dient eine gute Kooperationsebene zwischen Patient und Pflegender. Der Patient soll alle Maßnahmen verstehen und einverstanden sein. Bei „bewusstlosen" Patienten sollten alle Berührungen deutlich angebahnt erfolgen. Angewandte

Gelähmtes Bein **über gesundes** Bein schlagen

Hose zuerst über **gelähmten** Fuß und Bein ziehen

Gelähmtes Bein wieder **neben** gesundes Bein stellen

Hose über **gesundes** Bein ziehen

Aufstehen und Hose hochziehen

Abb. 5.**5** Ankleidetraining

Mittel orientieren sich an seinen Wünschen, Gewohnheiten und Abneigungen. Niemals darf mit Gewalt in den Mund eingedrungen werden, denn Zwang zerstört das Vertrauen und damit die Kooperationsbereitschaft des Patienten.

Zur Förderung der Sensibilität werden in Eiswasser (oder das gekühlte Lieblingsgetränk) getauchte Wattestäbchen auf Lippen und Zunge getupft. Um die Aufmerksamkeit des Patienten zu wecken und /oder auf den Oralbereich zu lenken, ist es sinnvoll, ihm vertraute Geschmackserfahrungen zu ermöglichen. Ganz wesentlich ist natürlich, dass nur Lebensmittel eingegeben werden, die der Person auch schmecken! (Wunschkost, ggf. Angehörige einbeziehen).

Oral stimulierende Angebote sind bei parenteraler Ernährung besonders wichtig, damit der Patient die mit dem Essen verbundenen Wahrnehmungen nicht „verliert". Bei schweren Schluckstörungen mit Aspirationsgefahr können z. B. zuerst in klarem Wasser ausgespülte und dann mit Nahrungsstückchen gefüllte Schlauchmullverbände zum Lutschen angeboten werde. Es eignen sich fast alle Geschmacksrichtungen: Gummibärchen, Obststücke, Wurst, Schokolade oder saure Gurken – je nach Vorlieben und Abneigungen des Betroffenen. Die Hand der Pflegende sichert dabei das freie Ende des Mullschlauchs gegen unbeabsichtigtes Verschlucken.

Ausstreichungen und aktivierende Übungen der Gesichtsmuskulatur nach Vorschlägen der Logopädin unterstützen Sprech- und Schlucktraining (Abb. 5.6 u. 5.7) sowie die Entwicklung der Mimik.

Selbstverständlich fördern auch eine aufrechte Sitzhaltung beim Essen, Trinken und Üben (auch während der Verabreichung von Sondenkost) sowie vor den Augen des Patienten appetitlich angerichtete Mahlzeiten die Rehabilitation. Der Einsatz von Schnabelbechern hingegen erzwingt eine unphysiologische Kopfhaltung beim Schlucken: der Patient erlernt ein unerwünschtes Trinkverhalten. Es besteht in hohem Maße Aspirationsgefahr mit dem Risiko einer Pneumonie.

Kontinenztraining

Apoplexie ist häufig mit Kontinenzstörungen verbunden. Bei unwillkürlichem Harnabgang gibt es unterschiedliche Phänomene:

- Der Patient verspürt den Harndrang erst unmittelbar vor dem Augenblick der reflektorischen Blasenentleerung.
- Der Patient spürt den Harndrang nicht.
- Er spürt den Harndrang, kann sich aber nicht oder nicht schnell genug verständlich machen.

Abb. 5.6 Unterstützung bei Schluckstörungen (korrekte Kopfhaltung)

Abb. 5.7 Unterstützung bei Schluckstörungen (unkontrollierte Kopfhaltung)

- Er spürt „etwas", was er nicht (als Harndrang) wiedererkennt und reagiert folglich nicht oder inadäquat.

Letztlich führen alle Problematiken zum selben Ergebnis: der Patient nässt ein. Unreflektierte Beobachtung führt zur allzu globalen Diagnose: Inkontinenz. Erhält der Patient in dieser Situation einen transurethralen Dauerkatheter, so wird mit hoher Wahrscheinlichkeit eine lebenslange Blasenfunktionsstörung provoziert, weil:

- die Wahrnehmung der Signale „Blase voll" durch die ständig leere Blase ausbleibt, was zum Abbau der dafür zuständigen Areale im Gehirn führt.
- der Katheter Blasenschließmuskel und Harnröhre ständig künstlich offenhält und somit die Muskelfunktion stilllegt.
- sich durch den Fremdkörper in kürzester Zeit eine Schleim-Eiter-Straße in den Harnwegen bildet, welche bakterielle Besiedelung begünstigt.
- die unweigerlich eintretenden Entzündungsprozesse dauerhafte Vernarbungen in der Schleimhaut hinterlassen, welche nicht die Leistungen des ursprünglichen Funktionsgewebes ersetzen können.

Sollte eine vorübergehende oder dauerhafte künstliche Harnableitung bei Schlaganfall-Patienten notwendig werden, eignet sich allenfalls ein suprapubischer Katheter.

Jedoch können Betroffene ihre Kontinenz ganz oder teilweise wiedererlangen, etwa indem sie in regelmäßigen Zeitabständen die Toilette aufsuchen.

Frühzeitiges Kontinenztraining mit kontinuierlicher Dokumentation von Trinkverhalten und Begleitumständen ist in vielen Fällen erfolgreich.

Zum praktischen Umgang mit Schlaganfall-Patienten konnten im Rahmen dieses Beitrags nur einige ausgewählte Aspekte berücksichtigt werden. Anhand dieser wurde exemplarisch gezeigt, dass viele traditionelle pflegerische Behandlungsmethoden, „standardmäßig" und unreflektiert angewandt, diesen Patienten nicht nur wenig Nutzen bringen, sondern ihnen sogar Schaden zufügen können.

Eine adäquate Pflege Schlaganfall-Kranker ist ohne aktuelle Kenntnisse nicht möglich.

Es liegt in der Verantwortung des Managements, eine entsprechende Personalentwicklung zu betreiben. Es muss differenziert entschieden werden, welchen Mitarbeiterinnen die Pflege dieser Patienten übertragen werden kann.

5.1.11 Die Rolle der Pflege in der Rehabilitation von Stroke-Patienten

Die abschließende Betrachtung der Rolle der Pflegenden im multiprofessionellen Team stützt sich auf pflegewissenschaftliche Untersuchungen von Prof. M. Kirkevold, Universität Oslo. Nach ihren Erkenntnissen hat die Arbeit des Pflegepersonals entscheidenden Anteil an den Rehabilitationserfolgen von Schlaganfall-Patienten. Vier spezifische therapeutische Funktionen von Pflege konnten identifiziert werden und werden derzeit verstärkt erforscht.

Mit **„Consoling function"** wird die tröstende Funktion beschrieben, die dem Aufbau einer vertrauensvollen Beziehung mit Patient und Angehörigen dient. Sie umfasst auch die Aufgabe Pflegender, die Betroffenen im Durchleben eines normalen Trauerprozesses zu begleiten, was vor allem hinsichtlich der so genannten Post-Stroke-Depression von Bedeutung ist.

Die **„Conserving function"**, übersetzbar als erhaltende Funktion, besteht aus scheinbar unauffälligen Tätigkeiten der Pflege. Sie stillt persönliche Grundbedürfnisse wie etwa Essen, Kleiden, Bewegung oder Hygiene und dient der Verhütung von Unfällen. Hierdurch ermöglicht Pflege, dass der Patient in einem therapiefähigen Zustand erhalten wird.

In der deutenden Funktion (**„Interpreting function"**) helfen Pflegende dem Patienten und seinen Angehörigen, die Auswirkungen des Schlaganfalls zu verstehen. Der Patient lernt, sich wieder in seinem Körper zurechtzufinden, der sich unvertraut anfühlt und sich unkooperativ verhält. Durch Aufzeigen der Rehabilitations-Möglichkeiten werden die Erwartungen in Richtung realistischer Ziele gelenkt. So wird die Hoffnung auf Verbesserung erhalten, ein wesentlicher Motivationsfaktor für Betroffene zur aktiven Mitarbeit.

Die Umsetzung neu erlernter Techniken und Fähigkeiten aus der Übungssituation ins Alltagshandeln wird als **„Integrative function"** beschrieben. Pflegende helfen dem Patienten, Erlerntes in komplexen Situationen anzuwenden, wobei der Focus nicht auf dem Üben liegt. Die integrierende Funktion ist Hilfe, den früheren Lebensstandard wiederzuerlangen, wirkt sozial integrierend und unterstützt bei der Lebensplanung.

Die Bemühungen aller therapeutischen Berufsgruppen werden somit durch Pflegende zusammengeführt und für den Patienten nutzbringend in einen Sinnzusammenhang mit seinen ganz persönlichen Lebensumständen und -aktivitäten gebracht.

5.1.12 Qualitätskontrolle und Qualitätsentwicklung

Im Klinikum der Stadt Ludwigshafen begleiten Mitarbeiterinnen des Ressorts *Pflegeepxerten* (vgl. Kap. 1.6) kontinuierlich die Qualitätsentwicklung in der Pflege. Analysen der Pflegequalität dienen der Ermittlung des pflegerischen Leistungsniveaus auf jeder Station. Sie nehmen unter anderem auch Bezug auf das Pflegeverständnis, Führungsinstrumente und Führungsverhalten. Auf diese Weise können etwaige Defizite erkannt und ihre Ursachen identifiziert werden. Ein Problemlösungsprozess wird in Gang gesetzt, an dem Führungskräfte und Pflegende sowie weitere Mitarbeiterinnen mit beratenden Funktionen gleichermaßen beteiligt sind.

Literatur

Pflege 1999, 12:21-27: Marit Kirkevold: Die Rolle der Pflege in der Rehabilitation akuter Hirnschlagpatienten
Urbas: „Die Pflege des Hemiplegiepatienten..." (Thieme)
Bobath: „Hemiplegie Erwachsener" (Thieme)
Fröhlich: „Pflegepraxis des Bobath-Konzeptes" Hüthig Verlag Heidelberg 1999
Bienstein/Fröhlich: „Basale Stimulation in der Pflege"
Nydahl/Bartoszek: „Basale Stimulation – Neue Wege in der Intensivpflege"

5.2 Einführung von Basaler Stimulation auf einer Medizinischen Intensivstation

Ilona Frey

5.2.1 Ein Wort zuvor

Durch verschiedenartige Literatur wurde ich auf das Konzept der Basalen Stimulation (dieser Begriff ist als eingetragenes Warenzeichen geschützt) aufmerksam. Kurz darauf besuchte ich einen Basiskurs für Basale Stimulation in der Pflege. Durch die Erfahrung aus dieser Fortbildung entstand der Wunsch, dieses Wissen weiter zu vertiefen und zunehmende Praxiserfahrung zu gewinnen. Da die Integration dieses Pflegekonzeptes auch der Zielsetzung des Hauses entsprach, wurde meine Weiterbildung zur Praxisbegleiterin für Basale Stimulation in der Pflege von der Pflegedienstleitung sowie dem Stationsteam unterstützt. Dadurch gelang es, eine hausinterne Praxisbegleiterin für Basale Stimulation in der Pflege zu gewinnen, um das Konzept praxisnah und effizient zu etablieren.

Basale Stimulation dient dem Ziel einer ganzheitlichen Pflege und eines fortschrittlichen Gesundheitsverständnisses. Mit dem folgenden Beitrag werden sowohl das Konzept der Basalen Stimulation als auch Möglichkeiten zur Implementierung in den Pflegealltag vorgestellt.

Eine im Krankenhausalltag häufig anzutreffende Patientenversorgung, die durch mangelnde Stimulation und Negativstimulationen (z. B. plötzliche und unerwartete Berührungen) geprägt ist, kann zu psychischem und physischem Rückzug und damit zur Verschlechterung des Gesundheitszustandes führen. Mögliche daraus resultierende Folgen sind längerer Krankenhausaufenthalt, verzögerte Rehabilitation, höhere Pflegeintensität und erhöhte Kosten. Auf dem Weg zu einer effizienteren und zunehmend humanistisch geprägten Pflege wurde im Klinikum Ludwigshafen folgende **Vision des Pflegedienstes** veröffentlicht:

»Wir sehen uns als eine führende Kraft im Gesundheitswesen. Als Impulsgeber setzen wir Maßstäbe für herausragende Qualität, die in allen Bereichen spürbar ist.«

Weiterhin wurde formuliert:

„Das oberste Ziel ist die optimierte Versorgung und größtmögliche Zufriedenheit unserer Kunden.

Dies erreichen wir durch:

- Personale Pflege: Zwischen Pflegenden und Patienten entsteht eine Beziehung, mit der wir verantwortlich umgehen. Wir berücksichtigen bei unserer Arbeit die individuellen Bedürfnisse der Patienten.
- Umfassend geplante Pflege: Die einzelnen Maßnahmen sind genau auf die spezifische Situation des Patienten abgestimmt.
- Dabei sehen wir unsere Aufgabe auch in der Stärkung der Selbstheilungskräfte der Patienten und nicht nur in der Versorgung der kranken Körper."

(entnommen aus: GFK (Gesellschaft zur Förderung der Qualifizierung der Krankenpflege am Klinikum der Stadt Ludwigshafen) (Hrsg.): Reise in die Zukunft, Ludwigshafen 1996)

Um dies zu erreichen, sind neue aktivierende Pflegekonzepte erforderlich, die durch eine hohe fachliche, methodische und soziale Kompetenz des Pflegepersonals getragen werden. Ein sehr viel versprechendes Konzept ist die Basale Stimulation in der Pflege, das von Prof. A. Fröhlich (Sonderpädagoge) im Jahr 1975 bei der Arbeit mit schwerst-mehrfach behinderten Kindern entwickelt wurde. In Zusammenarbeit mit C. Bienstein, damals Leiterin des Berufsbildungszentrums Essen, übertrug Fröhlich das Förderkonzept Ende der 80er Jahre in die Krankenpflege.

5.2.2 Basale Stimulation

Basale Stimulation ist ein ganzheitliches Pflegekonzept, das den Patienten als gleichwertigen Partner versteht. Dieser soll sich in seiner gegenwärtigen Lebenssituation unter Einbeziehung seiner individuellen Lebensgeschichte akzeptiert fühlen und eine an seinen Bedürfnissen ausgerichtete gesundheitsfördernde Behandlung erfahren. Dieses Pflegekonzept beschränkt sich nicht auf das technische Verrichten pflegerischer Maßnahmen, sondern schenkt im Sinne einer ganzheitlichen Pflege auch den psychischen und sozialen Bedürfnissen des Patienten hinreichende Beachtung.

Die Basale Stimulation befasst sich mit Wahrnehmung, Bewegung und Kommunikation. Gezielte und systematische Informationen werden auf elementaren Kommunikationsebenen übermittelt, über die schon das Ungeborene während der Schwangerschaft wahrgenommen hat:

- vibratorische Wahrnehmung (Schwingungen, Bewegungen),
- vestibuläre Wahrnehmung (Gleichgewicht, Lageempfinden, Bewegung),
- somatische Wahrnehmung (über die Haut, Körperwahrnehmung, Berührung).

Viele Intensivpatienten leiden unter ausgeprägten Wahrnehmungsstörungen. Die reduzierte und undifferenzierte Wahrnehmung erschwert die Orientierung im Körper und in der Umwelt, was zu Verunsicherung, Angst und erhöhtem Stress führt. Basale Stimulation ermöglicht uns, mit diesen Menschen in Beziehung zu treten. Es werden gezielte, aktivierende und fördernde Angebote gemacht und dabei die verbliebenen Kommunikationskanäle des Patienten genutzt. Die Patienten haben die Möglichkeit:

- sich selbst zu erleben,
- die Grenzen ihres Körpers zu erspüren,
- die Welt außerhalb ihres Körpers wahrzunehmen,
- Orientierung und Sicherheit zu erfahren.

Voraussetzung für diese Pflege, die auf verbliebene Erinnerungen und frühere Gewohnheiten der Patienten zurückgreift, ist die Bereitschaft, sich mit dem Patienten und seinen Angehörigen ernsthaft auseinander zu setzen. Es bietet den Pflegenden die Möglichkeit, alltägliche Pflegehandlungen mit hoher Qualität und Effizienz patientenzentriert zu gestalten. Das Einbeziehen von Patienten und Angehörigen wirkt zudem motivierend, da die geleistete Arbeit intrinsische und extrinsische Anerkennung bewirkt und somit auch die berufliche Zufriedenheit erhöht.

5.2.3 Schritte zur Implementierung des Pflegekonzeptes Basale Stimulation auf der Intensivstation

Die internistische Intensivstation ist für 16 Betten konzipiert und umfasst die Disziplinen Kardiologie, Pulmologie, Gastroenterologie, Nephrologie und Neurologie.

Die Räumlichkeiten wurden im Dezember 1997 erstmalig bezogen (Abb. 5.8). Für das Pflegepersonal sind 38 Planstellen vorhanden, wovon eine zur Implementierung der Basalen Stimulation eingerichtet wurde. Zwei Stellen sind mit Stationsassistentinnen für administrative Tätigkeiten und eine mit einer Serviceassistentin besetzt. Es wird in drei Schichten auf Basis einer 5-Tage-Woche gearbeitet.

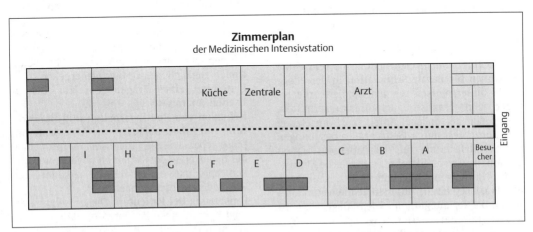

Abb. 5.8 Raumaufteilung

Einbindung der MitarbeiterInnen

Zum Start des Projektes wurde von einer Kollegin im Rahmen ihrer Weiterbildung zur Lehrerin für Pflegeberufe eine Mitarbeiterumfrage mittels eines Fragebogens zum Thema: „Umsetzung von Basaler Stimulation in der Pflege" durchgeführt. Dabei wurde die Frage gestellt, worin Schwierigkeiten bei der Umsetzung gesehen werden. Darauf wurden folgende Antworten gegeben (Reihenfolge nach Häufigkeit):

- Zeitmangel im Pflegealltag,
- mangelnde Akzeptanz seitens der Kollegen,
- zu geringes Wissen über das Konzept,
- Unsicherheiten bei der praktischen Umsetzung,
- starre, festgelegte Arbeitsabläufe,
- Störungen im Arbeitsablauf durch Fremdeinwirkungen,
- mangelnde Fähigkeit zur Einschätzung der Patienten.

Diese Vorbehalte sind bei der Integration des Konzeptes in den Pflegealltag zu berücksichtigen, da die Umsetzung maßgeblich von der Mitarbeiterakzeptanz bestimmt wird. Durch **Präsentation von Erfahrungen mit Patienten**, die nach dem Konzept der Basalen Stimulation betreut wurden, können die oben genannten Berührungsängste abgebaut werden. Dabei wird deutlich, dass die Umsetzung mit einem veränderten Verständnis und einem Umgestalten der pflegerischen Tätigkeiten unter Berücksichtigung der vorhandenen Arbeitsstrukturen und zeitlichen Ressourcen möglich ist. Solche Informationen können während der Übergabezeiten oder in Stationsbesprechungen erfolgen. Schulungen und gute Information sind eine Möglichkeit zur Behebung von Informationsdefiziten und Berührungsängsten.

So bieten wir den Mitarbeiterinnen im Rahmen der innerbetrieblichen Fortbildung die **Teilnahme an Kursen für Basale Stimulation** in der Pflege an. In diesen Kursen werden fundierte theoretische und praktische Kenntnisse vermittelt, wobei der persönliche Anreiz zur Umsetzung des Konzeptes durch Selbsterfahrungsübungen mit Sensibilisierung für die Patientensituation entsteht bzw. verstärkt wird (intrinsische Motivation). Nachfolgend angebotene Praxisanleitung und Praxisbegleitung unterstützt die Mitarbeiterinnen bei der Integration in den Pflegealltag. Interessierte Mitarbeiterinnen werden durch weitere Aufbaukurse und Praxistage gefördert und unterstützt. Der Basiskurs für die Basale Stimulation wurde als integraler Bestandteil in die Fachweiterbildung für Intensivpflege aufgenommen.

Im Zuge der allmählichen Umsetzung des Konzeptes wird deutlich, dass Basale Stimulation ein offenes, vertrauensvolles, durch gegenseitige Rücksichtnahme und Zusammenhalt geprägtes Arbeitsklima fördert und zugleich fordert. Auf diese Weise wird ein effizienter Arbeitsablauf und zugleich hohe Mitarbeiterzufriedenheit geschaffen.

Stationsinterne Arbeitsgruppe

Als ersten Schritt haben wir eine stationsinterne Arbeitsgruppe (AG) zur Integration der Basalen Stimulation in der Pflege gegründet. Die Gruppe bestand anfangs aus sieben Personen, von denen vier bereits einen Basiskurs für Basale Stimulation besucht hatten. Die AG trifft sich einmal pro Monat.

Das formulierte Ziel der AG ist die Implementierung der Basalen Stimulation auf der Intensivstation. Beim ersten Treffen legten wir unsere Vorgehensweise fest:

- **Information der Kollegen:**
  - Literaturbeschaffung zum Thema *Basale Stimulation*: Der Zugriff ist allen Mitarbeiterinnen möglich.
  - Kurzreferate: Die Mitarbeiterinnen bearbeiten einzeln oder in Zweiergruppen verschiedene Themen aus dem Konzept Basale Stimulation (z. B.: „Was ist Basale Stimulation?", Initialberührung) und stellen sie als kurzes Referat dem gesamten Stationsteam vor. Dazu werden auch Kollegen anderer Berufsgruppen eingeladen.
  - Informationsordner zum Thema Basale Stimulation: Die Ausarbeitungen der Referate werden schriftlich in einem für alle Mitarbeiterinnen zugänglichen Ordner niedergelegt.
- **Erstellung eines Fragebogens zur Biografischen Anamnese** (vgl. Abb. 5.9)
- **Reflexion von Routinearbeiten und Überprüfung von Arbeitsabläufen:** Die AG möchte Impulse geben, wie die Arbeitsabläufe flexibel auf die Bedürfnisse der Patienten abgestimmt und kontraproduktive Handlungen erkannt und vermieden werden können.
- **Umsetzung bei Patienten:** Die Umsetzung erfolgt bei einzelnen Patienten mit längerer Liegedauer. Dazu wird ein Pflegeplan erstellt, der auf die individuellen Prioritäten des jeweiligen Patienten abgestimmt ist.

Klinikum DER STADT LUDWIGSHAFEN AM RHEIN
gemeinnützige GmbH

Medizinische Intensivstation
Bremserstraße 79 - 67063 Ludwigshafen am Rhein
Telefon (06 21) 5 03-39 23

Fragebogen zur Biographischen Anamnese

Persönliche Daten
Name: _____
Vorname: _____
Geburtsdatum: _____
Wohnort: _____ Stadt oder ländliche Gegend?
Familienstand: _____ Kinder: nein ☐   ja ☐ wieviele? _____
Nationalität: _____ Sprache: _____

Krankheiten/Allergien:
_____
_____

Körpergröße/-gewicht:
_____

Soziales Umfeld
Leben Sie allein ☐   mit Familie ☐   ☐ mit: _____
Wer sind Ihre nächsten Angehörigen? _____
Wer ist Ihre engste Bezugsperson? _____
Zu welchen Personen ist Ihnen Kontakt besonders wichtig? _____
Von wem wünschen Sie Besuch? _____
Gibt es Besuche, die zur Zeit nicht gewünscht werden? _____
Was bleibt während Ihres Krankenhausaufenthalts zu Hause zurück (z. B. Kinder, Tiere, Garten, Sonstiges)?
_____
Wer kann sich darum kümmern? _____

Gibt es Besonderheiten bei den Ausscheidungen?
Urin: _____
Stuhlgang: _____
Schweiß: _____

Körperliches Befinden
Sind Sie   Rechtshänder ☐   oder Linkshänder ☐ ?
Haben Sie Bewegungseinschränkungen, z. B. an Gelenken, Bandscheiben oder Sonstiges? _____
_____
Welche Bedeutung hat für Sie Bewegung? _____
Haben Sie Sensibilitätsstörungen (z. B. Taubheitsgefühle)? _____
Wo ist Ihnen Berührung besonders unangenehm? _____
Wo ist Ihnen Berührung angenehm? _____
Wo dürfen Pflegende Sie berühren? _____
Haben Sie schmerzempfindliche Stellen?   nein ☐   ja ☐   Wenn ja, wo?
_____

Wahrnehmung

Haben Sie Einschränkungen beim Sehen? nein ☐   ja ☐
Tragen Sie Kontaktlinsen ☐   oder eine Brille ☐ ?   immer ☐   zum Lesen ☐
Sind Sie lichtempfindlich? _____
Was sehen Sie sich besonders gerne an? _____
_____

Haben Sie Einschränkungen beim Hören?   nein ☐   ja ☐
Benötigen Sie ein Hörgerät?   nein ☐   ja ☐
Sind Sie geräusch- bzw. lärmempfindlich?   nein ☐   ja ☐
Welche Geräusche sind Ihnen unangenehm? _____
Hören Sie gerne Musik?   nein ☐   ja ☐   Wenn ja, welche und wie oft? _____
_____

Haben Sie Einschränkungen beim Riechen oder Schmecken?   nein ☐   ja ☐   Wenn ja, welche?
_____
Was riechen Sie besonders gern? _____
Welche Gerüche lösen bei Ihnen ein unangenehmes Gefühl aus? _____
_____

Schlafgewohnheiten

Haben Sie einen normalen Tag-/Nachtrhythmus?   ja ☐   nein ☐
Wie lange schlafen Sie im Durchschnitt? _____
Leiden Sie unter Schlafstörungen?   nein ☐   ja: Einschlafstörungen ☐   Durchschlafstörungen ☐
Nehmen Sie Medikamente zum Schlafen ein?   nein ☐   ja ☐   Wenn ja, welche?

Schlafen Sie bekleidet?   ja ☐   nein ☐
Schlafanzug ☐   Hemd ☐   Socken ☐   Sonstiges: _____
Welche Art von Bettdecke nutzen Sie? _____
Was ist Ihre bevorzugte Schlafhaltung? _____
Schlafen Sie bei offenem ☐   oder geschlossenem ☐   Fenster?
Ist der Raum abgedunkelt?   ja ☐   nein ☐
Gibt es liebgewonnene Gewohnheiten vorm Schlafen oder zum Einschlafen? _____
Ist Ihr Wärmebedürfnis eher stark ☐   oder schwach ☐   ausgeprägt?

Körperpflege

Welche Art der Körperpflege bevorzugen Sie?   Baden ☐   Duschen ☐   Waschen ☐
Wie oft? _____ Welche Tageszeit bevorzugen Sie? _____
Welche Wassertemperatur bevorzugen Sie? _____
Gibt es Besonderheiten beim Ablauf?   nein ☐   ja ☐   Wenn ja, welche?

Welche Körperpflegemittel benutzen Sie? _____

Wann machen Sie Ihre Mundpflege?
morgens ☐   mittags ☐   abends ☐   vor ☐   oder nach ☐   den Mahlzeiten?
Benutzen Sie eine elektrische Zahnbürste?   ja ☐   nein ☐
Benutzen Sie Mundwasser?   ja ☐   nein ☐
Haben Sie Zahnprothesen?
nein ☐   ja ☐   oben: Voll- ☐   Teilprothese ☐   unten: Voll- ☐   Teilprothese ☐
Wie reinigen Sie Ihre Zahnprothesen? _____
Was machen Sie damit nachts? _____
Benutzen Sie zur Haarpflege   Bürste ☐   oder Kamm ☐ ?

Wie oft waschen Sie Ihre Haare? _____, womit? _____
Wie trocknen Sie Ihre Haare?
Fönen ☐ Lufttrocknen ☐ Trocken reiben ☐ Sonstiges: _____
Rasur? Nass- ☐ oder Trockenrasur? ☐ Wann? _____
Benutzen Sie Rasierwasser? ja ☐ nein ☐

Essen und Trinken
Gibt es Unverträglichkeiten oder Allergien auf bestimmte Nahrungsmittel?
nein ☐ ja ☐ welche? _____
Gibt es Besonderheiten?
nein ☐ ja, z. B. ☐ Diab. Diät: _____ BE, ☐ vegetarisch, ☐ sonstige: _____
Wieviel Mahlzeiten nehmen Sie täglich ein? _____
Zu welchen Zeiten? _____
Was sind Ihre Vorlieben: süß ☐ sauer ☐ scharf ☐ mild ☐ kalt ☐ warm ☐
– beim Essen? _____
– beim Trinken? _____
Mögen Sie Kaffee? ja ☐ nein ☐ Tee? ja ☐ nein ☐ Sorte? _____
Haben Sie Abneigungen gegenüber bestimmten
– Speisen? _____
– Getränken? _____

Persönliche Besonderheiten
Wie schätzen Sie Ihr Temperament ein? _____
ruhig ☐ temperamentvoll ☐ aktiv ☐ gesellig ☐ Sonstiges: _____
Wie gehen Sie mit Stresssituationen um? _____
Rückzug, aggressiv, verärgert, aufgeregt, still, explosiv, deprimiert, Sonstiges: _____
Wie fühlen Sie sich bei zeitweiliger persönlicher Hilflosigkeit? _____
_____
Was gibt Ihnen Sicherheit? (Menschen, Information) _____
Gibt es für Sie besonders wichtige Gewohnheiten in Ihrem Alltag? _____
_____
Was verhindert bei Ihnen Wohlbefinden? _____
Was fördert und unterstützt Ihr Wohlbefinden? (Z. B. Gegenstände, Menschen, Musik) _____
_____
Wünschen Sie von anderen eher Distanz oder Nähe? _____
Steigt bei Krankheit Ihr Bedürfnis nach Zuwendung? _____
Welche berufliche Tätigkeit üben Sie aus? _____
Was sind Ihre liebsten Freizeitbeschäftigungen? _____
_____
Gibt es Dinge im Bereich Weltanschauung, Glauben, Religion, die Ihnen besonders wichtig sind? _____
_____
Wünschen Sie Kontakt zur Krankenhausseelsorge? ja ☐ nein ☐ zurzeit nicht ☐
Gibt es zusätzliches zu Ihrer Person, das Sie uns gerne mitteilen möchten? _____
_____

Dieser Fragebogen wurde beantwortet von:
Dieser Fragebogen wurde ausgefüllt von: Datum:

Abb. 5.**9** Fragebogen zur Biografischen Anamnese

- **Praxistage:** In eintägigen, außerhalb der Station stattfindenden Praxistagen erhalten die Mitarbeiterinnen durch praktische Übungen die Möglichkeit, sich in der Patientenrolle selbst zu erfahren, ihre Arbeitsweise zu reflektieren und im Sinne der Basalen Stimulation zu verbessern.
- **Pflegerichtlinie:** Durch die Zusammenarbeit mit der „Arbeitsgruppe zur Erstellung von Pflegerichtlinien" fließen Aspekte aus der Basalen Stimulation in die schriftlich fixierten Rahmengrundlagen der Pflege ein. So wurden beispielsweise Pflegerichtlinien zu den Themen Initialberührung, Verabreichung von Sondenkost und Ganzkörperwäsche erarbeitet.

Dokumentation der Basalen Stimulation

Die Dokumentation des gesamten Pflegeprozesses (Erhebung, Planung, Maßnahme, Evaluation) gewährleistet ein **kontinuierliches Kontrollverfahren**. Der Pflegeverlauf wird transparent, pflegerisches Handeln nachvollziehbar und überprüfbar, sodass Pflegeergebnisse quantitativ und qualitativ erfasst werden können. Aufgrund der individuellen Vorgehensweise sind die basal stimulierenden Angebote ebenso wie deren Wirkung exakt zu dokumentieren.

Durch Dokumentation steigt der **Objektivierungsgrad pflegerischer Leistungen** sowie das subjektive Selbstwertgefühl der einzelnen Mitarbeiterinnen. Somit bietet sich auch die Möglichkeit einer erfolgreichen Selbstdarstellung und Fremdwahrnehmung.

Zu unserem Dokumentationssystem gehören:

- Aufnahmebogen,
- Verlegungsbericht,
- Pflegebericht,
- Fragebogen zur Biografischen Anamnese.

Zurzeit werden die Formulare von der stationsinternen Arbeitsgruppe gemäß den differenzierten Anforderungen der Basalen Stimulation aktualisiert. Auf diese Weise wird Basale Stimulation zu einem integralen Bestandteil des Pflegeprozesses.

Biografische Anamnese

Die Biografische Anamnese ist eine **detaillierte Informationssammlung** über die Lebensgeschichte und -situation des Patienten. Lebensgewohnheiten, soziales Umfeld, Vorlieben und Abneigungen sowie bestehende Probleme und Ressourcen werden erfasst mit dem Ziel, den Patienten in seinen Gewohnheiten, persönlichen Bedürfnissen und sozialen Bindungen besser kennen und einschätzen zu lernen. Dieses Wissen bildet die Grundlage für eine individuelle patientenorientierte Pflege, wodurch der Patient mehr Nähe, Geborgenheit, Umgang mit Bekanntem und ein Gefühl von Integration und Integrität erfährt.

Wir haben im Januar 1998 einen Fragebogen zur Biografischen Anamnese entwickelt (Abb. 5.**9**), der nach Möglichkeit mit dem Patienten, ansonsten mit den Angehörigen ausgefüllt und besprochen wird. Innerhalb des Pflegeteams sowie von Angehörigen wurde der Fragebogen mit positiver Rückmeldung angenommen.

Integration von Angehörigen

Um den Patienten den bestmöglichen Kontakt mit ihrem sozialen Umfeld zu ermöglichen und so der psychosozialen Deprivation entgegenzuwirken, haben wir die restriktive Besuchszeitenregelung auf der Medizinischen Intensivstation seit 1997 abgeschafft. Anfängliche Widerstände bei einigen Kolleginnen waren auf Ängste zurückzuführen, dass zum einen der Arbeitsablauf gestört werden könne und zum anderen eine ständige kritische Beobachtung seitens der Besucher möglich sei. Nach Abschluss einer zweimonatigen Probephase wurde jedoch ein Konsens erzielt, diese Neuregelung unbefristet weiterzuführen.

Die verstärkte **Anwesenheit der Angehörigen bedeutet für den Patienten:**

- Verringerung des Isolationsgefühls,
- von vertrauten Personen berührt zu werden,
- vertraute Stimmen zu hören,
- Sicherheit und Geborgenheit.

Besteht seitens der Angehörigen die Bereitschaft zur Übernahme von Tätigkeiten, wird mit ihnen abgestimmt, was sie wann und in welcher Weise tun können und wollen (z. B. Vorlesen, Lieder singen, Hilfe beim Lagern und Betten, Massagen, Elemente der Körperpflege wie Gesicht waschen oder rasieren, bestimmte Speisen kochen, Unterstützung bei den Mahlzeiten oder auch gemeinsames Essen).

Integration von Angehörigen bedeutet nicht deren verantwortliche Übernahme von pflegerischen Aufgaben, sondern sie an der Pflege teilhaben zu lassen. Dieses Einbeziehen bedarf einer guten Information und Kommunikation sowie gezielter Anleitung, Betreuung und Beratung. Die Angehörigen können so oft besser mit Ängsten und Unsicherheiten umgehen. Die Auseinandersetzung mit der Krankheit wird erleichtert. Das Gefühl der Hilflosigkeit weicht dann häufig dem Wissen, den Kranken sinnvoll unterstützen zu können.

Zur besseren Information der Patienten und deren Angehörigen haben wir eine **Informationsbroschüre** erstellt. Sie enthält neben allgemeinen Informationen (Telefonnummer, persönlicher Bedarf des Patienten, Übersichtsplan der Station) Anregungen und Hinweise für den Umgang mit wahrnehmungsgestörten Patienten.

Im Herbst 1997 haben wir im Pflegeteam den bisherigen **Gebrauch der Schutzkleidung** für Besucher kritisch hinterfragt und abgeschafft. Der Wegfall der Schutzkittel hat eine positive Wirkung auf die gesamte Atmosphäre, weil dadurch der distanzierende Charakter zwischen den Besuchern und den Patienten sowie den Mitarbeiterinnen entfällt.

Unsere Erfahrungen bei der Integration von Angehörigen sind positiv und bereichernd, da Angehörige oft besser über die Bedürfnisse der Patienten Bescheid wissen und ihr Verhalten sowie ihre Reaktionen kennen.

Gestaltung der Patientenzimmer

Die Gestaltung der Patientenzimmer ist von großer Bedeutung, um mangelnder sensorischer Stimulation vorzubeugen und eine Atmosphäre der Behaglichkeit und des menschlichen Wohlfühlens zu erzeugen (Abb. 5.**10**). Bunte bewegliche Fixierpunkte bringen Abwechslung in die monotone Sichtperspektive der Patienten. Farbkontraste und klare Strukturen dienen der visuellen Anregung.

Die Umgebungsperspektiven beeinflussen Patienten, Besucher und Mitarbeiterinnen. Für immobile Menschen ist die Prägung allerdings weitaus stärker, da sie nicht in der Lage sind, diese Eindrücke durch Bewegung auszugleichen bzw. zu verändern. Eine individuelle Ausrichtung der Betten erweitert die Sichtperspektive des Patienten und macht sie abwechslungsreicher. So wird eine geeignete Grundlage für aktive Wahrnehmung und Informationsverarbeitung geschaffen.

Künstliche Grünpflanzen und Bilder (Abb. 5.**11**) sorgen für eine freundliche Atmosphäre und Behaglichkeit.

Konvexspiegel (180 Grad) ermöglichen den Patienten Blickmöglichkeiten wie mit einem Weitwinkelobjektiv (z. B. für tetraplegische Patienten). An der Decke können mit Magnethaken z. B. bewegliche Blickfänge (Abb. 5.**12**) in klaren, kräftigen, kontrasterzeugenden Farben oder persönliche Gegenstände, mit denen schöne Erinnerungen verbunden sind, flexibel angebracht werden.

Abb. 5.**10** Gestaltung der Patientenzimmer: Mobile

Abb. 5.11 Bilder

Abb. 5.12 Bewegliche, bunte Blickfänge

Ein Arbeiten ohne große Lichtbelästigung kann durch die Anschaffung von flexiblen Klemmstrahlern mit zwei Helligkeitsstufen ermöglicht werden. Wachen Patienten dienen sie als Leselampen, ohne dass Mitpatienten gestört werden. Die zeitliche Orientierung und die Einhaltung des Tag-/Nachtrhythmus werden durch natürliches Licht unterstützt.

Kooperation mit anderen Berufsgruppen

Bedeutend für die Umsetzung der Basalen Stimulation ist die einvernehmliche Zusammenarbeit der am therapeutischen Geschehen beteiligten Berufsgruppen. Hieraus erwächst für die Verantwortlichen eine maßgebliche Kooperations- und Koordinationsaufgabe.

Um Arbeitsabläufe patientengerecht zu gestalten, ist es wichtig, klare **Absprachen über Zeitpunkt, Dauer und Ablauf von pflegerischen, therapeutischen und diagnostischen Handlungen** zu treffen und einzuhalten. Nur auf diese Weise wird sichergestellt, dass Negativstimulationen reduziert werden und das Konzept der Basalen Stimulation permanent berücksichtigt und angewandt wird. Zur **Einhaltung von Aktivitäts- und Ruhephasen** sowie von Tag- und Nachtrhythmen können einfache Hilfsmittel wie Hinweisschilder an der Zimmertür oder am Patientenbett, z. B. mit der Aufschrift „Ruhephase", beitragen. Einladungen zu Informationsveranstaltungen sowie informelle Gespräche fördern zudem das gegenseitige Verständnis.

Aufgaben einer PraxisbegleiterIn für Basale Stimulation in der Pflege

Die Praxisbegleiter für Basale Stimulation in der Pflege haben den Auftrag, die Mitarbeiterinnen im Pflegealltag im Sinne des zugrunde liegenden Pflegekonzeptes zu beraten und zu begleiten. Sie fördern und unterstützen den Prozess der Implementierung der Basalen Stimulation in den Pflegeteams durch:

- Leitung von Basis- und Aufbaukursen sowie Praxistagen,
- Praxisbegleitung und -anleitung; Reflexion von Schwierigkeiten und Herausforderungen bei der praktischen Umsetzung; Aufzeigen von Lösungswegen,
- Erarbeitung individueller Fördermöglichkeiten für einzelne Patienten,
- Begleitung und Leitung von Arbeitsgruppen zum Thema Basale Stimulation in der Pflege.

Im Klinikum Ludwigshafen sind derzeit drei Praxisbegleiterinnen für Basale Stimulation in der Pflege beschäftigt, eine Kollegin im Ressort der Pflegeexperten, eine weitere im Institut für Personal, Fort- und Weiterbildung sowie die Autorin dieses Beitrages im Intensivpflegebereich. Für die Kursgestaltung wurde ein einheitliches Konzept erstellt. Basis- und Aufbaukurse werden zum Teil in Kooperation gehalten und beinhalten eine anschließende Praxisbegleitung auf den jeweiligen Stationen.

5.2.4 Fazit

Nach dem Konzept der Basalen Stimulation steht die Individualität des Patienten mit all seinen Bedürfnissen und Wünschen im Mittelpunkt der Versorgung – mit dem Ziel seiner bestmöglichen Förderung und Aktivierung. Basale Stimulation verändert die Haltung der Pflegenden und somit auch die Pflegehandlungen; Pflegetätigkeiten und das Pflegeverständnis werden dadurch neu definiert. So werden alltägliche Pflegehandlungen wie z. B. Ganzkörperwäsche, Lagerung oder Mundpflege zu einem therapeutischen Geschehen. Die erhöhte Identifikation der Mitarbeiterinnen mit ihren pflegerischen Handlungen führt zu einer gesteigerten beruflichen Zufriedenheit. All dies trägt zu respektvollen Beziehungen, guter Kommunikation, Transparenz und erhöhter Zufriedenheit von Patienten und Angehörigen bei. Eine solche, durch gesteigerte Effizienz und Effektivität geprägte professionelle Pflege steht in Einklang mit der Vision des Pflegedienstes (vgl. Kap. 1) sowie der Unternehmenszielsetzung.

Ein im Sinne der Basalen Stimulation respektvoller Umgang mit den Patienten setzt voraus, dass alle Mitglieder des therapeutischen Teams in ihrem Denken und Handeln die **Patienten in ihrer Gesamtheit wahrnehmen und würdigen** und sie nicht auf Krankheitssymptome reduzieren. Das Verständnis, dass die an der Patientenversorgung beteiligten Berufsgruppen gleichwertig und partnerschaftlich zusammenwirken, ist als eine wesentliche zukunftsorientierte Aufgabe zu sehen. Ein wichtiger Schritt in diese Richtung kann darin liegen, andere im therapeutischen Team mitwirkende Berufsgruppen insbesondere für die Basale Stimulation verstärkt zu sensibilisieren und deren Interesse zur Umsetzung der Basalen Stimulation zu wecken bzw. zu fördern.

Bis zur vollständigen Integration der Basalen Stimulation ist es ein langer Weg, der in gut durchdachten Schritten zu gehen ist. Ein wesentlicher Faktor liegt darin, dass die KollegInnen dafür ihre eigene Motivation entwickeln und alle Beteiligten das darin Positive erkennen.

Literatur

Bienstein, C., A. Fröhlich: Basale Stimulation in der Pflege. Selbstbestimmtes Leben, Düsseldorf 1994
Bartoszek, G., P. Nydahl: Basale Stimulation – Neue Wege in der Intensivpflege. Urban & Fischer, München 1998
Fröhlich, A.: Basale Stimulation. Selbstbestimmtes Leben, Düsseldorf 1991

5.3 Integration von Kinästhetik auf einer Station

Roswitha Woiwoda

5.3.1 Ein Wort zuvor

Wir wollen Ihnen hier keinen Kinästhetik-Schnellkurs anbieten. Dafür müssen Sie – nach wie vor – mehrere Tage bei einer Kinästhetik-Trainerin investieren. Wir wollen Ihnen Mut machen, Sie anregen, auf Ihrer Station Kinästhetik umzusetzen, damit das patientenkinästhetische Bewegen zu Ihrem Pflegealltag gehört und zur täglichen Routine wird.

5.3.2 Was ist Kinästhetik?

Kinästhetik ist die Lehre der Bewegungsempfindung und Bewegungswahrnehmung. Kinesik beschreibt Bewegung, Ästhetik die Wertschätzung des Schönen. In der Summe ergibt sich Bewegung in Harmonie. Die Begründer der Kinästhetik in der Pflege sind Frank Hatch, Doktor der Verhaltenskybernetik, und Lenny Maietta, Doktorin der Klinischen Psychologie.

Eine pflegerische Tätigkeit ist ohne Berührung des Patienten undenkbar. Kinästhetik bedeutet, Menschen durch eine bewusste Berührung, welche die Bewegungsmöglichkeiten des anderen miteinbezieht, in ihrer Bewegungsfreiheit zu unterstützen. Sie ist eine wirksame Unterstützung für die Wiedererlangung von Selbstständigkeit und einer verbesserten Lebensqualität.

Kinästhetik ist keine Technik. Sie setzt sich vielmehr aus einzelnen Konzepten zusammen. Kinästhetik ist keine Antwort, sie ist vielmehr der Weg zu Antworten und Lösungen. Kern dieses Konzeptes ist die Analyse, die Beschreibung und die Förderung einer Aktivität. Das wichtigste Lernmittel der Kinästhetik ist die Kommunikation durch Bewegung und Berührung. Die Inhalte der Kinästhetik zielen auf das Bewusstwerden der einfachsten kindlichen Bewegungsmuster des Menschen. Diese Bewegungsmuster sind ökonomisch, ästhetisch, harmonisch und fließend. Sie verlaufen im stillen Wechsel mit Spannung und Lösung der Muskeln. Sie folgen dem strukturellen Aufbau des menschlichen Körpers, seiner anatomischen Bedingungen, fördern die Wahrnehmungsprozesse und unterstützen die aktive Bewegungskontrolle.

Kinästhetik ist keine neue Pflegemethode, sondern ein Lernmodell, welches in der Pflege Anwendung findet.

5.3.3 Was kann Kinästhetik bewirken?

■ **Für den Patienten**

Ein übergeordnetes Ziel, das wir häufig auch im Pflegeprozess benennen, lautet: „Die Ressourcen des Patienten erkennen, erhalten und fördern." Genau hier setzt Kinästhetik in der Pflege an.

Der Patient wird unterstützt. Er bekommt Hilfe zur Selbsthilfe; seine grundlegende Bewegungsfähigkeit wird gefördert. Der Patient hat noch Selbstkontrolle, da er voll einbezogen wird. Dadurch fühlt er sich weniger hilflos und weniger ausgeliefert. Er erfährt eine bessere Lebensqualität.

Kinästhetisch bewegt zu werden bedeutet auch eine Interaktion durch Berührung. Viele Bewegungsabläufe kann der Patient selbst übernehmen und hat so Hilfe zur Durchführung von Lebensaktivitäten. Bei Intensiv-Patienten wird von Pflegenden bemerkt, dass sich bei hepakinästhetischer Mobilisation eine Verbesserung von Atmung, Kreislauf, Ausscheidung sowie des Wachzustandes einstellt.

■ **Für die Mitarbeiterin**

Auch hier gibt es übergeordnete Ziele, unter anderem die Fürsorgepflicht und die Erhaltung der Gesundheit der Mitarbeiterinnen. Übertragen auf kinästhetisches Bewegen (Abb. 5.**13**) kann dies Folgendes für die Mitarbeiterin bedeuten:

- Schonung des eigenen Körpers,
- Selbstpflege,
- Erhaltung der eigenen Gesundheit (Eigenverantwortung), denn die Methode ist kräftesparend und die Belastungen werden selbst gesteuert.

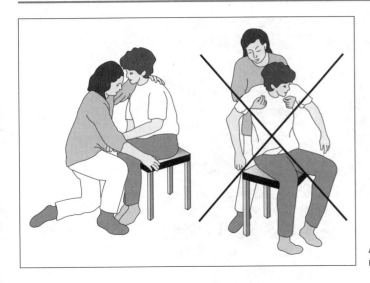

Abb. 5.**13** Kinästhetische und nicht kinästhetische Bewegung

Heben und Tragen im üblichen Sinn wird vermieden, damit wird der Rücken entlastet. Die Mitarbeiterinnen bewegen den Patienten, anstatt ihn zu heben, das Gewicht wird geführt und nicht getragen oder gezogen. Es entwickeln sich Bewegungsfähigkeiten und Bewegungsökonomien, die Mitarbeiterinnen wenden eine aktivierende Pflege an. Kinästhetisches Bewegen beugt den in der Pflege häufig vorkommenden arbeitsbedingten Rückenbeschwerden vor.

5.3.4 Umsetzung von Kinästhetik in der Pflege auf Ihrer Station

Da Sie als Stations- oder Funktionsleitung die Gesamtverantwortung für Patienten sowie Mitarbeiterinnen tragen, muss der Appell an Sie gerichtet werden. Sorgen Sie dafür, dass auf Ihrer Station Kinästhetik in der Pflege umgesetzt werden kann; die positiven Auswirkungen sind erstrebenswert. Die Umsetzung kann nur über Sie zum Erfolg führen. Holen Sie sich die Unterstützung, die Sie dafür benötigen. Da ich nicht weiß, welche Rahmenbedingungen in Ihrem Krankenhaus für Sie gegeben werden, führe ich im Folgenden zwei Beispiele einer möglichen Implementierung von Kinästhetik in die Stationspraxis auf.

Umsetzungsbeispiel 1

In Ihrem Krankenhaus gibt es eine ausgebildete Kinästhetik-Trainerin, die für die Schulung, Begleitung und Umsetzung vor Ort auf den Stationen zur Verfügung steht.
Mögliche Vorgehensweise:

- Lassen Sie wenigstens zwei Ihrer Mitarbeiterinnen gleichzeitig den Grundkurs für Kinästhetik absolvieren. Gleiches gilt auch für den Aufbaukurs. Für die anstehende Umsetzung können beide ihr Wissen ergänzen (Abb. 5.**14**).
- Schließen Sie sich mit den Stationsleitungen Ihrer Nachbarstation oder mit mehreren Stationen ähnlicher Fachdisziplinen zusammen. Sie erreichen damit, dass eine große Anzahl von Mitarbeiterinnen gemeinsam geschult sind und sich gegenseitig optimal unterstützen und beraten können.
- Vereinbaren Sie mit der Trainerin für Kinästhetik feste Tage bzw. auch Wochen, in denen der Praxistransfer mit den Patienten individuell eingeübt und gefestigt werden kann. Informieren Sie Ihre Mitarbeiterinnen entsprechend.
- Nutzen bzw. planen Sie in der Übergabe ca. 20 Minuten für Kinästhetik ein. Lassen Sie Ihre Mitarbeiterinnen miteinander üben. So entwickeln diese auch ein eigenes Gespür und Gefühl für Bewegung und Berührung.
- Achten Sie darauf, dass alle Ihre Mitarbeiterinnen nach und nach die Grundseminare besuchen, um die Umsetzung von Kinästhetik auf Ihrer Station zu festigen.

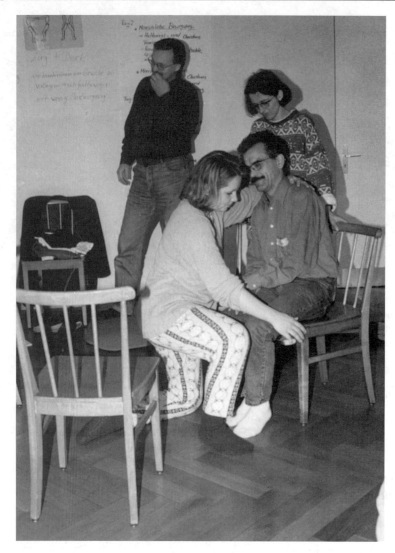

Abb. 5.**14**
Kinästhetische
Bewegungen üben

- Damit Sie vom so genannten Schneeballeffekt profitieren, ist es von Vorteil, wenn innerhalb eines Jahres ca. 50 Prozent Ihrer Mitarbeiterinnen die Grundschulung in Kinästhetik absolviert haben. Warten Sie mit den Nachschulungen nicht zu lange.
- Denken Sie daran, dass das Team sich an Ihnen als Stationsleitung bzw. Funktionsleitung orientiert. Das heißt, Ihre Mitarbeiterinnen werden sich auch an der Bedeutung orientieren, die Sie dem Konzept der Kinästhetik geben. Das hat Auswirkungen darauf, mit welcher Priorität das Konzept in die Praxis umsetzt wird.
- Beteiligen Sie sich und kontrollieren Sie auch. Schließlich ist ja Zeit und Geld investiert worden, also möchten Sie auch gute Ergebnisse sehen.
- Möglicherweise hat die Kinästhetik in Ihrem Krankenhause einen hohen Stellenwert, vielleicht ist auch von Ihrer Pflegedienstleitung ein Kinästhetik-Projekt initiiert worden. Trifft letzteres zu, wird Ihre Station auf dem Projektplan „Einführung von Kinästhetik" vorgesehen sein. Lassen Sie sich die Termine geben, planen Sie an diesen Tagen Zeit ein und informieren Sie Ihre Mitarbeiterinnen. Alle zuvor genannten Punkte behalten ihre Gültigkeit.

5.3 Integration von Kinästhetik auf einer Station

Praxis-Tipp

Alles, was neu begonnen und eingeübt wird, wird auch anfangs mehr Zeit kosten. Achten Sie darauf, nicht in die alten Hebe- bzw. Tragemuster zurückzufallen, nur weil es auf diese Weise schneller geht. Halten Sie sich die Bedeutung der kinästhetischen Bewegung für Patienten und Mitarbeiterinnen immer wieder vor Augen.

Umsetzungsbeispiel 2

In Ihrem Krankenhaus gibt es nur vereinzelt Mitarbeiterinnen auf verschiedenen Stationen, die aus Interesse oder persönlichen Anlässen, wie Weiterbildung zur Stations-/Funktionsleitung oder zur Praxisanleiterin, den Grundkurs „Kinästhetik in der Pflege" absolviert haben.

Mögliche Vorgehensweise:

Hier möchte ich nur die Abweichungen zum ersten Beispiel aufzeigen, alle Grundsätze behalten – wie im ersten Beispiel benannt – ihre Gültigkeit.

- Sie sollten mit Ihrer Pflegedienstleitung abklären, dass im Haus Seminare angeboten und organisiert werden. Eine weitere Möglichkeit ist, dass Ihre und andere Mitarbeiterinnen auf externe Fortbildungen gehen und sich Grundkenntnisse der Kinästhetik in der Pflege erwerben. Vielleicht wird in einem benachbarten Krankenhaus ein Kurs angeboten. In dem ein oder anderen Fall müssten Sie als Stationsleitung Ihrem Anliegen mit inhaltlichen Argumenten Nachdruck verleihen.
- Die fehlende Praxisbegleitung der Transferphase können Sie ausgleichen, indem Sie sich wirklich mit anderen Stationsleitungen absprechen und den geschulten Mitarbeiterinnen Freiräume einplanen. Eine gegenseitige Unterstützung, Beratung und ein Austausch ist unumgänglich, wenn Sie Erfolge verzeichnen möchten.
- Bestimmen Sie in Absprache mit anderen Stationsleitungen Ihres Hauses eine Mitarbeiterin, die als Ansprechpartnerin in schwierigen Situationen und Problemen beim kinästhetischen Bewegen fungiert. Wählen Sie jemanden aus, der besonderes Interesse an der Umsetzung von Kinästhetik in der Pflege hat und kommunikative und kooperative Fähigkeiten besitzt.

Bei der Umsetzung eines innovativen pflegerischen Konzeptes wie der Kinästhetik in der Pflege, steht und fällt alles mit dem Engagement der Stationsleitung oder Funktionsleitung sowie dem Interesse und der Motivation der Mitarbeiterinnen. Zeigen Sie dieses Engagement und fordern Sie die Unterstützung Ihrer Pflegedienstleitung ein.

Weiterführende Literatur

Citron, I.: Kinästhetisch handeln in der Pflege, Thieme, Stuttgart 1998

Hatch, F., L. Maietta, S. Schmidt: Kinästhetik – Interaktion durch Berührung und Bewegung in der Krankenpflege. 4. Aufl. DBFK-Verlag, Eschborn 1996

5.4 Sterbebegleitung – eine Nebenerscheinung in der Pflege oder eine Profession des Pflegeberufs?

Kerstin Ploil

5.4.1 Ein Wort zuvor

Sterbebegleitung wird in der Pflege noch überwiegend als Arbeit bezeichnet, die aus humanen Beweggründen heraus getätigt wird. Präziser: sie wird – so gut es geht – nebenher erfüllt. Professionalität ist hier oft kein Thema. Die Antworten auf Fragen nach der Häufigkeit der Fortbildungen, die Pflegende zu diesem Thema besuchen und nach der Anzahl der in Sterbebegleitung qualifizierten Mitarbeiterinnen (hier gibt es entsprechende Weiterbildungen) geben einen schnellen Überblick über den nachlässigen Umgang mit diesem Thema in den Krankenhäusern.

Sterben ist der Teil des Lebens, der jeden Menschen betrifft. Jeder muss den Umgang mit diesem Thema erlernen und eine persönliche Form dazu finden. Gerade in der Pflege sollte das Thema Sterbebegleitung einen hohen Stellenwert genießen, denn in der Regel sind es die Pflegenden, die Sterbende begleiten. Warum fühlen wir uns nicht veranlasst, eine spezielle Schulung für die Pflegenden anzubieten, damit sie auch für die Begleitung der Menschen ausgebildet sind, die auf dem Weg sind, unsere Welt zu verlassen?

Diese Notwendigkeit wurde im onkologischen Pflegebereich bereits erkannt: mit der Einrichtung von Palliativ-Stationen konnte professionelle Sterbebegleitung in die Praxis umgesetzt werden. Doch es wird nicht nur auf onkologischen oder Palliativ-Stationen gestorben. Auf jeder allgemein-internistischen oder chirurgischen Station gehört das Sterben zum Alltag.

Mit diesem Beitrag möchte ich Mut machen, Sterbebegleitung in den Stationsablauf zu integrieren. Als Trainerin für Sterbebegleitung und Stationsleitung einer kardiologischen Station fordere ich Sie auf, professionelle Sterbebegleitung als Teil der pflegerischen Aufgaben zu sehen und in die Praxis umzusetzen.

5.4.2 Kann Sterbebegleitung erlernt werden?

Sterbende zu begleiten kann – wie jede andere Pflegetätigkeit – erlernt werden. Die Inhalte des Lernprozesses, den ich selbst im Rahmen meiner Ausbildung zur Trainerin für Sterbebegleitung durchlaufen habe, sind:

Stufe 1 Literaturstudium zu den Themen
- Sterben
- Schmerzverarbeitung und Unterbewusstsein
- Kommunikation und Krisenmanagement
- Religion/Glauben

Stufe 2 Selbstreflexion zum Umgang mit diesem Thema

Stufe 3 Transfer in die Pflegepraxis

Stufe 1 Literaturstudium

Die Grundlage für ein profundes Basiswissen kann man sich durch das Studium zahlreicher Literatur aneignen. Aufgrund meiner persönlichen Erfahrungen kann ich folgende wichtige Autoren zum Thema Sterben benennen: Grundlegendes und Theoretisches zum Thema Sterben können Sie nachlesen in der Literatur von Elisabeth Kübler-Ross. Sie ist die Autorin der bekannten fünf Sterbephasen. Steven Lewin, der eng mit Kübler-Ross gearbeitet hat, ist auch lesenswert. Die führende deutschsprachige Autorin ist Daniela Tausch-Flammer. Als ehemalige Leiterin des Stuttgarter Hospizes hat sie in der Bundesrepublik den Grundstein für die Auseinandersetzung mit dem Thema gelegt. Wenn Sie die Literatur lesen, werden Ihnen spontan viele verschiedene Möglichkeiten zur Übertragung der Anregungen in Ihren Stationsalltag einfallen. Machen Sie sich Notizen, damit Sie Ihre Ideen in Stufe 2 und 3 nutzen können.

Nachdem Sie sich grundsätzlich mit dem Thema Sterben befasst haben, sollten Sie ihre psychologischen Kenntnisse vertiefen. Als Literatur sind hierzu die tiefenpsychologischen Erkenntnisse von Sigmund Freud oder Carl Gustav Jung empfehlenswert. Darüber hinaus ist es wichtig, sich mit den Themenkomplexen Schmerzverarbeitung und Unterbewusstsein zu beschäftigen. Wir erhalten hierbei hilfreiche Informationen zur Bewältigung vieler Situationen im Alltag. Ergänzend zur Tiefenpsychologie stellt die Maslow-Bedürfnispyramide die Basiselemente der pflegerischen Versorgung im Bereich der Sterbebegleitung dar.

Dritter Aspekt des Literaturstudiums sind die Themen Kommunikation und Krisenmanagement. Die Grundlagen der Kommunikation sind in den Ausbildungsbüchern der Krankenpflege (Fach Psychologie) ausreichend geschildert. Auch das Thema Krisenmanagement wird ausführlich behandelt. Die Krisenbewältigung nach Caplan ist für die Sterbebegleitung eine gute Unterstützung. Caplan unterteilt die Krisen in zwei Formen: die *entwicklungsbedingte* Krise und die *akzidentelle* Krise (durch Wechselfälle des Lebens bedingt).

Sterben hat auch immer einen Aspekt des Glaubens. Daher ist es sinnvoll, sich mit den Sterberitualen verschiedener Glaubensrichtungen vertraut zu machen (vgl. Kapitel 5.5). Die weiterführende Beschäftigung mit der Geschichte verschiedener Völker gibt interessante Hinweise auf den Umgang mit Sterben und Tod.

Stufe 2 Selbstreflexion zum Umgang mit diesem Thema

Nach dem Studium der Literatur ist es wichtig, einen persönlichen Bezug zum Umgang mit dem Thema Sterbebegleitung zu schaffen. Hilfreich ist hierzu die Beantwortung folgender Fragestellungen:

- Wie gehe ich mit meiner Vergänglichkeit um?
- Wie möchte ich meinen Abschied erleben?
- Wie lebe ich, auch unter Beachtung der Themen Rollenverteilung und Rollenkonflikt in der Gesellschaft?

Stufe 3 Transfer in die Pflegepraxis

Der Transfer des angelesenen und erarbeiteten Wissens in die Pflegepraxis ist – wie schon in Stufe 1 beschrieben – in jeder Phase möglich. Beim Lesen und mit Sicherheit bei der Selbstreflexion setzen Sie sich immer mit Ihrem Berufsalltag, aber auch mit Ihrem privaten Alltag auseinander. Innovative Pflegekonzepte können oft eine sinnvolle Ergänzung zur Sterbebegleitung sein. Am häufigsten werden die Methoden der Basalen Stimulation und die Aromatherapie angewendet.

Die Integration der Sterbebegleitung in den Stationsablauf wird – wenn möglich – von einem Mentor begleitet. Wichtig ist auch, dass eine Vertrauensperson für die Pflegenden als Ansprechpartner zur Verfügung steht. Dies kann eine Kollegin, eine Psychologin oder eine Seelsorgerin sein. Ebenso empfiehlt es sich, dass alle Mitarbeiterinnen Seminare zum Thema der Sterbebegleitung oder Schmerzverarbeitung besuchen.

Praxis-Tipp

Achten Sie bei der Auswahl der Seminare auf deren Inhalt und bei der Auswahl der Anbieter auf Seriosität sowie Erfahrung. Ich empfehle, keine „Selbsterfahrungstripps" auszuwählen, sondern fachliche Seminare. Seien Sie sich der Gefahr bewusst, dass durch unkontrolliertes Auslösen psychischer Prozesse die Teilnehmerinnen nach dem Seminar mit ihren aufwühlten Gefühlen alleine gelassen werden.

5.4.3 Reorganisation der Arbeitsabläufe

Die Reorganisation der Arbeitsabläufe ist eine unabdingbare Voraussetzung für die Einführung von Sterbebegleitung auf Station.

Sterbebegleitung braucht Raum und Zeit! Die Integration von Sterbebegleitung in den Stationsalltag setzt eine grundlegende Hinterfragung der Arbeitsabläufe auf Station voraus. Eine Neuordnung der Abläufe muss bei jeder Einführung innovativer Pflegekonzepte erfolgen. Sterbebegleitung ist hier keine Ausnahme. Nachfolgend drei Fragestellungen in Bezug auf die Reorganisation der Abläufe, die speziell im Zusammenhang mit der Einführung von Sterbebegleitung hilfreich sind:

- Was sind Rituale und Fossilien aus vergangenen Tagen?
- Ist es nötig, diese Rituale weiter zu leben?
- Braucht ein Sterbender noch immer alle Routinepflege oder benötigt er nicht viel mehr eine individuelle Pflege?

Wenn die Reorganisation der Arbeitsabläufe unter Berücksichtigung der Anforderungen der Sterbebegleitung geplant ist, kann Sterbebleitung in den Stationsablauf integriert werden. Wichtiges (Neben-)Ergebnis dieses Prozesses ist, dass Sterben nun Thema ist und somit die Grundlage geschaffen ist, mit allen Berufsgruppen über Sterbebegleitung und den Umgang mit Sterbenden zu diskutieren.

5.4.4 Qualifizierung der Mitarbeiterinnen

Die Mitarbeiterinnen auf einer Station müssen parallel zur Planung der Reorganisation der Arbeitsabläufe in Sterbebegleitung qualifiziert werden. Dies kann zum einem in stationsinternen (vgl. Kap. 2.6.2) oder in hausinternen Fortbildungen geschehen.

Die Qualifizierung aller auf der Station tätigen Mitarbeiterinnen ist notwendig, um eine Sterbebegleitung rund um die Uhr zu gewährleisten. Eine Unterbrechung der Begleitung ist kontraproduktiv. Darüber hinaus ist es wichtig, darauf zu achten, dass kein Wissensgefälle im Team entsteht. Die effiziente Umsetzung des Konzepts „Sterbebegleitung" kann nur erfolgen, wenn alle Mitarbeiterinnen annähernd gleich qualifiziert sind. Sollte die Qualifizierung des gesamten Teams in dem bis zur Einführung definierten Zeitrahmen nicht möglich sein, können Sie durch eine entsprechende Dienstplangestaltung erreichen, dass immer eine in Sterbebegleitung qualifizierte Mitarbeiterin auf der Station anwesend ist. So gewährleisten Sie auch eine gute Umsetzung des Konzepts.

Wenn professionelle Sterbebegleitung auf allen Stationen eines Krankenhauses umgesetzt werden soll, macht die Qualifizierung von Mitarbeiterinnen zu Trainerinnen für Sterbebegleitung Sinn. Dieses Verfahren wurde bereits in den Kapiteln 5.1, 5.2 und 5.3 vorgestellt. Die Trainerin für Sterbebegleitung ist verantwortlich für die Schulung der Mitarbeiterinnen des Krankenhauses und dafür freigestellt. Darüber hinaus steht sie während und nach der Einführung der Sterbebegleitung als Ansprechpartner zur Verfügung.

Im Anschluss an die Qualifizierung der Mitarbeiterinnen ist eine kontinuierliche Personalentwicklung sinnvoll. Aus den eigenen Erfahrungen und denen der Kolleginnen zu lernen ist Voraussetzung für die stetige Weiterentwicklung des Konzepts. Mögliche Formen sind Gesprächskreise, Arbeitsgruppen oder Supervision. In der Begleitung von Sterbenden werden wir selbst immer wieder an die Grenzen unserer eigenen Verwundbarkeit stoßen. Je tiefer die Auseinandersetzung mit diesem Thema, umso mehr tauchen Fragen und Hindernisse auf. Dies kann im Rahmen einer Supervision aufgearbeitet und geklärt werden.

Mit diesen Instrumenten (Gesprächskreise, Arbeitsgruppen, Supervision) können Sie auch Mitarbeiterinnen begegnen, die eine Auseinandersetzung mit dem Thema verweigern. Das Motto hierfür heißt: vorleben und immer wieder reden und reden, um Ängste abzubauen. Diese Ängste basieren meist auf bereits erlebten Formen unwürdigen Sterbens in unseren Kliniken. Einziges Hilfsmittel ist hier meist nur die Verdrängung. Dies sollten wir in Zukunft nicht mehr zulassen.

Darüber hinaus ist eine Intensivierung der Auseinandersetzung mit dem Thema Sterben und die Qualifizierung der Pflegenden schon im Rahmen der Ausbildung anzustreben. Eine Erhöhung der Unterrichtsstunden für dieses Thema und die Gestaltung der Unterrichtsinhalte durch qualifiziertes Personal (zum Beispiel Trainerinnen für Sterbebegleitung) sind erste Schritte hierzu.

5.4.5 Involvieren verschiedener Berufsgruppen

Eine professionelle Sterbebegleitung benötigt die Zusammenarbeit aller am Patienten tätigen Berufsgruppen in der Form eines therapeutischen Teams. Die Pflege übernimmt den größten Teil durch die Rund-um-die-Uhr-Versorgung der Sterbenden, hat aber keinen Einfluss auf die medizinische Versorgung dieser Patienten. Es ist wichtig und unerlässlich, dass auch die betreuenden Ärzte eine humane Sterbebegleitung anstreben. Wichtigster medizinischer Bestandteil der Sterbebegleitung ist eine gut eingestellte Schmerztherapie. Bezogen auf diagnostische und therapeutische Maßnahmen bedingt Sterbebegleitung die Haltung, Leben nicht um jeden Preis zu verlängern. Denn oft ist die vermeintliche Verlängerung des Lebens für den Patienten eine Verlängerung seines Sterbens. Hier muss im Einzelfall überlegt werden: Bedeutet die mögliche Therapie für den Patienten, sein „Leben zu verlängern" oder sein „Sterben zu verlängern"? Bei der Beantwortung dieser Frage kommen Ärzte, Pflegende und Patient ins Gespräch, denn hier ist ein Austausch mit und über den Patienten unerlässlich. Wurde mit dem Patienten und in seinem Sinn eine Entscheidung getroffen, haben Pflegende die Aufgabe, andere Berufsgruppen wie zum Beispiel die Krankenhausseelsorge oder Hospizschwestern, einzubeziehen. Die Krankenhausseelsorge ist in den meisten Krankenhäusern bereits eine etablierte Einrichtung. Dies bezieht sich aber meist nur auf die christliche Glaubensgemeinschaft und nicht auf die mittlerweile immer größer werdende Zahl der „Andersgläubigen". Eine Liste mit Ansprechpartnern unterschiedlicher Konfessionen sollte bereitliegen. Meist stehen Ihnen die Gemeinschaften sehr gerne zur Seite und helfen, religiöse Bräuche in die Pflege zu integrieren. (vgl. Kapitel 5.5)

Praxis-Tipp

Die Hospizvereinigung findet man in vielen Städten als Form einer ambulanten Versorgung, und zunehmend werden Hospize in Krankenhäusern eingerichtet. Die Ambulanten Hospize bieten auch den Sterbenden in Krankenhäusern Unterstützung. Sie können von den Patienten oder deren Angehörigen angefordert werden. Ihr Krankenhaus hat auch die Möglichkeit, Kooperationsverträge mit nahegelegenen Hospizen zu vereinbaren. Berücksichtigen Sie auch die Bestimmungen zur Einschaltung des medizinischen Dienstes der Krankenkassen.

5.4.6 Zusammenfassung

Patientenorientierung. Wichtig ist, dass alle Entscheidungen über die Sterbebegleitung mit dem Sterbenden besprochen werden. Maßstab für alle Handlungen sind die Wünsche und Vorstellungen des Sterbenden.

Therapeutisches Team. Wenn mehrere Berufsgruppen gemeinsam Entscheidungen treffen, ist die Belastung für den Einzelnen nicht mehr so hoch, Überforderung wird vorgebeugt. Doch dies bedeutet auch, dass alle Berufsgruppen als gleichwertig gesehen werden. Gerade beim Thema Sterben kann es keine Besserwisser geben. Es hängt immer vom einzelnen Menschen ab, inwieweit er bereit ist, hier seine Verantwortung für den sterbenden Patienten zu übernehmen.

Sterbebegleitung gehört zu den originären und grundlegenden Tätigkeiten der Pflege, wird jedoch als Leistung noch nicht erfasst. Dies ist ein Hauptgrund dafür, dass die Sterbebegleitung bis heute kein eigenständiges Arbeitsfeld, sondern Teil der grundpflegerischen Versorgung ist. Sterbebegleitung kann – ebenso wie die Begleitung der Mütter bei der Geburt durch Hebammen – eine eigene Fachdisziplin der Pflege werden. Dies ist aber erst dann möglich, wenn die Sterbebegleitung nicht mehr Bestandteil der grundpflegerischen Versorgung ist. Erst dann kann Sterbebegleitung als eigenständige professionelle Tätigkeit etabliert werden. Doch darauf zu warten, ist der falsche Weg.

Aus meiner Erfahrung mit dem Thema Sterbebegleitung weiß ich, dass eine baldige und flächendeckende Integration der Sterbebegleitung in den Arbeitsalltag der stationären Pflege notwendig ist. Die knapper werdenden Ressourcen Personal und Zeit lassen sonst die Integration dieses Handlungsfeldes nicht mehr zu.

Literatur

Kübler-Ross, E.: Verstehen was Sterbende sagen wollen, 3. Aufl. GTB Sachbuch, Gütersloh 1990
Kübler-Ross, E.: Leben bis wir Abschied nehmen, 3. Aufl. GTB Sachbuch, Gütersloh 1991
Kübler-Ross, E.: Interviews mit Sterbenden, 17. Aufl. GTB Sachbuch, Güterloh 1996
Lammerton, R.: Sterbenden Freund sein. Herder, Freiburg i. B. 1992
Levine, S.: Sich öffnen ins Leben. Herder, Freiburg i. B. 1996
Menninger, D.: Lernen Abschnied nehmen. Fischer Taschenbuch, Frankfurt a. M. 1992
Saunders, C.: Hospiz und Begleitung von Schmerz. Herder, Freiburg i. B. 1995
Schweidtmann, W.: Sterbebegleitung, 2. Aufl. Kreuz, Stuttgart 1992
Tausch-Flammer, D.: Sterbenden nahe sein. Herder, Freiburg i. B. 1996
Vogel, C., J. Dalcher: Aids hat viele Gesichter. Recom, Basel 1993
White, J.: Sterben ist kein Tabu (Selbsthilfeprogramm). Hermann Bauer Taschenbuch, Freiburg i. B. 1995
Winckler, V.: Dem Tod so nah, 2. Aufl. Recom, Basel 1991
Zahrnt, H.: Wie kann Gott das zulassen, 6. Aufl. Piper, München 1996

5.5 Transkulturelle Pflege – zum Umgang mit Kranken und Sterbenden islamischen Glaubens

Irene Deutsch

5.5.1 Ein Wort zuvor

1997 hat die Zahl der Migranten in Deutschland erstmals die Sieben-Millionen-Grenze erreicht. Aber obwohl in Ballungsgebieten 20–40 % Ausländer leben, hat unser medizinisches System bisher nur zögerlich auf die speziellen Bedürfnisse dieser Gruppe reagiert. Nicht zuletzt durch die gesetzliche Dokumentationspflicht und die damit verbundene Pflegeanamnese wächst bei vielen Pflegenden der Wunsch, auch unsere „Ausländische(n) Patienten besser (zu) verstehen" (Kellnhauser u. Mitarb. 1999), wie ein Buchtitel verspricht. Zu Beginn meiner Ausführungen werde ich auf die Situation von Migranten im deutschen Gesundheitswesen eingehen.

Bereits 1955 hat die amerikanische Professorin für Anthropologie und Krankenpflege, Madeleine Leininger, die Notwendigkeit betont, Krankenpflege im kulturellen Kontext zu sehen. Während in den USA und einigen europäischen Ländern Transkulturelle Pflege zum Bestandteil des Curriculums an Krankenpflegeschulen gehört, ist in Deutschland die Theorie nur wenig bekannt. Auf die Transkulturelle Pflege werde ich im zweiten Teil meines Beitrages eingehen.

Wir, die Teilnehmerinnen und Teilnehmer des Qualitätszirkels „Bewusster leben mit Krankheit, Sterben und Tod", sind bei unseren Diskussionen immer wieder auf die Frage nach dem Umgang mit Sterben und Tod im Islam gestoßen. Um uns zu informieren, haben wir muslimische Kolleginnen aus der Türkei eingeladen. Es kam zu einem interessanten Austausch, bei dem alle Teilnehmerinnen feststellten, wie wenig wir über die Religion und Kultur des jeweils Anderen wissen. Um die Voraussetzung für den Umgang mit Sterbenden und die Handlungen nach Todeseintritt (5.6.4) zu schaffen, ist es mir wichtig, im dritten Teil meines Beitrages den Islam vorzustellen.

Abschließend möchte ich mit einer Literaturliste den Wunsch wecken, weiter zu lesen und Lust machen auf den großen Reichtum, den eine multikulturelle Gesellschaft bietet.

5.5.2 Zur Situation von Migranten im deutschen Gesundheitswesen

Bereits in den 60er Jahren wurden ausländische Arbeitskräfte angeworben; in späteren Jahren folgten Flüchtlinge und Aussiedler. Viele dieser so genannten Gastarbeiter und Flüchtlinge haben in Deutschland nicht nur schwer gearbeitet, sondern auch auf vieles verzichtet, um sich im Alter in der Heimat niederlassen zu können. Dieser Traum wird für die meisten nicht in Erfüllung gehen, sei es, weil ihre Kinder hier verwurzelt sind, sei es, weil ihnen nicht nur Deutschland, sondern inzwischen auch die Heimat fremd ist, sei es aus politischen oder anderen Gründen. Die Pflege von älteren Migranten wird also zunehmend eine Herausforderung für uns darstellen.

Aber nicht erst im Alter treten gesundheitliche Probleme auf. Durch Migrationserfahrungen, erschwerte Arbeits- und Lebensbedingungen und nicht zuletzt Fremdenfeindlichkeit und Ausgrenzung, die latent wahrgenommen werden, sind viele Ausländer besonderen Belastungen ausgesetzt. So erkranken sie häufiger an Infektionserkrankungen und werden in jüngeren Jahren frühberentet. Die Rate der Totgeburten liegt bei ausländischen Kindern höher als bei deutschen, außerdem sind sie häufiger Opfer von Unfällen (Beauftragte der Bundesregierung für die Belange der Ausländer, 1995).

Kommunikationsprobleme zwischen Patienten und medizinischem Fachpersonal erschweren oft die Anamnese und entsprechend die Diagnosefindung. Als Dolmetscher werden häufig kleine Kinder herangezogen, die dann z. B. die gynäkologische Erkrankung oder den Krebs der Mutter übersetzen (Freese 1999, S. 59). Aber auch Erwachsene sind selten mit Anatomie und Krankheitsbildern vertraut, übersetzen oft nur zusammenfassend und gehen aus Scham oder Zeitmangel nicht auf Fragen ein etc. Oft treten Missverständnisse auf, weil Krankheit und Kranksein anders verstanden, Symptome anders geäußert werden. Patienten – auch deutsche –, die sich missverstanden fühlen, befolgen Therapien nicht, wechseln häufiger Arzt oder Ärztin.

Selbst dann, wenn sie nicht durch ihre koloniale Vergangenheit sensibilisiert sind, haben sich die meisten unserer europäischen Nachbarn besser auf die sozialen, kulturellen und medizinischen Bedürfnisse ihrer Migranten eingestellt. Aber auch in Deutschland gibt es zunehmend Initiativen von z. B. Gesundheitsämtern, Sozialausschüssen der Städte, Kirchengemeinden und Krankenhäusern.

Als Beispiel sei hier das Ethnomedizinische Zentrum in Hannover genannt, das seit über zehn Jahren Pionierarbeit in der Dolmetschertätigkeit im Gesundheits- und Sozialbereich leistet. Allein durch die Dolmetscherdienste des Zentrums können 20–30 Operationen im Jahr vermieden werden (Collatz, Vortrag 14. 11. 1996 Uni Bremen). Weiterhin ist ein Qualitätssicherungsprojekt des Uni-Krankenhauses Hamburg-Eppendorf zu erwähnen. Dort wurden 80 Dolmetscher für den medizinischen Bedarf zusatzausgebildet, die für ihre Einsätze bezahlt werden. Um auch kulturelle Aspekte mit vermitteln zu können, wurden nur Bewerber aus den jeweiligen Ländern akzeptiert. Es wurden ein Handbuch für Dolmetscher erstellt und Fortbildungen für Pflegende und ärztliches Personal angeboten. In der Kinder- und Jugendpsychiatrie wurde eine Flüchtlingsambulanz eingerichtet.

Die Gründe für solche Projekte liegen auf der Hand (vgl. Freese 1999):

- Steigerung der Qualität und Zufriedenheit aller Betroffenen,
- ökonomische Aspekte,
- rechtliche Absicherung (z. B. hat bei OP-Aufklärungen im Rechtsstreit der Arzt die Beweislast).

Ich glaube, dass nach diesen allgemeinen Ausführungen klar ist, warum es immer wichtiger wird, dass wir uns mit Krankheit, Sterben und Tod auch mit Blick auf die Kultur der jeweiligen Patienten auseinander zu setzen. Die Theorie der Transkulturellen Pflege bietet hier eine Möglichkeit.

5.5.3 Transkulturelle Pflege

Mithilfe von Leiningers Theorie wurden zwischen 1960 und 1990 54 westliche und nichtwestliche Kulturen studiert (Leininger 1998). Ausgangspunkt ihrer Theorie war die Erkenntnis, dass unterschiedliche Kulturen unterschiedliche Erwartungen an Pflegende haben und dass diese nicht mit dem kulturellen Hintergrund ihrer Patienten vertraut sind. „Care", so diese Theorie, ist die Grundlage der Krankenpflege; sie ermöglicht ihr ein eigenes berufliches Konzept sowie wissenschaftliche Forschung. *To care, to care for* oder *care* meint aber nicht nur Pflege, sondern vielmehr auch *besorgt sein, sich kümmern, für jemanden sorgen, jemanden mögen, Fürsorglichkeit* und *Hilfestellung*. Care ist das verbindende und das differenzierende Element der Krankenpflege.

■ Kulturelle Universalität der Pflege

Pflege setzt überall dort ein, wo Menschen in ihren jeweiligen kulturellen Systemen geboren werden, leben, arbeiten, erkranken und sterben.

■ Kulturelle Diversität der Pflege

Pflege orientiert sich an den jeweiligen unterschiedlichen Verhaltensmustern, Werten, Normen von Einzelpersonen und Gruppen innerhalb bestimmter kultureller Systeme.

Leininger (1998) geht davon aus, dass Pflegende, die sich in die Welt der Patienten hineinversetzen, ihre professionellen Handlungen danach richten und ihre Pflege im Einklang mit dem kulturellen Hintergrund der Patienten erbringen. Sie „vertritt die Ansicht, daß bis zum Jahre 2010 alle Aspekte der Pflegeausbildung und -praxis transkulturell ausgerichtet werden müssen, so daß Pflegende die Menschen unserer multikulturellen Welt sachdienlich und effektiv versorgen" (Osterbrink 1997, S. 13) können.

Transkulturelle Pflege setzt außer einem Wissen über die fremde Kultur zunächst ein Wissen über die eigenen kulturellen Grundlagen sowie die konkrete Lebenssituation des Migranten voraus (Freese 1999, S. 46). Standardisierte Leitfäden zu entwickeln, ist nicht möglich. Vielmehr geht es darum, Pflegende für eine individuelle, ganzheitliche, biografieorientierte Pflege zu sensibilisieren. Die Gefahr der Transkulturellen Pflege liegt sicher in einer erneuten Stigmatisierung und Ausgrenzung einer bestimmten Gruppe.

5.5.4 Einführung in den Islam

Um die Zahl der in Ludwigshafen lebenden Muslime herauszufinden, habe ich verschiedene Stellen der Stadtverwaltung angerufen. Eine der netten Damen wollte ganz sicher gehen: „Das ist doch eine Religion?!"

Der Islam ist mit ca. 2,5 Millionen Gläubigen (0,3 % davon sind konvertiert) nach dem Christentum die zweitgrößte Religionsgemeinschaft in Deutschland. Etwa 1,9 Millionen muslimische Türkinnen und Türken (in der Mehrheit Sunniten) leben unter uns. Ihre Kultur, vor allem aber auch ihre Religion, prägen ihre Einstellung zu Gesundheit und Krankheit. Die Geschichte der Muslime in Deutschland beginnt bereits im 18. Jahrhundert; dennoch ist unsere Beziehung zueinander noch immer durch Misstrauen und Unverständnis charakterisiert.

Der Islam ist die letzte der drei großen monotheistischen Weltreligionen. Eben dieser Glaube an den einen Gott und die uneingeschränkte Hingabe an Gott bilden den Mittelpunkt des Glaubens. „Es gibt keinen Gott außer Gott" (vgl. Koran z.B. 3,2; 9,129; 37,35 etc.) heißt es in unzähligen Versen des Koran (Abb. 5.**15**) Muhammed ist der Gesandte (Rasul) Gottes, der letzte einer Reihe von Propheten, die auch Juden und Christen kennen. So hat Abraham (Ibrahim) nach islamischem Glauben mit seinem Sohn Ismael das Heiligtum der Ka'ba in Mekka (Saudi-Arabien) gegründet und wird im Koran als ein Muslim und Vorbild aller Gläubigen bezeichnet (vgl. Koran 3,67–68 u.a.). Jesus (Isa) sagt im Koran: „Ich bin der Diener Gottes. Er ließ mir das Buch zukommen und machte mich zu seinem Propheten" (Koran 19,30). Gott hat ihn beauftragt, den Kindern Israels die Thora zu bestätigen (Koran 5,46). Allerdings akzeptiert der Koran den Kreuzestod Jesu nicht (Koran 4,157-158). Außerdem steht der Dreieinigkeitsgedanke des Christentums im krassen Gegensatz zur absoluten Einheit Allahs im Islam.

Als der Prophet Muhammed etwa 40-jährig die erste Offenbarung Gottes durch den Erzengel Gabriel erhielt, war er bereits ein sehr religiöser Mensch, der Kontakte zu Juden, Christen und anderen Gottsuchern hatte. Im Jahre 610 (n. Chr.) ging Muhammed zum ersten Mal in seiner Heimatstadt Mekka an die Öffentlichkeit. In seinen Predigten rief er zum Monotheismus auf, sprach sich gegen Betrug, Rücksichtslosigkeit, Unehrlichkeit, Gier und andere Laster aus, die die Gesellschaft verseuchten. Mit seinen beschwörenden Appellen schuf sich Muhammed viele Feinde, vor allem unter Geschäftsleuten, sodass er 622 mit seinen Anhängern nach Medina auswandern musste. Mit dem Jahr der Auswanderung (Hidjra) beginnt die islamische Zeitrechnung, die dem Mondkalender folgt.

In Medina mussten der Alltag der Muslime geregelt und eine soziale Ordnung geschaffen werden. Die Solidarität der Gemeinschaft beruhte zunehmend nicht mehr ausschließlich auf Blutsverwandtschaft, sondern dem gemeinsamen Glauben. Außerdem musste Muhammed den politischen und militärischen Kampf gegen die Feinde des Islam führen. So entwickelte er sich vom Asketen zunehmend zum klugen politischen und religiösen Führer und Feldherr. Nach mehreren Kämpfen gegen die Mekkaner zog er mit starker Armee 630 in Mekka ein und machte die Ka'ba zum zentralen Heiligtum des Islam.

Als der Prophet Muhammed am 8. Juni 632 starb, hatte sich die neue Religion bereits über ganz Arabien ausgebreitet. Heute geht man weltweit von etwa einer Milliarde Muslimen und Musliminnen aus. Die größte Konfession bilden mit etwa 90 Prozent (die Angaben schwanken zwischen 68–93 %) die Sunniten. Die Schiiten sind uns aus dem Iran und Irak bekannt; außerdem gibt es eine Vielzahl kleiner Gruppen, die aus politischen und sozialen Gründen zum Teil gegenwärtig von Bedeutung sind (Aleviten, Drusen) (Abb. 5.**16**).

Der Koran, das heilige Buch des Islam, wurde dem Gesandten Muhammed von 610 bis zu seinem Tode 632 durch den Engel Gabriel offenbart. Seine Anhänger haben den Text auswendig gelernt und aufgeschrieben. Der Koran wurde in arabischer Sprache offenbart; seine Übersetzung ist umstritten. Der Koran – so glauben Muslime – ist unfehlbar. Er umfasst 114 Suren mit jeweils unterschiedlicher Anzahl von Versen. Die Suren sind nicht chronologisch, sondern der Länge nach geordnet. Der Koran beginnt mit der Eröffnungssure (al-Fatiha), dem am häufigsten rezitierten Korantext und Gebet. Der göttliche Cha-

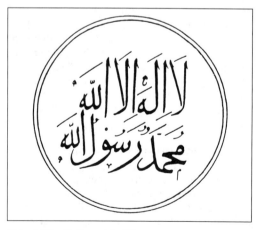

Abb. 5.**15** Kalligraphie (1)

rakter, aber auch die unbestrittene Schönheit der koranischen Sprache üben eine große Faszination auf die Gläubigen aus. Hier ein Beispiel: „Unser Herr, belange uns nicht, wenn wir vergessen oder sündigen. Unser Herr, lege uns auf keine Last, wie du sie auf die gelegt hast, die vor uns lebten. Unser Herr, lade uns nichts auf, wozu wir keine Kraft haben. Verzeihe uns, vergib uns und erbarme dich unser." (2,286, Khoury 1992)

Der Koran ist aber nicht nur Quelle von Gebeten, sondern regelt bis in den Alltag hinein das Leben der Gläubigen. Zusammen mit den überlieferten Berichten (Hadith) über den Weg, das Verhalten, die Handlungsweisen und Aussprüche des Propheten (Sunna) sowie dem islamischen Recht (Sharia) bietet er die Grundlage für Handel, Gestaltung und Führung der Gesellschaft, Rechtsprechung und zwischenmenschliche Beziehungen. Während Koran und Sunna die ewig gültigen Gesetze enthalten, steht Idschtihad für die Fähigkeit, die Offenbarung auf die jeweilige Zeit zu beziehen.

Die religiösen Pflichten, wie sie der Koran vorschreibt, sind die Hauptstützen oder „fünf Säulen" des Islam:

1. **Das Glaubensbekenntnis (Shahada)**
Durch das Glaubensbekenntnis wird die Einheit Gottes und die Wahrheit der prophetischen Botschaft bezeugt. Der Muslim glaubt weiterhin an die Engel, die Propheten, die heiligen Schriften, an das Jüngste Gericht und die Lenkung des menschlichen Lebens durch Gott.

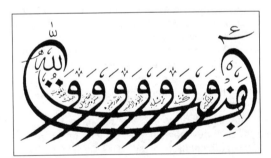

Abb. 5.**16** Kalligraphie (2)
Ich habe an Allah geglaubt, und an Seine Engel, und an Seine Bücher, und an Seine Gesandten, und an den Jüngsten Tag, und an die Verheißung Allahta'alas über das Gute wie Böse an diesem Tage, und an die Auferstehung nach dem Tode

2. **Das Gebet (Salat)**
Zum Gebet ruft der Muezzin fünfmal täglich: zur Morgendämmerung, zur Mittagszeit, am Nachmittag, am Abend und in der Nacht. Vor dem Gebet findet eine rituelle Waschung statt. Gebetet wird in der Moschee oder an jedem anderen Ort. Das Gebet ist mit Blickrichtung nach Mekka zu verrichten. Dies verbindet alle Gläubigen mit dem Ursprungsland und dem Mittelpunkt des Islam. Freitags findet das feierliche Gemeinschaftsgebet in der Moschee statt, allerdings ist der Freitag kein Feiertag in unserem Sinne (vgl. Koran 62,9-10).

3. **Das Fasten (Sawn)**
Der gläubige Muslim fastet im heiligen Monat Ramadan von Tagesanbruch bis Sonnenuntergang. In dieser Zeit darf weder gegessen, getrunken, geraucht noch sich geschlechtlich betätigt werden. Das Fasten ist als Demut und Umkehr gedacht. Es erinnert aber auch an die Herabsendung der Offenbarung und ist somit Anlass zu Dankbarkeit und Freude, die besonders am Abend und in der Nacht zum Ausdruck kommt. Fasten stärkt die Gemeinschaft, die Bereitschaft sich zu versöhnen ist in dieser Zeit besonders groß.

Verboten sind auch außerhalb der Fastenzeit Fleisch von verendeten Tieren, Blut und Schweinefleisch (vgl. Koran 5,3). Außerdem verbietet der Koran den Wein (5,90).

4. **Die Pflichtabgabe (Zakat)**
Wiederholt unterstreicht der Koran, von dem zu geben, was Gott den Menschen beschert hat, um damit Arme, Schwache und Waisen zu unterstützen. Dies dient dem Wohle der Gemeinschaft.

5. **Die Wallfahrt (Hadjj)**
Jeder erwachsene Muslim hat (sofern er dazu in der Lage ist) einmal im Leben die Pflicht, die Wallfahrt nach Mekka zu unternehmen. Dabei unterzieht er sich besonderen festgelegten Riten, die keinen Unterschied erlauben zwischen Nationalität, Hautfarbe, Geschlecht, Reichtum oder politischem Amt. Hier kommt die Gleichrangigkeit vor Gott, die Solidarität der islamischen Welt und die Gleichheit aller Menschen im Glauben stark zum Ausdruck.

Umgang mit Sterbenden muslimischer Religion und Handlungen nach Todeseintritt

»*Und wir haben für keinen Menschen vor dir bestimmt ewig zu leben …
Jeder wird den Tod erleiden.*« (Koran 21,34-35)

Den Sterbenden sollte man **nicht alleine lassen** (außer er wünscht dies). Eine gläubige Person sollte aus dem Koran vorlesen, vor allem die 36. Sure (Yasin). Es sollte jemand sein, der sich im Koran, im Islam und den entsprechenden Riten auskennt. Ist eine solche Person nicht erreichbar, ist auch das gemeinsame Gebet mit Andersgläubigen möglich.

Die **Aufklärung von Patienten** bezüglich ihrer Erkrankung sollte frühzeitig erfolgen, um ihnen Zeit für den Abschied zu geben. Das Verhältnis zu Krankheit und Tod ist bei gläubigen Muslimen natürlich. Der religiös motivierte Besuch von Kranken und Sterbenden macht immer wieder die Sterblichkeit des Menschen bewusst.

Gläubige Muslime, die im Sterben liegen, wiederholen nach Möglichkeit das islamische **Glaubensbekenntnis**. Mit dem letzten Atemzug noch das Glaubensbekenntnis zu sagen, ist von großer Bedeutung. Nach dem Tod wird der Verstorbene von zwei Engeln besucht. Diese Engel befragen den Verstorbenen Folgendes: Wer ist dein Gott? Wer ist dein Prophet? Welches ist deine Religion? Welches ist deine Gebetsrichtung? – Sind die richtigen Antworten bekannt, hört der Verstorbene die Verheißung des Paradieses. Somit ist das Rezitieren während Lebzeiten eine Erinnerung und Ausrichtung auf den Glauben und das Jenseits.

Gläubige Muslime sollten in Frieden und Harmonie mit ihren Mitmenschen leben. Um so mehr ist es von Bedeutung, bei Krankheit und im Sterbeprozess die eigenen Angelegenheiten zu regeln und mit sich und allen Menschen ins Reine zu kommen. Der **Besuch** des Kranken ist daher von großer Bedeutung.

Es ist üblich, in Zimmern von Sterbenden **Duftlampen** aufzustellen. Rosenwasser und Kampfer finden häufig Anwendung. Nicht selten ist auch die Verwendung von Weihrauch.

Reinheit hat im Islam eine hohe Bedeutung. Daher ist es wichtig, auch sterbende PatientInnen zu waschen, insbesondere dann, wenn diese Stuhl oder Urin abgesetzt oder geblutet haben (Stuhl, Urin und Blut gelten als unrein). Der Wahrung der Intimsphäre wird große Bedeutung beigemessen. Frauen waschen Frauen, Männer waschen Männer. Die Nutzung von Handschuhen ermöglicht die Vermeidung von direktem Hautkontakt.

Handlungen nach Todeseintritt

»*Fortnehmen wird euch der Engel des Todes, der mit euch betraut ist.*
Alsdann werdet ihr zu eurem Herrn zurückgebracht.« (Koran 32,11)

Nachdem der Mensch gestorben ist, lernt die Seele zu akzeptieren, dass der Körper tot ist.

Im Islam glaubt man an die Wiederauferstehung und ein Jüngstes Gericht. Die guten Taten in einem Menschenleben werden mit allem Schlechten aufgewogen. Die Vorstellung von Hölle im Islam meint, dass die Wartezeit bis zur Auferstehung lange und schlimm ist, wohingegen die Vorstellung vom Paradies eine sehr kurz erscheinende und angenehme Übergangszeit darstellt. Es besteht jedoch immer die Möglichkeit der Läuterung.

Da Reinheit von großer Bedeutung ist, werden PatientInnen nach Eintritt des Todes gewaschen. Bei dieser **rituellen Waschung** werden die linke und die rechte Seite jeweils dreimal gewaschen. Es sollte möglich sein, dass der Leichnam mit Wasser übergossen wird und dieses abfließen kann. Dem Wasser können ätherische Öle beigemischt werden. Während der Waschung werden Gebete gesprochen.

Da die Seele noch Abschied vom Körper nimmt und fühlt, ist der **behutsame Umgang mit der Leiche** wichtig.

Auch nach dem Tod ist die Wahrung der Intimsphäre von großer Bedeutung. Die Waschung sollte an einem Ort erfolgen, der die Privatsphäre schützt. Ein direkter Hautkontakt sollte vermieden werden.

Die Arme des Toten werden neben den Körper gelegt (somit die Hände nicht auf dem Bauch gefaltet).

Der Islam lehrt, dass alle Menschen gleich sind. Tote erhalten **keinen Schmuck** als Grabbeigabe. Auch Eheringe werden abgezogen und Zahnprothesen etc. entnommen.

Der Körper des Verstorbenen wird nicht bekleidet, sondern in ein **Leichentuch** gewickelt. Dieses Leichentuch ist für Männer dreiteilig, für Frauen fünfteilig, für Kinder einteilig. Es wird an den Enden geknotet.

Die **Beerdigung** des Verstorbenen erfolgt so schnell wie möglich. Der Leichnam wird im Grab auf ein Brett gelegt. Das Gesicht sollte in Richtung Mekka liegen. Die Knoten des Leichentuchs werden geöffnet. Die Toten erhalten keinen Sarg. Die Leiche wird jedoch durch schlichte Bretter vor der Erde im Grab geschützt.

Die Beerdigung folgt einer speziellen Liturgie.

5.5.5 Fazit

Das Eingehen auf Menschen aus anderen Kulturkreisen erfordert Offenheit, Verständnis und Geduld. Die möglicherweise regional sehr unterschiedliche Zusammensetzung der ausländischen Population verlangt einen differenzierten Umgang im Hinblick auf die individuellen Bedürfnisse und Ansprüche. Aufklärungsbögen und Informationsmaterial für Patienten sollten in verschiedenen Sprachen zur Verfügung stehen. KollegInnen mit Migrationserfahrung können oft nicht nur Sprach-, sondern auch KulturvermittlerInnen sein. Dieses Potenzial sollte auf jeden Fall genutzt werden. Auch Kulturvereine der verschiedenen Nationalitäten, ebenso wie Kirchengemeinden und die Arbeiterwohlfahrt (AWO), deren Adressen im Telefonbuch zu finden sind, können in diesem Bereich als Ansprechpartner dienen.

Langfristig muss das Ziel ein umfassendes Kontingent an qualifizierten professionellen Dolmetscherdiensten sein. Ein erster Schritt in diese Richtung sind Namenslisten mit medizinisch geschultem Fachpersonal, das bereit ist, bei Bedarf Übersetzungshilfe zu leisten.

Die zunehmende Sensibilisierung und Beschäftigung mit der Problematik macht den offensichtlich bestehenden Bedarf an Weiter- und Fortbildungsmöglichkeiten deutlich.

Literatur

Al-Mozany, H.: Der Marschländer. Glare, Frankfurt 1999
al Mutawaly, S.: Menschen islamischen Glaubens individuell pflegen. Brigitte Kunz Verlag, Hagen 1996
Aziz, N. (Hrsg.): Fremd in einem kalten Land – Ausländer in Deutschland. Herder, Freiburg 1995
BenJelloun, T.: Papa, was ist ein Fremder? Rowohlt, Berlin 1999
Böwering, G.: Wie Muslime denken. Herder, Freiburg i. B. 2000
David, M., T. Borde, H. Kentenich.: Migration und Gesundheit. Mabuse, Frankfurt 1998
David, M., T. Borde (Hrsg.): Migration – Frauen – Gesundheit. Mabuse, Frankfurt 2000
Demirkan, R.: Schwarzer Tee mit drei Stück Zucker. Kiepenheuer & Witsch, Köln 1991
Der Koran. (Übers. von M. Henning) Reclam, Stuttgart 1992
Der Koran. (Übers. von A. T. Khoury) Gütersloher Verlagshaus, Gütersloh 1992
Forward, M.: Mohammed – der Prophet des Islam. Herder, Freiburg i. B. 1998
Freese, G. (Hrsg.): Erfahrungen und Modelle erfolgreichen Arbeitens mit Migrantinnen im Gesundheits- und Sozialwesen. Loccumer Protokolle 27/99. Rehburg-Loccum, Evangelische Akademie Loccum 1999
Greve, M.: „Mein Körper ist ein Wüstensturm". die tageszeitung (taz) 5342 (27./28. 09. 1997) 11
Habermann, M.: Vom Fremden zum Eigenen. Zum Diskurs der Interkulturellen Pflege und seinen Impulsen für die Pflegewissenschaft. Pflege 12 (1999) 278
Heine, P.: Kulturknigge für Nichtmuslime. Herder, Freiburg i. B. 1995
Heinrich, E., L. Hano: Flüchtlingsgeschichten. Interviews und Hintergründe. Papyrossa, Köln 1999
Hoffmann, G. (Hrsg.): Lust an der Geschichte – Die Blütezeit der islamischen Welt. Piper, München 1994
Horst, E.: Der Sultan von Lucerna – Friedrich II. und der Islam. Herder, Freiburg i. B. 1997
Hourani, A.: Der Islam im europäischen Denken. Fischer, Frankfurt 1994
Kalpaka, A., N. Räthzel (Hrsg.): Die Schwierigkeit, nicht rassistisch zu sein. Mundo, Leer 1990
Kellnhauser, E., S. Schwewior-Popp: Ausländische Patienten besser verstehen. Thieme, Stuttgart 1999
Kerkow-Weil, R.: Zum Umgang mit dem Fremden. Die Pflege ausländischer Patienten als Ausdruck von Inhumanität im Krankenhaus. Expressum, Hannover 1999
Khoury, A. T.: Der Islam. Herder, Freiburg i. B. 1996
Khoury, A. T., P. Heine: Im Garten Allahs. Der Islam. Herder, Freiburg i. B. 1996
Kurt, K.: Was ist die Mehrzahl von Heimat? Bilder eines türkisch-deutschen Doppellebens. Rowohlt, Reinbek b. Hamburg 1995
Leininger, M.: Kulturelle Dimensionen menschlicher Pflege. Lambertus, Freiburg i. B. 1998
Mernissi, F.: Der politische Harem – Mohammed und die Frauen. Herder, Freiburg i. B. 1992
Mitteilungen der Beauftragten der Bundesregierung für die Belange der Ausländer (Hrsg.): Gesundheit und Migration. Bonn, Nr. 6, April 1995
Neuberger, J.: Die Pflege Sterbender unterschiedlicher Glaubensrichtung. Ullstein Medical, Wiesbaden 1995
Nirumand, B.: Leben mit den Deutschen. Rowohlt, Reinbek b. Hamburg 1998
Osterbrink, J.: Sammlung der Abstracts. First international Conference on Nursing Theories. 10.–12. 04. 1997 in Nürnberg
Rahim, I. Abd ar: Das Totenbuch des Islam. Gondrom, Bindlach 1993
Schuon, F.: Den Islam verstehen. Herder, Freiburg i. B. 1995
Spulen-Stegemann, U.: Muslime in Deutschland. Herder, Freiburg i. B. 1998
Uzarewicz, C., G. Piechotta (Hrsg.): Transkulturelle Pflege. Curare. Sonderband 10/1997
Voigt, G., B. Fischer-Brühl: Was heißt hier „fremd"? Pflegezeitschrift 9 (1999) 661
Yurtdas, B.: Wo auch ich zu Hause bin. Eine türkisch-deutsche Familiengeschichte. Piper, München 1994
Zielke-Nadkarni, A.: Krankheits-, Gesundheits- und Pflegeverständnis türkischer Migrantinnen. Eine empirische Studie. Pflege 12 (1999) 283

Bildnachweis

Einstiegsbilder
Kap. 1: Fotograf argum/Bert Bostelmann und Fritz Stockmeier, Frankfurt
Kap. 2: Fotograf Thomas Stephan, Munderkingen
Kap. 3: Fotograf Johannes Dziemballa, Pfaffing
Kap. 4: Fotograf argum/Bert Bostelmann und Fritz Stockmeier, Frankfurt
Kap. 5: Fotograf Thomas Stephan, Munderkingen; Fotograf argum/Bert Bostelmann und Fritz Stockmeier, Frankfurt; Agentur Thema/Antonello Bello und Wolfram Knapp, Karlsruhe und Zeichnung aus Urbas, Pflege eines Menschen mit Hemiplegie nach dem Bobath-Konzept. 2. Aufl. 1996, Thieme Verlag.

Umschlagsbild
Fotograf argum/Bert Bostelmann und Fritz Stockmeier, Frankfurt
Geändert durch Thieme Marketing

Sachverzeichnis

A
Ablaufplan, organisatorischer, Kurzlieger-Einheit 169 f
Aktivität des täglichen Lebens 175
Allgemeine Pflege, Zuordnungsregeln 99
Ambulant vor stationär 173
Anamnese, biografische 226, 236, 240
– – Fragebogen 237 ff
Anamnesebogen 27
– pflegerisch-medizinischer, gemeinsamer 161
Angst, Sterben 250
Anziehtraining 229 f
Apoplexie 231
Arbeit, patientenorientierte, Auswirkungen 41
Arbeitgeber, haftungsrechtliche Grundlagen und Fürsorgepflicht 89
Arbeitsablauf, stationärer, systematische Analyse 24
Arbeitsgruppe
– Dokumentation 189
– Frühstücksbuffet 188 f
– geburtshilfliche Abteilung 188
– moderierte 18
– Optimierung der Arbeitsabläufe 188
– Pflegestandards 188
Arbeitsstellenplanung, Top-Down-Ansatz 82
Arbeitszeitgesetz 86
Arbeitszeitverkürzung, durch freie Tage 88
Arztsprechstunde, geburtshilfliche Abteilung 196
ATL s. Aktivität des täglichen Lebens
Aufnahmearzt, neurologischer 36
Aufnahmegespräch, gemeinsames 161
– – Verlauf 161
– – Ziel 161
Aufnahmeprozess, Instrumente 211
Augenklinik, Reorganisation 174
Ausbildung 5
Ausfalldivisor, Berechnung 102
Ausfallquote, Berechnung 102

B
Basal stimulierte Waschung bei Hemiplegie 229
Basale Stimulation 51, 224, 226
– – Dokumentation 240
– – Erfahrung mit Patienten 236
– – Gestaltung der Patientenzimmer 241 f
– – Implementierung, Intensivstation 235 f

– – Integration von Angehörigen 240 f
– – Kooperation mit anderen Berufsgruppen 242 f
– – Kurse 236
– – Literaturbeschaffung 236
– – medizinische Intensivstation 234 ff
– – Mitarbeiterin, Einbindung 236
– – Praxisbegleiterin 243
– – stationsinterne Arbeitsgruppen 236 f
– – Umsetzung 236
BAT s. Bundesangestelltentarif
Begleitung
– externe Aufgaben 186
– interne, Aufgaben 186 f
Behandlungsobjekt 33
Behandlungsprozess, stationärer, Instrumente 212 ff
Bereichskleidung, Bedeutung und Funktion 29
Bereichspflege 151
– Auswirkungen
– – auf den Patienten 152 f
– – den Pflegenden 152
– Berufsgruppen 153
– Definition 151
– Einführung 149 ff
– geburtshilfliche Abteilung 198
– Nachteile 152
– organisatorische Hilfsmittel 154
– praktische Umsetzung 154
– Probleme bei der Einführung 153 f
– Voraussetzungen für die Einführung 153
– Vorteile 151 f
Bereitschaftsdienst 86
– Häufigkeitszuschlag 86
Berufskleidung 28 f
– Bedeutung und Funktion 29
Beschwerde 24 f
– anonyme 25
– schriftliche Form 25
– Umgang 24 f
Betreuung, ganzheitliche
– – Definition 181
– – Umsetzung in die Praxis 186
Betreuungskonzept, ganzheitliches, Evaluation der Umsetzung 197 f
Betriebsvereinbarung 89
Bettenbelegung, durchschnittliche 82
Bewegung, kinästhetische
– – und nicht kinästhetische 245
– – Üben 246
Bezugspflegesystem 228
Bibliothek, stationsinterne 115

Blasenfunktionsstörung, lebenslange 232
Blutabnahme 37
Bobath-Konzept
– Grundlagen zur Pflege 225
– Schlaganfall-Konzept 223 ff
– Ursprung und Indikation zur Anwendung 224 f
Bottom-Up 11
Budget 80 ff
– Bottom-Up-Ansatz 80
– Top-Down-Ansatz 82
Budgetierung 81
Bundesangestelltentarif 85

C
Case
– Management 212
– – und Überleitungspflege 219
– – Umsetzung 212
– Manager 212
Checkliste, stationärer Arbeitsablauf 24
Compliance 37
Conserving function 232
Cross-Check-Analyse 13
– Problem, Bewertungshilfe 13

D
Daten, relevante, Erhebung 17 f
Delegation 75
– Aufgaben 76
– von Aufgaben, Stationsleitung, Praxisbeispiel 77
– Definition 75 f
– vertrauensvolle 75 f
Denken, zukunftsweisendes 49 f
Deprofessionalisierung, Definition 3
Deutsche Gesellschaft für Gynäkologie und Geburtshilfe 188
Dialogformen 23 f
– Definition 23
Dienstleistung, Beurteilung durch Patient 31
Dienstleistungsqualität 25 f
Dienstplan 92
– längerfristige Planung 92
– Schreiben 92
Dienstplangestaltung 85 ff
– beeinflussende Faktoren 85
– Führungsaspekte 93 f
– gesetzliche und institutionsinterne Rahmenbedingungen 85 f
– Interdependenz von Ablauforganisation 93
– Mitarbeiterzufriedenheit 85
– Sicherung der Pflegequalität 93 f
Dienstzeit 90, 92

Sachverzeichnis

Dokumentation
- Einfluss auf den pflegerischen Arbeitsablauf 158
- Kriterien standardisierter Messverfahren 159
- Medizinische Notaufnahme 38 f
- organisatorische Vorteile 158
- Pflegebedarf 156 f
- pflegerische
- – Anwendung im Krankenhaus 156
- – rechtliche Grundlagen 156
- pflegerischer Leistungen 156 ff
- Ressourcen des Patienten 214
- Standardisierung 158 f
- zentraler Informationsträger 157
Dokumentationspflicht 156
Dolmetscher 253
Drehtüreffekt 211

E

EDV
- Arbeitsplatz 206 f
- Beurteilungskriterien 209
- Datensicherung 206
- Einführung, Schritte 207
- Erhebungsinstrumente 206
- patientenferne Tätigkeiten 205 f
- Personenzugriff 206
- Pilotstation 207
- portable Erfassungsgeräte 206
- Schulung 208
- Support 208
- zeitlicher Zugriff 206
EDV-Anwendung, Pflichtenheft 205
EDV-Implementierung, Weg 207
EDV-unterstützter Stationsarbeitsplatz 205 ff
EFQM s. European Foundation for Quality Management
Einarbeitungskonzept 120
Einsetzbarkeit, universelle 149
Elektronische Datenverarbeitung s. EDV
Employability 107
Entlassungsgespräch 24
Entlassungskoordination
- Anleitung von Angehörigen 213
- Definition 210
- Einführung von Instrumenten 210 ff
- nachsorgende Einrichtungen 213
- Pflegeüberleitung 219
- im stationären Prozess 211
Entlassungsprozess 210
- Instrumente 214 ff
Entscheidungsbefugnis, vertikale Verteilung 75
Entscheidungskompetenz, Dezentralisierung 16
Ernährung, parenterale 231
Erscheinungsbild, äußeres 29
Erstversorgung bei Stroke-Verdacht 38
Ethomedizinisches Zentrum Hannover 253
European Foundation for Quality Management 15

F

Fachkompetenz 50
Feed-back-Gespräch (s. auch Orientierungsgespräch) 63
Feiertagsbeschäftigung 87
FIM-Rosette 214
- Ressourcenstufen 214
Fördergespräch 67
Fördermöglichkeit, arbeitsplatznahe 109
Fortbildung
- geburtshilfliche Abteilung 189
- stationsinterne
- – Beispiel 114
- – Ergebnisse 115
- – Ist-Analyse 112
- – Maßnahmen 113 f
- – Organisation 112 ff
- – Themenzuteilung 113
- – Zielformulierung 112 f
- – Zielkatalog 113
Fortbildungsangebot 110
Fremdeinschätzung 63
Frühstücksbuffet, geburtshilfliche Abteilung 196 f
Führung
- Definition 49
- Grundlagen 71
Führungsblatt Stationsleitung 83
Führungsgespräch 67
- Leitfaden 68
Führungsgrundsatz 75
Führungskompetenz, Stationsalltag 51
Führungskraft
- Kompetenzen 49 ff
- Konfliktverhalten 69
Funktionsabteilung 31
Funktionsleitung
- Verantwortungsbereiche nach Delegation 78 f
- Zielvereinbarung 57
Funktionspflege 149 f
- Auswirkungen
- – auf den Patienten 151
- – auf den Pflegenden 151
- Nachteile 150
- Vorteile 150

G

Geburtshilfliche Abteilung
- Arbeitsablauf
- – Neugestaltung 184 f
- – Arbeitsablauforganisation 183
- – Arbeitsumstände, Bewertung 183 f
- – Besuchszeiten 196
- – Darstellung zu Projektbeginn 182
- – ganzheitliches Betreuungskonzept
- – – Inhalt und Ziel 181
- – – Umsetzung 180 ff
- – geplante Veränderungen 184
- – Instrumente zur Projektdurchführung 187 ff
- – Kompetenz der Mitarbeiterinnen 183, 185
- – Mitarbeiterin
- – – Aufgaben 187
- – – Auswirkungen des Reformprojekts 185 f
- – Patientenaufnahme 197
- – Pflegedienstleitung, Aufgaben 187
- – räumliche
- – – Gegebenheiten 182 f
- – – Gestaltung 193 ff
- – – Veränderungen 184
- – Rückmeldung der Patientinnen 198 f
- – Serviceleistung 185
- – – Entwicklung 196
- – – Stufenplan 189 ff
Gesamtbettenzahl, Reduktion 173
Gesamtpflegezeitaufwand, Berechnung 100 f
- – Folgejahr 104
Geschichte 6 f
Gespräch, persönliches 23
- – Gelegenheit 24
Gesprächsanfang, Patient 26
Gesprächsatmosphäre, offene 64
Gesprächsende, Patient 27
Gesprächsinhalt, Patient 26
Gesprächsleitfaden für Orientierungsgespräche 53
Gesprächsort 26
Gesundheitsfabrik 33
Gesundheitswesen, Modernisierungsprozess 7
Glaube, islamischer 252 ff
- – Kranker 252 ff
- – Sterbender 252 ff

H

Handeln
- professionelles, Merkmale 4
- zukunftsweisendes 49 f
Harmonie 69 f
Hauspflegekurse 219
Hebamme 183, 192
Heilen, Modell 6 f
Helfen, Modell 6 f
Hemiplegie, basal stimulierte Waschung 229
Herzkatheterlabor, Patientenbefragung 39
Hör-Screening 197
Hospitation 187
Hospiz 251
Hotline 208

I

Identifikationskarte 29
- Informationen 29
Image-Analyse 17
Information, Medizinische Notaufnahme 36
Informationsabend, geburtshilfliche Abteilung 191
Informationsbroschüre
- Basale Stimulation 241
- geburtshilfliche Abteilung 191 f
Infotelefon 219 f
Intangibilität, Definition 31
Integrations-Kompetenz 50
Integrationskonzept
- Rahmenbedingungen 201
- Voraussetzungen 201
Integrative function 232

Sachverzeichnis

Intensivpatient 235
Intensivstation, internistische 235
Interaktionsprozess im
   Krankenhaus 32
Internet 5
- Präsentation 115
Interpreting function 232
Intimsphäre 28
Islam 252 ff
- fünf Säulen 255
- Geschichte 253 f
- Handlung nach Todeseintritt 255 f
- religiöse Pflichten 255
- Umgang mit Sterbenden 255 f

J
Jugendarbeitsschutzgesetz 87

K
Kalligraphie 254
Kataraktoperation 173
- ambulante 173 f
- - Ablauf am Nachsorgetag 177
- - - am Operationstag 175 f
- - - am Vorbereitungstag 175 f
- - Servicequalität 177
Katheter, suprapubischer 232
Kennzahlen 82
Kinästhetik 224, 228
- Definition 244
- Einführung 246
- Integration auf einer Station 244 ff
- Umsetzung auf der Station 245
- - - Beispiele 245 ff
- Ziel 244
- - für die Mitarbeiterin 244 f
- - für den Patienten 244
Kinästhetik-Trainerin 245
Klinikpersonal und Patient, Darstellung des Verhältnisses 33
Kommunikation 18
- fallbezogene 160
- medizinische Notaufnahme 37 f
- multiprofessionelle 160 ff
- regelmäßige 202
Kommunikationsablauf,
   Verbesserung 160
Kommunikationsstörung 38
Kompetenz, unterschiedliche im
   Zusammenhang 50
Kompetenztrias 108
Komplexität, geringe soziale 132
Konflikt 69 ff
- Klären 70
- konstruktives Umgehen 69
- Praxis-Tipps zum Umgang 73
- Sinn 69
- Verhaltensqualität im Umgang 70
- Vorbeugen 69
- Vorgesetzter 70 f
Konfliktbereich, eskalierter 70
Konflikteskalation, Stufenmodell 72
Konfliktgespräch, Checkliste zur
   Analyse 73
Kontaktpunkt
- kritischer 32
- Patient und Personal 32
Kontinenztraining 231 f
- frühzeitiges 232
Konzept zur Reorganisation 173
- - Ergebnisse 173

Kooperation, medizinische
   Notaufnahme 38
Koran 254 f
Krankenhaus
- Führungsstruktur 15
- Organisationsstruktur 15
Krankenhausqualität, als
   Dienstleistung 31 f
Krankenhausseelsorge 250
Krankenhausverweildauer 96
Krankenpflegegesetz 8
Krankenschwester, anleitende 116
Kreißsaal
- Ist-Analyse 191
- mit Roma-Rad 195
Krise
- akzidentelle 249
- entwicklungsbedingte 249
Kulturkreise, andere 257
Kunde 15
- Definition 10
- unzufriedener 24
Kundenbeteiligung 31 f
Kundenbindungsstrategie 21
- lebenslange 22
Kundenkontaktpersonal,
   Verhalten 32
Kundenorientierung 17
Kundenzufriedenheitsanalyse 18
Kurzlieger-Bereich, diagnostischer,
   Gesamtablaufplan 167
Kurzlieger-Einheit 165 ff
- Anforderungsprofile an Personal
   168 f
- Gesamtablaufplan 166
- Mitarbeiterzufriedenheit 166
- Organisationskonzept,
   Inhalte 165
- Organisationsplan 168
- Patientenzufriedenheit 165
- pflegerische Ziele 166
- Stationsablauf 168
- Zielsetzung 165
Kurzlieger-Patient 165 ff
- Einrichtung von Bereichen oder
   Stationen 165 ff
- Zeitfenster 168
Kurzlieger-Station 173
- Kosteneinsparung 173
- Prozessablauf, Sicht des
   Patienten 174

L
Lagerung nach Bobath 227 f
Leistung, pflegerische,
   Dokumentation 156
Leistungsdaten 80
Leistungsintensität 80
Leistungsquantität 80
Leistungsvereinbarungsgespräch,
   Formbogen 58
Lernen durch Beobachten 124 f
Linienorganisation 129 f
Logopädin 230

M
Management by objectives 19
Management-Informations-
   System 82 ff
Management-Kompetenz 50
Matrixorganisation 131, 133

Medizin
- Deprofessionalisierung 3
- Dominanz 6
Medizinische Intensivstation
- - basale Stimulation 234
- - - Raumaufteilung 235
- - Notaufnahme
- - - Patientenorientierung 35
- - - Patientenversorgung 36
- - - Personal 35
- - - Rahmenbedingungen 35 f
- - - Räumlichkeiten 35
Migrant
- älterer 252
- im deutschen Gesundheits-
   wesen 252 f
- Kommunikationsprobleme 252
- Zahl 252
MIS s. Management-Informations-
   System
Mitarbeiterbefragung 19
Mitarbeitergespräch
   auf der Zeitachse 53
Mitarbeiterin
- Beurteilung der Leistungen 55
- führen 48 ff
- Gespräche führen 53 ff
- Kompetenzen fördern und
   entwickeln 106 ff
- Konflikt untereinander 72
- Motivation 10
- mündige 34
- neue 55
- - Einarbeitung 116 ff
- - - Checkliste 116 ff
- - Einarbeitungskatalog 55
- - Erwartungen 120
- - Führungsqualität 56
- - Merkblatt 116, 119
- - Protokoll
- - - eines Abschlussgesprächs 123
- - - Vorgesprächs 121
- - - Zwischengesprächs 122
- - Unterstützung 116 f
- - Zwischengespräch 120
- Qualifizierungsstruktur 112
- - schwierige 64
Mitarbeiterorientierung 16
- und Partizipation 16
Mitteldienst 185
- Einführung 92
Modellklinik, Basisdaten 101
- - Folgejahr 104
Moderator 13
- Aspekte für die Gesprächs-
   führung 73
- Hauptaufgabe 13 f
- Konflikt 72
Motivation 10
- intrinsische 236
Muslim, gläubiger 256
- Krankheitsaufklärung 256
Musterdienstplan 1 90
Musterdienstplan 2 91
- - für eine Fünfeinhalbtage-
   woche 91
- - Fünftagewoche 89
Mutter und Kind, individuelle
   Betreuung 184 f
Mütterschule 193
Mutterschutzgesetz 87

Sachverzeichnis

N
Nachtarbeit 87
Namensschilder 29
Neglect 226
Nettojahresarbeitszeit, Berechnung 100, 102
Neugeborenenzimmer 182, 194
Neugeborenes, ganzheitliche Betreuung 180

O
Objektivität, Definition 159
Onkologiestation, Integration einer onkologischen Tagesklinik 201 ff
Operation, ambulante
– – Integration in die Prozesse einer Klinik 173 ff
– – Reorganisationskonzept 173 f
– – Standardisierung aller Prozess-Schritte 178
Organigramm 129
Organisationsbreite 129
Organisationsform
– klassische 129
– von Unternehmen 129 ff
Organisationskonzept
– innovatives 163 ff
– – Einführung 163 ff
– Kurzlieger-Bereich 172
Organisationstiefe 129
Orientierungsgespräch 63
– Ist-Situation 67
– Leitfaden 64 ff
– Pro und Contra 63 f
– Tipps zum Verlauf 67
– Vorgehen 64

P
Palliativ-Station 248
Partizipation, als Führungsgrundsatz 164
Patient
– Definition 33
– Information 27
– mündiger 34
– schwerstpflegebedürftiger, Dienstplan 93
– Überschreiten persönlicher Grenzen 28
Patient-Care-Team 213
Patientenbefragung 17
– geburtshilfliche Abteilung 191
– medizinische Notaufnahme 39
Patientenbefragungsbogen 17
Patientenbegleitschein, pflegerischer 39
Patientenfragebogen
– Herzkatheter 40
– stationsspezifischer Teil 23
Patientengespräch
– erstes, auf der Station 26
– gemeinsam geführtes 161
Patienteninformationsbroschüre, Patientenfragebogen 25
Patientenkontakt, direkter, Bedeutung 26
Patientenorientierung 16
– im Alltag 21 ff, 31 ff
– und Dienstleistungsqualität 21
– Funktionsabteilung 35
– in der Praxis 22
– im Krankenhaus 22
– Laienperspektive 21
– mündliche Befragung mittels ereignisorientierter Verfahren 23
– schriftliche Befragung mittels merkmalsorientierter Vefahren 23
Patienten-Rückrufprogramm, telefonisches 24
Patientenverhalten, Wandlung 34
Patientenzufriedenheit, Methoden zur Messung 22 f
Personal, Erscheinungsbild und Auftreten 28 f
Personalauswahl 109
Personalbedarf
– Berechnung
– – für leitende Angestellte 103
– – für den Nachtdienst 102
– – mit Hilfe der PPR berechnen 95 ff
– Kurzlieger-Bereich 171
Personalbedarfsermittlung, Pflege-Personalregelung 100
Personaleinsatz
– Gestaltung 92
– Planung und Steuerung 80 ff
Personalentwicklung 18 f, 106 ff
– Fördergespräch 67
– Qualifizierung 109
– strategiegeleitete 110
Personalentwicklungskompetenz 50
Personalkostenbudget 81
Personalstellen, Ermittlung für den Regeldienst 99 f
Pflege
– Definition 4 f
– kulturelle Diversität 253
– Professionalisierung 3 f
– – Potenzial 4
– bei Schlaganfall 224
– transkulturelle 252 ff
– – Universalität 253
Pflegeanamnese 26
Pflegeaufwand, Ermittlung 156
Pflegebereich, Professionalisierung und Qualitätsentwicklung 43
Pflegebroschüre, hauseigene, Präsentation 114 f
Pflegedirektorin 44
Pflegedokumentationssystem
– Auswahlkriterien 158
– Bestandteile 158
Pflegeexpertinnen
– Aufgabengebiet 44
– Definition 43
– Einsatz in der Praxis 44 f
– Qualifikation 43, 45
– Qualitätsentwicklung 43 ff
Pflegeforschung 44
Pflegekonzept
– ganzheitliches 234 f
– innovatives, Einführung 222 ff
Pflegeminuten, Berechnung 100
Pflegende, zukünftige, Anforderungen 8
Pflegepersonalbedarf, Veränderung der Basisdaten 103
– – – Folgejahr 103 f
Pflege-Personalregelung 80
– Anwendungsbereich 97
– Entwicklung 95 f
– und Gesundheitsstrukturgesetz 96
– als internes Messinstrument 156 f
– Minutenwerte Erwachsener 99
– und Pflege 96 f
– Wirtschaftlichkeit 97
Pflegeplanung 26
Pflegeprozess
– Definition 157
– Resultat 157
Pflegequalität, Methoden zur Sicherung 158 f
Pflegestufen, Einordnungsmerkmale
– – allgemeine Pflege 98
– – spezielle Pflege 98
Pflegesystem 149
– neues 149
Pflegeüberleitung 219
– Ziele 219
Pflegeverlauf, Dokumentation 157
Pflegeverständnis, nightingales 6
Pflegezustand, Dokumentation 157
Pflichtenheft, Bestandteile 205
Planbetten, Auslastung 103
– – Formel 103
Planstellenberechnung mittels Schichtbesetzung, Rechenformel 81
PPR s. Pflege-Personalregelung
Präsentation außerhalb des Krankenhauses 178
Praxisbegleiterin, basale Stimulation 243
Probezeit
– Begleitgespräch vor Beendigung 120 f
– Protokoll eines Abschlussgesprächs 123
Probezeitbeurteilung, Vorgehen 55
Probezeitgespräch 55
– Inhalt 55
Problem, gesellschaftliches, Lösung 4
Problemanalyse 18
Problemlösungsprozess, Regeln 73
Profession 4
Professionalisierung
– Entwicklung 5
– Gegenwart 7
Professionals 5
Projekt 131 f
– geringe soziale Komplexität 132
– hohe soziale Komplexität 132
– Merkmale 131 f
Projektgestaltung 186
Projektkoordination 132
– Vorteile 132 f
Projektmitarbeiterin 44
Projektorganisation, reine 133
Projektorganisationsformen 131 f
Projekttypen 132
Prozess, Standardisierung 178
Prozessanalyse 18
Prozessqualität, Fragen 35
Prozessverbesserung, kontinuierliche 16

Q
Qualifikation, Verantwortlichkeit 106 f
Qualifizierung
– eigene berufliche, persönliche Verantwortung 107

Sachverzeichnis

- Steuerung 107
- wie 109
- Zukunft 107 f
Qualifizierungsinteresse 110
Qualifizierungswege 109
- Personalentwicklung 109
Qualität, medizinische Notaufnahme 39
Qualitätsentwicklung 16
- Schlaganfall-Patient 233
- Unterstützung durch Pflegeexpertinnen 43 ff
Qualitätskontrolle, Schlaganfall-Patient 233
Qualitätssicherung, Stellenbeschreibung 134
Qualitätssicherungsprogramm ISO 9000 26
Qualitätssicherungsprojekt Uni-Krankenhaus Hamburg 253
Qualitätsurteil 31
Qualitätszirkel 13 f

R
Rechenformel, Planstellenberechnung mittels Schichtbesetzung 81
Regeldienst, Zeitbedarfsberechnung 99 f
Reliabilität, Definition 159
Reorganisation 173 f
- Ergebnisse 173 f
Ressort 43, 131
Ressourcenkriterien 214
Röntgen-Thorax 38
Rooming-in 180
- Anwendungsformen nach Schiemann 181
- fortschrittliches 199
- intermittierendes 181
- Kontaktsystem 181
- kontinuierliches 181
Rufbereitschaftsdienst 86 f
Ruhepause 86
Ruhezeit 86

S
Säugling, Pflegemittel 197
Schadensbegrenzung im Team 71
Schichtarbeit 87
Schiedsrichter 72
Schlaganfall 223 ff
- Anziehtraining 229 f
- assoziierte Störungen 225
- Bewegen 228
- Häufigkeit 223
- Kontinenztraining 231 f
- Lagerung 226 f
- - auf der betroffenen Seite 227
- - der nicht betroffenen Seite 226
- Schlucktherapie 230 f
- Sprachtherapie 230 f
Schlaganfall-Patient
- Pflege nach dem Bobath-Konzept 223 ff
- Rehabilitationserfolg 232
Schlaganfall-Spezialstation s. Stroke Unit
Schlagbarfell-Therapie, therapeutisches Team 228
Schlaue Ziele 56

Schluckstörung
- mit Aspirationsgefahr 231
- Unterstützung 231
Schlucktherapie 230
Schmerzverarbeitung 249
Schüleranleitung, geburtshilfliche Abteilung 192
Schülerin, Anleitung 116 ff, 124
Schulter-Arm-Syndrom 228
Schutzkleidung 241
Second-Level-Support 208
Selbsteinschätzung 63 f
Selbstheilungskraft 223
Serviceleistung, geburtshilfliche Abteilung 182
Servicequalität
- ambulantes Operieren 177
- Kriterien 177
- Umsetzung 177 f
Sollarbeitszeit, Berechnung 100
Sonntagsbeschäftigung 87
Sozialanamnese 211
Sozialstation, Case Manager 212
Sozialvisite 212 f
Spezielle Pflege, Zuordnungsregeln 99
Sprachtherapie 230 f
Stab-Linienkonflikt 131
Stab-Linienorganisation 130 f
Stabsstelle 130
Stammkunde 27
Standardisierung, Ziele 178
Stationsarbeitsplatz, EDV-unterstützter 205 ff
Stationsleitung
- Verantwortungsbereiche nach Delegation 78 f
- Zielvereinbarung 57, 62
Stationsplan mit Kurzliegerbereich 171
Stellenbeschreibung 134 ff
- Definition 134
- Entwicklung 134 f
- Krankenpfleger 143 f
- Krankenschwester 143 f
- Pflege- und Funktionsdienst, Beispiele 137 ff
- Raster für die Erstellung 135 f
- Stationssekretärin 145 ff
- Stellvertretende Stations- und Funktionsleitung 140 ff
Stellenplan 80 ff, 89
Stellenplanung, Bottom-Up-Ansatz 80
Stellvertretende Stationsleitung, Zielvereinbarung 57
- - - Schwerpunkt
- - - - Dokumentation 60
- - - - Mentor 61
Sterbebegleitung 248 ff
- Erlernen 248
- Integration in den Stationsablauf 249
- Involvierung verschiedener Berufsgruppen 250 f
- Krisenbewältigung 249
- Literaturstudium 248
- Qualifizierung der Mitarbeiterinnen 250
- Reorganisation der Arbeitsabläufe 249 f

- Selbstreflexion 249
- Transfer in die Pflegepraxis 249
Steuergruppe
- Formulierung von Zielsetzungen 11 f
- Praxisbeispiele 11 f
Stillberatung 183
- Defizite 183
Stillverzögerung 196
Stillzimmer 184, 193
Stroke Unit 224
- Krankenbett 227 f
- Raumgestaltung 226 f
Stufenplan, geburtshilfliche Abteilung 190
Supervision 110

T
Tagesklinik, onkologische
- - Abläufe 201 f
- - Integration in eine Onkologiestation 201 ff
- - Patient
- - - mit Chemotherapie, Ablauf 203
- - - mit Transfusion, Ablauf 203
- - Patientenvorteile 202 f
- - Räumlichkeiten 202
Tarifvertrag 87 f
Team, therapeutisches s. Therapeutisches Team
Teambesprechung 189
Teamentwicklung 188
Teamtage 187 f
- Inhalte 187 f
Teamziele, Zielvereinbarung 57, 59
Themenzirkel 14
Therapeutisches Team 211 f
- - Schlaganfall-Patient 228
Top-Down 1
Total Quality Management (s. auch TQM) 10 ff
- - - Grundprinzipien 10
- - - Instrumente 11
- - - Philosophie 10
- - - Steuergruppe 11 f
- - - Ziele und Prinzipien 15
TQM-Organisation 16
- Krankenhaus 16
TQM-Prozess
- Einführung 16
- - im Krankenhaus 15 ff
- Instrumente und Methoden 17
- - - Vermittlung 18 f
Trainerin für Sterbebegleitung 250

U
Überleitung, multiprofessionelle 214
Überleitungsbogen, multiprofessioneller 215 ff
Überstunden 88 f
Umdenkungsprozess 34
Umgangsformen 27
Unternehmen, Organisationsformen 129 ff
Unternehmensberatung 186
- Teamtage 186
Urlaubsanspruch 88
- Verfall 88

V

Validität, Definition 159
Veränderungsprozess, Instrumente zur Gestaltung 10 ff
Verantwortung
– Delegation 75 ff
– Dezentralisierung 16
Verhaltensqualität 70
Vermittler 72
Vertrauen 49
– als Voraussetzung des Prinzips der Delegation 76
Vertrauen – Delegation – Motivation 76
Vertrauensverhältnis 34
Verweildauer, Reduktion 173
Vision
– der Pflege 223 f
– des Pflegedienstes 234
Visionäre Kraft 51
Visite, geburtshilfliche Abteilung 196
Visitenkarten 219 f
Vollkraft
– geplante, Berechnung 80 f
– Möglichkeiten der Bewertung 81
– Nettojahresarbeitszeit 100
Vollkräftebedarf, theoretischer, Berechnung 102
Vorbild 124

W

Wahrnehmungsbeeinträchtigung, schwere 226
Waschung, therapeutische 229
Weiterbildungsangebot 110
Weltbild, pflegerisches, Gegenwart 7
Wettbewerbsverlust 41
Wochenbettbesuch 196
Wochenbettpflege, integrative 182
Wochenstation 194
– Arbeitsablauf 192
– Ist-Analyse 191
– Patientenzimmer 195
Wöchnerin, ganzheitliche Betreuung 180
Wohlfühl-Raum 201

Z

Zeitfenster 161
Ziel, Bedeutung von Kriterien 56
Ziele-Dreieck 108
Zielvereinbarung, Teamziele 59
Zielvereinbarungsgespräch 56
– Durchführung 63
– Einführungsphase 63
– Formbogen 58
– Krankenhausalltag 57 f
Zusammenarbeit, berufsgruppenübergreifende 160 f
Zusatzqualifikation, fachspezifische 19
Zusatzurlaub 88
Zwischengespräch 53 ff
– Formbogen 54
– Rückmeldung 53